权威全译本

# A HISTORY OF WESTERN PHILOSOPHY

# 西方哲学史

## 及其与从古代到现代的政治、社会情况的联系

### 下卷

〔英〕罗 素 著

马元德 译

商务印书馆
The Commercial Press
创于1897

2020年·北京

Bertrand Russell

**A**

**HISTORY OF**

**WESTERN PHILOSOPHY**

and its Connection with

Political and Social Circumstances from the

Earliest Times to the Present Day

First Published 1946

Second edition first published in 1961

by George Allen & Unwin Ltd

Reprinted in 1991,1993,1994,1995 (twice)

by Routledge

# 目　　次

## 卷三　近代哲学

### 第一篇　从文艺复兴到休谟

# 卷三　近代哲学

# 第一篇 从文艺复兴到休谟

## 第一章 总说

通常谓之"近代"的这段历史时期，人的思想见解和中古时期的思想见解有许多不同。其中有两点最重要，即教会的威信衰落下去，科学的威信逐步上升。旁的分歧和这两点全有连带关系。近代的文化宁可说是一种世俗文化而不是僧侣文化。国家越来越代替教会成为支配文化的统治势力。各民族的统治大权最初大都归国王掌领；后来，如同在古希腊一样，国王逐渐被民主国家或僭主所代替。民族国家的力量，以及它所行使的职权，在整个这时期当中稳步发展，不断扩大（一些小波折不算）；但是按大多情况讲，国家对哲学家的见解所起的影响总比不上中世纪时的教会。在阿尔卑斯山以北，一直到十五世纪向来能够和中央政权分庭抗礼的封建贵族，首先丧失了政治上的重要地位，后来又失掉了经济地位。国王联合豪商顶替了他们，这两种人在不同国家按不同的比例分享权力。豪商有并入贵族阶级的趋势。从美国独立和法国大革命的时代以来，近代意义的民主制成了重大的政治力量。和建立在私有财产基础上的民主制相反的社会主义，在1917年初次获得了政权。这一种政治制度倘若蔓延开来，很明显一定会带来一种新的文化；但我们以后要讲到的文化大体上是属于"自由主义的"文化,换句话说,就是和通商贸易极自然地连在一起的那类文化。关于这点,特别在德国有若干重要的例外;举两个实例,费希特和黑格尔的见解跟商业就毫无关系。但是这种例外人物并不代表他们那个时代。

否认教会的威信是近代的消极特色,这比它的积极特色即承认科学的威信,开始得要早。在意大利文艺复兴运动中,科学只占一个极微末的地位;反对教会这件事在人们的心念里是和古代文明分不开的,仰赖的仍旧是过去,然而是比初期教会与中世纪还渺远的过去。科学的第一次大入侵是1543年哥白尼学说的发表;不过这学说直到十七世纪经过开普勒和伽利略着手改进,才开始得势。随后揭开了科学与教义之间的长期战斗的序幕,这场战斗中守旧派在新知识面前打了败仗。

科学的威信是近代大多数哲学家都承认的;由于它不是统治威信,而是理智上的威信,所以是一种和教会威信大不相同的东西。否认它的人并不遭到什么惩罚;承认它的人也绝不为从现实利益出发的任何道理所左右。它在本质上求理性裁断,全凭这点制胜。并且,这是一种片段不全的威信;不像天主教的那套教义,设下一个完备的体系,概括人间道德、人类的希望,以及宇宙的过去和未来的历史。它只对当时似乎已由科学判明的事情表示意见,这在无知的茫茫大海中只不过是个小岛。另外还有一点与教会威信不同:教会威信宣称自己的论断绝对确实,万年更改不了;科学的论断却是在盖然性的基础上,按尝试的方式提出来的,认为随时难免要修正。这使人产生一种和中世纪教义学者的心理气质截然不同的心理气质。

到此为止,我谈的一直是理论科学,理论科学是企图了解世界的科学。实用科学是企图变革世界的科学,自始以来就是重要的,而且重要性还一直不断地增长,最后几乎把理论科学从一般人的心念里驱逐了出去。科学的实际重要性,首先是从战争方面认识到的;伽利略和雷奥纳都自称会改良大炮和筑城术,因此获得了政府职务。从那个时代以来,科学家在战争中起的作用就愈来愈大。至于发展机器生产,让居民们先习惯使用蒸汽,后来习惯使用电力,科学家在这些方面起的作用则比较晚,而且这种作用直到十九世纪末叶才开始有重大的政治影响。科学的成功一向主要由于实际功用,所以自来便有人打算把科学的这一面和理论的一面割裂开,从而使科学愈来愈成为技术,愈来愈不成其为关于世界本性的学说。这种观点渗入到哲学家当中,还是新近的事。 <sub>513</sub>

从教会的威信中解放出来,结果使个人主义得到了发展,甚至发展到无政府状态的地步。在文艺复兴时期人们的心目中,所谓"修养",无论是智能上的、道德上的或政治上的,总和经院哲学及教会统治联系在一起。经院哲学家的亚里士多德逻辑固然狭隘,还不失为某种精确性的一个训练。等到这派逻辑一不时兴,最初代之而起的并不是什么比较高明的东西,而无非是各种古代典范的折中模仿罢了。一直到十七世纪,哲学领域中毫无重要事物可言。十五世纪的意大利在道德上和政治上的混乱无主实在骇人听闻,因此产生了马基雅弗利的学说。同时,精神上的枷锁一旦摆脱,在艺术和文学中便表现出惊人的才华。但是这样的社会是不稳定的。宗教改革运动和反宗教改革运动,再加上意大利对西班牙屈服,便把意大利文艺复兴运动的功和过一齐结束。当这个运

5

动传播到阿尔卑斯山以北的时候,就不再带有这种混乱的性质。

不过近代哲学大部分却保留下来个人主义的和主观的倾向。这在笛卡尔身上是很显著的,他根据自身存在的确实性建立全部知识,又承认"清晰"和"判然"(两样全是主观的)是真理的判断标准。这种倾向就斯宾诺莎讲不算突出,但是通过莱布尼茨的"无窗单子",再度露面。洛克的气质是彻底的客观气质,他也不由自主陷入这样一个主观论调:认识就在乎观念的相符和不符——这是他很厌恶的一种见解,所以他甘冒严重的自相矛盾躲开它。贝克莱在废弃物质以后,只是仗着使用"神"概念才脱离完全主观主义,这做法后来大多数哲学家一向认为是于理不合的。到休谟,经验主义哲学登峰造极,成了一种谁也无法反驳、谁也无法相信的怀疑主义。康德和费希特论学说是主观的,就论气质也是主观的;黑格尔借斯宾诺莎的影响拯救了自己。卢梭和浪漫主义运动把主观主义从认识论扩张到了伦理学和政治学里面,最后必然的结局就是巴枯宁式的彻底无政府主义。主观主义的这个极端是一种病狂。

在这同时,科学作为技术来说,又使一般专务实际的人渐渐滋长起来一种见解,和理论哲学家当中见得到的任何见解都完全不同。技术给了人一种能力感:感觉人类远不像在从前的时代那么任凭环境摆布了。但是技术给予的能力是社会性能力,不是个人的能力;一个平常人乘船遇险漂落在荒岛上,假若是在十七世纪,他会比现在能够多有所作为。科学技术需要有在单一的指导下组织起来的大量个人进行协作。所以它的趋向是反无政府主义,甚至是反个人主义的,因为它要求有一个组织坚强的社会结构。科学技术不像宗教,它在道德上是中立的:它保证人类能够做出奇

514

迹,但是并不告诉人该做出什么奇迹。在这点上,它就不够圆满。实际上,科学技术用于什么目的,主要在于偶然的机会。在科学技术必然要造成的各个庞大组织中,居领导地位的那些人在某种限度内能够随心所欲左右科学技术的方向。权力欲于是得到空前未有的发泄出路。在科学技术的激发下产生的各种哲学向来是权能哲学,往往把人类以外的一切事物看成仅仅是有待加工的原材料。目的不再考究,只崇尚方法的巧妙。这又是一种病狂。在今天讲,这是最危险的一种,对付这种病狂,理智健全的哲学应当作一服解毒剂。

古代世界以罗马帝国结束了混乱状态,但是罗马帝国乃是一个冷酷的事实,并不是人的理想。旧教世界从教会谋求结束混乱状态,这倒是一个理想,但是从未在事实中充分体现出来。无论古代的或中古的解决办法都不圆满:前者由于未能灌注理想,后者由于未能化成现实。现代世界就目前看似乎正朝向类似古代的解决办法发展下去:一种通过暴力强加给人的社会秩序,它代表权贵们 <sup>515</sup> 的意志,不代表平民的愿望。美满而持久的社会秩序这个问题,只有把罗马帝国的巩固和圣奥古斯丁的"神国"的理想精神结合起来,才能得到解决。为做到这点,便需要有一种新的哲学。

# 第二章 意大利文艺复兴 <sup>516</sup>

和中古见解相反的近代见解,随着名叫"文艺复兴"的运动发源于意大利。最初,不过少数的人,主要是佩脱拉克,抱有这种见解;但是在十五世纪期间,近代见解普及到意大利教俗两界绝大部分有教养的人士。按某些方面讲,文艺复兴时期的意大利人,除雷奥纳都及其他几个人而外,都不尊重科学——尊重科学那是十七世纪以来大多数重要革新人物的特色;由于这个缺欠,他们从迷信中,特别从占星术这一种迷信中获得的解放很不完全。他们当中不少的人仍旧像中世纪哲学家一样崇敬权威,不过他们用古代人的威信替代教会的威信。这自然是向解放前进了一步,因为古代人彼此见解分歧,要决定信奉哪一家需要有个人判断。但是十五世纪的意大利人中间,恐怕没几个敢持有从古代、从教会教义都找不出根据的意见。

为理解文艺复兴运动,有必要先简单回顾一下意大利的政治情势。从 1250 年弗里德里希二世死后,直到 1494 年法兰西王查理八世入侵意大利之前,意大利就大体上讲没有受到外国干涉。在意大利有五个重要城邦:米兰、威尼斯、弗罗棱斯、教皇领和那不勒斯。除这些城邦以外又有许多小公国,各自和大邦中某一个结成同盟,或者隶属某个大邦。1378 年以前,热内亚在贸易和海军势力上一直与威尼斯争雄,但自从那年之后,热内亚落归了米兰宗主权支配之下。

米兰当十二、十三世纪的时候领先反抗封建制度,在霍恩施陶芬朝终于败亡后,受维斯孔提家统治——这是一个有能力的家族,它的势力不是封建政治势力,而是财阀政治势力。维斯孔提家从 1277 年到 1447 年统治米兰 170 年。接着共和政体又复兴三年,然后一个新的家族,即和维斯孔提家有亲戚关系的斯弗尔查家获得政权,自号米兰公。从 1494 年到 1535 年,米兰是法兰西人与西班牙人交兵的战场;斯弗尔查家有时和这一方联盟,有时和另一方联盟。在这段期间,他们有时候流亡外国,有时候仅只名义上掌政。最后在 1535 年,米兰被查理五世皇帝兼并。

威尼斯共和国稍有点像处在意大利政治的局外,特别在初期国势鼎盛的数百年间。威尼斯从来没被蛮族征服过,最初它把自己看成是东罗马皇帝的臣属。由于这个传统,加上威尼斯的贸易又是和东方的贸易,它能够独立在罗马控制以外;这状况一直到土伦特宗教会议(1545)时代还继续存在——关于土伦特宗教会议,威尼斯人保罗·萨尔皮写过一部十分反教皇的历史。前面讲过,第四次十字军东征时威尼斯如何坚持略取君士坦丁堡。这件事促进了威尼斯贸易;反过来,1453 年土耳其人夺占君士坦丁堡,又使它的贸易受到损害。由于种种原因,和食粮供给问题也多少有关,威尼斯人在十四、十五世纪期间感到有必要在意大利本土上获得大片领地。这惹起了各方的仇恨,终于在 1509 年促成刚布雷同盟①的缔结,该同盟是各强邦的一个联合,威尼斯被它击败。从这场厄运中复苏,倒也许还是可能的;但无可挽回的是瓦斯寇·达·伽马发现了经好望角通印度的航路(1497—1498)。这个发现连上土耳其人的势力,毁了威尼斯;不过它总还撑持下去,直到被拿破仑剥夺独立。

威尼斯的政治制度原本民主,逐渐变得不民主,1297 年以后成了一种排他性的寡头政治。政治权力的基础是"大议会",自那

---

① 刚布雷(Cambrai)在法国东北部。这个同盟是神圣罗马皇帝马克西密连一世(Maximilian Ⅰ),法兰西王路易十二世(Louis Ⅻ),阿拉贡王斐迪南(Ferdinand),和教皇尤理乌斯二世(Julius Ⅱ)缔结的,表面上为对土耳其人作战,实际上要攻击威尼斯。——译者

年以后,大议会的成员世袭,而且只限于名门望族。行政权属于"十人议会",十人由大议会选举。邦中的正式元首"督治"(Doge)选任终生;督治名义上的权柄很有限,但是实际上他的势力通常有决定性。威尼斯外交术公认为狡狯之至,威尼斯大使们的报告书有惊人犀利的见识。从朗克起,历史学家一向利用这类报告书作为有关他们所研究的事件最好的资料。

弗罗棱斯当年是世界上最文明的都市,它是文艺复兴的主要发祥地。文艺复兴期文学里面几乎所有的伟大名字,及文艺复兴期艺术中前期的、以至某些后期的大师的名字,都和弗罗棱斯连在一起;但是目前我们不管文化,且谈政治。十三世纪时,在弗罗棱斯有三个对立争衡的阶级:贵族、豪商和平民。贵族大多是皇帝党,另外两个阶级是教皇党。皇帝党人在 1266 年最后败北,十四世纪当中平民派又占了豪商的上风。然而斗争并没带来稳定的民主政治,却促使一种希腊人所谓的"僭主制"逐渐抬头。梅狄奇族终于成了弗罗棱斯的统治者,他们以民主派方面的政治牵线人起家。这家族中头一个取得明确的优胜地位的人——科济莫·德·梅狄奇(1389—1464),还没有什么官职;他的势力依靠操纵选举的妙术。他阴险狡诈,可能宽和时宽和待人,于必要的时候狠毒无情。他死后隔了一个短时期,孙儿伟业公罗伦佐继承他的位置,从 1469 年到 1492 年逝世为止,执掌大权。这两人的地位都是仰赖财力得到的,他们的财富主要来自商业,但是也来自矿业及其他实业。他们不仅知道自己如何致富,还懂得怎样使弗罗棱斯富足,所以在这两人的治理下,弗罗棱斯城繁荣昌盛。

罗伦佐的儿子皮特罗欠缺他父亲的那种长处,1494 年被驱逐。随后是萨万纳罗拉①得势的四年,这时期有一种清教气的信仰复兴,转使人反对欢乐奢华,远离自由思想,趋就已往较淳朴的年代想必一向特有的虔诚。然而结局,主要由于政治原因,萨万纳罗拉的敌派胜利,他被处死刑,烧毁尸体(1498)。这个共和国,目的在推行民主、而实际是财阀政治,传续到1512年,梅狄奇族又复辟了。罗伦佐有一个儿子②十四岁上便作了枢机主教,他在1513年当选教皇,号列奥十世。梅狄奇家用塔斯卡尼大公的爵衔统治弗罗棱斯直到1737年;但是弗罗棱斯在这期间也像意大利的其余部分一样,贫弱了下去。

　　教皇的俗权起源于丕平和伪造的"君士坦丁赠赐",在文艺复兴时期大大扩张;但是教皇们为此目的采用的那些方法,却断送了教皇职位的宗教威信。宗教会议运动在巴泽尔宗教会议与教皇尤 <sup>519</sup>金尼乌斯四世(1431—1447)的争斗中失败了,它代表着教会里最热诚的分子;或许更重要的是,这运动代表阿尔卑斯山以北教会的意见。教皇的胜利也就是意大利的胜利,(较差一层)又是西班牙的胜利。在十五世纪后半期,意大利文明全不像北方各国的文明,那依旧保持着中古风味。意大利人在文化方面正经严肃,但是对于道德和宗教满不认真;甚至在教士的心目中,典雅的拉丁文总会

---

　　① 萨万纳罗拉(Girolamo Savonarola,1452—98),意大利僧侣,教会改革者。大胆揭露教会腐化及社会败坏,痛斥罗伦佐一世,得到广泛拥护。梅狄奇家再得势后,1497年被开除教籍,第二年按叛教者和异端的罪名被处死。他的死给了达•芬奇、米凯兰基罗、马基雅弗利很深的刺激。——译者

　　② 即卓范尼•德•梅狄奇(Giovanni de Medici,1475—1521)。——译者

遮掩许多的罪。① 第一个崇尚人文主义的教皇尼古拉五世（1447—1455），把教廷的各种职位派给一些学者，只为他敬重这些人的学问，全不管别的考虑；罗伦佐・瓦拉（Lorenzo Valla）——一个伊壁鸠鲁主义者，也正是那个证明"君士坦丁赠赐"是伪件、嘲笑《拉丁语普及本圣经》的笔体、指斥圣奥古斯丁了异端的人，被任命为教皇秘书。这种奖励人文主义胜于奖励虔诚或正统信仰的政策，一直继续到1527年罗马大洗劫。

奖励人文主义固然让热诚的北方人感到愤慨，按我们的观点看，也许还算是件功德；但是某些教皇的黩武政策和道德败坏的生活，除非从赤裸裸的强权政治的观点来看，从什么观点来看也无法给它辩护。亚历山大六世（1492—1503）在个人的教皇生活中，专一扩张自己和自己一家的势力。他有两个儿子：甘地亚公和凯萨・鲍吉亚（Caesar Borgia），他非常偏爱前一个。然而甘地亚公被人杀害了，大概是弟弟把他谋死的。于是这位教皇的王业壮志只得灌注在凯萨身上。他们一同征服了罗马尼阿和昂可纳，这两个地方预计要给凯萨做个公国。但是在教皇死的时候，凯萨正病重，所以不能即时行动。他们的征服地结果重新并入圣彼得的世袭财产。这两人的劣迹很快就成了风传，归罪到他们身上的数不清的谋杀事件，真假难辨。不过，他们推行不讲信义的奸计达到空前地步，这点总无可置疑。继承亚历山大六世的尤理乌斯二世（1503—1513）也不虔诚异常，却比他的前任少留下一些造成丑闻的口实。

520

---

① 拉丁语是中古时代教会中的通行语言。参照《新约》，《彼得前书》，第四章，第8节："最要紧的是彼此切实相爱。因为爱能遮掩许多的罪。"——译者

他继续进行扩张教皇领地；当作军人看，他自有长处，但是按基督教的首脑来论，并不可取。在他的继任者列奥十世(1513—1521)治下开始的宗教改革运动，乃是文艺复兴时期各教皇的非宗教政策的当然后果。

意大利南端归那不勒斯王国据有，在大多时候，西西里和那不勒斯统联一起。那不勒斯和西西里原先是弗里德里希二世皇帝的特别私人王国；他创建了一种回教国式的君主专制，开明但是独裁，不给封建贵族容留半分权力。1250年弗里德里希死后，那不勒斯和西西里归属他的私生子曼弗里德，不过曼弗里德也继承了教会的不解冤，1266年被法兰西人驱逐。法兰西人自落个不得人心，结果在"西西里晚祷"①事件(1282)中遭屠杀；这以后王国属于阿拉贡王彼得三世②和他的各代继承人。经过种种错综复杂的纠纷，那不勒斯和西西里一度暂时分裂，然后在1443年重新合并在著名的文事奖励者雅量王阿尔封索下面。从1495年以降，有三个法兰西王力图征服那不勒斯，但是这王国最后被阿拉贡的斐迪南得到手(1502)。查理八世、路易十二世和弗朗西斯一世，这几个法兰西王全坚持自己有领辖米兰和那不勒斯的权利(在法理上不大有根据)；他们全入侵过意大利，收到暂时成功，但是终究全被西班牙人战败。西班牙的胜利和反宗教改革运动，结束了意大利文艺

---

① 1282年复活节后的星期二，在举行晚祷的时候，西西里人到处起来大杀法兰西人，单在巴勒莫就杀了八千，这次事件叫"西西里晚祷"(Sicilian Vespers)。——译者

② 阿拉贡(Aragon)在西班牙东北部。彼得三世(Peter Ⅲ,1239?—1285；在位1276—1285)娶曼弗里德的女儿；他在1282年战胜查理一世的军队，成为西西里王。——译者

复兴。教皇克莱门特七世是反宗教改革运动的障碍，而且他是个梅狄奇家的人，做法兰西的同党，因此在 1527 年查理五世让一支大部分由新教徒组成的军队洗劫了罗马。从此以后，教皇们转上虔诚的道路，而意大利文艺复兴运动就寿终正寝。

在意大利耍的强权政治复杂得难以相信。小邦主大部分是自力起家的霸主，他们一时和大邦中这一个联盟，一时和那一个联盟；他们假若要得不高明，就被齐根铲灭。战争连绵不断，但是在 1494 年法兰西人到来以前，打的仗都几乎不流血：兵是雇佣兵，恨不得把他们的职业危险缩到最小限度。这类纯属意大利的战争，对贸易没起很大妨害，也未阻碍意大利添增财富。治国策术层出不穷，英明的政治才略没有分毫；当法兰西人到来的时候，国家简直是毫无防护。法兰西军队在交战中真的杀人，吓坏了意大利人。随后法兰西人与西班牙人的历次战争都是一本正经的战争，带来了苦难和贫困。但是意大利各城邦全不顾惜民族统一，彼此继续阴谋倾轧，在内讧中乞求法兰西或西班牙的援助，到头来同归于尽。由于发现美洲和经好望角通往东方的航路，意大利总逃不了要丧失重要地位，这自不在话下；但是这崩溃也尽可以少有些祸患，对意大利文明素质的破坏性轻一些。

文艺复兴不是在哲学上有伟大成就的时期，但是也做出一些事情，对伟大的十七世纪来讲是必要的准备。首先，文艺复兴运动摧毁了死板的经院哲学体系，这体系已经成了智力上的束缚。恢复了对柏拉图的研究，因此要求人至少也得有在柏拉图和亚里士多德之间进行选择所必需的独立思考。文艺复兴促进了人们对于这两个人的直接的真正认识，摆脱新柏拉图派和阿拉伯注释家的

521

评注。更重要的是,文艺复兴运动鼓励这种习惯:把知识活动看成是乐趣洋溢的社会性活动,而不是旨在保存某个前定的正统学说的遁世冥想。

和拜占庭学问的接触,使柏拉图提早替代经院派解释的亚里士多德。早在那次把东西方两教会名义上再统一起来的费拉拉宗教会议(1438)上,就有过一场辩论,在辩论中拜占庭人主张柏拉图胜似亚里士多德。纪密斯特·普里索(Gemistus Pletho)是希腊一个正统信仰很成问题的热诚的柏拉图主义者,他对在意大利振兴柏拉图哲学有很大贡献;还有一个当上枢机主教的希腊人贝萨利昂(Bessarion)也是这样。科济莫·德·梅狄奇和罗伦佐·德·梅狄奇都醉心于柏拉图;科济莫创立了广泛从事柏拉图研究的弗罗棱斯学院,罗伦佐继续兴办。科济莫临死还倾听着柏拉图的一篇对话。不过当时的人文主义者们忙于获得古代的知识,因此在哲学上不能出什么独创性的东西。

文艺复兴不是民众性运动;是少数学者和艺术家的运动,受到一些慷慨的文艺奖励者,特别受到梅狄奇家和崇尚人文主义的教皇们的赞助。假若当初没有这些奖励者,它取得的成功说不定会小得多。十四世纪的佩脱拉克和薄卡丘按精神讲属于文艺复兴时代,但是由于当时的政治条件不同,所以他们的直接影响比不上十<sup>522</sup>五世纪的人文主义者。

文艺复兴时期的学者对教会的态度,很难简单刻画。有的人是直言不讳的自由思想家,不过即使这种人通常也受"终傅"①,在

---

① 天主教七圣礼之一,在临死者的头、手、足、胸涂圣油的一种仪式。——译者

感到死亡迫临的时候与教会和解。大多数学者痛感当时教皇的罪恶，然而他们还是乐于受教皇的聘用。历史学家贵查第尼（Guicciardini）在 1529 年写道：

"再没有谁比我更憎恶祭司的野心、贪婪和放荡了；不仅因为这些恶习每一件本身就可恨，而且因为其中每一件统统和自称与神有特殊关系的人极不相称，同时还因为这些恶习又是那么相互对立的，只在生性十分奇僻古怪的人身上才能共存。尽管如此，我在几任教皇教廷中的位置，迫使我只得为了切身利益希求他们伟大。但是，如果不是为了这个缘故，我早已像爱自己一样爱马丁·路德了；这并不是为我个人摆脱一般所理解和解释的基督教加给人的戒律，倒是为了要眼看这帮无赖被押回自己的本位，好叫他们不得不去过没罪恶或没权柄的生活。"①

这真坦率得痛快，清楚地摆明了人文主义者所以不能发起宗教革新的理由。况且，他们当中大多数人在正统信仰和自由思想之间看不出任何折中办法；他们已经不再具有对神学微妙处的中古感受性，所以像路德的那种立场，在他们是做不到的。马祖求②讲罢了修士、修女和修道僧的恶端，说："对他们最好不过的惩罚恐怕就是让神把炼狱取消；这一来他们便不会再受到布施，只得重新去过锄锹生活了。"③但是他却没像路德那样，想到去否认炼献，同

---

① 引自布克哈特（Burckhardt）：《意大利的文艺复兴》（*Renaissance in Italy*），第六编，第二章。

② 马祖求（Masuccio，1420 左右—1476 以后），意大利小说家，一生大部分时期在米兰公下面供职。——译者

③ 布克哈特：《意大利的文艺复兴》，第六编，第二章。

时又保留大部分天主教义。

罗马的财富不过稍许指靠由教皇领地得到的岁收,主要是通过一个主张教皇握着天国钥匙的神学体系,从全天主教世界敛集的献金。哪个意大利人对这体系表示异议而收到实效,就难保不引起意大利贫困化,使它丧失在西方世界中的地位。因此文艺复兴时期意大利的异端是纯粹精神上的异端,没酿成教会分裂,也未惹出任何要发起脱离教会的民众性运动。唯一的例外,还是个很不完全的例外,就是按精神讲属于中世纪的萨万纳罗拉。

大多数人文主义者把在古代受到维护的那些迷信保留下来。魔法和巫术也许是邪道,但不认为这种事是不会有的。尹诺森八世在 1484 年下了一道反巫术的敕令,结果在德意志及其他地方引起了一场对女巫的触目惊心的大迫害。占星术特别受自由思想家们重视,达到了古代以来未有的风行。从教会里得到解放的最初结果,并不是使人们的思考合乎理智,倒是让人对古代样样荒诞无稽的东西广开心窍。

在道德方面,解放的最初结果同样悲惨。旧道德规律不再受人尊重;城邦邦主一大半都是通过变节背叛获得地位,靠无情的残酷手段维系住统治的。枢机主教受邀请赴教皇加冕礼宴时,他们唯恐放毒,自带酒和酒童。① 除萨万纳罗拉以外,在这时期难得有一个意大利人为公众的利益冒任何牺牲。教皇腐化的祸患有目共睹,但是毫无对策。意大利统一的好处显而易见,邦主们却不会联合起来。异族统治的危险近在眼前,然而每一个意大利邦主在与

---

① 布克哈特:《意大利的文艺复兴》,第六编,第一章。

其他任何意大利邦主的任何一次争执里，还情愿乞求任何外强的援助，甚至于乞求土耳其人。除开毁坏古代抄本这事情而外，文艺复兴时期的人不经常犯的罪过我想不出一件。

在道德范围以外，文艺复兴有伟大的功绩。在建筑、绘画和诗歌方面，它一向保持着好名声。文艺复兴运动出了雷奥纳都、米凯兰基罗、马基雅弗利等非常伟大的人物。这个运动把有教养的人从褊狭的中古文化里解放出来，它即使仍旧是古代崇拜的奴隶，也总让学者们知道，几乎在一切问题上，有声誉的权威们曾经主张过种种不同的意见。文艺复兴通过复活希腊时代的知识，创造出一<sub>524</sub>种精神气氛：在这种气氛里再度有可能媲美希腊人的成就，而且个人天才也能够在自从亚历山大时代以来就绝迹了的自由状况下蓬勃生长。文艺复兴时期的政治条件利于个人发展，然而不稳定；也像在古希腊一样，不稳定和个性表露是密切相连的。有稳定的社会制度是必要的，但是迄今想出来的一切稳定制度都妨害了艺术上或才智上的特殊价值的发展。为获得文艺复兴时期的那种伟大成就，我们准备忍受多少凶杀和混乱？已往，情愿大量忍受；在现代，要少得多。尽管随着社会组织的扩大，这问题正不断地紧要起来，到今天还没找到一个解决办法。

# 第三章  马基雅弗利

文艺复兴虽然没产生重要的理论哲学家，却在政治哲学中造就了卓越无比的一人——尼科罗·马基雅弗利。一般人惊讶他荒谬绝伦，已成惯例；他有时候也的确是荒谬惊人。但是，旁的人假使同他一样免除欺瞒人的假道学,有不少个会同样如此。马基雅弗利的政治哲学是科学性的经验学问,拿他对事务的亲身经验作基础,力求说明为达到既定目的所需用的手段,而不讲那目的该看成是善是恶这个问题。他偶尔听任自己谈到他希求的目的,那就是我们大家完全能鼓掌称赞的一种目的。惯常加到他名字上的毁谤,一大部分出于恼恨人坦白自供坏事的伪君子的愤慨。固然,真正需要批评的地方还是很多的,但是在这一点上他是当时时代的表现。对于政治中的不诚实这种在思想上的诚实,在其他任何时代或其他任何国度都是不大可能的事,也许在希腊,从智师派学者受了理论教育、由小城邦战争得到实际磨炼的那些人属于例外;小城邦间的战争,在古典的希腊正如同在文艺复兴时期的意大利,是和个人天才自然伴连着的政治背景。

马基雅弗利(1469—1527)①是弗罗棱斯人;他的父亲——一位法律家,不富有也不算穷困。当他二十多岁的时候,萨万纳罗拉主宰弗罗棱斯;这人的悲惨下场显然给了马基雅弗利深刻的印象,因为他说:"一切武装的先知胜利了,没有武装的先知失败了",随即举萨万纳罗拉作为后一类人中的实例。在相反方面他说到摩西、居鲁士、泰修思②和罗缪鲁斯。不提基督,这正是文艺复兴的表征。

萨万纳罗拉刚被处刑后,马基雅弗利在弗罗棱斯政府中得到

---

① 原书把马基雅弗利的生年误作 1467 年。——译者

② 泰修思,希腊神话中雅典王伊久思之子,统一亚底加各国;又有许多英雄事迹,如杀牛头人身怪米诺陶尔,战胜阿马宗族,参加寻找金羊毛的探险等。——译者

一个次等职位(1498)。他在政府继续供职,时时担任重要的外交使节,直到1512年梅狄奇家复辟;那时,他由于一贯和梅狄奇家作对而被捕,但是得到开释,准他在弗罗棱斯近乡过退隐生活。因为别无工作,于是从事著述。他的最出名的著作《邦主鉴》(*The Prince*)是1513年写的,由于他希望讨得梅狄奇家的欢心(事实证明是空希望),题献给罗伦佐二世。本书的语调也许多少可归之于这个实际意图;他同时在撰写的那部较长的作品《罗马史论》(*Discourses*),显著地带着更多的共和主义与自由主义色彩。他在《邦主鉴》的开首说,这本书里他不打算谈共和国,因为已在别处讨论过共和国了。不并读《罗马史论》的人,对他的学说往往容易得出一个很偏颇的看法。

马基雅弗利既然没能取得同梅狄奇家的和解,不得已继续著述。他隐居终身,死在查理五世的军队洗劫罗马那一年。这年可以看成也是意大利文艺复兴运动死亡的一年。

《邦主鉴》这本书旨在根据史实及当时的事件,揭明公国是怎样得来的、怎样保住的、怎样失掉的。十五世纪的意大利提供许多个大小实例。邦主没几人是合法的,甚至在不少情况下,连教皇也凭仗贿买手段获得选任。那时候到达成功的常则和时代变得较稳定后的成功常则是不尽一样的,因为像那种凶残和不讲信义的行为假若在十八或十九世纪,会让人丧失成功资格,当时却没哪个为之感到愤慨。或许我们这时代的人又比较会赏识马基雅弗利,因为当代有一些最可注目的成功,都是仗着和文艺复兴时在意大利使用过的任何方法一样卑鄙的方法取得的。想来马基雅弗利这位政略艺术鉴赏家,总要给希特勒的国会纵火案、1934 年的纳粹清党及慕尼黑协定后的背信喝彩叫好吧。

亚历山大六世的儿子凯萨·鲍吉亚大受颂扬。凯萨的问题是个难问题：第一，要通过哥哥一死，自己成为父亲的王业壮志唯一的受益人；第二，要假借教皇的名义用武力征服一些领地，这些领地在亚历山大死后必须归他个人所有，不属教皇领；第三，要操纵枢机会①，使下一代教皇是他的同党。凯萨追求这个困难目的，手腕非常老练；马基雅弗利说，从他的实践，新起的邦主应当吸取箴训。不错，凯萨失败了，然而只"由于命运意外不吉"。恰巧在他父亲死的时候，他也病势危笃。待他病好过来，他的敌人已经纠合起自己的兵力，他的冤家对头已经当选为教皇。在这次选举的那天，凯萨告诉马基雅弗利，他对一切全有了准备，"只是万万没想到，在父亲死的时候他自己也几乎要死。"

马基雅弗利深切知道他的种种恶行，却这样下结语："如此，回顾公［凯萨］的全部行为，我找不出丝毫可指责的地方；反而像我在前面所说，我感觉理当把他看成是一切靠命运、藉他人武力掌握到大权的人要效法的榜样。"

书中有一章："论教会公国"，很有味；据《罗马史论》里所讲的话看来，这一章分明隐瞒了马基雅弗利的部分思想。隐瞒的理由当然在于《邦主鉴》特意要讨好梅狄奇家，而且当书脱稿的时候，一个梅狄奇家的人又刚刚做了教皇（列奥十世）。他在《邦主鉴》中说，关于教会公国，唯一困难就在获取，因为既取得后，便受到古来

① 由全体枢机主教所组成的教皇的最高咨询机关，选举教皇。——译者

的宗教习惯庇护，有这些宗教习惯，教会公国邦主不管如何作为也能保住大权。这种邦主不必要有军队（马基雅弗利如此说），因为"他们为人心不能企及的崇高大义所支持"。他们"受神的称扬与维护"，"议论他们，那恐怕是狂妄无知的人办的事"。他继续写道，虽说如此，仍旧容人考问，亚历山大六世把教皇俗权如此扩大，凭的是什么手段。

《罗马史论》中关于教皇权力的议论比较详尽，也比较真诚。在这里，他首先把著名人物排成道德上的品级。他说，最上等人是宗教始祖；其次是君主国或共和国的奠定者；然后是文人。这些人是好人，而破坏宗教的、颠覆共和国或王国的，以及与美德或学问为敌的人是恶人。凡建立专制政治的人非善类，包括凯撒在内；从相反方面讲，布鲁图斯①是好人。（这种见解与但丁的见解之间的分歧，显示出古典文学的影响）。他主张宗教在国家中应当占显要地位，这并不以宗教的真实性为理由，而是把它当作社会联结纽带；罗马人做得对：他们假装信占卜，惩治那些轻视占卜的。马基雅弗利对当时的教会有两点指责：第一，教会通过自己的恶行，伤害了宗教信仰；第二，教皇的俗权及俗权引起的政策，妨碍意大利统一。这两点指责表说得很痛切有力："人同我们的宗教首脑罗马教会越接近，信仰越不虔诚。……它的毁灭和惩罚临前了。……我们意大利人亏赖罗马教会和它的祭司，才成了不敬神的败类；但是我们还受它一件更大的恩惠，一件终将成为我们毁灭根苗的恩

528

---

① 布鲁图斯（Marcus Junius Brutus，公元前85—前42），罗马政治家，刺杀凯撒的主谋者。——译者

惠,那就是这教会使我们国家弄成四分五裂,现在仍让它四分五裂。"①

按这样几段文字看来,必须认为马基雅弗利赞赏凯萨·鲍吉亚,无非是赞赏他的手腕,不是赞赏他的目的。在文艺复兴时代,人对高妙手腕和带来名声的行为备极赞叹。这类感情当然向来一直就存在;拿破仑的敌人中有不少热烈叹服他是个将才。但是在马基雅弗利时代的意大利,对于机巧的那种准艺术欣赏式的赞美,大大越过以前和以后各世纪。要是把这种赞美跟马基雅弗利认为重要的大政治目标看成一致,那就错了。爱手腕和求意大利统一的爱国愿望,这两样事在他的心中并存着,毫不融会。所以他能够颂扬凯萨·鲍吉亚的精明,却怪罪他不该让意大利闹得分崩离析。应当设想,依他之见十全的人物就是论手段聪敏而无忌惮如同凯萨·鲍吉亚,但是抱着不同目标的人。《邦主鉴》结尾声声动人地呼吁梅狄奇家将意大利从"蛮人"(即法兰西人和西班牙人)手中解放出来,这些人的统治"发恶臭"。他预料人担当这种事业,不会是出于非自私的动机,而会是出于爱权势心,更重的是好名望心。

关于邦主的行为方面,《邦主鉴》直言不讳地否定一般公认的道德。作邦主的如果总是善良,就要灭亡;他必须狡狯如狐狸,凶猛像狮子。书中有一章(第十八章),标题是"邦主必如何守信义"。里面讲,在守信有好处时,邦主应当守信,否则不要守信。邦主有时候必须不讲信义。

———————————————

① 在 1870 年以前一直如此。

译者案:1870 年意大利军进占罗马,教皇庇护九世屈服,教皇政权告终,意大利完成最后统一。

23

"但是必须会把这种品格掩饰好，必须作惯于混充善者、口是心非的伪君子。人们全那么头脑简单、那么容易顺从眼前需要，因此欺骗人的人总会找到愿意受欺骗的人。我只举一个近代的实例。亚历山大六世除骗人外一事不干，他旁的什么事也不想，却还找得到骗人的机会。再没有谁比他更会下保证，或者比他发更大的誓来断言事情，可是再也没有谁比他更不遵守保证和誓言了。然而因为他深懂得事理的这一面，他的欺骗百发百中。所以说，为邦主的并不必要条条具备上述的品质〔各种传统美德〕，但是非常有必要显得好像有这些品质。"

他接下去说，最主要的是邦主应当显得虔信宗教。

《罗马史论》在名义上是对李微历史著作的论评；它的语调与《邦主鉴》大不相同。有整章整章，看起来几乎像出自孟德斯鸠的手笔；这书的大部分让十八世纪的自由主义者来读也会赞许。明言阐述了"约制与均衡"说。君主、贵族和平民皆应在宪法中各占一份；"那么这三个势力就会彼此交互约制住。"莱库格斯确立的斯巴达宪法最佳，因为它体现了顶完全的均衡；梭伦的宪法过分民主，结果造成比西斯垂塔斯的僭主政治。罗马的共和政体是好政体，这由于元老院和平民的冲突。

书中通篇使用"自由"这个词指某种宝贵的东西，不过究竟何所指并不十分清楚。这名词当然是从古代接手来的，又传给十八、十九世纪。塔斯卡尼保持下来自由，因为那里没有城堡和君子。("君子"(Gentlemen)当然是误译，却是个令人开心的误译。)看来他认为要实现政治自由，公民必须具备某种个人美德。据他说，唯独在德意志，正直和敬神仍旧普遍，所以在德意志有许多共和国。

一般讲,民众比君主贤达而且比较有恒性,尽管李微和大多数其他著述家抱相反主张。常言说:"民之声即神之声"①,这话也不乏正当理由。

希腊人和罗马人在共和时代的政治思想,到十五世纪如何又获得在希腊自亚历山大以来、在罗马自奥古斯都以来就不再有的现实意义,说来有趣。新柏拉图主义者、阿拉伯人、经院哲学家们,对柏拉图和亚里士多德的形而上学抱热烈兴趣,但是却根本不注意他们的政治作品,原因是城邦时代的政治制度已经完全绝迹了。<sup>530</sup>在意大利城邦制的成长与文艺复兴同时并起,因此人文主义者便能够从共和时代的希腊人与罗马人的政治理论有所收获。对"自由"的爱好,及"约制与均衡"说,由古代传给文艺复兴时期,又主要从文艺复兴时期传给近代,固然近代也直接承继了古代。马基雅弗利的这一面,和《邦主鉴》里那种比较闻名的"不道德的"主义,至少是同样重要的。

值得注意的是,马基雅弗利绝不拿基督教义上的或圣经上的根据当作政治议论的基础。中古的著述家抱有"合法"权力的想法,所谓合法权力即教皇和皇帝的权力,或者由这些人来的权力。北方的著述家们甚至后来直到洛克,还论说伊甸乐园里发生的事情,以为他们由此能给某些种权力的"合法"性找到证据。在马基雅弗利却没这样的概念。权力归于自由竞争中有手段抓到权力的人。他对平民政治的爱好并非出自什么"权利"观念,而是由于观

---

① 这句话最早见于英国神学家阿鲁昆的《书翰集》,拉丁文原句是"vox populi, vox Dei"。——译者

察到平民政治不像专制政治那样残酷、专横和动乱不定。

现在试给马基雅弗利的学说中"道德的"部分和"不道德的"部分作一个(他本人原来未作的)综合。下文里我不是在表达我自己的意见,而是表达他本人或明言或隐含的意见。

政治上的好事是有一些,其中这三样特别重要:民族独立,安全,和井然有序的政治组织。最良好的政治组织是在君主、贵族和民众之间,依各自的实际力量为准来分配法权的政治组织,因为在这种政治组织下革命难成功,于是就可能有稳定;但是为稳定着想,多给民众一些权力总是明智的。关于目的便是如此。

但是在政治上还有手段问题。用注定要失败的方法追求某个政治目标,徒劳无益;即便认为目的是好的,也必须选取可以实现它的相当手段。手段问题能够不管目的或善或恶,按纯粹的科学方式处理。"成功"意思指达到你的目的,不管是什么目的。假若世间有一门"成功学",按恶人的成功去研究,可以和按善人的成功去研究同样研究得好——实际上更好,因为成功的罪人实例比成功的圣贤实例尤其繁多。然而这门学问一旦建立起来,对圣贤和对罪人同样有用,因为圣贤如果涉足政治,必定同罪人一样,希图成功。

问题归根结底是力量的问题。为达到某个政治目的,这类或那类的力量总不可缺少。这件简单明白的事实被"正义必将战胜"或"罪恶的胜利不久长"等诸如此类的口号掩饰住了。即便你所认为的正义一方真战胜,那也因为该方拥有优势力量之故。是的,力量常常依靠舆论,舆论又靠宣传;而且当然,表面显得比你的敌对者有道德在宣传上是有利点,而显得有道德的一个方法就是真有道德。因为这个理由,胜利说不定往往落在具备公众所认为的道德最充分的一方。马基雅弗利以为这不独是十六世纪时宗教改革运动成功的重要因素，还是十一、十二、十三世纪当中教会权力增长的重要因素，他这意见我们倒也必得认可。但是关于这点有若干重大限制。第一，抓到权力的人，能够操纵宣传使自己一派人显得有道德；例如，在纽约和波士顿的公立学校中，恐怕谁也不能提亚历山大六世的罪恶。① 第二，有些个混乱时期，明白露骨的无赖行径屡屡成功；马基雅弗利的时期正是这样的时期。在这种时代，往往有一种迅速增长的人性为己观，无论什么事情只要它是合算的，一般人就看得下去。照马基雅弗利自己讲，哪怕在这种时代，当着无知大众也宜摆出一副道德面孔。

这问题还能够更进一步来看。马基雅弗利持这个意见：文明人几乎一定是不择手段的利己主义者。他说，假使有人在今天想建立共和国，会发觉在山民中比在大城市的人中容易做，因为后一种人恐怕已经腐化了。② 即便某人是不择手段的利己主义者，这人的最聪明的行动方针仍要随他须驾驭的民众来定。文艺复兴时期的教会引起人人激愤，但是只在阿尔卑斯山以北，才让众人激愤得酿成宗教改革。当路德开始叛教之际，教皇的收入想必要超过当初亚历山大六世和尤理乌斯二世倘如品德较好，教皇应有的收入；假若这点是实，便是因为文艺复兴时期意大利的人性为己观而致。可见，政治家如果依靠有道德的民众，他们的行为比在依靠对

① 在美国的这两个地方，旧教徒势力非常大，谈论教皇的罪恶恐怕会惹起公愤。——译者

② 妙在这点先得卢梭之心。把马基雅弗利解释成失意的浪漫主义者很有趣，也不全然错误。

27

道德问题漠不关心的民众时要良好；他们在若有罪行就能够广泛传知的社会里，比在有他们掌握下的严厉检查制度的社会里，行为也要良好。当然，凭伪善总能够取得一定程度的成功，但是通过适当制度能使成功的程度大大缩小。

马基雅弗利的政治思想也如同大部分古代人的政治思想，有一个方面不免肤浅。他满脑子是莱库格斯和梭伦一类的大制法者，而想当然这种人不大管以前的社会情况，就创立一个完完整整的社会。把社会看作是有机生长体，政治家对它仅能起有限影响，这种社会概念主要是近代的概念，进化论又大大加强了这个概念。这概念从柏拉图那里找不到，从马基雅弗利那里同样也找不到。

然而，也许不妨这样主张：进化论的社会观纵使在过去合乎实情，今天已不再适用，对现在和未来讲，却必须另换一个远为机械论的看法。在俄国和德国①创造出了新的社会，简直仿佛神话人物莱库格斯据说创造斯巴达国体的情况一般。古代的制法者是仁慈的神话，现代的制法者是令人恐悚的现实。这世界已经比向来更类乎马基雅弗利的世界，现代人谁希望驳他的哲学，必须作一番超过十九世纪时似乎有必要作的深思。

## 第四章　埃拉斯摩和莫尔

在北方各国，文艺复兴运动比在意大利开始得迟，不久又和宗

---

① 本书是在第二次世界大战期间写的，这里说的德国指纳粹倒台前的德国。——译者

教改革混缠在一起。但是十六世纪初也有个短期间,新学问在法国、英国和德国没卷入神学论争的旋涡,生气勃勃地四处散播着。这个北文艺复兴运动有许多地方和意大利的文艺复兴大不相同。它不混乱无主,也不超脱道德意味;相反,却和虔诚与公德分不开。北文艺复兴很注意将学问标准用到圣经上,得到一个比《拉丁语普及本圣经》更正确的圣经版本。这运动不如它的意大利先驱辉煌灿烂,却比较牢固;比较少关切个人炫耀学识,而更渴望把学问尽可能地广泛传布。

埃拉斯摩(Erasmus)和托马斯·莫尔爵士(Sir Thomas More)这两人,可算是北文艺复兴运动的典型代表。他们是亲密的朋友,有不少共通处。两人都学识渊博,固然莫尔博学不及埃拉斯摩;两人都轻视经院哲学;两人都抱定由内部实行教会革新的志向,可是当新教分裂发生时,又都对它悲叹不满;两人都写一手隽妙、幽默而极度老练的文章。在路德叛教以前,他们是思想上的首领;但是在这之后,新旧两边的世界都变得过于激烈,他们这种类型的人就不合时宜了。莫尔殉教死了,埃拉斯摩落魄潦倒。

无论埃拉斯摩或莫尔,都不是严格意义上的哲学家。我所以论述这两人,理由就在于他们可为实例说明革命前时代的性格,在这种时代普遍有温和改良的要求,而怯懦的人尚未让过激派吓得倒向反动。他们又体现出抗逆经院哲学这件事的特色,即嫌恶神学或哲学中一切体系性的东西。

埃拉斯摩(1466—1536)生在鹿特丹①。他是私生子,因此关

---

① 关于埃拉斯摩的生平,我主要依据海辛哈(Huizinga)写的那本出色的传记。

于自己的出生委细，编造了一套浪漫性的假话。实际，他的父亲是
534 个祭司，一个稍有学问、懂得希腊语的人。埃拉斯摩的生身父母在
他尚未成年时死去，他的那些监护人（显然因为侵吞了他的钱）哄
诱他当了斯泰因（Steyn）①的修道院的修士，这是他毕生悔恨的一
步。监护人里有一个是学校教师，可是他所知道的拉丁语比埃拉
斯摩身为小学生已经知道的还差。这位老师回复这孩子来的一件
拉丁文书札，在信中说："万一你再写这样典雅的信，请给加上注解
吧。"

　　1493 年，埃拉斯摩当上刚布雷地方主教的秘书，该主教是金羊
毛骑士团的团宗。这给了他离开修道院去游历的好机会，只不过并
非如他的素愿去意大利罢了。他的希腊文知识当时还很粗浅，但他
在拉丁语方面具备高度素养；为罗伦佐·瓦拉的那本论拉丁语的种
种雅致的书，埃拉斯摩格外景仰瓦拉。他认为用拉丁文和真信仰完
全可以并容，还举奥古斯丁和杰罗姆为例——看来他明明忘记了杰
罗姆的那个梦：梦中我主痛斥他读西塞罗的作品。

　　埃拉斯摩一度入巴黎大学，但是在那里找不到对自己有益处
的东西。这大学从经院哲学发端直到盖森②和宗教会议运动，曾
有过它的黄金时代，但是现在老的论争都干枯无味了。托马斯派
和司各脱派原先合称古代派，这派人对奥卡姆主义者论斥争辩，后
者称作名目论派又称近代派。终于在 1482 年两派和解，携手一致
对抗人文主义者；当时大学界以外，人文主义者在巴黎蒸蒸日上。

---

① Steyn，原书误作 Steyr。——译者
② 盖森（Jean de Gerson，1362—1428?），法国神学家，巴黎大学校长。——译者

埃拉斯摩憎恶经院哲学家,认为他们老朽过时。他在一封信里提到,他因为想取得博士学位,竭力不谈一点优雅或隽妙的事。任何一派哲学,甚至柏拉图和亚里士多德,他都不真正喜好;只不过这两人既然是古代人,谈到时必须表示尊敬罢了。

1499 年埃拉斯摩初访英国,爱好英国的吻女孩子的风习。他在英国结交寇理特①和莫尔,两人劝勉他不要玩弄文墨上的雕虫小技,着手郑重的工作。寇理特开讲圣经课程,却不懂希腊语;埃拉斯摩感觉自己愿在圣经上面下工夫,认为希腊语知识万不可不备。他在 1500 年年初离英国后,尽管穷得聘不起教师,自己开始学习希腊语;到 1502 年秋天,他已学得精娴熟练,而在 1506 年去 535 意大利的时候,他发觉意大利人没什么可让他学的了。他决意编订圣杰罗姆的著作,再出版一部附有新拉丁译文的希腊文新约圣经,这两件事都在 1516 年完成。他发现《拉丁语普及本圣经》里有种种错误,这个发现后来在宗教论争中对新教徒有好处。埃拉斯摩也打算学会希伯来文,但是把它丢下了。

埃拉斯摩写的书唯一还有人读的就是《愚神颂赞》(*The Praise of Folly*)。这本书的构思是 1509 年他从意大利去英国途中,正当跨越阿尔卑斯山的时候萌发的。他在伦敦托马斯·莫尔爵士宅中迅速把它写成;书题献给莫尔,还戏谑地影射指出,由于"Moros"作"愚人"解,题献得正合适。书中愚神亲身自白;她自夸

---

① 寇理特(John Colet,1467? —1519),著名英国人文主义者,神学家;曾在牛津大学讲说圣经。——译者

自赞,兴致勃勃,她的词句配上霍尔班①的插图,更添生色。愚神的自白涉及人生一切方面,涉及所有的阶级和职业。要不是有她,人类就要绝灭,因为哪个不愚能结婚? 为当作智慧的解毒剂,她劝人"娶妻子——这种动物极愚戆无害,然而极便利有用,可以柔化、缓和男人的僵板与阴郁的心情。"离了阿谀或免除自私心,谁会幸福? 然而这样的幸福是愚蠢。最幸福的人就是那些顶近乎畜类、委弃理性的人。至高的幸福是建立在幻想上的幸福,因为它的代价最低:想像自己为王比实际成王要容易。埃拉斯摩然后又来取笑民族骄傲和职业上的自负:学艺各科的教授先生们几乎个个自负得不成话,从自负里讨幸福。

书中有些段落里,嘲讽转成谩骂,愚神吐露埃拉斯摩的郑重意见;这些段落谈的是各种教会弊端。祭司用来"计算每个灵魂在炼狱中的居留时间"的赦罪符和免罪券;礼拜圣徒,乃至礼拜圣马利亚,"她的盲目的献身者认为将圣母放在圣子前是礼仪";神学家们关于三位一体②和道成肉身③的争论;化体说④;经院哲学各流派;教皇,枢机主教和主教——这一切全受到猛烈的讪笑。特别猛烈的是对修道会僧的攻击,说他们是"精神错乱的蠢物",他们简直不

---

① 指小霍尔班(Hans Holbein,1497? —1543),德国画家;以肖像画著称,为《愚神颂赞》作了有名的插图,又绘有一幅埃垃斯摩画像。——译者

② 按基督教义,神有三个存在形式,即"位"或"位格"(person 或 hypostasis),三位是"圣父"(神),"圣子"(耶稣),和"圣神"(或"圣灵")。三位虽然个体相异,本质上是同一个神。——译者

③ 基督教义,神作为基督现肉身与人性。——译者

④ 按天主教义,圣体用的面包和葡萄酒的全质,经过一种神奇变化,转化成基督的身体和血。参看《新约》,马可福音,第十四章,22—25节。——译者

带一点宗教气，然而"深深地爱恋自己，是个人幸福的痴赏家。"照他们的行动举止看，好像全部信仰都在于琐屑的礼式小节："缚凉鞋准确要打多少个结；各式衣装分别取什么特异颜色，用什么衣料做成；腰带多么宽，多么长，"等等。"听他们在末日审判席前的声辩想必是妙不可言：一个要夸说他如何只以鱼为食，净灭了他的肉欲；另一个要强调他在世的时光大部分是在咏唱圣歌的礼拜式中度过的；……又一个极力说他六十年当中连碰也没碰过一文钱，除隔着厚厚的手套去摸索不算。"可是基督会抢口说："你们这些文士和法利赛人有祸了，……我只留给你们彼此相爱这一条教训，这教训我没听哪个声辩说他已经忠实履行了。"然而在尘世上大家都怕这帮人，因为他们从神工阁子中知道许多私密事，遇到酒醉的时候常常顺口泄露。

也没有饶过教皇。教皇应当以谦逊和清贫来效法他们的主。"他们的唯一武器应该是圣神武器；的确，在这种武器的使用上，他们慷慨之至，例如他们的禁止圣事①、停权②、谴责③、重诫④、大绝罚和小绝罚⑤，以及他们的怒声咆哮的敕令，这些敕令打击了他们

---

① 天主教会中加给个人、团体或某个地区的一种不许参加或举行某些教会仪式的处分。——译者
② 教会里对教士的一种处分，全部或部分禁止他行使职权。——译者
③ 教会中的一种处分；用一定书面形式举发出所犯的过错。——译者
④ 天主教会中经过三次训诫后进一步作破门警告的一种处分。——译者
⑤ 教会惩罚形式之一；在天主教，"小绝罚"是禁止领圣体，"大绝罚"即开除教籍。——译者

所申斥的对象；①但是这些至圣的神父②，除了对待那种受魔鬼唆使、目中对神不抱敬畏、凶毒恶意地图谋减损圣彼得世袭财产的人以外，决不频频发布敕令。"

从这种段落看，会以为埃拉斯摩想必欢迎宗教改革，但是实际不然。

书结尾郑重提出，真信仰乃是一种愚痴。通篇有两类愚痴，一类受到嘲讽的颂扬，另一类受到真心的颂扬；真心颂扬的愚痴即基督徒淳朴性格中显露出来的那类愚痴。这种颂扬和埃拉斯摩对经院哲学的厌恶，以及对使用非古典拉丁语的学者博士们的厌恶是表里相连的。但是它尚有更深刻的一面。据我知道，这是卢梭的《萨瓦牧师》(Savoyard Vicar)所发挥的见解在文献中的第一次出现，按这个见解，真的宗教信仰不出于知而发于情，精心锤炼的神学全部是多余的。这种看法已日益流行，目前在新教徒中间差不多普遍都接受了。它在本质上是北方的重情主义对希腊尚知主义的排斥。

埃拉斯摩二度访问英国，逗留五年(1509—1514)，一部分时间

537 在伦敦，一部分时间在剑桥。他对于激发英国的人文主义起了不小影响。英国公学的教育直到不久以前，还几乎完全保持他当初所想望的那种样子：彻底打好希腊语和拉丁语的基础，不仅包括翻译，也包括韵文和散文写作。科学尽管从十七世纪以来就在知识

① 根据拉丁文原本此句似应译为："以及他们的令人一见即使人的灵魂堕入地狱最底层的怒声咆哮的敕令，"请看 John Wilson 的英译本，Pierre de Nolhac 的法译本，及《西方哲学史》的德、俄译本。——译者

② 指教皇。——译者

方面占最优势，倒认为不值得上等人士或神学家注意；柏拉图的东西应该学，但是柏拉图认为值得学的科目另当别论。所有这些都和埃拉斯摩的影响方向一致。

文艺复兴时代的人怀有漫无边际的好奇心；海辛哈说："动人耳目的变故、有趣的细情、珍闻、怪事，从来也不够满足这些人的欲望。"然而最初他们并不在现实世界里，却在故纸堆中寻求这种东西。埃拉斯摩虽然对世界情况有兴趣，但是不会生唉消化，必须先经过拉丁语或希腊语的加工炮制，他才能同化吸收。对旅行人的经历见闻要打几分折扣，而普林尼①书中载的什么奇迹绝物倒深信不疑。不过，人的好奇心逐渐从书本转移到现实世界里；大家不再注意古典作家笔下的野人奇兽，而对实际发现的野人和奇兽发生了兴趣。加利班②来源出于蒙台涅，蒙台涅的食人生番出于旅行人。"食人族和头生在肩膀下面的人"，奥赛罗③曾眼见过，不是从古代流传下来的话。

这样，文艺复兴时代人的好奇心就从向来文学性的渐渐转成科学性的。好一股新事实的洪流排山倒海而来，人们起初只能让这洪流挟持着往前涌进。那些老思想体系显然错了；亚里士多德的物理学、托勒密的天文学以及盖兰的医学，再勉强扩展也不能包

---

① 指老普林尼(Pliny the Elder，23—79)，罗马博物学家；著《博物志》(*Histori-anaturalis*)37卷。这是一部包罗万象的自然科学百科全书，但其内容错误很多，没有科学价值。——译者

② 加利班(Caliban)，莎士比亚剧本《暴风雨》(*The Tempest*)中登场人物，是一个野性而丑怪的奴隶。——译者

③ 奥赛罗(Othello)是莎士比亚的剧本《奥赛罗》中的主人公。在这个剧的一幕三场里，奥赛罗谈起他在向妻子黛丝德梦娜求婚之前如何对她讲述他的旅途见闻，提到"食人族和头生在肩膀下面的人"。——译者

括已有的种种发现。蒙台涅和莎士比亚满足于混乱：从事新发现其乐无穷，而体系乃是从事新发现的死敌。一直到十七世纪，人们构造思想体系的能力才赶上关于各种事实的新知识。不过所有这些话扯得离埃拉斯摩远了，对他来讲，哥伦布不如阿戈船航海者[①]有意思。

埃拉斯摩的文字癖深到无可救药、恬不知耻。他写了一本书叫《基督徒士兵须知》(*Enchiridion militis christiani*)，奉告未受过教育的军人，说他们应该读圣经，还要读柏拉图、安布洛斯、杰罗姆和奥古斯丁的著作。他编成一部包罗宏富的拉丁语538 格言集，在后几版中又增补许多希腊语格言；他的本旨是想让人能够把拉丁语写得合拉丁语用法习惯。他作了一本异常成功的《对话》(*Colloguies*)书，教人如何用拉丁语叙谈木球戏一类的日常事情。这在当时的用途或许比现在显得要大。那时候拉丁语是独一无二的国际用语；巴黎大学的学生来自西欧各地，说不定常常遇上这种事：两个学生能用来进行交谈的语言只有拉丁语。

宗教改革以后，埃拉斯摩起先住在卢凡(Louvain)，当时卢凡还守着十足的旧教正统；后来他住在巴泽尔(Basel)，那里已经改奉新教。双方各自尽力罗致他，但是笼络很久无功效。如前文所说，他对教会弊端和教皇的罪恶曾经表示过激烈意见；在1518年，也正是路德叛教那年，[②]他还发表一个叫《吃闭门羹的尤理乌斯》

---

① 按希腊神话，哲森(Jason)率49个勇士，乘"阿戈"船(Argo)到科尔其斯找回了金羊毛。——译者

② 路德叛教实际上是在1517年。——译者

（*Julius Exclusus*）的讽刺作品，单写尤理乌斯二世进天国未成。但是路德的强暴作风惹他生厌，而且他也憎恶斗争；最后他终于投身到旧教一边。1524年他写了一个维护自由意志的著作，而路德信奉奥古斯丁的见解更夸大渲染，否定自由意志。路德的答辩蛮横凶狠，逼得埃拉斯摩进一步倒向反动。从这时直到他老死，他的声望地位江河日下。他素来总是胆弱心怯，而时代已经不再适合懦夫了。对于正直的人，可抉择的光荣道路只有殉教或胜利。他的朋友托马斯·莫尔爵士被迫选择了殉教，埃拉斯摩说："要是当初莫尔根本没惹那危险事，神学上的问题留给神学家去管多好。"埃拉斯摩活得太长，进入了一个新善新恶——英雄骨气和不容异己——的时代，这两样哪一样也不是他能够学会的。

托马斯·莫尔爵士（1478—1535）论为人比埃拉斯摩可佩得多，但是从影响看，地位却差得远。莫尔是人文主义者，但也是个虔心深诚的人。他在牛津大学时，着手学习希腊语，这在那时候很不寻常，因此他被人当成对意大利的不信者表好感。校当局和他的父亲大为不满，他于是被牛津大学革除。随后他迷上卡尔图斯教团，亲身实践极端的苦行生活，寻思加入这个教团。正当这时，他初遇埃拉斯摩，分明是因为埃拉斯摩的影响，他踌躇没有走这一步。莫尔的父亲是个法律家，他决定也从事父亲的这行职业。1504年他做了下院议员，带头反对亨利七世增课新税的要求。在<sup>539</sup>这事上他成功了，但是国王激怒得发狂；他把莫尔的父亲投进伦敦塔，不过，纳款一百镑后又释放出来。1509年英王逝世，莫尔再操法律业，并且得到亨利八世的宠信。他在1514年受封爵士，被任用参与各种外交使团。亨利八世屡次召请他进宫，但是莫尔总不去；最后，国王不待邀请，自己到他在彻尔西（Chelsea）的家中，和他一同进餐。莫尔对亨利八世并不存幻想；有一次人家祝贺他受国王的爱顾，他回答：“假使我莫尔的人头真会让他得到一座法国城池，这颗头准得落地。”

武尔济①倒败时，国王任命莫尔为大法官来接替他。和通常惯例相反，莫尔对诉讼当事人的馈赠一概回绝。他不久就失宠，因为亨利八世为了娶安·布琳（Anne Boleyn），决意离弃阿拉贡的凯萨林（Catherine of Aragon），莫尔坚定不移地反对这桩离婚案。他于是在 1532 年辞官。莫尔去职后，每年仅有钱一百镑，由此可见他在任时的刚直清廉。尽管莫尔与国王意见不合，亨利八世仍旧邀请他参加他与安·布琳的婚礼，但是莫尔不接受邀请。1534 年，亨利八世设法让国会通过“至权法案”，宣布他（而非教皇）是英国教会的首领。在这项法案之下规定必须作一次“承认至权宣誓”，莫尔拒绝宣誓；这只是近似叛逆，罪不该死。然而又凭着极靠不住的证词，证明他说过国会根本不能让亨利当上教会领袖的话；按这项证据，他被判成大逆犯，斩首处决。他的财产移交给伊丽莎白公主②，公主把它一直保存到她逝世的一天。

①　武尔济（Thomas Wolsey，1475 左右—1530），英国政治家，枢机主教。曾在亨利八世下面任首相等要职，权重一时；后来因叛国案嫌疑，解赴伦敦，中途病死。——译者

②　伊丽莎白公主（1533—1603）即后来的伊丽莎白一世；亨利八世和安·布琳的女儿，玛利的继任女王（1558—1603）。——译者

莫尔为人们记忆，几乎全由于他写的《乌托邦》（*Utopia*）（1518）[1]。乌托邦是南半球的一个岛屿，岛上一切事都做得尽善尽美。曾经有个叫拉斐尔·希斯洛德（Raphael Hythloday）的航海人偶然来到这个岛上，度过五年，为让人知道该岛的贤明制度才返回欧洲。

在乌托邦同在柏拉图的理想国一样，所有东西尽归公有，因为凡存在私有财产的地方，公益就不能振兴，离了共产制度绝不会有平等。在对话中，莫尔提出反论说，共产制会使人懒散，会破坏对官长的尊敬；对这点，拉斐尔回答，若是在乌托邦中居住过的人，谁也不会讲这话。

乌托邦中有五十四个城市，除一个是首都外，全部仿同样格局。街道都是二十英尺宽，所有私人住宅一模一式，一个门朝大街，一个门通庭园。门不装锁，人人可以进入任何人家。屋顶是平的。每隔十年大家调换一次房屋——这显然是为了杜绝占有感。乡间有农场，每个农场拥有的人数不下于四十个，包括两名奴隶[2]；各农场由年老贤达的场主夫妻管辖。雏鸡不由母鸡孵，在孵卵器里孵化（在莫尔的时代还没有孵卵器）。所有人穿着一律，只是男子和女子、已婚者与未婚者的服装有所不同。衣服式样一成不变，冬装和夏装也不加区别。工作当中，穿皮革或毛皮制的服装；一套服装经用七年。他们停止工作的时候，在工作服外面披上

---

① 《乌托邦》的原著是用拉丁文写的，书名《De optimo Reipublicae statu，deque nova insula Utopia》，第一版 1516 年（非 1518 年）。——译者

② 在 Raphe Robinson 译的《乌托邦》标准英译本中，这里是"除两名奴隶以外"。——译者

一件毛织斗篷。这种斗篷全一样，而且就是羊毛天然本色的。各户裁制自家的衣裳。

一切人无分男女每日工作六小时，午饭前三小时，午饭后三小时。所有的人都在八点钟上床，睡眠八小时。清晨起有讲演，虽然这种讲演并不带强制性质，大批人还是去听讲。晚饭后娱乐占一小时。因为既无闲汉，也没有无用的工作，六小时工作已足够；据说，在我们这里，妇女、祭司、富人、仆役和乞丐，一般都不干有用的活，并且因为存在着富人，大量劳力耗费在生产非必需的奢侈品上面；这一切在乌托邦里都避免了。有的时候，发觉物资有余，官长便宣布暂时缩减每日工时。

有些人被选举出来当学者，只要他们不孚众望，就豁免其他工作。与政务有关的人，全部由学者中遴选。政体是代议民主政体，采用间接选举制。居最高地位的是一个终身选任的主公，但是他如果专制暴虐，也可以把他废黜。

家族生活是族长制的；已婚的儿子住在父亲家中，只要父亲尚不老迈昏聩，便受他管束。如果哪个家族增殖得过于庞大，多余的子女便迁进别族去。若某个城市发展得太大，便把一部分住民移到另一个城市。假如所有城市都过于大了，就在荒地上建造一座新城市。至于全部荒地用尽以后该怎么办，一字没提。为供食用而宰杀牲畜，全归奴隶做，以防自由民懂得残忍。乌托邦里有为病者设的医院，非常完善，所以生病的人很愿意进医院。在家吃饭也是许可的，不过大多数的人在公会堂中吃饭。在这里，"贱活"由奴隶干，但是烹菜做饭妇女承当，年龄较大的孩子伺候进膳。男的坐一张条案，女的坐另一张条案；奶娘们带领五岁以下的儿童在另一

541

个房间进餐。所有妇女都给自己的孩子哺乳。五岁以上的儿童，年纪幼小还不能服伺用饭的，在长辈们进餐时，"鸦雀无声地站立一旁"；他们没有单另饭食，必须满足于餐桌上给他们的残羹剩饭。

谈到婚姻，无论男方或女方在结婚时若不是童身，要受严惩；发生奸情的人家，家长难免为疏忽大意招来丑名声。结婚之前，新娘和新郎彼此裸体对看；马不先除下鞍鞯辔头没有人要买，在婚姻事上应当是一样道理。夫妇有一方犯通奸或"无可容忍的乖张任性"，可以离婚，但是犯罪的一方就不能再度婚嫁。有时候完全因为双方希望离婚，也许可离婚。破坏婚姻关系的人罚当奴隶。

乌托邦有对外贸易，这主要是为得到岛上所缺的铁。贸易也用来满足有关战争的种种需要。乌托邦人轻视战功荣耀，不过所有人都学习如何作战，男人学，女人也学。他们为三种目的使用战争手段：本国受到侵犯时保卫国土；把盟邦疆域从侵略者手中拯救出来；或者使某个被压迫的民族从暴政下得到解放。但是只要做得到，乌托邦人总设法让雇佣兵为自己打仗。他们一心使其他民族对他们欠下债，再让那些民族出雇佣兵折偿债务。又为了战争，乌托邦人感到金银贮备有用处，因为能用它来支付外国雇佣兵的报酬。至于他们自己却没有钱币，还用金子做尿壶和锁奴隶的锁链，好叫人贱视黄金。珍珠钻石用作幼儿装饰品，成人绝不用。逢有战争，乌托邦人对能杀死敌<sup>542</sup>国君主者高悬重赏；对活捉君主来献的人，或者对自愿归降的君主本人，赏格更为优厚。他们怜恤敌兵中的平民，"因为知道这些人受君主和首领的疯狂暴怒迫胁驱使，违逆本愿而战。"妇女和男子同样上阵，但是乌托邦人却不强制任何人战斗。"他们设计发明种种兵器,有惊人的巧思匠心。"可见乌托邦人在对待战争的态度上面,明理胜过豪勇;不过于必要时,他们也表现出极大的勇敢。

关于道德方面,据书里讲,乌托邦人太偏于认为快乐即是福。不过这看法也没有不良后果,因为他们认为在死后,善者有报,恶者有罚。他们不是禁欲主义者,把斋戒看成是傻事。乌托邦人中间流行着多种宗教,一切宗教受到宽容对待。几乎人人信仰神和永生;少数没这信仰的人不算公民,不能参加政治生活,除此以外倒也无忧无患。有些信仰虔诚的人戒肉食,屏绝婚姻;大家把这类人视为圣德高洁,却不认为他们聪明。女子若是年老寡居的,也能当祭司。祭司数目寥寥;他们有尊荣,但是无实权。

当奴隶的是那种犯重罪被判刑的人,或是在自己国里被宣告死刑,但是乌托邦人同意收容做奴隶的外国人。

有人患了痛苦的不治之症,便劝告他莫如自杀,但是假若病者不肯自杀,便给他细心周到的照料。

拉斐尔·希斯洛德述说他向乌托邦人宣讲基督教,许多人听说基督反对私有财产,就改奉了基督教。不断地强调共产制度的重要意义;书将近末尾,他说在一切别的国度,"我唯能见到富人们的某种狼狈为奸,假借国家的名义和幌子,获得自己的利益。"

莫尔的《乌托邦》一书在很多点上带着惊人的开明进步精神。我并不特别指他为共产制度说教,这是许多宗教运动的传统老套;我指的却是关于战争、关于宗教和信教自由、反对滥杀动物(书中有一段极流畅动人的反对狩猎的话），以及赞成刑法宽大等的意见。（这本书开头就是一篇反对盗窃罪处死刑的议论。）可是必须承认，莫尔的乌托邦里的生活也好像大部分其他乌托邦里的生活，会单调枯燥得受不了。参差多样，对幸福来讲是命脉，在乌托邦中几乎丝毫见不到。这点是一切计划性社会制度的缺陷，空想的制度如此，现实的也一样。

# 第五章　宗教改革运动和反宗教改革运动

　　宗教改革运动和反宗教改革运动，同样都代表文明较低的民族对意大利的精神统治的反抗。就宗教改革运动来说，这反抗也是政治性的、神学上的反抗：教皇的威信被否定，他原来凭"天国钥匙权"获得的那份贡赋不再缴纳。就反宗教改革运动来说，只有对文艺复兴时期意大利的精神自由、道德自由的反抗；教皇的权力未被削弱，倒有所增强，不过同时也明确了他的威信与鲍吉亚家和梅狄奇家的散漫放纵水火难容。粗略讲来，宗教改革是德意志的运动，反宗教改革是西班牙的运动；历次宗教战争同时就是西班牙和它的敌国之间的战争，这在年代上是与西班牙国势达到顶峰的时期相一致的。

　　北方民族的民情舆论对待文艺复兴时期意大利的态度，在当时的这句英国谚语里有所说明：

　　　　一个意大利化的英国人

　　　　就是魔鬼化身。

我们会想起,莎士比亚剧本中的棍徒恶汉有多少个是意大利人。亚哥①或许是最著名的例子了,但更富于典型性的实例是《辛白林》(*Cymbeline*)里的亚其莫,他把正在意大利游历的那位品德高洁的布利吞人②引上迷路,又来到英国对真诚无猜的土著耍弄阴谋诡计。在道德上对意大利人的愤懑,和宗教改革运动有密切关系。不幸,这种愤懑还牵连着在思想认识上否认意大利人对文明所作的贡献。

宗教改革运动和反宗教改革运动的三杰是路德、加尔文和罗耀拉。在思想认识上,所有这三人和紧在他们以前的意大利人比起来,或者和埃拉斯摩与莫尔一类的人比起来,他们的哲学观是中古式的。按哲学讲,宗教改革开始以后的一个世纪是个不毛的世纪。路德和加尔文又返回圣奥古斯丁,不过只保存545 他的教义中讲灵魂与神的关系那一部分,不保留关于教会的部分。他们的神学是一种削弱教会权力的神学。炼狱中的亡者灵魂能靠弥撒祭拯救出来,他们废弃了炼狱。教皇收入有一大部分仰赖免罪说,他们否定这一说。根据预定说,把死后灵魂的宿命讲得与祭司的举措完全无关。这种种革新虽然在对教皇的斗争上起了助力,却阻碍各新教教会在新教国家做到像旧教教会在旧教国家那样有势力。新教牧师(至少在起初)也和旧教神学家一样偏狂执拗,但是他们的势力较小,所以为害也较少。

---

① 亚哥(Iago)是莎士比亚的悲剧《奥赛罗》中的一个阴险恶汉。他是奥赛罗将军的旗官;施诡计勾动奥赛罗怀疑妻子黛丝德梦娜不贞,把她杀死。——译者

② 布利吞人(Briton)是古代英国南部的原住民。——译者

几乎从刚一开始,新教徒中间关于国家在宗教事务中的权限问题就有了分歧。不管哪国君主,只要他奉新教,路德就愿意承认他是本国的宗教首脑。在英国,亨利八世和伊丽莎白一世极力坚持自己有这方面的权力;德意志、斯堪的纳维亚以及(叛离西班牙后的)荷兰的新教君主们,也都采取同样态度。这加速了既有的王权扩张趋势。

但是对宗教改革的个人主义各方面认真看待的新教徒们,不愿意屈从教皇,也同样不甘心顺服国王。德意志的再洗礼派①被镇压下去了,但是这派的教义传播到荷兰和英国。克伦威尔与长期国会的争斗有许多方面;在神学方面,这争斗一部分是国家在宗教事务中应有裁决权这个意见的反对者与赞同者之间的争斗。逐渐,由于宗教战争闹得人疲惫倦怠,宗教宽容信念滋长起来,这信念是发展成为十八、十九世纪自由主义的那派运动的一个源泉。

新教徒的成功最初一日千里,主要因罗耀拉创立耶稣会才受了挫折。罗耀拉原先当过军人,他的教团是照军队榜样建立的;对总会长必须无条件服从,每一个耶稣会员应当认为自己正从事对异端的战斗。早在土伦特宗教会议时,耶稣会人就开始有声势。他们有纪律、精明强干、彻底献身于事业、善于宣传。他们的神学正是新教神学的反面;他们否定圣奥古斯丁的教义中为新教徒所<sup>546</sup>强调的那些成分。他们信自由意志,反对豫定说。得救不是仅仗信仰做到的,而靠信仰和功德双方面。耶稣会人凭布道热忱,特别

① 十六世纪时兴起的新教一派。它认为幼年无意志时所受洗礼无效,到成年必须再受洗礼。在政治上这派主张政教分离。——译者

在远东博得了威信。他们做听神工①的神父受到欢迎，因为（假使巴斯卡尔②的话可信）他们除对异端外，比别种教士宽厚慈悲。他们倾注全力办教育，因而牢牢把握住青年人的心。他们所施的教育在不夹缠着神学的时候，总是无可他求的良好教育。后文要讲，他们传授给笛卡尔的大量数学知识是他在别处学不到的。在政治上，他们是团结而有纪律的单一整体，不避危险，不辞劳苦；他们敦促旧教君主进行残酷迫害，尾随着胜利者西班牙军的战尘，甚至在享有了将近一个世纪思想自由的意大利，再树立起异端审判所的恐怖气氛。

宗教改革和反宗教改革在知识界中的后果，起初纯是不良的，但是终局却是有益的。通过三十年战争，人人深信无论新教徒或旧教徒，哪一方也不能获全胜；统一教义这个中世纪的愿望必须放弃，这于是扩大了甚至在种种根本问题上人的独立思考的自由。不同国家的宗教信条各异，因此便有可能靠侨居外国逃脱迫害。有才能的人由于厌恶神学中的争斗，越来越把注意力转到现世学问，特别转到数学和自然科学上。一部分由于这些原因，虽然路德兴起后的十六世纪在哲学上是个不毛时期，十七世纪却拥有最伟大人物的名字，标示出希腊时代以来最可注目的进展。这进展由科学开端，下一章就来讨论。

---

① 天主教神父在"神工阁子"中听教徒自述罪叫"办神工"。——译者

② 巴斯卡尔（Blaise Pascal，1623—1662），法国科学家，宗教哲学家。他对物理学和数学多有贡献。在神学上，巴斯卡尔实际是反耶稣会的。1656年冉森派的阿尔诺受到耶稣会攻击，他匿名陆续发表了十八篇《致外乡人书》（1656—1657），严厉批判耶稣会的神学和道德，为阿尔诺辩护。所谓"他们除对异端而外，比别种教士宽厚慈悲"，无非是反讥耶稣会人对待异端残酷无情。——译者

# 第六章　科学的兴盛

近代世界与先前各世纪的区别,几乎每一点都能归源于科学,科学在十七世纪收到了极奇伟壮丽的成功。意大利文艺复兴时期虽然不是中古光景,可是也没有近代气象;倒比较类似希腊的全盛年代。十六世纪沉溺在神学里面,中古风比马基雅弗利的世界还重。按思想见解讲,近代从十七世纪开始。文艺复兴时期的意大利人,没一个会让柏拉图或亚里士多德感觉不可解;路德会吓坏托马斯·阿奎那,但是阿奎那要理解路德总不是难事。论十七世纪,那就不同了:柏拉图和亚里士多德、阿奎那和奥卡姆,对牛顿会根本摸不着头脑。

科学带来的新概念对近代哲学发生了深刻的影响。笛卡尔在某个意义上可说是近代哲学的始祖,他本人就是十七世纪科学的一个创造者。为了能够理解近代哲学发源时期的精神气氛,必须先就天文学和物理学的方法与成果谈一谈。

在创立科学方面,有四个不同凡响的伟人,即哥白尼、开普勒、伽利略和牛顿。其中哥白尼是属于十六世纪的人,不过他在生前并没有什么威望。

哥白尼(1473—1543)是一位波兰教士,抱着真纯无瑕的正统信仰。他在年轻的时候旅居意大利,接受了一些文艺复兴气氛的熏陶。1500年,他在罗马获得数学讲师或教授的职位,但是1503年就回故国,做弗劳恩堡大教堂的僧侣会员。他的时光有一大部分好像花在抗击德意志人和改革币制上面,但是他利用余暇致力于天文学。他很早就已经相信太阳处在宇宙中央，而地球则作双重运动，即每日间的自转和一年一度的绕日回转。尽管他也让大家知道他个人的意见，但由于害怕教会的谴责，他迟迟没有公开发表。他的主要著作《天体回转论》(*De Revolutionibus Orbium Cælestium*)是在他逝世那年(1543)出版的，附有他的朋友奥塞德写的一篇序，序里讲太阳中心说无非是当作一个假说提出来的。哥白尼对这点声明究竟有几分认可固然不确实知道，但他自己在书的正文中也作了一些类似的声明，①所以这问题不大关紧要。这本书题献给教皇，在伽利略时代以前逃过了天主教会的正式断罪。哥白尼生存时代的教会，和土伦特宗教会议、耶稣会人以及复活的异端审判所发挥出作用后的教会相比，算是比较宽大的。

哥白尼的著作的气氛并不是近代气氛，也许倒不如说它是一种毕达哥拉斯哲学的气氛。一切天体运动必是等速圆周运动，这在他认为是公理；而且他也像希腊人一样，听任自己为审美上的动机所左右。在他的体系中仍旧有"周转圆"，只不过其中心是太阳，或说得确切一点，邻近太阳。太阳不恰在中央，这件事破坏了他的学说的单纯性。哥白尼虽然对毕达哥拉斯的理论有耳闻，他似乎并不知道亚里士达克的太阳中心说，但是他的理论当中没有丝毫东西是希腊的天文学家所不可能想到的。他的成就的重要处在于将地球撵下了几何学位置独尊的宝座。从长远说，这一来基督教神学中赋予人类在宇宙间的重要地位便难以归到人身上了。但是

① 见《哥白尼论著三篇》(*Three Copernican Treatises*)，Edward Rosen 英译本芝加哥，1939。

他的学说所产生的这种后果，哥白尼是不会承认的；他的正统信仰很真诚，他反对认为他的学说与圣经抵触的看法。

哥白尼理论中有一些真正的困难。最大的困难是见不到恒星视差。假定位于轨道上任意一点的地球，和半年后的地球所在点距离一亿八千六百万英里，这应当使恒星的外观位置产生变动，正比如海面上的船只，从海岸某一点看来在正北的，从另一点看必不会在正北。当时未观测到视差现象，哥白尼下了一个正确推断：恒星一定比太阳遥远得多。直到十九世纪，测量技术才精密到能够观测恒星视差，而且那时候也只有少数最近的星可以观测。 549

关于落体，又生出另一个困难。假若地球自西往东转动不停，从高处掉落下来的物体不应当落在起始点的正下方一点，而该落在稍偏西一点才对，因为在下落时间内，地球要转过一段距离。这个问题由伽利略的惯性定律找到解答，但是在哥白尼的时代，任何答案还拿不出来。

有一本 E.A.柏特（Burtt）写的饶有趣味的书，叫《近代物理学的形而上学基础》(*The Metaphysical Foundations of Modern Physical Science*)(1925)，这本书论述了创立近代科学的那些人所作的许多难保证的假定，讲得非常有力量。他指出一点十分正确，就是在哥白尼时代，并没有既知的事实足以令人非采纳他的体系不可，倒有若干个对此不利的事实。"当代的经验主义者假使生在十六世纪，会头一个嘲笑这新宇宙哲学不值一谈。"这书总的目的是在表示：近代科学里的发现都是从一些和中世纪的迷信同样无稽的迷信中偶然产生的幸运事件，借此贬低近代科学的声价。我以为这表明对科学态度有误解。显出科学家本色的，并不在他所信的事,而在乎他抱什么态度信它、为什么理由信它。科学家的信念不是武断信念,是尝试性的信念;它不依据权威、不依据直观,而建立在证据的基础上。哥白尼把自己的理论叫作假说是对的;他的敌派认为新的假说要不得,这是一个错误。

创立近代科学的那些人有两种不一定并存的长处:作观察时万分耐心,设假说时有大无畏精神。其中第二种长处最早期的希腊哲学家先前曾有过,第一种长处在古代晚期的天文家身上也有相当程度的表现。但是在古代人中间,也许除亚里士达克外,没有人同时具备这两种长处,而中世纪的时候,更无人具备任何一种。哥白尼像他的一些伟大的后继者,两种兼有。关于各天体在天球上的外观运动,用当时已有的仪器所能知道的一切他全部知道;他并且认识到,地球每日自转一周这种讲法和所有天体旋转这讲法比起来,是个较简便的假说。现代观点把一切运动看成是相对的,按这观点来讲,他的假说产生的唯一好处就是单纯;但这不是哥白尼的看法,也不是他的同时代人的看法。关于地球每年一度的公转,这里也有一种单纯化,不过不像自转的单纯化那么显著。哥白尼仍旧需要周转圆,无非比托勒密体系所需要的少些罢了。新理论要等到开普勒发现行星运动定律以后,才获得充分的单纯性。

新天文学除了对人们关于宇宙的想象产生革命性影响以外,有两点伟大价值:第一,承认自古以来便相信的东西也可能是错的;第二,承认考查科学真理就是耐心搜集事实,再结合大胆猜度支配这些事实的法则。这两点价值无论哪一点,就哥白尼讲都还不及他的后继者们发挥得充分,但是在他的事业中,这两点都已经有了高度表现。

550

哥白尼向一些人传达了自己的学说，这里面有的是德意志的路德派信徒；但是当路德获悉这件事，他极为震愤。他说："大家都要听这么一个突然发迹的星相术士讲话，他处心积虑要证明天空或苍穹、太阳和月亮不转，而是地球转。哪个希望显得伶俐，总要杜撰出什么新体系，它在一切体系当中自然是顶好不过的罗。这蠢材想要把天文这门科学全部弄颠倒；但是圣经里告诉我们，约书亚命令太阳静止下来，没有命令大地。"①同样，加尔文也拿经句"世界就坚定，不得动摇"（《诗篇》第九十三篇第 1 节），把哥白尼一口骂倒，他叫喊："有谁胆敢将哥白尼的威信高驾在圣灵的威信之上？"新教牧师至少像旧教教士一样冥顽不灵；尽管如此，在新教国家不久就比旧教国家有了大得多的思想自由，这是因为新教国家中牧师的权力较小的缘故。新教的重要一面不在于树立异端，而在于分裂教派；因为教派分裂造成国家教会，而国家教会的力量够不上控制俗界政权。这点全然是一种好处，因为无论何处，几乎对一切有助于增进人世间幸福和知识的革新，教会只要能反对总要反对。

哥白尼提不出什么支持他的假说的确凿证据，因此长时期内天文学家否定这假说。其次的一个重要天文家是泰寇·布剌（Tycho Brahe，1546—1601），他采取折中立场：认为太阳和月亮 551 环绕地球，但是各行星环绕太阳。至于理论方面，泰寇·布剌不大有创见。不过，他给亚里士多德所谓的月球以上万物不变这个意见举出了两点正当的反对理由。一个理由是 1572 年出现一颗新

---

① 参看《旧约》《约书亚记》，第十章，第 12、13 节。——译者

星,发觉这颗星没有周日视差,因此它一定比月球远。另一个理由是从观测彗星得到的,发觉彗星也很遥远。读者会记起亚里士多德讲的嬗变朽败限于月球下界的学说;这学说正像亚里士多德对科学问题发表的一切别的意见,到底还是对进步的障碍。

泰寇·布剌的重要地位不是按理论家说的,而是按观测家说的;他先在丹麦国王奖助下、后来在卢多勒夫二世皇帝奖助下从事天文观测。他制定了一个恒星表,又把许多年间各行星的位置记下来。在他死前不久,当时还是个青年的开普勒做了他的助手。对开普勒讲,泰寇·布剌的观测结果是无价之宝。

开普勒(1571—1630)是说明人假若没有多大天才,凭毅力能达到什么成就的一个最显著的实例。他是继哥白尼之后采用太阳中心说的头一个重要天文学家,但是泰寇·布剌的观测资料表明,太阳中心说按哥白尼所定的形式,不会十分正确。开普勒受毕达哥拉斯哲学的影响,虽是个虔诚的新教徒,却有点异想天开地倾向太阳崇拜。这些动机当然让他对太阳中心说有了偏爱。他的毕达哥拉斯哲学又引动他追随柏拉图的《蒂迈欧篇》,设想宇宙的意义必定寄托在五种正多面体上。他利用这五种正多面体设想种种假说;最后仗好运,有一个假说正管用。

开普勒的伟大成就是发现他的行星运动三定律。其中有两条定律是他在 1609 年发表的,第三条定律发表于 1619 年。他的第一定律说:行星沿椭圆轨道运动,太阳占据这椭圆的一个焦点。第二定律说:一个行星和太阳之间的连结线,在相等时间内扫出相等面积。第三定律说:一个行星的公转周期平方与这行星和太阳之间的平均距离立方成正比。

下面必须略说几句，解释一下这几条定律的重要意义。

在开普勒时代，前两条定律只能够按火星的情况来证明；关于其他几个行星，观测结果和这两条定律也不抵触，但那种观测结果还不算明白确立这两条定律。然而不久以后就找到决定性的证据。

发现第一定律，就是说行星沿椭圆轨道运动，需要有的摆脱传统的努力是现代人不容易充分体会到的。所有天文学家无例外取得意见一致的唯有一件事，就是一切天体运动是圆周运动，或是圆周运动组合成的运动。遇到用圆不够说明行星运动的情况，就利用周转圆。所谓周转圆就是在圆上面滚动的另一个圆的圆周上一点所画出的曲线。举个例子：拿一个大的车轮平放固定在地面上；再取一个小车轮，轮上穿透着一颗钉，让小车轮（也平放在地上）沿大车轮滚动，钉尖接触着地面。这时钉子在地上的痕迹就画成周转圆。月球对太阳而言，它的轨道大致属这类轨道：粗略地说，地球围绕太阳画圆，同时月球围绕地球画圆。然而这不过是近似的讲法。随着观测精密起来，才知道没有一种周转圆组配系统会完全符合事实。开普勒发现，他的假说比托勒密的假说跟火星的记录位置密合得多，甚至比哥白尼的假说也密合得多。

用椭圆代替圆，从毕达哥拉斯以来一直支配着天文学的审美偏见就势必得抛弃。圆是完美的形状，天体是完美的物体——本来都是神，即便依柏拉图或亚里士多德讲，和神也有亲近关系。完美的物体必须做完美形状的运动，这似乎是明显的事。况且，既然天体未被推也未被拉，自由地运动，它们的运动一定是"自然的"。可是容易设想圆有某种"自然的"地方，在椭圆就不好想象。这样，许多根深蒂固的成见先须丢掉，才能够接受开普勒第一定律。古代的人连萨摩岛的亚里士达克在内，谁也不曾预见到这种假说。

第二定律讲行星在轨道的不同点上的速度变化。设 S 表示太阳，$P_1$，$P_2$，$P_3$，$P_4$，$P_5$ 表示在相等的时间间隔——譬如说每隔一个月——行星的相继位置，开普勒的这条定律说 $P_1SP_2$，$P_2SP_3$，$P_3SP_4$，$P_4SP_5$ 这几块面积全相等。所以行星离太阳最近时运动得最快，离太阳最远时运动得最慢。这又太不像话；行星应该威严堂堂，绝不能一时急促，一时拖懒。

前两条定律单另讲每个行星，而第三定律把不同行星的运动作了比较，所以这条定律很重要。第三定律说：假设一个行星与太阳之间的平均距离是 r，这行星的周期是 T，那么 $r^3$ 被 $T^2$ 除得的商，在不同的行星是一样的。这条定律证明了牛顿的万有引力平方反比律（仅就太阳系说）。但是这点我们以后再讲。

可能除牛顿以外，伽利略（1564—1642）要算是近代科学的最伟大奠基者了。他大约就诞生在米凯兰基罗逝世的同一天，而又在牛顿诞生那年逝世。我把这两件事实推荐给还信生死轮回的人（假使有这种人）。伽利略是重要的天文学家，但他作为动力学的始祖，或许更重要。

伽利略首先发现加速度在动力学上的重要性。"加速度"的意思即速度变化，不管速度大小的变化还是速度方向的变化；例如沿圆周做等速运动的物体时时有一个倾向圆心的加速度。用伽利略时代以前素来习惯的用语，不妨说无论是地上或天上，他都把直线上的等速运动看成是唯一"自然的"运动。早先一直认为天体做圆周运动、地上的物体沿直线运动，是"自然的"；但又认为地上的运

54

动物体若听其自然，会渐渐停止运动。伽利略一反这种意见，认为一切物体如果听其自然，都要沿直线按均匀速度运动下去；运动快慢或运动方向的任何变化，必须解释成由于某个"力"的作用。这条定律经牛顿宣布为"第一运动定律"，也叫惯性定律。后面我还要再讲到它的旨趣，但是首先关于伽利略的各种发现的详情必须说一说。

伽利略是确立落体定律的第一人。只要有了"加速度"概念，这定律单纯之至。定律说，物体在自由下落当中，若把空气阻力可能产生的影响除外，它的加速度是始终如一的；进一步讲，一切物体不问轻重大小，这个加速度全相同。直到发明了抽气机后，才可能给这条定律作完全证明，抽气机的发明是大约 1654 年的事。从此以后，便能够观察在几乎等于真空的空间里下落的物体，结果发现羽毛和铅落得一般快。伽利略当时所证明的是，大块和小块的同种物质之间没有测量得到的区别。直到他那个时代，向来以为大铅块总比小铅块落得快得多，但是伽利略用实验证明这不合事实。在伽利略的时代，测量技术并不是像后来那样的精密；尽管如此，他仍然得出了真实的落体定律。假设物体在真空中下落，它的速度按一定比率增大。在第一秒末，物体的速度是每秒 32 英尺；第二秒末是每秒 64 英尺；第三秒末，每秒 96 英尺；依此类推。物体的加速度，即速度的增加率，总是一样；每过一秒钟，速度的增加（大约）是每秒 32 英尺。

伽利略又研究了子弹飞行问题，这对他的雇主塔斯卡尼公说来是个重要的问题。向来认为水平发射出去的子弹，暂时间沿水平方向运动，然后突然开始垂直下落。伽利略证明，撇开空气阻力不计，水平速度要遵从惯性定律保持不变，不过还要加上一个垂直速度，这速度按照落体定律增大。要想求出子弹飞行一段时间以后某个短时间（譬如说一秒钟）内的运动情况，可采取以下步骤：首先，假令子弹不往下落，它会走一段和飞行的第一秒钟内走过的水平距离相等的水平距离。其次，假令子弹不做水平运动，只往下落，那么它就会按照与飞行开始后的时间成正比的速度垂直降落。事实上，子弹的位置变化正好像子弹先按起始速度水平运动一秒钟，然后再按照与飞行已经历的时间成正比的速度垂直降落一秒钟那时应有的位置一样。由简单计算知道，结果形成的子弹路径是一条抛物线，把空气阻力的干扰部分除外，这点可由观察证实。

以上所讲的是动力学中一条效用极广的原理的一个简单实例，那是这样一条原理：在几个力同时作用的情况下，其效果同假令各力顺次作用相同。它是一个叫作"平行四边形律"的更普遍的原理的一部分。举例说，假设你在一只进行中的船的甲板上，横穿甲板走过。当你走的时候船已往前进了，所以你对于水来说，你既顺着船运动的方向往前动了，也横过船行的方向动了。你假若想知道对于水面说你到达了什么位置，你可以设想起先在船进行当中你立定不动，然后在一段相等时间内，你横着走过船而船不动。同一个原理对于力也适用。这一来，便能够求出若干个力的总效果，并且若发现运动物体所受的几个力的各自的定律，便也可能分析物理现象了。创始这个极有效的方法者是伽利略。

在以上所说的话里，我尽量使用接近十七世纪的用语。现代用语在一些重要方面与此不同，但是为说明十七世纪的成就，宜暂且采用当时的表达方式。

惯性定律解开一个在伽利略以前哥白尼体系一直无法解释的哑谜。前面谈过，假如你从塔顶上丢落一块石头，石头落在塔脚下，并不落在塔脚略偏西的地方；然而，如果说地球在旋转着，那么在石头下落当中它本应该转过一段距离才是。所以不如此，理由就在于石头保持着在丢落以前和地面上其他一切东西共有的那个旋转速度。实际上，假使塔真够高，那就会出现与哥白尼的敌派所推想的恰相反的结果。塔顶因为比塔脚更远离地心，运动得快些，所以石头应该落在塔脚稍偏东的地方。不过这种效果太小，恐怕测量不到。

伽利略热心采纳太阳中心体系；他与开普勒通信，承认他的各种发现。伽利略听到有个荷兰人最近发明了一种望远镜，他自己也制了一架，很快就发现许多重要事情。他发现银河是千千万万颗单个的星集合成的。他观察到金星的周相①，这种现象哥白尼原先知道是他的学说的必然推论，但是凭肉眼无法辨识。伽利略发现木星的各个卫星，为对他的雇主表示敬意，他给这些卫星取名"sidera medicea"（梅狄奇家之星）。据了解这些卫星遵守开普勒定律。可是有个难处。向来总是说有五大行星、太阳和月球七个天体；"七"乃是个神圣数字。安息日不就是第七天吗？过去不是有七枝灯台和亚细亚七教会②吗？那么，还有什么比果然有七个天体会更得当呢？但是假若须添上木星的四个卫

<sup>556</sup>

---

① 由于行星、地球和太阳的相互位置的变化，从地上看行星，有周期性的盈亏现象，这叫"周相"。水星和金星有明显的周相。——译者

② 指《新约》《启示录》第一章，第11节中提到的以弗所、士每拿、别迦摩、推雅推喇、撒狄、非拉铁非、老底嘉等七个教会，全在西小亚细亚。——译者

星,便凑成十一——一个不带神秘性质的数目。根据这理由,守旧派痛斥望远镜,死不肯通过它看东西,断言望远镜只让人看到幻象。伽利略写信给开普勒,愿他们对这些"群氓"的愚蠢能共同大笑一场;从信的其余部分看来很明白,"群氓"就是用"强词诡辩的道理,仿佛是魔法咒语",竭力要把木星的卫星咒跑的哲学教授们。

大家知道,伽利略先在 1616 年受到异端审判所秘密断罪,后来又在 1633 年被公开断罪;在这第二次断罪时,他声明悔过改念,答应绝不再主张地球自转或公转。异端审判所如愿以偿结束了意大利的科学,科学在意大利经几个世纪未复活。但是异端审判所并没能阻止科学家采纳太阳中心说,还由于自己的愚昧给教会造成不少损害。幸亏存在有新教国家,那里的牧师不管多么急切要危害科学,却不能得到国家的支配权。

牛顿(1642—1727)沿哥白尼、开普勒和伽利略开拓的成功道路,到达最后的完满成功。牛顿从自己的运动三定律(前两条定律该归功于伽利略)出发,证明开普勒的三条定律相当于下述定理:一切行星在每个时刻有一个趋向太阳的加速度,这个加速度随它与太阳之间的距离平方反变。他指明,月球向地球和向太阳的加速度符合同一公式,能说明月球的运动;而地面上落体的加速度又按平方反比律和月球的加速度沟通连贯。牛顿把"力"定义成运动变化的起因,也就是加速度的起因。他于是得以提出他的万有引力定律:"一切物体吸引其他一切物体,这引力和两个物体的质量乘积成正比,和其距离平方成反比。"由这公式他能够把行星理论中的全部事情,如行星及其卫星的运动、彗星轨道、潮汐现象等都

557

推断出来。后来又明白,甚至在行星方面,轨道与椭圆形的细微偏差也可以从牛顿定律推求。这成功实在完满,牛顿便不免有危险成为第二个亚里士多德,给进步设下难破的壁障。在英国,直到他死后一个世纪,人们方充分摆脱他的权威,在他研究过的问题上进行重要的创造工作。

十七世纪不仅在天文学和动力学上成绩卓著,在有关科学的其他许多方面也值得注目。

首先谈科学仪器问题。[①] 复式显微镜是十七世纪前不久,1590 年左右发明的。[②] 1608 年有个叫李伯希(Lippershey)的荷兰人发明望远镜,不过在科学上首先正式利用望远镜的是伽利略。伽利略又发明温度计,至少说这件事看来极有可能。他的弟子托里拆利(Torricelli)发明气压计。盖里克(Guericke,1602—1886)发明抽气机。时钟虽然不是新东西,在十七世纪时主要靠伽利略的工作也大大改良。因为有这些发明,科学观测比已往任何时代都准确、广泛得不知多少。

其次,除天文学和动力学以外,在其他科学里面也有了重大成果。吉尔伯特(Gilbert,1540—1603)在 1600 年发表了论磁体的巨著。哈维(Harvey,1578—1657)发现血液循环,1628 年公布了他的发现。雷文虎克(Leeuwenhoek,1632—1723)发现精

---

① 关于这个问题,参看武尔夫(A. Wolf)著《十六十七世纪科学工艺哲学史》(*A History of Science,Technology,and Philosophy in the Sixteenth and Seventeenth Centuries*)中"科学仪器"一章。

② 关于显微镜的发明有两个说法,一说是荷兰眼镜匠彦森(Zacharias Janssen)在 1590 年左右发明的;一说是伽利略发明的(1610 年宣布发明)。——译者

细胞,不过另有一个叫史特芬·哈姆(Stephen Hamm)的人,好像早几个月前已经发现了。雷文虎克又发现原生动物,即单细胞有机体,甚至发现了细菌。罗伯特·波义尔(Robert Boyle,1627—1691)是"化学之父,寇克伯爵之子",在我年幼的时候,是这样教小孩子的;现在他为人们记忆,主要由于"波义尔定律",这定律说:处在一定温度下的一定量气体,压力和体积成反比。

558　　　到此为止,我还没谈到纯数学的进展,但是这方面的进展确实非常大,而且对自然科学中许多工作来讲,是绝对必需的。奈皮耳(Napier)在 1614 年公布了对数发明。坐标几何是由十七世纪几位数学家的工作产生的成果,这些人当中笛卡尔作出了最大的贡献。微积分是牛顿和莱布尼茨各自独立发明的;它几乎是一切高等数学的工具。这些仅仅是纯数学中最卓著的成就,别的重大成就不计其数。

　　　以上讲的科学事业带来的结果,就是使有学识的人的眼光见解彻底一变。在十七世纪初,托马斯·布劳恩爵士①参与了女巫案审判;在世纪末,这种事就不会发生。在莎士比亚时代,彗星还是不祥朕兆;1687 年牛顿的《原理》(Principia)出版以后,大家知道他和哈雷(Halley)已经算出某些彗星的轨道,原来彗星和行星同样遵守万有引力定律。法则的支配力量在人们的想象当中牢牢生下了根,这一来魔法巫术之类的玩意儿便信不得了。1700 年的时候,有学识的人思想见解完全近代化了;在 1600 年,除开极少数

---

　　① 托马斯·布劳恩爵士(Sir Thomas Browne,1605—1682),英国著名医生,文人。1664 年他曾以医生身份,在法庭提出证词,因而使两名妇女被按女巫治罪。原文说"世纪初",是不对的。——译者

人以外，思想见解大体上还是中古式的。

在本章的下余篇幅里，我想简单说说那些看来是十七世纪的科学所产生的哲学信念，以及现代科学不同于牛顿科学的若干方面。

第一件该注意的事就是从物理定律中几乎消除了一切物活论的痕迹。希腊人尽管没明白地讲，显然把运动能力看成是生命的标志。按常识来观察，好像动物自己运动，而死物只在受到外力强制的时候才运动。据亚里士多德的意见，动物的灵魂有种种功能，其中有一项是催动动物的身体。在希腊人的思想中，往往认为太阳和行星就是神，或至少是受诸神支配和遣动的。阿那克萨哥拉不这样认为，但他是不敬神之辈。德谟克里特不这样认为，但是除伊壁鸠鲁派的人以外，大家都轻视他而赞成柏拉图和亚里士多德。亚里士多德的四十七个或五十五个不动的推动者是神灵，是天空中一切运动的最终根源。如果听其自然，任何无生命物体很快会 <sup>559</sup> 静止不动；所以要运动不停止，灵魂对物质的作用须继续不断。

这一切都被第一运动定律改变了。无生物质一旦让它运动起来，倘若不被某种外部原因制止住，会永远运动下去。并且，促成运动变化的外部原因只要能够确实找出来，本身总是物质性的。不管怎样，太阳系是靠本身的动量和本身的定律运行下去的；不必要有外界干涉。也许仍好像需要有神使这个机构运转起来；据牛顿说，行星起初是靠神的手抛出去的。但是当神做罢这事，又宣布了万有引力定律，一切就自己进行，不需要神明再插手。当拉普拉斯（Laplace）提出，或许正是目前在作用着的这种种的力，促成行星从太阳中产生出来，这时候神在自然历程中的地位便再被压低一等。神也许依旧是造物主；但是因为世界有没有时间开端还不清楚，所以连这点也是疑问。尽管当时大多数科学家全是虔诚信仰的楷模，在他们的事业的感召下形成的见解对正统教义却有妨害，所以神学家心感不安是有道理的。

科学引起的另一件事就是关于人类在宇宙间的地位的想法发生了深刻变化。在中古时代，地球是太空中心，万事万物都有关联到人的目的。在牛顿时代，地球是一个并不特别显赫的恒星的一颗小小卫星；天文学距离之大使地球相形下不过是个针尖罢了。看来绝不会，这个庞大的宇宙机构是全为这针尖上的某些小生物的利益有意安排的。何况，"目的"从亚里士多德以来一直构成科学概念的一个内在部分，现在由科学方法中被驱逐出去。任何人都可以仍相信上天为宣示神的荣耀而存在，但是什么人也不能让这信念干预天文计算，宇宙也许具有目的，但是"目的"不能在科学解释中再占有地位了。

哥白尼学说本来应当有伤人类自尊心，但是实际上却产生相反效果，因为科学的辉煌胜利使人的自尊复活了。濒死的古代世界像是罪孽感邪祟缠体，把罪孽感这种苦闷又遗赠给了中世纪。在神前谦卑，既正当又聪明，因为神总是要惩罚骄激的[①]。疫疠、洪水、地震、土耳其人、鞑靼人和彗星，把若干个阴郁的世纪闹得狼狈无措，人感觉只有谦卑再谦卑才会避开这些现实的或将临的灾祸。但是当人们高奏凯歌：

---

① 按天主教义说，有七件难赦的重罪（"七罪宗"）是万恶根源，"骄傲"为首。——译者

自然和自然律隐没在黑暗中。

　　神说"要有牛顿"，万物俱成光明①。

这时候要保持谦卑也不可能了。

　　至于永罚，偌大宇宙的造物主一定还有较好的事操心，总不致为了神学上一点轻微过错把人送进地狱。加略人犹大可能要受永罚，但是牛顿哪怕是个阿利乌斯派信徒，也不会入地狱。

　　自满当然还有许多别的理由。鞑靼人已被拘束在亚洲地界，土耳其人也渐渐不成威胁。彗星让哈雷杀掉了尊严；至于地震，地震虽然仍旧令人恐骇，可是有趣得很，科学家对它简直谈不上遗憾。西欧人急速地富足起来，逐渐成为全世界的主子：他们征服了北美和南美，他们在非洲和印度势力浩大；在中国，受尊敬，在日本，人惧怕。所有这种种再加上科学的辉煌胜利，无怪十七世纪的人感觉自己并非在礼拜日还自称的可卑罪人，而是十足的好样人物。

　　有某些方面，现代理论物理学的概念与牛顿体系的概念是不同的。首先说十七世纪时占显著地位的"力"这个概念吧，这已经知道是多余的了。按牛顿讲，"力"是运动在大小或方向上起变化的原因。把"因"这个概念看得很重要，而"力"则被想象成推什么或拉什么的时候所经验到的那种东西。因为这缘故，引力超距离起作用这件事被当成是万有引力说的一个反对理由，而牛顿本人也承认，必定存在着传递引力的某种媒质。人们

———————

　　①　这是英国诗人波普（Alexander Pope，1688—1744）为牛顿写的两行墓志铭体诗，最早发表在 1735 年（牛顿在 1727 年逝世）。原诗句的口吻情调使人自然联想到《旧约》开首《创世记》的最前三节，这里译文的语气也略拟中文本圣经。——译者

逐渐发现，不引入"力"概念，所有的方程也能够写出来。实地观<sup>561</sup>察得到的是加速度与方位配置间的某种关系；说这种关系是通过"力"作媒介造成的，等于没有给人的知识增添半点东西。由观察知道行星时时有趋向太阳的加速度，这加速度随行星和太阳之间的距离平方反变。说这事起因于万有引力的"力"，正好像说鸦片因为有催眠效能，所以能催人入眠，不过是字句问题。所以现代的物理学家只叙述确定加速度的公式，根本避免"力"字；"力"是关于运动原因方面活力论观点的幽魂发显，这个幽魂逐渐被被除了。

在量子力学诞生以前，一直没出现任何事情来略微变更头两条运动定律的根本旨趣：就是说，动力学的定律要用加速度来表述。按这点讲，哥白尼与开普勒仍应当和古代人划归一类；他们都寻求表述天体轨道形状的定律。牛顿指明，表述成这种形式的定律绝不会超乎近似性定律。行星由于其他行星的吸力所造成的摄动①，并不做准确的椭圆运动。同样理由，行星轨道也绝不准确地重复。但是关于加速度的万有引力定律非常简洁，牛顿时代以后二百年间一直被当成十分精确。这个定律经过爱因斯坦订正，依旧是关于加速度的定律。

固然，能量守恒定律不是关于加速度而是关于速度的定律；但在应用这条定律的计算中，必须使用的仍旧是加速度。

至于量子力学带来的变革，确实非常深刻，不过多少可说还是

---

① 开普勒定律只对两个天体所成的系统来讲严格正确。行星因受其他行星引力的影响，略偏离椭圆轨道，这种作用在天文学上叫"摄动"。——译者

争论不定的问题。

有一个加到牛顿哲学上的变革，这里必须提起，就是废弃绝对空间和绝对时间。读者会记得，我们曾结合讲德谟克里特谈到过这个问题。牛顿相信有一个由许多"点"构成的空间，一个由许多"瞬刻"构成的时间，空间和时间不受占据它们的物体及事件影响，独立存在。关于空间，他有一个经验论据支持其个人意见，即物理现象令人能辨认出绝对转动。假如转动桶里的水，水涌上四围桶壁，中央下陷；可是若不让水转动而转动桶，就没有这个效果。在牛顿时代以后，设计出了傅科摆实验①，大家一向认为这实验证明了地球自转。即便按最现代的意见，绝对转动问题仍然造成一些困难。如果一切运动是相对的，地球旋转假说和天空回转假说的差别就纯粹是词句上的差别；大不过像"约翰是詹姆士的父亲"和"詹姆士是约翰的儿子"之间的差别。但是假若天空回转，星运动得比光还快，这在我们认为是不可能的事。② 不能说这个难题的现代解答是完全令人满意的，但这种解答已让人相当满意，因此几乎所有物理学家都同意运动和空间纯粹是相对的这个看法。这点再加上空间与时间融合成"空时"③，使我们的宇宙观和伽利略与

562

① 傅科（Jean Bernard Léon Foucault，1819—1868），法国物理学家。1851 年他在巴黎用长 67 米的绳吊 28 公斤重的锤做成单摆，根据摆的振动面发生顺时针方向的运动，来证明地球自转。——译者

② 恒星距离地球极远，星发出光来传到地上至少须经过几年，而星围绕地球的圆周比这距离更大几倍。假若恒星每日绕地球回转一周，即是说它在二十四小时内走过光在若干年才能走完的路程，运动得比光快得多。但是据相对论，宇宙中一切速度不可能超过光速。——译者

③ 相对论把空间和时间统一起来，除空间的三度以外，将时间看成第四度，这样构成的四度连续体叫"空时"。——译者

65

牛顿的事业带来的宇宙观相比,发生大大改变。但是关于这点也如同关于量子论问题,现在我不再多谈。

# 第七章 弗兰西斯·培根

弗兰西斯·培根(Francis Bacon,1561—1626)是近代归纳法的创始人,又是给科学研究程序进行逻辑组织化的先驱,所以尽管他的哲学有许多地方欠圆满,他仍旧占有永久不倒的重要地位。

他是国玺大臣尼可拉斯·培根爵士的儿子,他的姨母就是威廉·西塞尔爵士(Sir William Cecil)(即后来的柏立勋爵)的夫人;因而他是在国事氛围中成长起来的。培根二十三岁做了下院议员,并且当上艾塞克斯(Essex)的顾问。然而等到艾塞克斯一失宠,他就帮助对艾塞克斯进行起诉。为这件事他一向受人严厉非难。例如,里顿·斯揣奇(Lytton Strachey)在他写的《伊丽莎白与艾塞克斯》(*Elizabeth and Essex*)里,把培根描绘成一个忘恩背义的大恶怪。这十分不公正。他在艾塞克斯忠君期间与他共事,但是在继续对他忠诚就会构成叛逆的时候抛弃了他;在这点上,并没有丝毫甚至让当时最严峻的道德家可以指责的地方。

尽管他背弃了艾塞克斯,当伊丽莎白女王在世期间他总没有得到十分宠信。不过詹姆士一即位,他的前程便开展了。1617年培根获得父亲曾任的国玺大臣职位,1618年做了大法官。但是他据有这个显职仅仅两年后,就被按接受诉讼人的贿赂起诉。培根承认告发是实,但只声辩说赠礼丝毫不影响他的判决。关于这点,谁都可以有他个人的意见，因为在另一种情况下他本来要作出什么判决，不会有证据。他被判处罚金四万镑；监禁伦敦塔中，期限随国王的旨意；终生逐出朝廷，不能任官职。这判决不过执行了极小一部分。并没有强令他缴付罚款，他在伦敦塔里也只关禁了四天。但是他被迫放弃了官场生活，而以撰写重要的著作度他的余年。

在那年代，法律界的道德有些废弛堕落。几乎每一个法官都接受馈赠，而且通常双方的都收。如今我们认为法官受贿是骇人听闻的事，但是受贿以后再作出对行贿人不利的判决，这更骇人听闻。然而在那个时代，馈赠是当然的惯例，做法官的凭不受赠礼影响这一点表现"美德"。培根遭罪本是一场党派争哄中的风波，并不是因为他格外有罪。他虽不是像他的前辈托马斯·莫尔爵士那样一个德操出众的人，但是他也不特别奸恶。在道德方面，他是一个中常人，和同时代大多数人比起来不优不劣。 <sup>564</sup>

培根过了五年退隐生活后，有一次把一只鸡肚里塞满雪做冷冻实验时受了寒，因此死去。

培根的最重要的著作《崇学论》(*The Advancement of Learning*)在许多点上带显著的近代色彩。一般认为他是"知识就是力量"这句格言的创造者；虽然以前讲过同样话的也许还有人在，他却从新的着重点来讲这格言。培根哲学的全部基础是实用性的，就是借助科学发现与发明使人类能制驭自然力量。他主张哲学应当和神学分离，不可像经院哲学那样与神学紧密糅杂在一起。培根信正统宗教；他并非在此种问题上跟政府闹争执的那样人。但是，他虽然以为理性能够证明神存在，他把神学中其他一切都看作仅凭启示认识的。的确，他倒主张如果在没有启示协助的理性看来，某个教理显得极荒谬，这时候信仰胜利最伟大。然而哲学应当只依靠理性。所以他是理性真理与启示真理"二重真理"论的拥护者。这种理论在十三世纪时有一些阿威罗伊派人曾经倡说过，但是受到了教会谴责。"信仰胜利"对正统信徒讲来是一句危险的箴言。十七世纪晚期，贝勒（Bayle）曾以讽刺口吻使用这箴言，他详细缕述了理性对某个正统信仰所能讲的一切反对话，然后作结论说："尽管如此仍旧信仰，这信仰胜利越发伟大。"至于培根的正统信仰真诚到什么程度，那就无从知道了。

历来有多少哲学家强调演绎的相反一面即归纳的重要性，在这类禀有科学气质的哲学家漫长的世系中，培根是第一人。培根也如同大多数的后继者，力图找出优于所谓"单纯枚举归纳"的某种归纳。单纯枚举归纳可以借一个寓言作实例来说明。昔日有一位户籍官须记录下威尔士某个村庄里全体户主的姓名。他询问的第一个户主叫威廉·威廉斯；第二个户主、第三个、第四个……也叫这名字；最后他自己说："这可腻了！他们显然都叫威廉·威廉斯。我来把他们照这登上，休个假。"可是他错了；单单有一位名字叫约翰·琼斯的。这表示假如过于无条件地信赖单纯枚举归纳，可能走上岔路。

培根相信他有方法，能够把归纳作成一种比这要高明的东西。例如，他希图发现热的本质，据他设想（这想法正确）热是由物体的各个微小部分的快速不规则运动构成的。他的方法是作出各种热物体的一览表、各种冷物体的表，以及热度不定的物体的表。他希

68

望这些表会显示出某种特性,在热物体总有,在冷物体总无,而在热度不定的物体有不定程度的出现。凭这方法,他指望得到初步先具有最低级普遍性的一般法则。由许多这种法则,他希望求出有二级普遍性的法则,等等依此类推。如此提出的法则必须用到新情况下加以检验;假如在新情况下也管用,在这个范围内便得到证实。某些事例让我们能够判定按以前的观察来讲均可能对的两个理论,所以特别有价值,这种事例称作"特权"事例。

培根不仅瞧不起演绎推理,也轻视数学,大概以为数学的实验性差。他对亚里士多德怀着恶毒的敌意,但是给德谟克里特非常高的评价。他虽然不否认自然万物的历程显示出神的意旨,却反对在实地研究各种现象当中掺杂丝毫目的论解释。他主张一切事情都必须解释成由致效因必然产生的结果。

培根对自己的方法的评价是,它告诉我们如何整理科学必须依据的观察资料。他说,我们既不应该像蜘蛛,从自己肚里抽丝结网,也不可像蚂蚁,单只采集,而必须像蜜蜂一样,又采集又整理。[566]这话对蚂蚁未免欠公平,但是也足以说明培根的意思。

培根哲学中一个最出名的部分就是他列举出他所谓的"幻象"。他用"幻象"来指让人陷于谬误的种种坏心理习惯。他举出四种幻象。"种族幻象"是人性当中固有的幻象;他特别提到指望自然现象中有超乎实际可寻的秩序这种习惯。"洞窟幻象"是个别研究者所特有的私人成见。"市场幻象"是关乎语言虐制人心、心意难摆除话语影响的幻象。"剧场幻象"是与公认的思想体系有关系的幻象;在这些思想体系当中,不待说亚里士多德和经院哲学家的思想体系就成了他的最值得注意的实例。这些都是学者们的错误:就是以为某个现成死套(例如三段论法)在研究当中能代替判断。

尽管培根感兴趣的正是科学,尽管他的一般见解也是科学的,他却忽略了当时科学中大部分正进行的事情。他否定哥白尼学说;只就哥白尼本人讲,这还情有可原,因为哥白尼并没提出多么牢靠的议论。但是开普勒的《新天文学》(New Astronomy)发表在1609年,开普勒总该让培根信服才对。吉尔伯特对磁性的研究是归纳法的光辉范例,培根对他倒赞赏;然而他似乎根本不知道近代解剖学的先驱维萨留斯(Vesalius)的成绩。出人意料的是,哈维是他的私人医生,而他对哈维的工作好像也茫然不知。固然哈维在培根死后才公布他的血液循环发现,但是人们总以为培根会知道他的研究活动的。哈维不很高看培根,说“他像个大法官似的写哲学”。假使培根原来对功名利禄不那么关切,他当然会写得好一些。

培根的归纳法由于对假说不够重视,以致带有缺点。培根希望仅只把观察资料加以系统整理,正确假说就会显明毕露,但事实很难如此。一般讲,设假说是科学工作中最难的部分,也正是少不得大本领的部分。迄今为止,还没有找出方法,能够按定规创造假567说。通常,有某种的假说是收集事实的必要先决条件,因为在对事实的选择上,要求有某种方法确定事实是否与题有关。离了这种东西,单只一大堆事实就让人束手无策。

演绎在科学中起的作用,比培根想的要大。当一个假说必须验证时,从这假说到某个能由观察来验证的结论,往往有一段漫长的演绎程序。这种演绎通常是数理推演,所以在这点上培根低估

70

了数学在科学研究中的重要性。

单纯枚举归纳问题到今天依旧是悬案。涉及科学研究的细节,培根排斥单纯枚举归纳,这完全正确。因为在处理细节的时候,我们可以假定一般法则,只要认为这种法则妥善,就能够以此为基础,建立起来多少还比较有力的方法。约翰·斯图亚特·穆勒设出归纳法四条规范,只要假定因果律成立,四条规范都能用来有效。但是穆勒也得承认,因果律本身又完全在单纯枚举归纳的基础上才信得过。科学的理论组织化所做到的事情就是把一切下级的归纳归拢成少数很概括的归纳——也许只有一个。这样的概括的归纳因为被许多的事例所证实,便认为就它们来讲,合当承认单纯枚举归纳。这种事态真不如意到极点,但是无论培根或他的任何后继者,都没从这局面中找到一条出路。

# 第八章　霍布士的利维坦 568

霍布士(Hobbes,1588—1679)是一个不好归类的哲学家。他也像洛克、贝克莱、休谟,是经验主义者;但霍布士又和他们不同,他是个赞赏数学方法的人,不仅赞赏纯数学中的数学方法,而且赞赏数学应用中的数学方法。他的一般见解宁可说是在伽利略的默化下、而不是在培根的默化下形成的。从笛卡尔到康德,欧洲大陆哲学关于人类认识的本性,有许多概念得自数学;但是大陆哲学把数学看成是不涉及经验而认识到的。因此大陆哲学也像柏拉图派哲学一样,贬低知觉的地位,过分强调纯思维的作用。在相反方面,英国经验主义很少受数学影响,对科学方法又往往有不正确的理解。这两种缺点霍布士全没有。一直到现代,才出现一些其他哲学家,他们虽是经验主义者,然而也适当着重数学。在这方面,霍布士的长处很伟大。可是他也有严重缺陷,因此便不可能把他真正列入第一流。他不耐烦做微妙细腻的事情,太偏向快刀斩乱麻。他对问题的解决办法合乎逻辑,然而是靠删掉碍手的事实得到的。他有魄力,但是粗率。比较善抡巨斧,不擅长挥舞细剑。尽管如此,他的国家论仍旧值得细心研讨;因为它比以前任何理论,甚至比马基雅弗利的学说还近代化,所以更有仔细考究的价值。

霍布士的父亲是个教区牧师,性子坏又愚鲁无知;他因为在教堂门口跟邻教区的一个牧师争闹,丢了差事。这以后霍布士归伯父抚育。他熟读古典著作,十四岁时把幼利披底的《米底亚》(Medea)翻译成拉丁文抑扬格诗。(晚年,他自夸虽然他绝不引用古典诗人或雄辩家的句子,却并非由于对他们的作品欠熟悉,这是正当话。)他十五岁的时候入牛津大学,牛津教他学经院派逻辑和亚里士多德哲学。这两样东西到晚年成了勾惹他憎恨的怪物,他断言在大学里的年月没让他得到什么益处;确实,一般大学在他的作品中不断受到抨击。1610 年,当他二十二岁的时候,他做了哈德威克勋爵(后来成为第二德芬郡伯爵)的家庭教师,伴随后者作“大周游”①。就在这时候他开始知道伽利略和开普勒的成绩,这对他产生了深刻的影响。他的学生作了他的赞助者,一直到 1628 年逝世

---

① “大周游”(the grand tour)是从前英国富贵家庭的子弟为完成其教育,到法国及欧洲大陆上其他国家所做的一种周游旅行。——译者

为止。霍布士通过他认识了本·琼生（Ben Jonson）、培根、彻伯利的赫伯特勋爵（Lord Herbert of Cherbury），及其他不少重要人物。德芬郡伯爵死时遗留下一个幼子；伯爵死后，霍布士有一段时间住在巴黎，在巴黎开始研究几何学；随后，他又当了他从前的学生的儿子的家庭教师。霍布士同他到意大利游历，1636 年在意大利访问了伽利略，1637 年回英国。

《利维坦》（Leviathan）①中表达的政治见解是极端的王党政见，霍布士抱这种政见已经很久了。当 1628 年的国会起草"权利请愿书"时，他怀着要显示民主政体诸种弊害的露骨意图，发表了一个修昔的底斯的英译本。1640 年长期国会开会，劳德（Laud）和斯揣弗（Strafford）被投入伦敦塔，这时候霍布士大为恐怖，逃奔法国。他在 1641 年写成、不过到 1647 年才出版的那本书《公民论》（De Cive），阐述的理论和《利维坦》中的理论本质上相同。他的这些意见的所由产生，不是实际起来的内战本身，而是逆料到的内战前景；不过，当他的忧虑实现时，自然使他的信念更加坚定。

在巴黎，他受到许多第一流的数学家和科学家的欢迎。在笛卡尔的《沉思录》（Meditations）出版之前读过这书的人当中他是一个；他写出对这书的反对意见，笛卡尔把这些意见连自己的答辩一同付印。他不久又结交大批的英国王党流亡者，和他们往还。在 1646 年到 1648 年这段时间内，他教过未来的查理二世数学。可是当 1651 年他发表了《利维坦》，这书谁也不喜欢。书中的理性

① 利维坦（Leviathan）是圣经里记载的一种巨大的水生怪物，在中文本圣经中译为"鳄鱼"。霍布士用它比拟国家。——译者

主义惹恼大多数流亡者，对旧教教会的猛烈攻击触怒了法国政府。霍布士于是悄悄逃回伦敦，归顺克伦威尔，避绝一切政治活动。

　　不过他在长长的一生中，无论这个时候，或在其他任何时候，总不空自闲过。他就自由意志问题跟布兰霍尔主教进行了论战；他自己是严格的决定论者。他由于对个人在几何学方面的能力估计过高，幻想他已经发现怎样"化圆为方"①；在这问题上他极愚蠢，与牛津大学的几何学教授瓦里斯展开辩论。当然这位教授终于做到让他显得无知可笑。

　　在王政复辟时期，霍布士受到国王的同党中较不热诚的人的抬举，及国王本人的好待；国王不仅在自己屋墙上悬挂起霍布士的肖像，还授予他每年一百镑的恩俸——不过这笔钱国王陛下却忘记支付。大法官克雷伦敦对在一个有无神论者嫌疑的人身上加的这种恩宠感到愤懑，国会也觉得岂有此理。经过"瘟灾"和"伦敦大火"，唤起了人民的迷信恐怖，这时下院指派委员会检查无神论著作，特别提到霍布士的作品。从此以后，关于惹争论的问题，他写的什么东西在英国也得不到印刷许可。连他那本取名《猂希莫司》（*Behemoth*）②的长期国会史，尽管讲最正统的主义，也只好在国外印行（1668）。1688 年版的霍布士著作集是在阿姆斯特丹出的。他老年在国外的声望远远凌驾在英国的声望以上。为占用余暇，

570

---

　　①　从古希腊时代流传下来的数学"难题"之一，即求作一个正方形，使它的面积与一个已知圆的面积相等。根据近代数学，可以证明这问题用圆规和直尺不可能解决。——译者

　　②　猂希莫司是圣经中记载的一种"骨头好像铜管，肢体仿佛铁棍"的神话动物，译作"河马"。——译者

他八十四岁时用拉丁韵文写成一部自传,八十七岁时又出了荷马作品的英译本。我没有能够发现他在八十七岁以后再写什么大书。

现在我们来讨论《利维坦》中的学说,霍布士的声誉主要就在这本书上。

在这书刚一开头,他就宣布自己的彻底唯物论。他说,生命无非是四肢的运动,所以机器人具有人造的生命。国家——他称之为"利维坦"——是人工技巧创造的东西,事实上是一个模造的人。这话不仅是要作为一个比喻,他还作了相当详细的发挥。主权就是人工模拟的灵魂。最初创造利维坦时所凭的协定和盟约代替了神说"我们要造人"时神的命令。

书的第一编论个体的人,以及霍布士认为必需有的一般哲学。感觉作用是由对象的压力引起的;颜色、声音等等都不在对象中。对象中和我们的感觉相应的性质是运动。他叙述了第一运动定律,然后立即应用于心理学:想象是衰退中的感觉,两者都是运动。571睡眠时的想象作用便是做梦;异教徒的各种宗教是由于不分辨梦境和醒觉生活而产生的。(鲁莽的读者也许要把同样议论用到基督教上,但是霍布士谨慎得很,自己不这样做。①)相信梦寐预兆未来,是自欺欺人;信仰巫术和鬼,也是无中生有。

我们的一个个思想的前起后续不是任意形成的,受着定律支配——有时候是联想律,有时候是和我们的思考中的目的相关的

---

① 在另一个地方他说异教的诸神是人类的恐怖创造的,但我们的神是"原始推动者"。

一些定律。（这是决定论在心理学上的应用，有重要意义。）

会料得到，霍布士是一个十足的唯名论者。他说，除名目而外别无普遍的东西，离了词语，什么一般概念我们也不能设想。没有语言，就没有真也没有假，因为"真"和"假"都是言语的属性。

他认为几何学是迄今创立的唯一真正科学。推理带有计算性质，应当从定义出发。但是定义里必须避免自相矛盾的概念，在哲学中可经常没有做到这点。例如，"无形体的实体"就是胡话。如果你提出神即"无形体的实体"当反对理由，这时霍布士有两个回答：第一，神非哲学的对象；第二，许多哲学家一向认为神有形体。他说，一般命题的所有错误出于悖谬（即自相矛盾）；他举出自由意志观念，和干酪具有面包的偶性这种想法，作为"悖谬"的实例（大家知道，按天主教义，面包的偶性能固属于非面包的实体。）

在这段文字中，霍布士流露出一种旧式的唯理主义。开普勒得出了一个一般论断："行星沿椭圆绕日回转"；但是其他意见，类如托勒密之说，在逻辑上也不悖谬。霍布士尽管敬佩开普勒和伽利略，但是对使用归纳法求得普遍定律这件事，一直没有正确领会。

霍布士和柏拉图相反，他主张理性并非天生的，是靠勤奋发展起来的。

572　　他然后开始论各种激情。"意向"可以定义成动念的微小根芽；它如果趋向什么，就是欲望；如果趋避什么，是厌恶。爱和欲望是一回事，憎和厌恶是一回事。一件事物是欲望的对象，大家说它是"好"的；是厌恶的对象，说它是"坏"的。（可以注意到，这两个定义没给"好"和"坏"加上客观性；如果人们的欲望相异，并没有理论方法调和分歧。)又有种种激情的定义,这些定义大部分立脚在人生的竞争观上;例如说发笑就是突如其来的大得意。对无形力量的恐惧,如果被公开认可,叫宗教;不被认可,是迷信。因此,断定何者是宗教何者是迷信,全在立法者。福祉离不开不断进展;它在于步步成功,不在于已经成功;所谓静态幸福这种东西是没有的——当然,天国的极乐不算,这已经超乎我们的理解力了。

意志无非是深思熟虑中最后余留的欲求或厌恶。也就是说,意志并不是和欲望及厌恶不同的东西,不过是发生冲突的情况中最强的欲望或厌恶罢了。这说法跟霍布士否定自由意志明显有连带关系。

霍布士与大多数专制政治的拥护者不同,他认为一切人生来平等。在任何政治也还不存在的自然状态下,人人欲保持个人的自由,但是又欲得到支配旁人的权力。这两种欲望都受自我保全冲动主使。由于它们的冲突,发生了一切人对一切人的战争,把人生弄得"险恶、残酷而短促"。在自然状态下,没有财产、没有正义或不义;有的只是战争,而"武力和欺诈在战争中是两大基本美德"。

第二编讲人类如何结合成若干各自服从一个中央权力的社会,从而免除这些恶弊。这件事被说成是通过社会契约而发生的。据设想,有许多人汇聚起来,同意选择一个主权者或主权团体,对他们行使权力,结束总体混战。我以为这种"盟约"(霍布士通常如此称呼)并未被看成是明确的历史事件;把它这样看待,与当前的议论的确也不切题。这是一种神话性的解释,用它来说明为什么人类甘受,而且应当甘受因服从权力而给个人自由必然要带来的

种种限制。霍布士说，人类给自己加上约束，目的在于从我们爱好
573 个人自由和爱好支配旁人因而引起的总体混战里得到自我保全。

霍布士研讨人类为何不能像蚂蚁和蜜蜂那样协作的问题。他
说，同蜂房内的蜜蜂不竞争；它们没有求荣欲；而且它们不运用理
智批评政府。它们的协和是天然的协和，但是人类的协和只能是
凭依盟约的人为协和。这种盟约必须把权力交付一个人或一个议
会，因为否则它便无法实施。"盟约离开武力只是空文"（威尔逊总
统不幸忘记这点。）这盟约不是后来洛克和卢梭讲的那种公民与统
治权力者之间的盟约，而是为服从过半数人要选择的那个统治权
力者、公民们彼此订立的盟约。公民作出选择之后，他们的政治权
力即告终止。少数派也和多数派同样受约束，因为这盟约正是说
要服从多数人所选择的政府。政府一经选定，除这政府认为宜于
许可的那种权利以外，公民丧失掉一切权利。反叛的权利是没有
的，因为统治者不受任何契约束缚，然而臣民要受契约束缚。

如此结合起来的群众称作国家。这个"利维坦"是一个凡间的
神。

霍布士欢喜君主制，不过他的全部抽象议论同样也适用于一
切这样的政体：其中存在着一个无上权力，不受其他团体的法权的
限制。单只议会，他倒能够容忍，但是他不能容忍国王和议会分领
统治权的制度。这和洛克及孟德斯鸠的意见恰相反。霍布士说，
英国内战之所以发生，正是因为权力分配到国王、上院和下院的缘
故。

这个最高权力，或是一个人或是一个议会，称作主权者。在霍
布士的体制中，主权者的权力没有限度。他对一切意见的表达有

检查权。据假想，主权者主要关心的是维持国内和平；所以他不运用检查权压抑真理，因为与和平抵触的论调绝不会正确（好个异常实用主义的见解！）。财产法应当完全随主权者的心意；因为在自然状态下不存在财产，所以财产是政府创造的，政府可以随意左右这种创造。

固然也承认主权者可能专制，但是哪怕最坏的专制政治总强 <sup>574</sup> 似无政府状态。况且，在许多地方主权者的利害与臣民的利害本相同。臣民越富足，他越富足；臣民若守法，他就比较安全；等等。反叛是不该的，一则因为反叛通常要失败，再则因为倘若反叛成功，便留下恶例，教别人学反叛。他否认亚里士多德说的僭主政治与君主政治的区别；按霍布士的意见，所谓"僭主政治"，无非是讲这话的人恰巧厌恶的一种君主政治罢了。

书中举出君主当政比议会当政可取的种种理由。他承认当君主的私人利益与公众利益冲突的时候，君主通常要顺从他的私利，但是议会也如此。君主可能有宠臣，但是议会的每个议员也难免有嬖人；因此在君主政治下，宠臣嬖人的总数多半还少些。君主能私下听取任何人进言；议会却只能听取议员们的意见，而且还是公开听取。议会中有某些议员偶然缺席，可以让别个党派获得多数，因而造成政策的改变。不仅如此，假若议会内部分裂，其结果可能就是内战。霍布士论断，因为所有这些理由，君主制最完善。

整个一部《利维坦》中，霍布士完全没考虑定期选举对议会为了议员的私人利益而牺牲公众利益的倾向可能起的钳制作用。事实上，好像他所想到的不是民主选举的议会，而是威尼斯大议会或英国上院一类的团体。他把民主政治按古代方式理解为必得一切公民直接参与立法和行政；至少说，这似乎是他的意见。

在霍布士的体制中，主权者起初一选定，人民便最后退了场。主权者的继承，如同罗马帝国在没有叛乱扰攘时的惯例，须由主权者决定。他承认，主权者通常要选择自己的一个子女，或者若没有子女，选择一个近亲，但是他认为任何法律也不该限制他选其他人。

书中有论臣民自由的一章，开头是这样一个精辟可佩的定义：对运动不存在外界障碍，是谓自由。按这个意义讲，自由与必然是一致的；例如，水在对它的运动没有障碍时，因而按定义也就是水在自由时，必然流下山岗。人可以自由做他意欲做的事，但是必然得做神意欲做的事。我们的一切意志作用全有原因，从这个意义上讲全是必然的。至于谈到臣民的自由，在法律不干涉的情况下，他们有自由；这绝不是对主权的限制，因为主权者假使决定要法律干涉，法律本可以干涉。除主权者自愿让出的权利外，臣民没有和主权者相对抗的权利。大卫使乌利亚被杀①，因为乌利亚是他的臣子，那时他没有侵害乌利亚；但是大卫侵害了神，因为他是神的臣子而不遵从神的律法。

据霍布士的意见，古代的著述家歌颂自由，结果促使人们赞同暴乱和骚动。他主张，这些著述家的意思正确解释起来，他们所歌颂的自由是主权者的自由，即免于外国统治的自由。国内对主权者的反抗，即便看来好像是极正当的，他也谴责。例如，他认为圣安布洛斯在帖撒罗尼迦屠杀后无权将狄奥多修斯皇帝开除教籍。

① 见《旧约》《撒母耳记下》第十一章。——译者

575

他还激烈地指斥札卡理教皇不该为扶立丕平,帮他废了墨洛温朝末代国王。

不过他承认服从主权者的义务也有一个限度。自我保全权在他看来是绝对的权利,所以臣民有甚至对抗君主的自卫权。这话合逻辑,因为他把自我保全当成了组织政府的动机。根据这点,他认为(不过有一些限制)人在受政府召唤上战场时,有权拒不战斗。这是任何现代政府不容许的一种权利。他的利己主义的伦理观有一个奇妙结论,就是对主权者的反抗只在自卫的情况才算正当;为保护旁人而进行的反抗却总有罪。

还有另一个十分合乎逻辑的例外:人对于无能力给予他保护的主权者,没有任何义务。这样看来,在查理二世流亡期间霍布士归服克伦威尔,便名正言顺了。

政党或现在我们所谓的工会一类的团体,当然不许存在。所有教师都得做主权者的仆役,只讲授主权者认为有用的东西。财产权仅只臣民对其他臣民讲有效,对主权者讲不成立。主权者握<sup>576</sup>有管制对外贸易的权。他不受民法约束。主权者手中的惩治权并非由什么正义概念来的,而是因为他保留了在自然状态下人人持有的自由:在自然状态下,谁加害旁人也无法怪罪他。

书中开列出国家瓦解的种种有趣的原因(被外国征服除外)。这些原因是:给予主权者的权力太小;容许臣民有私人判断;凡违反良心的事一律是罪之说;信仰灵感;所谓主权者受民法约束这种理论;承认绝对的私有财产;分割主权;模仿希腊人和罗马人,俗权与灵权分离;否认主权者有征税权;有势力的臣民得人心;以及与主权者有争论的自由。关于所有这些原因,在当时近期的英、法历史中都有丰富的例证。

霍布士认为教导人民信服主权者的各种权限,不应当有很大困难,因为人民难道没有被教导信仰了基督教,甚至信仰了违背理性的"化体说"吗?应该特定出一些日子来学习服从的义务。对民众的训导有赖于各大学的正确教学,因此必须加意监督大学。对神的礼拜必须清一色,宗教就是主权者颁定的宗教。

在第二编结尾,他表示希望某个主权者读到这本书,自立为一个绝对君主。这愿望总还不像柏拉图的愿望:某个国王会变成哲学家那么偏于空想。霍布士向君主们担保,这本书容易读而且十分有趣。

第三编《论基督教国》,说明不存在一统教会,因为教会必须依附俗界政府。在各个国家,国王应该是教会首领;教皇的"大君权"和教皇无过说是不能承认的。可以想见,这一编中主张非基督徒主权者治下的基督徒臣民,在外表上应该服从,因为乃缦在临门庙中难道不无奈屈身吗?①

第四编《论黑暗的王国》主要涉及对罗马教会的批判;罗马教会把灵权放到俗权之上,霍布士因此憎恶它。这编的其余部分是对"空洞哲学"的攻击,他说的"空洞哲学"通常指亚里士多德哲学。

现在试论断我们对《利维坦》一书抱什么看法。这问题不容易谈,因为书里的优点和缺点极密切地错杂在一起。

在政治上,有两个不同的问题,一个是关于国家的最良好形

---

① 参看《旧约》《列王纪下》第五章。——译者

式的问题,一个是关于国家权力的问题。按照霍布士的意见,国家的最良好形式是君主制,但这并非他倡导的主义中的重要部分。重要部分是国家权力应当是绝对的这个论点。这种主义,或跟它类似的主义,是文艺复兴和宗教改革期间在西欧成长起来的。首先,封建贵族被路易十一、爱德华四世、斐迪南和伊萨白拉以及后继的君主们慑服了。然后,在新教国家,宗教改革又使俗界政府能够占了教会的上风。亨利八世掌中握有以前任何英王不曾享有的大权。但是在法国,宗教改革运动最初却产生正相反的效果;夹在吉兹派和余格诺派①中间,历代国王几乎毫无实权。在霍布士写书前不久,亨利四世和黎歇留奠定了君主专制的基础,这在法国一直延续到大革命时代。在西班牙,查理五世挫败了议会,而腓力浦二世除对教会的关系外,也是专制君主。不过在英国,清教徒将亨利八世的事业又一笔勾销;他们的事业活动引起霍布士的这种想法:反抗主权者必定产生无政府状态。

　　一切社会都面临着无政府状态和专制政治两种危险。清教徒,尤其是独立教会派,深记专制政治的危险;相反,霍布士经历了各种对抗的热狂主义的斗争,因此他让对于无政府状态的恐惧缠住了心。在王政复辟后兴起、而在 1688 年②后得势的自由主义哲学家,这两种危险都领悟到了;他们对斯揣弗和再洗礼派双方都厌恶。于是洛克有了权能分立说及"约制与均衡"说。在英国,当国

_____

①　16,17 世纪时法国的新教徒称"余格诺"(the Huguenots)。当时吉兹(Guise)将军是旧教首领,所以旧教徒称"吉兹派"。——译者
②　即英国"光荣革命"的一年。——译者

王还有威势的时期,有过真正的权能分立;嗣后国会成了太上主宰,最终大权转到内阁。在美国,国会和最高法院能够抵制现政府,就这个限度说来目下仍旧存在着约制与均衡。在德国、意大578利、俄国和日本,①政府更取得了超过霍布士认为适度的权力。所以总的说,关于国家权力这一点,世界已经顺着霍布士的心愿走下来了;在这以前先有过一段很长的自由主义时期,至少从表面上看,世界是朝相反方向发展的。尽管这次大战的结局如此,看来很明显,国家的职权必定继续扩大,和国家对抗必定变得困难而更困难。

霍布士所提出的支持国家的理由,即国家是替代无政府状态的唯一途径,大体上讲是个妥实的理由。不过国家也可能像1789年的法国和1917年的俄国那样,坏得让人感觉暂时的无政府状态倒比那样的国家继续下去还好。并且,如果政府对反叛不存几分畏惧,一切政府倾向暴政的趋势便没办法遏制。霍布士讲的那种顺从屈服的态度假使庶民真普遍采取了,政府会比现在更糟。在政治范围内是这样:倘若可能,政府要竭力使其个人地位不可动摇;在经济范围内是这样:政府要竭力假公济私,养肥自己和一派同党;在知识范围内是这样:政府要压制每一个对政府的权力似乎有威胁的新发现或新学说。我们所以不仅想到无政府状态的危险,也考虑跟政府的全能化密切连带着的不公平与僵化的危险,理由正在于此。

把霍布士和以前的政治理论家们作个对比,他的高明处显露

---

① 注意本书是在第二次世界大战期间写的。——译者

得清楚极了。他完全摆脱了迷信;他不根据亚当和夏娃堕落人间时的遭遇发议论。他论事清晰而合逻辑;他的伦理学说对也好错也好,总是完全可以理解的东西,里面没使用任何暧昧含混的概念。除开远比他见识狭隘的马基雅弗利,他是讲政治理论的第一个真正近代的著述家。他若有错处,错也出于过分简单化,并不是因为他的思想基础不现实、偏空想。为这个缘故,他仍旧值得一驳。

撇开霍布士的形而上学或伦理学不去批评,有两点是他的弱点。第一是他总把国民利益作整体看,不言而喻地假定所有公民的大利害是一致的。马克思把不同阶级之间的冲突说成是社会变革的主要原因,霍布士并不领会这种冲突的重要性。与此相关的 <sup>579</sup> 一个假定是,君主的利益和臣民的利益大致相同。在战时,尤其假若战事激烈,各方的利益化为一致;但是在和平时期,一个阶级的利益与另一阶级的利益之间,冲突可能大得很。在这种势态下,要说避免无政府状态的上策就是提倡君主的绝对权力,这话绝不尽然。在分享权力方面作某种让步,也许是防止内战的唯一途径。根据当时英国的近期历史,霍布士本来早该认清这一点了。

在另外一点上霍布士倡导的主义也过分狭隘,这点涉及不同国家间的关系问题。在《利维坦》中,除谈到国与国的不时带有间歇期的战争和征服以外,只字未表示国家之间有任何关系。按他的原理讲,这种事情是由于不存在国际政府而产生的;因为各国间的关系仍旧处在自然状态即一切人对一切人战争的状态之下。只要国际无政府状态一天还存在,各个国家的效率提高绝不见得就对人类有利益,因为这一来也就提高了战争的凶暴和破坏性。霍布士所举的支持政府的一切理由假如妥当,支持国际政府也是妥当的。只要民族国家还存在,而且彼此打仗,唯有效率低下能保全人类。缺乏防止战争的任何手段却改进各个国家的战斗素质,是一条通往全球毁灭的道路。

# 第九章　笛卡尔

若内·笛卡尔(René Descartes,1596—1650),通常都把他看成是近代哲学的始祖,我认为这是对的。他是第一个禀有高超哲学能力、在见解方面受新物理学和新天文学深刻影响的人。固然,他也保留了经院哲学中许多东西,但是他并不接受前人奠定的基础,却另起炉灶,努力缔造一个完整的哲学体系。这是从亚里士多德以来未曾有的事,是科学的进展带来的新自信心的标志。他的著作散发着一股从柏拉图到当时的任何哲学名家的作品中全找不到的清新气息。从柏拉图到笛卡尔之间,所有的哲学家都是教师,沾着这行职业素有的职业优越感。笛卡尔不以教师的身份写哲学,而以发现者和探究者的姿态执笔,渴望把自己的所得传达给人。他的文章笔调平易不迂腐,不是供学生们念的,而是给一般生活中明白事理的人看的。并且,这还是一种异常出色的文笔。近代哲学的开拓者有这样可佩的文学感,对近代哲学来讲是很可庆幸的。直到康德以前,在欧洲大陆上和在英国,他的后继者们都保持他的非职业资格,其中有几人还保持几分他的笔风特长。

笛卡尔的父亲是布列塔尼地方议会的议员,握有一份还相当可观的地产。笛卡尔在父亲死时继承了遗产,他把地产卖掉,拿钱来投资,得到一笔每年六千或七千法郎的收入。从 1604 年到 1612 年,他在拉夫赖士的耶稣会学校受教育,这学校给他打下的近代数学根底,比当时在大多数大学里能够获得的根底似乎还强得多。1612 年他到巴黎去,感觉巴黎的社会生活烦腻,于是退避到郊区圣日耳曼的一个隐僻处所,在那里研究几何学。然而朋友们刺探出他的踪迹,他为了确保更充分的安静,便在荷兰军里入了伍(1617)。由于那时候荷兰正太平无事,他似乎享受了两年不受干扰的沉思。不过三十年战争一起来,他加入了巴伐利亚军(1619)。就在 1619 年到 1620 年之间的冬天在巴伐利亚,他有了《方法论》(*Discours de la Méthode*)中他所描述的那种体验。因 581 为天气苦寒,他早晨钻进一个火炉子①,整天待在里面潜思;据他自己述说,当他出来的时候,他的哲学已经半成。不过这话我们也不必太拘泥字义去理解。苏格拉底惯常在雪地里终日沉思,但是笛卡尔的头脑只当他身暖时才起作用。

　　1621 年他结束了战斗生活;访问过意大利之后,1625 年定居巴黎。但是朋友们又偏要在他起身以前拜访他(不到中午,他很少下床),所以在 1628 年他加入了正围攻余格诺派要塞拉罗歇尔的军队。当这段插曲终了时,他决定在荷兰居住,大概为逃避迫害的危险。笛卡尔是个懦弱胆小的人,一个奉行教会仪式的天主教徒,但是他同样犯了伽利略的那种异端。某些人认为他耳闻到了对伽利略的第一次(秘密)判罪,那是 1616 年发生的事。不管是否如

---

　　① 笛卡尔的确说是一个火炉子(poêle),但是大多数评注家认为这是不可能的。然而知道旧式巴伐利亚住宅情况的人确切告诉我说,这事情完全可以相信。

此,总之他决心不发表他向来致力写的一部巨著《宇宙论》(*Le Monde*),理由是它里面含有两个异端学说:地球自转和宇宙无限。(这本书从来没有完整地出版,只有其中若干片段在他死后刊行过。)

他在荷兰住了二十年(1629—1649),除开有少数几次短时到法国和一次到英国访问不算,那都是为了事务去的。十七世纪时荷兰是唯一有思想自由的国度,它的重要性不可胜述。霍布士只好拿他的书在荷兰刊印;洛克在 1688 年前英国最险恶的五年反动时期到荷兰避难;贝勒(《辞典》著者)也迫于必要在荷兰居住;斯宾诺莎假若在任何旁的国家,恐怕早不许他从事著述了。

我方才说笛卡尔是懦弱胆小的人,但是说他希望不惹麻烦,好清静无扰地作研究,这或许还比较温和近情些。他一贯阿谀教士,尤其奉承耶稣会员,不仅当他受制于这些人的时候如此,移住荷兰以后也如此。他的心理隐晦莫测,不过我总觉得好像是这样:他是个虔诚的天主教徒,为了他也为教会本身,愿意促使教会不像在伽利略的事例中所表现的那样敌视近代科学。认为他的正统信仰不过是权宜之计的人也是有的;但是,这固然是一种可能对的看法,我以为这并不是顶可靠的意见。

即便在荷兰,他也难免要受到恼人的攻击,不是罗马教会攻击他,而是新教中的顽固人物攻击他。据云他的意见会导致无神论,倘若没有法国大使和奥伦治公出面干涉,恐怕他早受到迫害了。这回攻击既然失败,不几年后来顿大学当局又发起另一次不那么直接的攻击,它不问褒贬一律禁止提笛卡尔。奥伦治公再一次插手干涉,叫来顿大学休要无知。这说明由于教会从属于国家,而且由于非国际性的教会力量比较薄弱,给新教国带来如何的利益。

不幸,笛卡尔通过法国驻斯德哥尔摩大使沙尼雨,和瑞典克丽斯婷娜女王开始了书信往还;克丽斯婷娜是一个热情而博学的贵妇,自以为她既然是君主,有权浪费伟人的时间。他寄赠她一篇关于爱情的论著,这是直到那时候他向来有些忽视的题目。他还送她一个论灵魂的种种炽情的作品,那是他原来为巴拉丁选侯的女儿伊丽莎白公主写的。为这两个作品,女王请求笛卡尔亲临她的宫廷;他最后同意了,于是她派一艘军舰去接他(1649 年 9 月)。结果原来是她想要每天听他讲课,但是除在早晨五点钟以外她又腾不出时间。在斯堪的纳维亚地方冬日的寒气里,这种不习惯的起早,对一个体质孱弱的人就不是顶妙的事。加上,沙尼雨又害了重病,因此笛卡尔去照料他。这位大使健康复原,但是笛卡尔却病倒了,1650 年 2 月长辞人世。

笛卡尔一直未结婚,但是他有一个私生女儿,五岁上死去,他讲这是他平生最大的悲伤。他永远衣冠楚楚,佩挂一柄宝剑。笛卡尔不是勤奋的人,他工作的时间很短,也少读书。他到荷兰去的时候,随身没携带多少书籍,但是在带去的书里面有圣经和托马斯·阿奎那的著作。笛卡尔的工作仿佛是在短期间精神非常集中下做出来的;但是,也许他为了维持绅士派业余哲学家的面貌,假装比实际上工作得少亦未可知,因为否则他的成就似乎让人很难 583 相信。

笛卡尔是哲学家、数学家,也是科学家。在哲学和数学上,他的工作重要无比;在科学方面,成绩虽然也值得称道,总不如同时代有些人的好。

他对几何学的伟大贡献是发明坐标几何,固然还不完全是最后形式的坐标几何。他使用了解析方法,解析方法是先假定问题已然解决,再审查此假定的种种结论;他并且把代数应用到几何学上。这两件事在他以前都曾经有人做过;关于前者,甚至在古代人中间也找得到做过的人。他的首创在于使用坐标系,就是用平面上一点到两条固定直线的距离来确定这点的位置。笛卡尔本人并没发现这个方法的全部力量,但是他的工作足以为进一步的发展铺平道路。这绝非他对数学的唯一贡献,却是最重大的贡献。

他讲述了自己的大部分科学理论的书是 1644 年出版的《哲学原理》(*Principia philosophiae*)。不过还有一些其他重要书籍:《哲学文集》(*Essais philosophiques*)(1637)讨论几何学,也讨论光学;在他写的书里有一本叫《论胚胎的形成》(*De la formation du foetus*)。他欢迎哈维关于血液循环的发现,一直总希望自己在医学方面作出什么重大发现(然而没有实现)。笛卡尔把人和动物的肉体看成机器;动物在他看来是完全受物理定律支配、缺乏情感和意识的自动机。人则不同:人有灵魂,它蕴藏在松果腺①内。在这里灵魂与"生命精气"发生接触,通过这种接触,灵魂和肉体之间起相互作用。宇宙中的运动总量有一定,所以灵魂影响不了它,但是灵魂能改变生命精气的运动方向,因而间接地能够改变肉体其他各部分的运动方向。

笛卡尔的这部分理论被他的学派中的人废弃了——起先他的荷兰门徒格令克斯(Geulincx),后来马勒伯朗士和斯宾诺莎,都把

---

① 位于脑中间的圆锥形小腺状体。——译者

它舍掉。物理学家发现了动量守恒，按动量守恒讲，在任何已知方向，全宇宙的运动总量是有一定的。这表示根本不会有笛卡尔所想象的精神对物质的那种作用。假定一切物理作用都带碰撞性质（笛卡尔学派很普遍地这样假定），动力学定律足够确定物质的运动，精神的什么影响完全没有插足余地。可是这引起一个困难。我决意要手臂动时手臂就动，然而我的意志是精神现象，我的手臂动却是物理现象。那么，假如精神和物质不能相互作用，为何我的肉体俨然像我的精神支配着它在活动？对这问题，格令克斯发明了一个答案，通称"二时钟"说。假定你有两个都十分准确的钟；每当一个钟的针指整点，另一个钟就要鸣响报时，因此倘若你眼看着一个钟，耳听另一个钟的响声，你会以为这个钟促使那个钟打点。精神和肉体也如是。各自由神上紧弦，彼此步调取一致。所以当我起意志作用的时候，尽管我的意志并未实在作用于我的肉体，纯物理的定律促使我的手臂运动。

这理论当然有种种困难。第一，它甚是古怪；第二，既然物理事件系列由自然法则严格决定，那么精神事件系列和它平行，必定同样带决定论性质。这理论假如确实，就该有一种什么可能有的辞典，里面把每个大脑事件翻译成相应的精神事件。一个想象中的计算者可根据动力学定律计算大脑事件，再借助这"辞典"推断伴随的精神事件。即使没有"辞典"，这位计算者也可以推断人的所言所行，因为这两项全是肉体的运动。这种见解跟基督教伦理及罪业降罚说恐怕很难取得调和。

不过这些结果并不是立刻就可以明了的。此一说看来有两点高明处。第一是，既然灵魂绝不受肉体的作用，所以这理论使灵魂在某个意义上完全不依附于肉体。第二是，它承认了"一实体对另一实体不能起作用"这个一般原理。实体有精神和物质两个，它们极不相似，起相互作用似乎是不可想象的事。格令克斯的理论否定相互作用的实在，却说明相互作用的现象。

在力学方面，笛卡尔承认第一运动定律，照这定律讲，物体若不受外力影响，要沿直线等速地运动。但是不存在后来牛顿的万有引力说里讲的那种超距作用。所谓真空这种东西根本是没有的，也没有什么原子。然而所有相互作用全带碰撞性质。假使我们的知识真够丰富，我们就可以使化学和生物学化为力学；胚种发育成动物或植物的过程是纯粹机械过程。亚里士多德讲的那三样灵魂是不必要的；三样里只有一样即理性灵魂存在，而且仅存在于人类。

笛卡尔小心翼翼地躲避着神学上的谴责，发展起来一个宇宙演化论，跟柏拉图时代以前某些哲学家的宇宙演化论不无相像。他说，我们知道世界是如《创世记》中讲的那样创造出来的，但是且看它本可能如何自然生成，也很有意思。笛卡尔作出一个旋涡形成说：在太阳周围的实空①里有巨大的旋涡，带动着行星回转。这理论精妙倒精妙，但是不能说明行星轨道何以不是圆形的，而是椭圆的。旋涡说在法国得到了一般承认，逐渐地才被牛顿理论夺去它的地位。牛顿的《原理》最早的英文版的编订者寇次（Cotes）畅论旋涡说开启无神论的大门，而牛顿的学说需要有神使行星在不朝太阳的方向上运动起来。他认为根据这点，就该喜欢牛顿。

---

① "实空"（plenum）指完全充满着某种物质的空间，与"真空"相反。——译者

现在来讲就纯哲学而论,笛卡尔的两本最重要的书。这两本书是《方法论》(1637)和《沉思录》(*Meditations*)(1642)。两书有很多重复,不必要分开谈。

在这两本书中,笛卡尔开始先说明一向被人称作"笛卡尔式怀疑"的方法。笛卡尔为了使他的哲学获得牢固基础,决心让自己怀疑他好歹总能怀疑的一切事物。因为他预料到这个过程可能需要若干时间,所以他决意在这段期间按普通公认的规矩节制自己的行为举止;这样,他的精神就免得受个人关于实践方面的怀疑所引起的可能后果的妨害。

笛卡尔从关于各种感觉的怀疑入手。他说,我能不能怀疑我正穿着晨衣坐在这儿炉火旁边? 能,我能怀疑;因为有时候我实际赤身睡在床上(当时睡衣以至睡衫还没有发明),可是我梦见了我在这里。并且,精神病人往往有幻觉,所以我也可能处在同样状况。

不过梦这东西好像画家,带给我们实际事物的写照,至少按梦<sup>586</sup>的各个组成要素讲如此。(你可能梦到带翅的马,但是那无非因为你见过翅和马)。所以说,一般有形性质,包括广延性、大小和数目之类的东西,不像关于个别事物的信念容易怀疑。算术和几何学讨论的不是个别事物,因此就比物理学和天文学确实;甚至对梦中对象来讲也适用,梦里的对象在数目和广延性方面与真实对象没有区别。然而,即便对于算术和几何,仍可能怀疑。说不定每当我来数一个正方形的边数或算二加三的时候,神就叫我出错。也许,甚至在想象中把这种不仁归给神,理不该当;但是难保没有一个既神通广大又狡猾欺诈的恶魔,用尽它的巧计聪明来蒙骗我。假使真有这样的恶魔,说不定我所见的一切事物不过是错觉,恶魔就利用这种错觉当作陷阱,来骗取我的轻信。

不过总还有某样事我怀疑不得;假使我当真不存在,任何恶魔,不管多么狡猾,也无法欺骗我。我可能不具有肉体;这是错觉也难说。然而思维那就另是一回事。"当我要把一切事物都想成是虚假的时候,这个进行思维的'我'必然非是某种东西不可;我认识到'我思故我在'这条真理十分牢靠、十分确实,怀疑论者的所有最狂妄的假定都无法把它推翻,于是我断定我能够毫不犹疑地承认它是我所探求的哲学中的第一原理。"①

这段文字是笛卡尔的认识论的核心,包含着他的哲学中最重要之点。笛卡尔以后的哲学家大多都注重认识论,其所以如此主要由于笛卡尔。"我思故我在"说得精神比物质确实,而(对我来讲)我的精神又比旁人的精神确实。因此,出自笛卡尔的一切哲学全有主观主义倾向,并且偏向把物质看成是唯有从我们对于精神的所知、通过推理才可以认识(倘若可认识)的东西。欧洲大陆的唯心论与英国的经验论双方都存在这两种倾向;前者以此自鸣得意,后者为这感到遗憾。最近这些年来,称作工具主义的那派哲学,一直打算摆脱这种主观主义,但是关于这点目下我且不谈。除工具主义是例外,近代哲学对问题的提法有极多是从笛卡尔接受过来的,只是不接受他的解答罢了。

读者会记起,圣奥古斯丁提出了一个酷似"cogito"的论点。

---

① 上面的"我思故我在"(cogito ergo sum)这个论点通称笛卡尔的"cogito"(我思),借以得出这论点的方法叫作"笛卡尔式怀疑"。

不过他并不特别侧重这论点，打算用它来解决的问题也只占他的思想的一小部分。所以笛卡尔的创见应该得到承认，固然这主要还不在于创造这个论点，而在于认识到它的重要意义。

现在既然获得了坚固的基础，笛卡尔便兴工重建知识大厦。已被证明是存在的那个"我"，是由我思维这件事实推知的，所以当我思维的时候"我"存在，而且只有当我思维时"我"才存在。假若我停止思维，"我"的存在便没有证据了。"我"是一个作思维的东西①，即这样一种实体：其全部本性或本质在于思维作用，而且为了它存在并不需要有场所或物质事物。因此，灵魂与肉体全然两样，而且比肉体容易认识；纵然没有肉体，灵魂也会一如现状。

笛卡尔然后自问："cogito"这样明白，是什么缘故呢？他的结论是，那无非因为它清晰而判然。所以他采取以下的原理当作一般准则：凡我们能够设想得很清晰、很判然的一切事物都是真的。不过他也承认，要想知道这种事物究竟是哪些个，往往有困难。

"思维作用"一词，笛卡尔按极广的意义来使用它。他说，所谓作思维的东西，就是这种东西：它怀疑、理解、设想、肯定、否定、意欲、想象和感觉——因为在梦里起的那种感觉也是思维作用的一种。由于思维是精神的本质，精神必定永远在思维，即使熟睡时也如此。

笛卡尔现在继续谈我们关于物体的知识这个问题。他以蜂巢里取出来的一块蜂蜡作为实例。各种感官觉得有些事情很明显：

---

① 笛卡尔所使用的"东西"（英语 thing；法语 chose；拉丁语 res）一词相当于一般说的"实体"。——译者

这块蜂蜡有蜜的味道、花的香气,有某种感觉得到的颜色、大小、形状,生硬冰冷,敲一敲发响声。可是你如果把它放在火近旁,尽管蜂蜡照旧是蜂蜡,这些性质却发生了变化;可见方才感官所觉得的并不是蜂蜡本身。蜂蜡本身是由广延性、柔软性和可动性构成的,这些非想象力所理解,而精神则理解。蜂蜡这件东西本身无法感觉得到,因为它均等地含蕴在蜂蜡对各种感官显示的一切现象之中。对蜂蜡的知觉作用"不是看、触或想象,而是精神的洞观"。我没有看见蜂蜡,正如我若看见大街上有帽子和外衣上身,不等于我看见街上有行人。"我纯凭位于我的精神中的判断力,理解我本以为我用眼睛看见的东西。"感官认识是混杂的,动物一样也持有;但是现在我剥下了蜂蜡的衣裳,凭精神感知它赤裸的本相。我通过感官看见蜂蜡,由这件事确实断定我自己存在,但不能断定蜂蜡存在。认识外界事物不可靠感官,必须凭精神。

由此又转而考察各类观念。笛卡尔说,最常见的错误就是以为自己的观念与外界事物相像。("观念"这个词照笛卡尔的用法包括感官知觉)。观念似乎有三类:(1)生得观念,(2)非固有的、从外界得来的观念,(3)自己创造的观念。第二类观念我们当然假定它与外界对象相像。所以要假定这点,一部分因为"自然"教导我们如此想,一部分因为这种观念是不涉及意志(即通过感觉作用)而来的,因此,设想有某个外在事物把它的影像印在我心上,似乎也合理。但这两点是充分理由吗? 在这个情况,我说"受自然的教导",意思无非是说我有相信它的某种倾向,并不是说我借自然之光看到这点。借自然之光所看到的无法否定,但是单单是倾向,那也可能倾向于错的事情。至于说感官观念不随意,这根本不成理由，因为梦虽然出于内部，却也不随意。可见，假定感官观念来自外界的理由不能令人信服。

况且，同是一个外界对象，往往有两种不同的观念，例如感官所觉得的太阳和天文学家所相信的太阳。这两种观念不会都像太阳，根据理性知道，直接来自经验的那个观念，在两者当中一定是和太阳比较不像的。

但是这种种理由并未解决对外界存在质疑的怀疑论调。唯有首先证明神存在，才能够做到这一步。 <sup>589</sup>

笛卡尔对神存在的一些证明并不怎么独出心裁，大体说都是从经院哲学来的。这些证明莱布尼茨叙述得比较好，所以我想先略去不谈，等讲到莱布尼茨的时候再讨论。

神的存在既然证明之后，其余的事情便畅行无阻了。因为神性善，他不会像笛卡尔为当作怀疑的理由而想象的那个好欺诈的恶魔一般作为。那么，既然神给了我如此强烈的心向相信物体存在，假使物体并不存在，他岂不欺哄人；所以物体存在。不仅如此，神必定还给予了我纠正错误的能力。我在应用"清晰、判然的就是真的"这条原理时运用这种能力。因此我便能够懂得数学；我如果记住，我必须单凭精神去认识关于物体的真理，不应当精神、肉体联用，我又能够懂得物理学。

笛卡尔的认识论的建设性部分远不如在前的破坏性部分有味。建设性部分利用了如"结果绝不能比其原因多具备完善性"之类各色各样的经院哲学准则，这种东西不知怎么回事会逃过了起初的批判性考查。尽管这些准则比人自己的存在确实少带自明性，却没举任何理由就承认了，而自身的存在倒大吹大擂地证明了一阵。柏拉图、圣奥古斯丁和圣托马斯的著作含有《沉思录》中大部分肯定性的东西。

"批判的怀疑"方法在哲学上非常重要,尽管笛卡尔本人只是三心二意地应用这方法的。按逻辑讲,显然怀疑要在某处止住,这方法才能够产生积极结果。假若逻辑知识和经验知识双方都得有,就必须有两种怀疑止点:无疑问的事实和无疑问的推理原则。笛卡尔的无疑问的事实是他自己的思维,按最广的意义使用"思维"这个词。"我思"是他的原始前提。这里"我"字其实于理不通;他该把原始前提叙述成"思维是有的"这个形式才对。"我"字在语法上虽然便当,但是它表述的不是已知事项。等他再往下讲"我是一个作思维的东西",这时他已经在漫无批判地应用经院哲学传下来的范畴工具。他在什么地方也没证明思维需要有思维者,而且除按语法上的意义来讲,并没有理由相信这点。可是,不把外界对象而把思维看成是原始的经验确实项,这一决断非常重要,对后来的一切哲学有深刻影响。

笛卡尔的哲学在另外两点上也重要。第一,它完成了,或者说极近乎完成了由柏拉图开端而主要因为宗教上的理由经基督教哲学发展起来的精神、物质二元论。松果腺里的那种奇妙事务被笛卡尔的信徒们抛弃了,且不去管它;笛卡尔体系提出来精神界和物质界两个平行而彼此独立的世界,研究其中之一能够不牵涉另一个。精神不推动肉体,这是个新颖想法;按明白形式说出于格令克斯,但是潜在上出于笛卡尔。有了这想法便能够讲肉体不推动精神,此其一利。关于肉体感到渴的时候为什么精神觉得"难过",《沉思录》中有不少议论。笛卡尔主义的正确解答是:肉体和精神好似两个钟,每当一个钟指示出"渴",另一个钟指示出"难过"。然

98

而从宗教观点看,这理论有一个严重的不利;这就转入上面我提及的笛卡尔哲学的第二特征。

笛卡尔哲学在关于物质界的全部理论上,是严格的决定论。活的有机体完全和死物一样受物理定律支配;不再像亚里士多德哲学,需要有"隐德来希"(entelechy)或灵魂来解释有机体的生长和动物的运动。笛卡尔本人只承认了一个小小例外:人的灵魂通过意志作用,虽然不能改变生命精气的运动量,能够改变它的运动方向。不过这一点违反他的体系的精神,也证实和力学定律抵触,因此被人抛弃了。结果是,物质的一切运动由物理定律决定,又由于平行关系,精神事件也必是同样有定的。这一来,笛卡尔派关于自由意志问题就感到棘手。而对笛卡尔的科学比对他的认识论更注意的人,不难把动物是自动机之说加以推广:何不对于人也一样讲法,将这个体系作成首尾一贯的唯物论,简化这体系?在十八世纪,实际走了这一步。

笛卡尔身上有着一种动摇不决的两面性:一面是他从当时的科学学来的东西,另一面是拉夫赖士学校传授给他的经院哲学。[591]这种两面性让他陷入自相矛盾,但是也使他富于丰硕的思想,非任何完全逻辑的哲学家所能及。自圆其说也许会让他仅仅成为一派新经院哲学的创始者,然而自相矛盾,倒把他造就成两个重要而背驰的哲学流派的源泉。

# 第十章　斯宾诺莎 [592]

斯宾诺莎(Spinoza,1632—1677)是伟大哲学家当中人格最高尚、性情最温厚可亲的。按才智讲,有些人超越了他,但是在道德方面,他是至高无上的。因此,他在生前和死后一个世纪以内,被看成是坏得可怕的人,这是当然的后果。他生来是个犹太人,但是犹太人把他驱逐出教。基督教徒对他同样恨之入骨;尽管他的全部哲学贯彻着"神"这个观念,正统信徒仍旧斥责他讲无神论。莱布尼茨受到他很多益处,却对这一点讳莫如深,小心避免说一句称颂斯宾诺莎的话;关于他跟这位异端犹太人私交的深浅,他甚而竟至于扯谎。

斯宾诺莎的生平很单纯。他一家是原先为逃避异端审判所,从西班牙(也许从葡萄牙)到荷兰去的。他本身受了犹太教学问的教育,但是觉得正统信仰再无法守下去。有人愿每年给他一千弗罗林,求他隐匿住自己的怀疑;等他一回绝,又图谋杀害他;谋杀失败了,这时候斯宾诺莎便被人用《申命记》中的样样诅咒咒骂个遍,更用以利沙对小孩们发的诅咒咒骂[1];那些小孩子结果被母熊撕裂了,可是并没有母熊侵袭斯宾诺莎。他先在阿姆斯特丹、后来在海牙度着平静的日子,靠磨镜片维持生活。他的物质欲望简单而不多,一生当中对金钱表现出一种稀有的淡漠。少数认得他的人,纵或不赞成他的信念,也都爱戴他。荷兰政府素常有自由主义精神,对他关于神学问题的意见抱宽容态度;只不过有一度他因为站在德威特家[2]方面反对奥伦治公族,在政治上声誉不佳。他在四

---

① 见《旧约》《列王记下》第二章,第 23—24 节。——译者
② 严·德威特(Jan de Witt,1625—1672),荷兰著名政治家,与斯宾诺莎交好。——译者

十四岁①的壮年因为肺痨病死去。

他的主要著作《伦理学》(*Ethics*)是死后出版的。未讨论这书以前，必须先就他的其他两部作品——《神学政治论》(*Tractatus Theologico - Politicus*)和《政治论》(*Tractatus Politicus*)略说几句。前书是圣经批评与政治理论的一个奇妙融会；后一本书只讲政治理论。在圣经批评方面，特别在给《旧约》各卷所定的写定时期比传统说法定的时期远为靠后这一点上，斯宾诺莎开了一部分<sup>593</sup>现代意见的先河。他始终努力想证明圣经能够解释得和有宽宏开明精神的神学相容。

尽管斯宾诺莎与霍布士两人在气质方面有天地般的悬殊，斯宾诺莎的政治学说大致讲和霍布士一脉相承。他认为在自然状态下无"是"也无"非"，因为所谓"非"便是说违反法律。他认为主权者无过；教会应当完全从属于国家，在这点上他跟霍布士意见一致。斯宾诺莎反对一切叛乱，哪怕是反抗坏政府的叛乱也罢；他举出英国的种种苦难为例，当作暴力抗击威权而产生的弊害的证据。但是他把民主制看成是"最自然的"政体，这与霍布士的意见相左。斯宾诺莎还有一个地方与霍布士有分歧：他认为臣民不应当为主权者牺牲所有权利。特别是，他认为意见上的自由很要紧。我不十分懂得，他把这点与宗教问题应由国家裁决这个意见怎样调和起来。依我想，他讲应由国家裁决，意思是说宗教问题不应当由教会决断，该由国家决断；在荷兰，国家比教会宽容得多。

---

① 斯宾诺莎的生卒日期为1632,11,24—1677,2,21,死时四十四岁已过，原书误作四十三岁。——译者

斯宾诺莎的《伦理学》讨论三个不同主题。它先从形而上学讲起，再转论各种炽情和意志的心理学，最后阐述一种以前面的形而上学和心理学作基础的伦理观。形而上学是笛卡尔哲学的变体，心理学也带霍布士遗风，但是伦理观独创一格，是书中最有价值的地方，斯宾诺莎对笛卡尔的关系，和普罗提诺对柏拉图的关系在某些点上颇相似。笛卡尔是一个多方面的人，满怀求知的好奇心，但是没有很大的道德热忱。他虽然创造了一些企图支持正统信仰的"证明"，但是正好像卡尔内亚德利用柏拉图，他也未尝不可被怀疑论者利用。斯宾诺莎固然不乏对科学的兴趣，甚至还写过一个关于虹的论著，但是他主要关心宗教和道德问题。他从笛卡尔及其同时代一些人接受了一套唯物主义的和决定论的物理学，在这个框架以内，努力给虔诚心念和献身于"善"的生活找一席之地。这真是件宏伟的壮举，甚至在认为它没有成功的人们中间也引起钦佩。

594　　斯宾诺莎的形而上学体系是巴门尼德所创始的那样类型的体系。实体只有一个，就是"神即自然"；任何有限事物不独立自存。笛卡尔承认有神、精神和物质三个实体；固然，甚至依他讲，神在某个意义上也比精神和物质更称得起实体；因为神是创造精神和物质的，要想毁灭它们就能把它们毁灭。但是除开对神的全能的关系之外，精神和物质是两个独立实体，分别由思维和广延性这两种属性限定。斯宾诺莎绝不同意这种看法。在他看来，思维和广延性全是神的属性。神还具有无限个其他属性，因为神必定处处都是无限的；然而这些旁的属性我们不明了。个别灵魂和单块物质在斯宾诺莎看来是形容词性的东西；这些并非实在,不过是"神在"①的一些相。基督教徒信仰的那种个人永生绝无其事,只能够有越来越与神合一这种意义的非个人永生。有限事物由其物理上,或逻辑上的境界限定,换句话说,由它非某某东西限定:"一切确定皆否定。"完全肯定性的"存在者"(神)只能有一个,它必定绝对无限。于是斯宾诺莎便进入了十足不冲淡的泛神论。

按斯宾诺莎的意见,一切事物都受着一种绝对的逻辑必然性支配。在精神领域中既没有所谓自由意志,在物质界也没有什么偶然。凡发生的事俱是神的不可思议的本性的显现,所以各种事件照逻辑讲就不可能异于现实状况。这说法在罪恶问题上惹起一些困难,让批评者们毫不迟疑地指点出来。有一位批评者说,按照斯宾诺莎讲,万事皆由神定,因而全是善的,那么,他愤愤地问,尼罗竟然杀死母亲,这难道也善吗? 莫非说亚当吃了苹果也叫善? 斯宾诺莎回答,这两件行为里肯定性的地方是善的,只有否定性的地方恶;可是只有从有限创造物的眼光来看,才存在所谓否定。唯独神完全实在,在神讲,没有否定;因此我们觉得是罪的事,当作整体的部分去看它,其中的恶并不存在。这个学说固然大多数神秘论者曾经以各种不同形式主张过,很明显和正统教义的罪业降罚说无法取得调和。它和斯宾诺莎完全否认自由意志有密切关联。<sup>595</sup>斯宾诺莎尽管丝毫不爱争论,但是他秉性诚实,自己的意见无论当

---

① 原文"the divine Being",照字面译是"神性的存在者",即神;现参酌中文里的"敬神如在"这句旧话,简译"神在",一方面保存原文的字面意义,另一方面可以和前面的"实在"对应。英文中"Being"(存在者)一字,开头字母若大写,即指神,故在下面的"存在者"之后,用括号加添一"神"字。——译者

时代的人觉得多么荒谬骇人，他也不隐讳，所以他的学说受人憎恨原是不足怪的。

《伦理学》这本书里的讲法仿照几何学的体例，有定义、有公理、有定理；公理后面的一切都认为由演绎论证作了严格的证明。因此他的这本书也就难读了。现代一个做学问的人，不能设想他声称要确立的那些东西会有严格"证明"，对证明的细节势必感觉不耐烦，事实上这种细节也不值得掌握。读一读各命题的叙述，再研究一下评注就够了，评注中含有《伦理学》的不少精粹。但是假若怪斯宾诺莎用几何方法，那也表明缺乏认识。主张一切事情全可能证明，这是斯宾诺莎哲学体系的精髓命脉，不仅在形而上学上如此，在伦理学上也一样；所以证明万不可不提。我们不能接受他的方法，那是因为我们无法接受他的形而上学。我们不能相信宇宙各部分的相互联系是逻辑的联系，因为我们认为科学法则要靠观察来发现，仅仗推理是不成的。但在斯宾诺莎讲，几何方法非用不可，而且和他的学说中最根本的部分是血肉相连的。

现在来讲斯宾诺莎的情感理论。这一部分放在关于精神的本性与起源的形而上学讨论后面，这个讨论到后来推出"人的精神对神的永恒无限的本质有适当认识"这个可惊的命题。但是《伦理学》第三卷中讲的那种种炽情惑乱了我们的心，蒙蔽住我们对整体的理智识见。据他讲，"各物只要它是自在的，都努力保持自己的存在。"因此起了爱、憎和纷争。第三卷里讲述的心理学完全是利己主义的心理学。"凡设想自己的憎恶对象遭毁坏者，会感觉愉快。""我们若设想有谁享受某物，而此物仅只一人能够占有，我们会努力使这人不能获有此物。"但是就在这一卷中，也有些时候斯宾诺莎抛掉数学论证化的犬儒态度外貌，道出这样的话：“憎受到憎回报则增强，但反之能够被爱打消。”按斯宾诺莎的意见，“自我 596
保全”是各种炽情的根本动机；但是我们自身当中的实在、肯定性的东西，乃是把我们与整体统合起来的东西，并不是保全外表分离状态的东西，我们一体会到这一点，自我保全就改变性质。

《伦理学》最末两卷分别题为《论人的奴役或情感的力量》和《论理智的力量或人的自由》，最有趣味。我们所遭的事在多大程度上由外界原因决定，我们相应地受到多大程度的奴役；我们有几分自决，便有几分自由。斯宾诺莎和苏格拉底、柏拉图一样，相信一切不正当行为起因于知识上的错误：适当认识个人环境的人，他的行动作风就英明得当，遇到对旁人来说算是不幸的事，他甚至仍会快乐。斯宾诺莎不讲忘我无私；他认为在某个意义上“自利”，特别说“自我保全”，主宰着人的一切行为。“任何一种德性，我们不能设想它先于这种保持自己存在的努力。”但是贤达的人会选择什么当作自利的目标，他的想法与一般利己主义者的想法是不同的：“精神的最高的善是关于神的知识，精神的最高德性是认识神。”情感若是由不适当的观念产生的，叫“炽情”；不同人的炽情可能冲突，但是遵从理性过生活的人们会协和共处。快乐本身是善的，但是希望和恐惧是恶的，谦卑和懊悔也是恶的：“凡追悔某个行为者，双重地悲惨或软弱。”斯宾诺莎把时间看成非实在的东西，所以他认为与已成过去或尚未到来的事件有着本质关联的一切情感都违反理性。“只要精神在理性的指示下理解事物，无论那观念是现在事物、过去事物或未来事物的观念，精神有同等感动。”

这是一句严酷的话，却正是斯宾诺莎哲学体系的本质所在，宜暂且细讲一讲。按照一般人的意见,"结局好的全叫好";宇宙假如渐渐转佳,我们认为强似逐步恶化,即便这两种情况中的善恶总和相等。我们对现时的灾祸比对成吉思汗时代的灾祸更加关心。依斯宾诺莎说这不合理。凡发生的事情任何一件,正如同神所看到的,是永恒的超时间世界的一部分;对神来讲,年月日期毫无关系。贤达者在人类的有限性容许的限度以内,努力照神的看法,Sub specie œternitatis(在永恒的相下)看世界。你也许要反驳说,我们对未来的不幸比对过去的灾祸多关心,这样做肯定是不错的,因为未来的不幸或许还有可能避免,而过去的灾祸,我们已无能为力。对这套道理,斯宾诺莎的决定论给出回答。我们皆因无知,才以为我们能够改变未来;要发生的事总要发生,未来像过去一样定不可移。"希望"和"恐惧"所以受谴责,正为这个理由:二者都依靠把未来看得不确实,所以都是因为缺乏智慧而产生的。

我们如果尽个人的能力所及,得到与神的世界像类似的世界象,这时我们便把一切事物当成整体的部分、当成对整体的善来讲不可缺少,这样来看。所以说"关于恶的知识是不适当的知识。"神没有关于恶的知识,原因是无恶可知;只由于把宇宙各部分看得好像真独立自存,结果才生出恶的假象。

斯宾诺莎的世界观意在把人从恐惧的压制下解放出来。"自由人最少想到死;所以他的智慧不是关于死的默念而是关于生的沉思。"斯宾诺莎的为人极彻底实践这句箴言。他在生活的最末一天,完全保持镇静,不像《斐多篇》里写的苏格拉底那样情绪激昂,却如同在任何旁的日子,照常叙谈他的对谈者感兴趣的问题。斯宾诺莎和其他一些哲学家不同,他不仅相信自己的学说,也实践他的学说；我没听说他有哪一次，尽管遇上非常惹人生气的事，曾陷入自己的伦理观所谴责的那种激愤和恼怒里。在与人争论当中，他谦和明理，绝不进行非难，但是竭尽全力来说服对方。

我们所遭遇的事只要是由我们自身产生的，就是善的；只有从外界来的事，对我们讲才恶。"因为一切事情凡其致效因是人的，必然是善的，所以除非通过外界原因，否则恶不能降临于人。"所以很明显，宇宙整体遭不到任何恶事，因为它不受外界原因的作用。"我们是万有自然的一部分，所以我们遵从自然的理法。如果我们对这点有清晰、判然的理解，我们的本性中由理智限定的那一部分，换句话说即我们自身当中较良好的部分，必定会默受临头的 <sup>598</sup> 事，并且努力坚守此种默受。"人只要不由本愿地是大整体的一部分，就受着奴役；但是只要人借理解力把握了整体的唯一实在，人即自由。《伦理学》的最末一卷发挥这个学说的种种内在含义。

斯宾诺莎并不像斯多葛派，反对所有的情感；他只反对"炽情"这种情感，也就是让我们自己显得在外界力量之下处于被动状态的那些情感。"某个情感是炽情，我们对它一形成清晰、判然的观念，就不再是炽情。"理解一切事物都是必然的，这可以帮助精神得到控制情感的力量。"凡清晰、判然地理解自己和自己的情感者，爱神；愈理解自己和自己的情感，愈爱神。"由这个命题，我们初次接触到"对神的理智爱"，所谓智慧便是这种爱。对神的理智爱是思维与情感的合一：我认为不妨说，就是真思维结合把握真理时的欢悦。真思维中的一切欢悦都是对神的理智爱的一部分，因为它丝毫不含否定的东西，所以真正是整体的一部分，不像那种在思维中彼此分离以致显得恶的片段事物，仅在外表上是整体的一部分。

我方才说对神的理智爱包含欢悦，但这也许是个误解，因为斯宾诺莎说神不为快乐或痛苦任何情感所动，而且又说"精神对神的理智爱即神对自己的无限爱的一部分"。可是我仍旧觉得"理智爱"中总有某种东西不纯然是理智；也许其中的欢悦被看成是什么比快乐高超的事情。

据他说，"对神的爱必定占精神的首要地位。"到此为止，我把斯宾诺莎的证明都略去了，但这一来对他的思想我描述得就不够完整。因为上述命题的证明很短，我现在全部照引下来；读者然后可以想象着对其他命题补出证明。上述命题的证明如下：

"因为这种爱（据卷五，命题十四）与身体的一切感触相联系，并且（据卷五，命题十五）受所有这些感触培养；所以（据卷五，命题十一）它必定占精神的首要地位。Q.E.D.①"

599　　在以上的证明中提到的几个命题：卷五，命题十四说："精神能使得身体的一切感触或事物的意象和神的观念相关联"；卷五，命题十五前面征引过了，即"凡清晰、判然地理解自己和自己的情感者，爱神；愈理解自己和自己的情感，愈爱神"；卷五，命题十一说"意象所关联的对象愈多，它就愈频繁出现，或愈经常活现，并且愈多占据精神。"

上面引的"证明"或不妨这样来讲：对我们所遭遇的事每增加一分理解，都在乎把事件和神的观念关联起来，因为实际上一切事物都是神的一部分。把一切事物当作神的一部分这样理解，就是

---

①　Q.E.D.是拉丁文"quod erat demonstrandum"（此即所欲证）三词的缩写，是几何证明中习惯用的符号。——译者

对神的爱。等到所有的对象和神关联起来，神的观念便充分占据精神。

可见"对神的爱必定占精神的首要地位"这句话，从根本讲并不是一句道德上的劝善话；这话说明随着我们获得理解，不可避免地定要发生的事。

据他讲，谁也不会憎恶神，但在另一方面，"爱神者不会努力让神回爱他。"歌德对斯宾诺莎甚至还谈不上开始了解就崇仰斯宾诺莎，他把这个命题当成是克己自制的一例。这命题绝非什么克己自制，乃是斯宾诺莎的形而上学的逻辑结论。他没说人不应当希求神爱他；他说爱神的人不会希求神爱他。这从证明来看很明白；证明说："因为假令有人这样努力，那么（据卷五，命题十七，系理）就是说此人欲他所爱的神不是神，因此（据卷三，命题十九）即是说他欲感受痛苦，（据卷三，命题二十八）这不合道理。"卷五命题十七是已经提过的那个命题，它说神没有炽情、快乐或痛苦；上面引的系理推断神对谁也不爱、也不憎。在这里，其中的含义又不是道德教训，而是逻辑必然性：谁爱神又希图神爱他，他就是希图感受痛苦，"这不合道理。"

神不会爱任何人这句话，不可当成与神用无限理智爱爱自己这话有矛盾。神可以爱自己，因为这件事办得到，不涉及错误信念；再说，无论如何，理智爱究竟是极特殊的一种爱。

讲到这里，斯宾诺莎告诉我们，他现在给我们指出了"矫治各 <sup>600</sup>种情感的全部方剂。"主方剂是关于情感的本性及情感和外界原因的关系的清晰、判然的观念。对神的爱和对人的爱相比，更有一利："精神上的不健康与不幸，一般能够追溯到过分地爱某种难免多起变化的东西。"但是清晰、判然的知识"产生对永恒不变的事物的爱",这种爱不带有对变化无常的对象的爱所具有的这种激荡烦扰的性质。

固然死后人格残存这事情是妄念,但人的精神中仍旧有某种东西永恒不灭。精神只有当肉体存在时才能够想象什么、记忆什么,但是在神内有一个观念将这个或那个人体的本质在永恒的形式下表现出来,这观念便是精神的永恒部分。对神的理智爱被个人体验到时,它就含在精神的这个永恒部分中。

福祉由对神的理智爱而成,它并不是对德性的报偿,而是德性本身;不因为我们克制情欲,所以我们享有福祉,倒因为我们享有福祉,我们才克制住情欲。

《伦理学》用这些话结尾:

"贤达者,只要他被认为是贤达者,其灵魂绝少扰动,他却按照某种永恒的必然性知自身、知神、知物,绝不停止存在,而永远保持灵魂的真正恬然自足。我所指出的达成这种结果的道路,即使看起来万分艰难,然而总是可以发现的道路。既然这条道路很少为人找到,它确实艰难无疑。假若拯救之事近在手边,不费许多劳力可以求得,如何会几乎被所有人等闲忽略? 不过一切高贵的事都是既稀有同样也是艰难的。"

给斯宾诺莎这位哲学家的地位作批评的估价,必须把他的伦理学和他的形而上学区分开,研究一下摈弃了后者,前者还有多少东西可以保存下来。

斯宾诺莎的形而上学是所谓"逻辑一元论"的最好实例;"逻辑一元论"即主张宇宙整体是单一实体,它的任何部分按逻辑讲不能

独自存在,这样一种理论。此种见解最后依据的信念是,一切命题
有一个单独的主语和一个单独的谓语,由这我们得出结论:"关系"
和"复多"必定是架空不实的。斯宾诺莎以为宇宙和人生的本质
能够从一些不证自明的公理照逻辑演绎出来;我们对待事情也该
像对待二加二等于四这个事实一样,抱承受默认的态度,因为它们
同样都是逻辑必然性的结果。这套形而上学全部信不得;它和现
代逻辑与科学方法根本抵触。事实必须靠观察来发现,凭推理是
不行的。如果我们推断未来推断得成功,作这推断时借助的原理
并不是逻辑必然的原理,而是经验资料显示出来的原理。而且斯
宾诺莎所依据的实体概念是今天无论科学和哲学都不能接受的概
念。

　　但是谈到斯宾诺莎的伦理学,我们觉得,或至少在我觉得,
即便摈弃了形而上学基础,有些东西还是可以接受的,固然并非
全部可以接受。大致讲,斯宾诺莎企图说明,即使承认了人类能
力的限度,怎样还可能过崇高的生活。他本人因为主张必然论,
把这种限度说得比实际上更狭窄;但是在毫无疑问存在人力限
度的情况下,斯宾诺莎的处世箴言大概是最好不过的了。譬如
拿"死"来说,凡是人办得到的事情没有一件会使人长生不死,所
以为我们必不免一死而恐惧、而悲叹,在这上面耗费时间徒劳无
益。让死的恐怖缠住心,是一种奴役;斯宾诺莎说得对,"自由人
最少想到死"。但是甚至在这事情上,该如此对待的不过是就一
般讲的死;由于个别病症而致的死亡,在可能范围内应当进行医
疗防止才是。就是在这个情况下,应避免的仍是某种焦虑或恐
惧;必须冷静地采取各种必要手段,而我们的心思这时候应当尽

可能转到旁的事情上去。其他一切纯粹个人的不幸都适用同样道理。

但是你所爱的人们遭的不幸又当如何对待呢？试想一想欧洲或中国的居民在现时期①往往会遇到的一些事。假定你是犹太人，你的家族被屠杀了。假定你是个反纳粹的地下工作者，因为抓不着你，你的妻子被枪毙了。假定你的丈夫为了某种纯属虚构的罪，被解送到北极地方强迫劳动，在残酷虐待和饥饿下死掉了。假定你的女儿被敌兵强奸过后又弄死了。在这种情况下，你也应该保持哲学的平静吗？

如果你信奉基督的教训，你会说："父啊，赦免他们，因为他们所作的他们不晓得。"②我曾经认识一些教友派信徒，他们真可能深切、由衷地讲出这样的话，因为他们讲得出来，我对他们很钦佩。但是，人在表示钦佩之前必须确实知道，这不幸是如理所当然地深深被感受到了。斯多葛派哲学家当中有些人说："哪怕我一家人受罪，对我有什么关系？我照旧能够道德高尚"，这种人的态度大家无法接受。基督教的道德信条"要爱你们的仇敌"③是好的，但是斯多葛派的道德信条"莫关心你的朋友"却是坏的。而且基督教道德信条谆谆教诲的并不是平静，而是甚至对最恶的人有热烈的爱。这信条无可反对，只不过对我们大多数人来讲太难，真心实践不了。

---

① 本书是在第二次世界大战期间写的。——译者
② 这是耶稣被钉死在十字架上临前说的话。见《新约》《路加福音》，第二十三章，34 节。——译者
③ 见《新约》《马太福音》，第六章，44 节。——译者

对这种灾殃的原始的反应是复仇。麦可达夫听说他的妻子儿女被马克白杀了，当时他决心要杀死这个暴君。[①] 伤害如果很严重，而且是在利害不相干者当中引起道德憎愤的一种伤害，在这个情况下复仇反应仍然受大多数人的赞美。这种反应我们也无法完全非难，因为它是产生惩罚的一个动力，而惩罚有时候是必要的。况且，从精神健康的角度来看，复仇冲动往往十分强烈，假若不给它发泄出路，一个人的整个人生观可能会变得畸形而多少有些偏狂。这话虽不是放之四海而皆准的，但是在多数情况下是确实的。然而在另一方面，我们也必须说复仇心是很危险的动机。社会只要认可复仇心，就等于允许人在自己的讼案中自当法官，这正是法律打算防止的事情。而且复仇心通常又是一种过火的动机；它追求越出适当分寸施加惩罚。例如，虐伤罪本不该用虐伤来惩罚，但是因复仇欲而发疯的人，会认为让自己所恨的对象无痛苦地死去，未免太便宜了他。不仅如此，在这点上斯宾诺莎正说得对：受一个单独的炽情主宰的生活是与一切种类的智慧皆难相容的狭隘生活。所以说这种复仇并不是对伤害的最好反应。

斯宾诺莎会说出基督徒所说的话，还会说出超乎这以外的一[603]些话。在他看来，一切罪恶起因于无知；他会"赦免他们，因为他们所作的他们不晓得。"但是他会要你避开他所认为的罪恶本源——眼界狭隘，他会劝你即使遇到顶大的不幸，也要避免把自己关闭在个人悲伤的天地里；他会要你把罪恶和它的原因关联起来、当作整

---

① 暴君马克白和麦可达夫是莎士比亚的著名悲剧《马克白》（*Macbeth*）中的两个主要人物。——译者

个自然大法的一部分来看，借以理解这罪恶。前面说过，他相信"憎"能够被"爱"克服，他说："憎受到憎回报则增强，但反之能够被爱打消。为爱所彻底战胜的憎，转化成爱；这种爱于是比先前假使没有憎还大。"我但愿真能够相信这说法，可是我做不到；不过，心怀憎恨的人若完全在不肯以憎恨相还的那人掌握之下，这种例外情况不算。在这种情况下，因未受惩报而感到的惊讶可能还有劝善规过的效力。但是只要恶人有势力，你对他尽情表白不恨他也无大用，因为他会把你的话归到不良动机上。再说凭不抵抗主义，你又不能剥夺他的势力。

问题在斯宾诺莎，就比在对宇宙的终极善性不抱信仰的人容易处理。斯宾诺莎认为，你如果把你的灾难照它的实质来看，作为那上起自时间的开端、下止于时间尽头的因缘环链一部分来看，就知道这灾难不过是对你的灾难，并非对宇宙的灾难，对宇宙讲，仅是加强最后和声的暂时不谐音而已。这说法我不能接受；我以为个别事件是什么就是什么，不因为纳入整体而变得不同。各个残酷行为永久是宇宙的一部分；后来发生的任何事绝不能使这行为变恶为善，也不能把"完善性"赋予包含着它的那个整体。

话虽如此，假若你合该不得不忍受比人的通常命运坏（或在你看来坏）的什么事，斯宾诺莎讲的想整体，或总之去想比你个人的悲痛更远大的事情，这样一条做人原则仍旧是有用的原则。甚至也有些时候，我们细想人类的生活连同其中含有的全部祸害和苦难，不过是宇宙生活里的沧海一粟，让人感到安慰。这种思想可能还不足构成宗教信仰，但是在这痛苦的世界上，倒是促使人神志清醒的一个助力，是救治完全绝望下的麻木不仁的解毒剂。

# 第十一章　莱布尼茨

　　莱布尼茨(Leibniz,1646—1716)是一个千古绝伦的大智者，但是按他这个人来讲却不值得敬佩。的确，在一名未来的雇员的推荐书里大家希望提到的优良品质，他样样具备：他勤勉，俭朴，有节制，在财务上诚实。但是他完全欠缺在斯宾诺莎身上表现得很显著的那些崇高的哲学品德。他的最精湛的思想并不是会给他博来声望的一种思想，那么他就把这类思想的记载束之高阁不发表。他所发表的都是蓄意要讨王公后妃们嘉赏的东西。结果，便有了两个可以认为代表莱布尼茨的哲学体系：他公开宣扬的一个体系讲乐观、守正统、玄虚离奇而又浅薄；另一个体系是相当晚近的编订者们从他的手稿中慢慢发掘出来的，这个体系内容深奥，条理一贯，富于斯宾诺莎风格，并且有惊人的逻辑性。杜撰所谓现世界即一切可能有的世界当中最善的世界这一说的，是流俗的莱布尼茨(F.H.布莱德雷给这说法加上一句讥诮的案语："因此这世界中的一切事情都是注定的恶事")；伏尔泰勾画成邦格乐思博士①的嘴脸来嘲弄的，也是这个莱布尼茨。忽略这个莱布尼茨，可说不合历史事实，但是另一个莱布尼茨在哲学上重要得多。

　　莱布尼茨在三十年战争结束前两年生于莱比锡，他的父亲在当地做道德哲学教授。在大学里他学法律，1666年在阿尔特道夫

---

　　①　邦格乐思博士(Doctor Pangloss)是伏尔泰所作的《老实人》(Candide)中的人物。——译者

大学获得博士学位;这大学提出给他一个教授职,他说他另有"很不同的打算",拒绝了这个位置。1667 年他到迈因次大主教手下工作,这大主教也像旁的西德意志邦主,正为对路易十四的恐惧所苦。莱布尼茨得到大主教的赞同,竭力去游说这位法国国王进军埃及,不攻德意志,但是碰上一句彬彬有礼的话提醒他:自从圣路易①时代以来,对异教徒的圣战已经过时。他的计划公众一直不知晓,等到拿破仑亲自远征埃及失败,过四年后即 1803 年占领汉诺威时,才发现了这计划。1672 年,莱布尼茨为这项计划的关系

605 到巴黎去,在那里度过此后四年的大部分时间。他在巴黎的种种接触,对于他的才智发展非常重要,因为那时候的巴黎在哲学和数学两方面都冠绝世界。正是在巴黎,1675 年到 1676 年之间他发明了无穷小算法②,当时他并不知道牛顿关于同一问题的在前但未发表的成绩。莱布尼茨的著作最早发表在 1684 年,牛顿的在1687 年。结果惹起的一场发明优先权的争执是很不幸的事,对全体有关者都不光彩。

606 　　莱布尼茨关于金钱方面有些小气。每当汉诺威宫廷有哪个年轻的贵女结婚,他照例送给人家一套他所谓的"结婚礼物",就是一些有益的格言,末了有一句忠告:劝她既然得到了丈夫,就不要废

---

　　①　圣路易(St.Louis)即路易九世(Louis Ⅸ,1215—1270;在位 1226—1270)。他参加过两次十字军,远征埃及时 1250 年兵败被俘。1254 年回国。1270 年再次东征,死于军中。——译者

　　②　无穷小算法(infinitesimal calculus)是微积分(differential and integral calculus,或简称 calculus)的老名字。——译者

止洗东西。① 新娘子是不是感激，历史没有记载。

在德国，莱布尼茨所学的是一种新经院主义的亚里士多德哲学，他整个晚年保持着几分这种思想。但是在巴黎，他知道了笛卡尔主义和伽桑地的唯物论，两者都对他起了影响；他说此时他舍弃了"无聊的学派"，意思指经院哲学。在巴黎，他认识了马勒伯朗士和冉森派教徒阿尔诺（Arnauld）。对他的哲学最后的重大影响是斯宾诺莎的影响；他在1676年过访斯宾诺莎，和他处了一个月，经常谈论，并且获得《伦理学》的一部分原稿。莱布尼茨到晚年附和对斯宾诺莎的攻讦，还说跟他只见过一面，斯宾诺莎讲了一些有趣的政治逸话，这样来尽量缩小与他的接触。

他和汉诺威王室的关系是从1673年开始的，他毕生一直在这王室供职。自1680年以后，他作窝尔芬比特的王室图书馆长，又受正式聘任编修布伦斯威克②史。截至他逝世的时候，已经写到1009年；这部书到1843年才出版。他曾费一些时间推行一项基督教各宗派再统合的计划，但是这计划终归流产。他为了得到布伦斯威克公族与埃思特家族③有亲缘的证据，出游了意大利。尽管他有这些个功劳，在乔治一世④当上英王的时候，他却被留在汉诺威，主要原因是他与牛顿的争执已经让英国对他无好感。然而，

---

① 这是一句猥亵的玩笑话。可见莱布尼茨虽然是一个"大智者"，但是他的性格和风度非常庸俗。他本人终生独身。——译者

② 布伦斯威克（Brunswick）是德意志北部的一个公国；汉诺威王室是由它传下来的一支。——译者

③ 埃思特家族（the Este Family）是意大利最古老的贵族家系之一。——译者

④ 乔治一世（George I，1660—1727）本来是汉诺威选侯，在1714年即莱布尼茨逝世前两年当了英国国王。——译者

英王太子妃站在他一边反对牛顿,这是他对所有与他通信的人都说过的。尽管有她的青睐,莱布尼茨还是在没人理睬下冷落地死去。

莱布尼茨的流俗哲学在《单子论》(*Monadology*)和《自然与圣宠的原理》(*Principles of Nature and of Grace*)中见得到,这两本书里有一本(不确知哪一本)是为马尔波罗(Marlborough)的同僚萨瓦亲王倭伊根(Eugene)写的。《辩神论》(*Théodicée*)叙述了他的神学乐观主义的基础思想,是他为普鲁士的夏洛蒂王后写的。我先从这些作品中发挥的哲学讲起,然后再转过来谈他搁置未发表的内容比较充实的东西。

一如笛卡尔和斯宾诺莎,莱布尼茨也让他的哲学立基在"实体"概念上,但是关于精神和物质的关系以及实体的数目,他和这两人的意见根本不同。笛卡尔承认神、精神和物质三个实体;斯宾诺莎单承认神。在笛卡尔看来,广延性是物质的本质;在斯宾诺莎说来,广延性和思维都是神的属性。莱布尼茨主张广延性不会是某一个实体的属性。他的理由是,广延性含有"复多"的意思,所以只能够属于若干个实体并成的集团。各单个实体必定是无广延的。结果,他相信有无限个实体,他称之为"单子"。这些单子可说各具有物理质点的若干性质,不过也只是抽象看来如此;事实上,每个单子是一个灵魂。否认广延性是实体的属性,自然要推出这个结论;剩下的唯一可能有的本质属性似乎就是思维了。这样,遂令莱布尼茨否认物质的实在性,代以一族无限个灵魂。

各实体不能起相互作用,这学说是笛卡尔的弟子们发展起来的,被莱布尼茨保留下来,而且由它推出了种种奇妙的结论。他认

118

为任何两个单子彼此绝不能有因果关系;纵然有时看起来好像有因果关系,那是皮相欺人。照他的说法,单子是"没窗户的"。这引起两点困难:一点属于动力学,按动力学来看,物体特别在碰撞现象里彼此似乎有影响;另一点关于知觉,知觉好像是被知觉的对象对知觉者的一种作用。我们暂不去管动力学上的困难,只论知觉问题。莱布尼茨主张一切单子反映宇宙,这并非因为宇宙对单子发生影响,而是因为神给了它一种性质,自发地产生这样的结果。一个单子中的变化和另一个单子中的变化之间有一种"前定的和谐",由此生出相互作用的外貌。这显而易见是二时钟说的引申。两台钟因为各走得很准确,在同一时刻报时;莱布尼茨有无限个钟,所有的钟经造物主安排定在同一瞬间报时,这不是由于它们彼此影响,而是因为这些钟各是一套完全准确的机械。有些人以为"前定的和谐"太古怪,莱布尼茨对他们指出,它让神存在有了何等高妙的证据。

诸单子形成一个等级体统,其中有些单子在反映宇宙反映得清晰、判然方面胜过旁的单子。所有单子在知觉上都有某种程度的模糊,但是模糊的大小随该单子的品级高下而异。人的肉体完全由单子组成,这些单子各是一个灵魂,各自永生不死,但是有一个主宰单子,它构成谁的肉体的一部分,就是那人的所谓固有灵魂。这个单子不仅在比其他单子具有较清晰的知觉这个意义上居主宰,在另一个意义上也居主宰。(在普通状况下)人体的种种变化是为了主宰单子而起的:当我的手臂活动时,这活动所完成的目的是主宰单子(即我的心灵)中的目的,不是组成我的手臂的那些单子中的目的。常识以为我的意志支配我的手臂,事情的真相就是如此。

感官所觉得的、物理学中所假定的空间,不是实在空间,但是有一个实在的对偶,即诸单子按照它们反映世界时的立足点依三度秩序的排列。各个单子按本身特有的透视法看世界;就这个意义讲,我们能够把单子粗略地说成具有一个空间位置。

我们承认了这种讲话法,便能说所谓真空这种东西是没有的;每一个可能的立足点由一个现实的单子占着,而且仅由一个单子占着。单子没有两个是恰恰相同的;这是莱布尼茨的"不可识别者的同一性"原理。

莱布尼茨跟斯宾诺莎对比之下,他很着重他的体系中所容许的自由意志。他有一条"充足理由原理",按这原理讲,什么事情没理由绝不发生;但是若谈到自由动原,它的行动的理由"有倾向力而无必然性"。人的所作所为总有动机,但是人的行为的充足理由却没有逻辑必然性。至少说,莱布尼茨在他写的流俗作品中这样讲。但是,后文要提到,他还有另一套理论,阿尔诺认为它荒谬绝伦,莱布尼茨发觉这点之后就把它秘而不宣了。

神的行为有同样一种自由。神永远怀着最良善的意图而行动,但是神所以如此并没受一点逻辑强制。莱布尼茨和托马斯·阿奎那有同见,认为神不能做违反逻辑定律的行为,但是神能够救命做从逻辑上讲是可能的任何事情。神因此便有很充裕的选择自由。

莱布尼茨把关于神存在的各种形而上学证明发展成了最后形式。这些证明历史悠久:从亚里士多德开端,甚至可说从柏拉图开端;由经院哲学家作了一番形式化,其中之一,即本体论论证,是圣安瑟勒姆首创的。这个证明虽然被圣托马斯否定了,笛卡尔却又

608

使它复活。莱布尼茨的逻辑技能高强无比,他把神存在的论证叙述得比向来更胜一筹。我所以在讲他的时候要探讨这些论证,理由也就在这里。

在细考究这些论证之前,我们先宜知道现代的神学家已经不再信赖它们了。中世纪神学原是希腊才智的衍生物。《旧约》中的神是一位权能神,《新约》里的神也是个慈悲神;但是上自亚里士多德,下至加尔文,神学家的神却是具有理智力量的神:他的存在解决了某些哑谜,否则在对宇宙的理解方面,这些哑谜会造成种种议论上的困难。在几何命题证明似的一段推理的终了出现的这位神明,没让卢梭满意,他又回到和福音书中的神比较类似的神概念。大体说,近代的神学家,特别那些奉新教的神学家们,在这点上追随了卢梭。哲学家一向比较保守;尽管康德声称他已经把属于形而上学一类的神存在论证一举彻底摧毁了,但在黑格尔、洛策<sup>①</sup>和布莱德雷的学说中,这种论证依旧存留着。

莱布尼茨的神存在论证计有四个,即:(1)本体论论证,(2)宇宙论论证,(3)永恒真理说论证,(4)前定和谐说论证,它可以推广成意匠说论证,也就是康德所谓的物理-神学证明。下面顺次来讲<sup>609</sup>这些论证。

本体论论证依据存在与本质的区别。据主张,任何一个通常的人或事物,一方面它存在,另一方面它又具有某些性质,构成他或它的"本质"。哈姆雷特固然不存在,他也有某种本质:他性情忧郁、优柔寡断、富于机智,等等。我们若描述一个人,不管这描述多

---

① 洛策(Rudolph Hermann Lotze,1817—1881),德国哲学家,生理学家。——译者

么周详细腻,此人究竟是实有的,或是虚构的人物,仍是问题。用经院哲学的话来表达,是这样说法:就任何有限的实体来讲,它的本质不蕴涵它的存在。但是,神定义成最完善的"有",按神这个情况说,圣安瑟勒姆(还有笛卡尔也承袭他)主张本质蕴涵着存在,理由是:占尽其他一切完善性的"有",他假若存在,胜似不存在,由此可见这个"有"若不存在,他就不是可能范围内最好的"有"了。

这个论证,莱布尼茨既不全盘承认也不全盘否定;据他说,它需要再补充上一个证明,证明如此定义的神是可能的。他为神观念是可能的写出了一个证明,在海牙会见斯宾诺莎的时候,给斯宾诺莎看过。这个证明把神定义成最完善的"有",也就是一切完善性的主语,而"完善性"定义成这样一种"单纯性质,它是肯定的、绝对的,它把它所表现的不论什么东西毫无限度地表现出来"。莱布尼茨轻而易举地证明了照以上定义的任何两个完善性不会互不相容。他下结论:"所以,一切完善性的主语即最完善的'有'是有的,或者说是能够设想的。由此又可见神存在,因为'存在'就列为'完善性'之一。"

康德主张"存在"不是谓语,来反驳这个论证。另外有一种反驳出自我的"摹述论"。在现代人看来,这论证似乎不大信得过。但是确信它一定有谬误虽说不难,要准确发现谬误在什么地方却并不那么简单。

宇宙论论证比本体论论证言之动听。它是"初因"论证的一种,而"初因"论证本身又是从亚里士多德对不动的推动者的论证蜕化出来的。"初因"论证很简单;它指出,一切有限事物有原因,这原因又先有原因,等等依此类推。据主张,这一系列前因不会无

610

穷尽,系列的第一项本身必定没有原因,因为否则就不成其为第一项。所以一切事物有一个无因的原因,这分明是神。

在莱布尼茨,这论证取的形式略有不同。他议论,天地间一切个别事物是"偶发的",换句话说,从逻辑上讲它本来也可能不存在;不仅按各个别事物来说是这样,对整个宇宙也可以这样讲。即使我们假定宇宙一向始终是存在的,在宇宙内部也并没有任何东西说明它为什么存在。但是照莱布尼茨的哲学讲,一切事物总得有个充足的理由;因此宇宙整体必须有个充足理由,它一定在宇宙以外。这个充足理由便是神。

这个论证比简单直截的"初因"论证高明,不那么容易驳倒。"初因"论证依据的是一切序列必有首项这个假定,而这个假定是不对的;例如,真分数序列没有首项。然而莱布尼茨的论证却不依赖宇宙必定曾有一个时间上的开端这种见解。只要承认莱布尼茨的充足理由原理,这论证就妥当牢靠;但是这条原理一被否定,它即垮台。莱布尼茨所谓"充足理由原理"到底确切指什么意思,是个议论纷纭的问题。古兑拉①主张,它的意思是:一切真命题是"分析"命题,即这样的命题:它的矛盾命题是自相矛盾的(self-contradictory)。但是这个解释(莱布尼茨未发表的作品里有它的佐证)即使正确,也属于秘不外传的学说。在他发表的著作中,他主张必然命题与偶然命题有差别,只有前者由逻辑规律推得出来,而所有断言"存在"的命题是偶然命题,唯独断言神存在的例外。

---

① 古兑拉(Louis Alexandre Couturat,1868—1914),法国数学家,哲学家;以利用符号逻辑研究数学的基础及对莱布尼茨的研究著名。——译者

神虽必然存在,他并没受逻辑的强制去创造世界;相反,这是自由选择,虽是他的善性所激使的,但非由善性必然注定的。

很明白,康德说得对,这个论证依附于本体论论证。假如世界的存在要用一个必然的"有"的存在才能够说明,那么必定有一个"有",其本质包含着存在,因为所谓必然的"有"指的就是这个意思。但是假使真可能有一个"有",其本质包含着存在,则不靠经验单凭理性便能规定这样的"有",于是它的存在可以从本体论论证推出来;因为只关系到本质的一切事情能够不假借经验认识到——这至少是莱布尼茨的见解。所以和本体论论证对比之下宇宙论论证表面上的似乎更有道理,乃是错觉。

永恒真理说论证稍有点难叙述得确切。粗略地讲,这个论证是这样:像"正下着雨"一类的命题,有时真有时假,但是"二加二等于四"永远是真的。不牵涉存在而只关系到本质的一切命题,或者永远真,或者绝不真。永远真的命题叫"永恒真理"。这个论证的要领是:真理是精神的内容的一部分,永恒的真理必是某个永恒的精神的内容一部分。在柏拉图的学说中已经有过一个和这论证不无相似的论证:他从相的永恒性来演绎永生。但在莱布尼茨,这论证更有发展。他认为偶然真理的终极理由须在必然真理中发现。这里的议论和宇宙论论证情况一样:对整个的偶发世界,总得有一个理由,这理由本身不会是偶发的,必须在诸永恒真理当中寻求。但是存在的东西其理由本身必定存在;所以永恒真理按某个意义说一定是存在的,而且只能在神的精神中作为思维而存在。这论证其实不过是宇宙论论证的改头换面。可是,它却难免更多招来一个反驳:真理很难讲"存在"于理解它的那个精神中。

莱布尼茨所叙述的那种前定和谐说论证,只对于承认他所谓的没窗户的单子全反映宇宙之说的人来讲,才算有正当根据。这个论证是:因为所有的"钟"毫无因果上的相互作用而彼此步调一致,必定曾经有一个单独的外界"原因",把钟都做了校准。不用说,这里的难题正是缠住全部单子论的那个难题:假如诸单子绝不起相互作用,其中任何一个怎样知道还有旁的单子? 显得好像是反映宇宙似的那种事,仅只是个梦也难说。事实上,如果莱布尼茨讲得对,这真的仅只是个梦,但是他不知怎么竟发现全体单子在同时做同样的梦。这当然是空中楼阁,假使以前没有一段笛卡尔主 <sup>612</sup> 义的历史,绝不会看来似乎还可信。

不过莱布尼茨的论证能够免于依附他的独特的形而上学,转化成所谓的"意匠说论证"。这个论证主张,我们一考察既知的世界,便发现有些事情解释成盲目的自然力的产物无法说得过去,把它们看成是一个慈悲意旨的证据,这要合理得多。

这个论证没有形式逻辑上的毛病;它的前提是经验性前提,它的结论据称是按经验推理的普通规范得出来的。所以是否该承认它,这个问题不取决于一般形而上学问题,而取决于比较细节上的考虑。这论证与其他论证有一个重要区别,就是(它假若靠得住)所证明的神不一定具备所有通常的形而上学属性。他未必全知,也未必全能;他也许不过比我们人类英明而有力千百倍罢了。世间的万恶可能由于他的权能有限。有些近代的神学家在作出他们的神观时,利用了以上几点可能性。但是这种空论离莱布尼茨的哲学太远了,现在必须话归本题,讲他的哲学。

他的哲学有一个最典型的特征,即可能的世界有许多之说。

一个世界如果与逻辑规律不矛盾，就叫"可能的"世界。可能的世界有无限个，神在创造这现实世界之前全都仔细思量了。神因为性善，决定创造这些可能的世界当中最好的一个，而神把善超出恶最多的那个世界看成是最好的。他本来可以创造一个不含一点恶的世界，但是这样的世界就不如现实世界好。这是因为有些大善与某种恶必然地密切关联着。举个平凡的实例看，在大热天里当你渴极的时候，喝点凉水可以给你无比的痛快，让你认为以前的口渴固然难受，也值得忍受，因为若不口渴，随后的快活就不会那么大。对神学来说，要紧的不是这种实例，是罪与自由意志的关系。自由意志是一宗大善，但是按逻辑讲来，神不可能赋予人自由意志而同时又救命不得有罪。所以尽管神预见到亚当要吃掉苹果，尽管罪势不免惹起罚，神决定予人自由。结果产生的这个世界虽然含有恶，但是善超出恶的盈余比其他任何可能的世界都多。因此它是所有可能的世界当中顶好的一个，它含有的恶算不得神性善的反对理由。

这套道理明显中了普鲁士王后的心意。她的农奴继续忍着恶，而她继续享受善，有一个伟大的哲学家保证这件事公道合理，真令人快慰。

莱布尼茨对罪恶问题的解决办法，和他的大部分旁的流俗学说一样，在逻辑上讲得通，但是不大能够服人。摩尼教徒尽可反唇相讥，说这世界是所有可能的世界里最坏的世界，其中存在的善事反而足以加深种种恶。他尽可说世界是邪恶的造物主创造的，这位造物主容许有自由意志，正是为了确保有罪；自由意志是善的，罪却恶，而罪中的恶又超过自由意志的善。他尽可接着说，这位造物主创造了若干好人，为的是让恶人惩治他们；因为惩治好人罪大

126

恶极,于是这一来世界比本来不存在好人的情况还恶。我这里不是在提倡这种意见,我认为它是想入非非;我只是说它并不比莱布尼茨的理论更想入非非。大家都愿意认为宇宙是善的,对证明宇宙善的不健全议论宽容不究,而遇到证明宇宙恶的不健全议论就要仔细考较。不必说,实际上这世界有善有恶,倘若不否认这件明白事实,根本不会产生"罪恶问题"。

现在来讲莱布尼茨的秘传哲学。在秘传哲学中我们见到他的学说的一个解释,这解释假使当初人普遍知道了,他的那些流俗论调就大大更难让人承认;而且,流俗论调中许多显得牵强或玄虚的东西,在秘传哲学中也有它的说明。有件事值得注意,他故意留给后世研究哲学的人一种错误印象,以致整理他的浩繁的原稿为他出选集的编订者们,大都欢喜选那种符合他的体系的公认解释的东西;可是有些文章足以证明他并不是他想让人家认为的那样,而是一个远为深奥的思想家,他们把这些文章倒当成是不重要的,割弃不收。为了解莱布尼茨的秘传学说我们必须依据的原稿,大部分由路易·古兑拉编成了两部文集,最早在 1901 年或 1903 年出版。有一篇文稿,莱布尼茨在它的开头甚至冠以如下的案语:"这 614 里我有了极大的进步。"但是尽管如此,在莱布尼茨死后将近两个世纪中间,没有一个编订者认为这篇稿子值得付印。他写给阿尔诺的信件里含有他的一部分深奥的哲学;这些信固然在十九世纪发表了,但是最早认识到其重要性的是我。① 阿尔诺对待这些信的

---

① 罗素在十九世纪末,早在路易·古兑拉之前,对莱布尼茨的"秘传哲学"作过研究,1900 年出版了《莱布尼茨哲学述评》(*A Critical Exposition of the Philosophy of Leibniz*)一书。——译者

态度让人丧气。他在信中写着："在这些思想中,我发现极多令我吃惊的东西;如果我料得不错,这种东西几乎所有的人会感觉荒谬之至,所以我真不懂,明明全世界人都要排斥的一个作品,要它能有什么用。"这种敌视性的意见无疑使莱布尼茨从此以后对他个人在哲学问题上的真实思想采取保密方针。

"实体"概念在笛卡尔、斯宾诺莎和莱布尼茨的哲学中是基本的概念,它是从"主语和谓语"这个逻辑范畴蜕化出来的。有些单词能当主语也能当谓语;例如我们能够说"天空呈蓝色"和"蓝色是一种颜色"。另外有些单词——固有名称是其中最明显的实例——绝不能充作谓语,只能充作主语或一个关系的各个项之一。这种单词据认为指实体。实体不仅具有这个逻辑特性,此外,它只要不被神的全能所毁灭(依我们推断,绝不会发生这种事),恒常存在。一切真命题或者是一般命题,像"人皆有死",在这种情况,它陈述一个谓语蕴涵另一个谓语;或者是个别命题,像"苏格拉底有死",在这种情况,谓语包含在主语里面,谓语所表示的性质是主语所表示的实体的概念的一部分。发生在苏格拉底身上的任何一件事,都能用一个以"苏格拉底"作主语、以叙述这事情的词语作谓语的语句来断言。这些谓语总起来,构成苏格拉底这个"概念"。所有这些谓语按下述意义来讲必然地属于苏格拉底:对某一实体,如果这些谓语不能够真地断言,这实体就不是苏格拉底,而是其他某人。

莱布尼茨坚信逻辑不仅在它本门范围内重要,当作形而上学的基础也是重要的。他对数理逻辑有研究,研究成绩他当初假使发表了,会重要之至;那么,他就会成为数理逻辑的始祖,而这门科

615

128

学也就比实际上提早一个半世纪问世。他所以不发表的原因是，他不断发现证据，表明亚里士多德的三段论之说在某些点上是错误的；他对亚里士多德的尊崇使他难以相信这件事，于是他误认为错处必定在自己。尽管如此，他毕生仍旧怀着希望，想发现一种普遍化的数学，他称之为"Characteristica Universalis"（万能算学），能用来以计算代替思考。他说："有了这种东西，我们对形而上学和道德问题就能够几乎像在几何学和数学分析中一样进行推论。""万一发生争执，正好像两个会计员之间无须乎有辩论，两个哲学家也不需要辩论。因为他们只要拿起石笔，在石板前坐下来，彼此说一声（假如愿意，有朋友作证）：我们来算算，也就行了。"

莱布尼茨拿"矛盾律"和"充足理由律"这两个逻辑前提作为他的哲学的基础。二定律都依据"分析"命题这个概念。所谓"分析命题"就是谓语包含在主语中的命题，例如"所有白种人是人"。矛盾律说一切分析命题皆真。充足理由律（限于秘传体系中的充足理由律）说，所有真命题是分析命题。这话甚至对必须看成是关于事实问题的经验命题也适用。如果我作一次旅行，"我"的概念必定自永久的往昔已经包含这次旅行的概念，后者是"我"的谓语。"我们可以说，一个具有个体性的实体即完全的有，它的本性就是有一个这样完全的概念：它足以包含这概念作为属性而归的那个主语的所有谓语，并且足以使这些谓语由它推得出来。例如，'国王'这个性质是属于亚历山大大帝的，如果把它从主语抽离开，对表示某个人来讲不够确定，而且不包含同一主语的其他性质，也并不包含这位君王的概念所含有的一切；然而神由于看到亚历山大这个个体概念即个体性，同时就在其中看到能够真正归之于他的一切谓语的根据和理由，例如他是否要征服大流士和鲍卢斯①，甚至先验地（不是凭经验）知道他的死是老病善终或是被毒杀，这些事我们只能从史书知道。"

关于他的形而上学的基础，在给阿尔诺的一封信里有一段最明确的申述：

"考察我对一切真命题所持的概念，我发现一切谓语，不管是必然的或偶然的，不论是过去、现在或未来的，全包含在主语的概念中，于是我更不多求。……这命题非常重要，值得完全确立，因为由此可知每一个灵魂自成一个世界，与神以外的其他一切事物隔绝独立；它不仅是永生的，还可说是无感觉的，但它在自己的实体中保留下它所遭的所有事情的痕迹。"

他然后说明实体彼此不起作用，但是通过各从自己的立足点反映宇宙而取得一致。所以无从有相互作用，是因为关于各个主语发生的一切事情是它自己的概念的一部分，只要这实体存在便永久决定了。

这个体系显然和斯宾诺莎的体系同样带决定论性质。阿尔诺对（莱布尼茨曾说过的）这句话表示憎恶："关于各人的个体概念，把凡是对此人会发生的一切事情一举包括无遗。"这种见解与基督教的有关罪和自由意志的教义分明不能相容。莱布尼茨发觉它遭到阿尔诺的白眼对待，于是小心避免让它公开。

确实，对于人类来讲，由逻辑认识到的真理和由经验认识到的真理是有区别的。这种区别出在两方面。第一，尽管亚当遭遇的一切事情可以由他的概念推出来，但是假如亚当存在，我们凭经验

---

① 鲍卢斯（Porus 或 Poros，死于公元前 321 年?），印度国王。——译者

才能够发现他存在。第二,任何个体实体的概念都无限地复杂,为演绎他的谓语而必须作的分析,唯有神办得到。然而这两点区别只不过由于我们人的无知和智力上的限制;对神来讲是不存在的。神就"亚当"这个概念的全部无限复杂性把握住这概念。因此神能明了关于亚当的所有真命题,明了它们是分析命题。神还能够先验地确知亚当是否存在。因为神知道他自己的善性,由此可知他要创造最好的可能的世界;而神又知道亚当构成或不构成这个世界的一部分。所以,并不因为我们人类无知,就可以真正逃脱决定论。

不过,此外还有一点,奇妙得很。莱布尼茨在大多场合下把创世这件事描述成神需要行使意志的自由行为。按照这一说,要决定现实存在什么,凭观察是决定不成的,必须通过神的善性进行。神的善性促使他创造最好的可能的世界,除开神的善性之外,为什么某个事物存在而另一个事物不存在,并没有先验的理由。 <sup>617</sup>

但是在未披露给任何人的文稿中,关于为什么有些事物存在,而另一些同样可能的事物不存在,往往又有一种完全不同的理论。据这个见解,一切不存在的东西都为存在而奋斗,但并非所有可能的东西能够存在,因为它们不都是"共可能的"(compossible)。或许,A 存在是可能的,B 存在也是可能的,但是 A 和 B 双方存在就不可能;在这种情况,A 和 B 不是"共可能的"。两个或多个事物在它们全都可能存在的情况下才是"共可能的"。看样子莱布尼茨好像悬想了有着许多皆力求存在的本质栖居的"地狱边土"①里的

---

① "地狱边土"位于天国和地狱之间,照经院神学的讲法,它是未受洗礼的婴儿死后灵魂居住的地方。——译者

一种斗争;在这场斗争中,结合成一个个共可能者集团,最大的共可能者集团就好像政治斗争中的最大压力集团一样,获得胜利。莱布尼茨甚至利用这个概念当作定义存在的方法。他说:"存在者可以定义成比跟自己不相容的任何东西能够和更多的事物相容的那种东西。"换句话说,假设 A 与 B 不相容,而 A 与 C 及 D 及 E 相容,但是 B 只与 F 和 G 相容,那么按定义 A 存在,而 B 不存在。他说:"存在者就是能够和最多数事物相容的有。"

在这个叙述中完全没有提神,明明也没有创世行为。为了决定什么存在,除纯逻辑以外,不必要有任何东西。A 和 B 是否共可能这个问题,在莱布尼茨讲是个逻辑问题,也就是 A 和 B 双方存在含不含矛盾? 可见,在理论上,逻辑能够解决哪个共可能者集团最大的问题,这集团结果就要存在。

然而,也许莱布尼茨的意思并不是真说上面的话是存在的定义。假使这原来仅是个判断标准,那么借助他所说的"形而上学的完善性",这标准能够与他的流俗意见取得调和。他所使用的"形而上学的完善性"一词似乎指存在的量。他说,形而上学的完善性 618 "无非是严格理解下的积极实在性的大小"。他一贯主张神创造了尽可能多的东西;这是他否定真空的一个理由。有一个(我一直弄不懂的)普遍信念,以为存在比不存在好;大家根据这点训教儿童应该对父母感恩。莱布尼茨显然抱着这种见解,他认为创造一个尽可能充盈的宇宙乃是神的善性的一部分。由这点岂不就推出现实世界便是最大的共可能者集团所构成的。那么,倘若有一个十分有本领的逻辑家,仅从逻辑就能决定某个可能的实体存在或不存在,这话说来还是不假。

就莱布尼茨的隐秘的思想来说,他是利用逻辑作为解决形而上学的关键的哲学家一个最好的实例。这类哲学从巴门尼德开端,柏拉图应用相论来证明种种逻辑范围外的命题,把它又推进一步。斯宾诺莎属于这一类,黑格尔也在这类之内。但是在根据构句法给实在世界作出推论方面,他们两人谁也不像莱布尼茨做得那么鲜明清楚。这种议论方式由于经验主义的发展,已经落得声名扫地。由语言对非语言的事实是否可能作出什么妥当的推论,这是我不愿武断论定的问题;但是的确在莱布尼茨及其他的先验哲学家的著作中所见到的那种推论是不可靠的,因为那种推论全基于有缺陷的逻辑。已往的所有这类哲学家都假定主语、谓语式逻辑,这种逻辑或者完全忽视"关系",或者提出谬误的论证,来证明"关系"是非实在的。莱布尼茨把主语、谓语式逻辑和多元论撮合起来,犯了一个特别的矛盾,因为"有许多单子"这个命题并不属于主语、谓语形式。要想不自相矛盾,相信一切命题属于这种形式的哲学家应当像斯宾诺莎那样,是一元论者。莱布尼茨排斥一元论主要由于他对动力学感兴趣,并且他主张广延性含有"重复"的意思,故不会是单一实体的属性。

莱布尼茨的文笔枯涩,他对德国哲学的影响是把它弄得迂腐而枯燥无味。他的弟子武尔夫在康德的《纯粹理性批判》出版以前一直称霸德国各大学,把莱布尼茨的学说中最有意思的什么东西全抛弃了,做出一种死气沉沉的学究思想方式。在德国以外,莱布尼茨哲学的影响微乎其微;和他同时代的洛克统治着英国哲学,而在法国,笛卡尔继续做他的南面王,一直到伏尔泰使英国的经验主义时兴起来,才把他推翻。<sup>619</sup>

然而莱布尼茨毕竟还是个伟大人物,他的伟大现在看来比已往任何时代都明显。按数学家和无穷小算法的发明者来讲,他卓越非凡,这且不谈;他又是数理逻辑的一个先驱,在谁也没认识到数理逻辑的重要性的时候,他看到了它的重要。而且他的哲学里的种种假说虽然离奇缥缈,但是非常清晰,能够严密地表述出来。甚至他讲的单子,对知觉问题提示出了可能的看法,仍旧能够有用处,只不过单子无法看成是没窗户的罢了。依我个人说,他的单子论里面我认为最精彩的地方是他讲的两类空间:一类是各个单子的知觉中的主观空间,另一类是由种种单子的立足点集合而成的客观空间。我相信这一点在确定知觉与物理学的关系方面还是有用的。

# 第十二章　哲学上的自由主义

在政治和哲学中自由主义的兴起,为研究一个非常重要的很一般性的问题供给了材料,这问题是:政治社会情势向来对有创见的卓越思想家们的思想有什么影响,反过来问,这些人对以后的政治社会发展的影响又是怎样?

有两种正相反的错误都很常见,我们必得警惕。一方面讲,对书本比对实际事务熟悉的先生们,总爱把哲学家的影响估计得过高。他们一见某个政党标榜自己受了某某人的教训的感召,就以为它的行动可以归之于某某人,然而往往是哲学家因为倡议了政党横竖总会要干的事,才得到政党的欢呼喝彩。直到最近,写书的人差不多全都过分地渲染同行前辈的作用。但是反过来说,由于抗逆老的错误，又产生了一种新的错误，这种新错误就是把理论家看成几乎是环境的被动产物，对事态发展可说根本没什么影响。按照这个见解，思想好比是深水流表面上的泡沫，而那水流是由物质的、技术的原因来决定的；河里的水流并非对旁观者显示出水流方向的水泡所造成的，社会变革同样也不是由思想引起的。在我看来，我相信真理在这两极端当中。在思想与实际生活之间也像在一切旁的地方，有交互的相互作用；要问哪个是因哪个是果，跟先有鸡、先有蛋的问题同样无谓。我不打算抽象讨论这个问题来浪费时间，但是我要从历史上来考察这个一般性问题的一个重要事例，即十七世纪末到现在，自由主义及其支派的发展。

初期的自由主义是英国和荷兰的产物，带有一些明确的特征。它维护宗教宽容；它本身属于新教，但不是热狂的新教派而是广教派①的新教；它认为宗教战争是蠢事。它崇尚贸易和实业，所以比621较支持方兴未艾的中产阶级而不支持君主和贵族；它万分尊重财产权，特别若财产是所有者个人凭势力积蓄下来的，尤其如此。世袭主义虽然没有摈弃，可是在范围上比以前多加了限制；特别，否定王权神授说而赞同这样的意见：一切社会至少在起初都有权选择自己的政体。无疑问，初期自由主义的趋向是一种用财产权调剂了的民主主义。当时存在着一种信念（最初未完全明白表示），认为所有人生来平等，人们以后的不平等是环境的产物。因此便十分强调先天特质的相反一面即后天教育的重要。又存在着反政

---

① 英国教会内部对教会政治、礼拜形式及信条等主张宽容和自由的一派。——译者

府的某种偏见,因为几乎到处的政府全在国王或贵族掌握中,这些人对商人的需要或者不大了解,或者难得重视;但是由于希望不久就会得到必要的了解与重视,所以制止住了这种偏见。

初期的自由主义充满乐观精神,生气勃勃,又理性冷静,因为它代表着一种增长中的势力,这种势力看起来多半不经很大困难就会取胜,而且一胜利就要给人类带来非同小可的恩惠。初期自由主义反对哲学里和政治里一切中世纪的东西,因为中世纪的学说曾用来认可教会和国王的权力,为迫害找根据,阻碍科学的发展;但是它同样反对按当时讲算是近代的加尔文派和再洗礼派的热狂主义。它想使政治上及神学上的斗争有一个了结,好为了像东印度公司和英格兰银行、万有引力说与血液循环的发现等这类激奋人心的企业和科学事业解放出精力。在整个西方世界,顽固不化逐渐让位给开明精神,对西班牙威势的恐惧渐趋终了,所有的阶级一天比一天兴旺,一些最高的希望似乎由无比清明的见识作了保证。一百年间,没发生任何事情在这些希望上面投下暗影。后来,这些希望本身终于惹起了法国大革命,大革命直接产生拿破仑,由拿破仑又演到神圣同盟。经过这种种事件,自由主义必须定622 一定喘息,缓一口气,然后十九世纪的复苏的乐观精神才可能出现。

我们在开始详细讲论之前,最好把十七世纪到十九世纪自由主义运动的大体形式作个考察。这型式起初很简单,后来逐渐变得复杂而又复杂。全运动的显著特色按某个广的意义来讲是个人主义;但是"个人主义"这个词若不进一步确定其含义,是一个含混的字眼。亚里士多德以前的希腊哲学家连他在内,在我用"个人主义者"一词要指的意义上都不是个人主义者。他们把人根本作为社会的一员看待；例如，柏拉图的《国家篇》不图说明什么是良好的个人，而求清楚描述一个良好的社会。从亚历山大时代以后，随着希腊丧失政治自由，个人主义发展起来了，犬儒派和斯多葛派是其代表。照斯多葛派哲学讲，一个人在不管什么样的社会状况下都可以过善的生活。这也是基督教的见解，特别在它得到国家的控制权以前。但是在中世纪，虽然说神秘论者使基督教伦理中原有的个人主义风气保持活跃，不过包括多数哲学家在内，大部分人的见解处在教理、法律和风俗的坚强统一体支配之下，因而人们的理论信念和实践道德受到一个社会组织即天主教会的控制：何者真、何者善，不该凭个人的独自思考断定，得由宗教会议的集体智慧来断定。

这个体制中的第一个重大裂口是基督新教打开的，它主张教务总会也可能犯错误。这样，决定真理不再是社会性事业，成了个人的事。由于不同的个人得出不同的结论，结果便是争斗，而神学里的定案不再从主教会议中去找，改在战场上谋求。因为双方哪一方也不能把对方根绝，所以事情终于明显，必须找出方法调和思想上、伦理上的个人主义和有秩序的社会生活。这是初期自由主义力图解决的一个主要问题。

在这同时，个人主义渗入了哲学里面。笛卡尔的基本确实项"我思故我在"使认识的基础因人而异，因为对每个人来讲，出发点是他自己的存在，不是其他个人的存在，也不是社会的存在。他强调清晰、判然的观念可靠，这也异曲同工，因为通过内省我们才以为发现自己的观念是否清晰、判然。笛卡尔以来的哲学，大部分或

623

多或少都有这种思想上的个人主义一面。

不过这个总的立场也有各种式样，在实际上有很不同的结果。典型的科学发现者的思考方式带有的个人主义，分量或许算最少了。他如果得出一个新的理论，那完全因为这理论在他看来是正确的；他不向权威低头，因为假使如此，他会继续承认前人的理论。同时，他依据的是一般公认的真理标准；他希望不仗自己的威望而凭在旁人个人觉得可信的道理，让旁人信服。在科学中，个人与社会之间的任何冲突按本质讲都是暂时的冲突，因为笼统地说，科学家们全承认同样的知识标准，所以讨论和研究到末了通常能达成意见一致。不过这是近代的事态发展；在伽利略时代，亚里士多德与教会的威信依然被认为和感觉提供的证据至少一样有力。这说明科学方法中的个人主义成分尽管不显著，仍旧是固有的。

初期自由主义在有关知识的问题上是个人主义的，在经济上也是个人主义的，但是在情感或伦理方面却不带自我主张的气味。这一种自由主义支配了十八世纪的英国，支配了美国宪法的创制者和法国百科全书派。在法国大革命期间，它的代表者是比较稳健的各党派，包括吉伦特党；但是随这些党派的覆灭，它在法国政治中绝迹了一代之久。在英国，拿破仑战争后，它随边沁派及曼彻斯特学派的兴起再度得势。自由主义在美国一向成功最大，在美国因为没有封建制度和国家教会的阻碍，从 1776 年到现在，或者至少到 1933 年[①]，这一种自由主义一直占优势。

---

① 1933 年罗斯福就任总统后推行"新政"，当时采取的种种紧急措施作者认为可视为违反自由主义精神。——译者

有一个新的运动逐渐发展成了自由主义的对立面,它由卢梭开端,又从浪漫主义运动和国家主义获得力量。在这个运动中,个人主义从知识的领域扩张到了炽情的领域,个人主义里的无政府主义的各个方面明显化了。卡莱尔和尼采所发扬的英雄崇拜是这流哲学的典型。有各色各样的成分聚结其中。有对初期工业制社会的厌恶,对它所产生的丑象的憎恨和对它的残酷暴行的强烈反感。有对中世纪的乡愁式的怀恋,由于憎恶近代,把中世纪理想化了。又有一种成分,就是企图把维护教会与贵族的日渐衰落的特权,和保卫工资收入者反抗工厂主的压榨这两样事结合起来。还有这种成分:在国家主义的名义下,在保卫"自由"的战争之光荣显赫这个旗号下,激烈维护反叛权。拜伦是这个运动的诗人;费希特、卡莱尔、尼采是它的哲学家。

但是,由于我们不能人人过英雄领袖的生涯,我们不能人人让我们的个人意志伸张,所以这种哲学也像其他各种的无政府主义一样,一经采用,不可避免地要造成那最成功的"英雄"的独裁统治。而等他的暴政一确立起来,他对旁人就要压制他赖以取得权力的那种自我主张伦理观。因此,这种人生论全部是自我反驳的,就是说采纳它付诸实践,结果要实现迥然不同的局面:个人受到苛酷镇压的独夫专制国家。

还有另外一派哲学大体上讲是自由主义的一个旁支,那就是马克思的哲学。我在后文里要讨论马克思,目前只需把他记住就是了。

关于自由主义哲学的最早的详彻论述,见于洛克的著作;洛克在近代哲学家当中固然绝不算顶深刻的人,却是影响最大的人。

在英国,洛克的见解与大多数智力发达的常人的见解十分谐调,因此除开在理论哲学中,很难追寻它的影响;反之在法国,洛克的见解在实践方面引起了反抗现存政体,在理论方面造成了与风靡的笛卡尔主义的对立,因此它明显地对形成事态过程起了不小的作用。这是下述普遍原理的一个实例:政治、经济先进的国家里发展起来的哲学,在它的出生地无非是流行意见的一个澄清和系统化,到别的地方可能成为革命热血的源泉,最后会成为现实革命的源泉。调节先进国政策的一些原则传扬到比较落后的国家,主要是通过理论家。在先进的国家,实践启发理论;在落后的国家,理论鼓起实践。移植来的思想所以很少像在旧土一样成功,这点差别也是其中一个理由。

625

未讲论洛克的哲学以前,我们先来回顾在十七世纪的英国对形成他的见解有影响的一些景况。

内战时期国王与国会的争斗,使英国人从此永远爱好折中和稳健,害怕把任何理论推到它的逻辑结论,这种根性支配英国人一直到现代。长期国会力争的方针大计,最初得到绝大多数人的拥护。国会方面希图废止国王核准贸易独占的权限,并且让他承认国会的课税专权。国会希求在英国国教会内部,给受到大主教劳德迫害的一些意见和宗教仪式以自由;主张国会应当按一定期间开会,不可只在国王感到它的协助缺少不得的偶尔时机才召开。国会反对肆意逮捕,反对法官一味奉迎国王的意愿。但是有不少的人虽然愿意为这些目标进行鼓动,却不肯对国王兴兵动武,这在他们看来是叛逆和渎神的行为。等到实际上战争一爆发,势力的分划就比较接近相等了。

140

从内战爆发到克伦威尔立为护国主为止的政治发展，所经历的过程现在已经尽人皆知，但在当时却是史无前例的。国会一党包括长老会派和独立教会派两派；长老会派希求保留国家教会，但是把主教取消；独立教会派在主教问题上和长老会派意见一致，但是主张各圣会应当不受任何中央教会统治机关的干涉，有自由选择各自的神学。长老会派人士大体说比独立教会派人士属于较上层的社会阶级，他们的政治见解比较温和。他们希望一旦国王因为遭受挫败有了和解心，便与国王谅解和好。不过由于两点情况，他们的政策根本行不通：第一，国王在大主教问题上发挥出一种殉教者的顽强精神；第二，事实证明国王难以击败，还是仗着克伦威尔的"新型军"才做成这件事，而新型军是由独立教会派人组成的。结果，国王的军事抵抗被粉碎时，仍旧不能使他同意缔结条约，可是长老会派在国会军里丧失了兵力优势。保卫民主以致把大权送进了少数人的掌握，而这少数人运用起他们的权力来，可完全不理会什么民主和议会政治。查理一世先前企图逮捕五议员①的时候，曾引起全国大哗，他的失败使他落得尴尬出丑。但是克伦威尔没有这种困难。通过"普来德大清洗"，他革掉大约百十个长老会派议员，一时获得唯命是听的多数。最后，等他决定索性把国会取消，那时"狗也没叫一声"——战争已经让人觉得好像只有武力要紧，产生了对宪政形式的藐视。此后在克伦威尔的生前期间，英国的政治是军事独裁，为国民中日益增加的多数人所憎恨，但是在唯

626

---

①　1642 年 1 月 3 日，查理一世亲自率卫队到国会，企图逮捕皮姆（Pym）等五名议员，但是他们已经躲避开了。——译者

独他的党羽才有武装的时期,不可能摆脱开。

查理二世自从在橡树里隐避①和在荷兰流亡后,王政复辟时下定决心再也不踏上旅途了。这迫使他接受了某种缓和。他不要求有权征收未经国会认可的赋税。他同意了"人身保护条例",这法令剥夺掉国君任意逮捕的权限。偶尔他也能凭仗路易十四的财政援助,鄙薄国会的课税权,不过大体上讲他总是个立宪君主。查理一世的敌派原来所希求的对王权的种种限制,在王政复辟时大部分得到承认,为查理二世所遵守,因为事实已经证明,做国王的会在臣民手里吃苦头。

詹姆士二世和他的哥哥②不同,完全缺乏阴险狡诈的手腕。尽管他打算无视国会,给予非国教会派宽容,以便和他们取得和解,但由于他的顽迷的旧教信仰,倒让自己成了国教会派和非国教会派的共同敌人。外交政策也起了作用。斯图亚特王室的国王为避免在战时必要有的征税(这会使王室依赖国会),先对西班牙、后对法国奉行媚外政策。法兰西日益增强的国力,惹起英国人对大陆上这个主导国家的牢固不变的仇视,而"南特敕令"的撤回③,又使新教徒的感情激烈地反对路易十四。最后,在英国几乎人人想除掉詹姆士。但是几乎人人也同样决心避免再回到内战和克伦威尔专政的年月。既然没有合宪法的方法除掉詹姆士,必须来一次

---

① 1651 年查理二世所率领的军队在武斯特(Worcester)被克伦威尔击溃,他在逃跑的路上经过巴斯寇布(Boscobel)时,曾隐藏在橡树里。——译者

② 指查理二世。——译者

③ 1685 年路易十四撤回亨利四世在 1598 年所发布的许可信仰自由的"南特敕令",旧教掌握了实权。——译者

革命,但是这革命必须很快地结束,不让破坏势力有一点机会得逞。国会的权利必须一举而永久确保下来。詹姆士王必须退位,但是君主政体必须保全;不过这种君主制应该不是王权神授说的君主制;而是一种依赖立法裁可、因而依赖国会的君主制。由于贵族阶级和大企业联合一一致,所有这些瞬息间都做到了,没有必要发一枪一炮。各样非妥协态度经过人们的尝试而失败以后,折中与稳健得到了成功。

新王①是荷兰人,带来了他本国著称的商业上和神学上的英明睿智。英格兰银行创立起来了;国债成了牢固的投资,不再会有君主一时性起拒绝兑付的危险。"信教自由令"虽然让旧教徒和非国教会派仍旧要受种种资格限制,却结束了实际的迫害。外交政策变得坚定地反法兰西,除开一些短暂的中断期之外,一直维持到拿破仑覆败时为止。

# 第十三章　洛克的认识论

约翰·洛克(John Locke,1632—1704)是一切革命当中最温和又最成功的1688年英国革命②的倡导者。这个革命的目的虽然有限,可是目的都完全达到了,以后在英国至今也不感觉有任何革命的必要。洛克忠实地表达出这个革命的精神,他的著作大部分就是在1688年后几年以内问世的。他的理论哲学要著《人类理

①　即詹姆士的女婿荷兰执政者威廉(William,1650—1702),称威廉三世(William Ⅲ,1688—1702)。——译者

②　即通常所谓的英国"光荣革命"。——译者

智论》（*Essay Concerning Human Understanding*）1687 年完稿，1690 年出版。他的《论宽容的第一书简》（*First Letter on Toleration*）最初是 1689 年在荷兰用拉丁文发表的，早在 1683 年洛克就为慎重计退避到那个国家了。《论宽容》的后续二书简发表在 1690 年和 1692 年。他的两篇《政治论》（*Treatises on Government*）在 1689 年获得了印行许可，随后立即出版。他的《论教育》一书是 1693 年刊行的。洛克虽然长寿，但他的有影响的作品的写成和出版全部限于 1687 年到 1693 年这少数几年。成功的革命对它的信仰者是鼓舞的。

洛克的父亲是个清教徒，参加国会一方作过战。在克伦威尔时代，洛克正上牛津大学，这大学在哲学主张方面仍旧是经院派本色；洛克既憎恶经院哲学，又憎恶独立教会派的狂热。他受到笛卡尔很深的影响。洛克做了医生，他的恩主就是德莱顿笔下的"阿契托弗"①——沙夫次伯利勋爵。1683 年沙夫次伯利倒败时，洛克随同他逃亡荷兰，②在那里居留到光荣革命的时候。革命之后，除有几年他是在商业部供职不算，他献身于著述事业和因为他的书而起的无数场论争。

在 1688 年革命前的年月里，洛克如不冒重大危险，不管在理论方面或在实际事情上都不能参与英国政治，他撰作《人类理智

---

① 德莱顿（John Dryden，1631—1700），英国王政复辟时代的诗人，批评家。他在 1681 年发表了一篇政治讽刺诗《阿布萨伦与阿契托弗》（*Absalom and Achitophel*），诗中狡黠阴险的阿契托弗影射着沙夫次伯利勋爵。——译者

② 这里的说法恐与事实不符。据一般记载，沙夫次伯利于 1682 年的政治阴谋败露后逃往国外，十二月初到达阿姆斯特丹，翌年一月即去世。洛克在沙夫次伯利逃亡后仍留英国，1683 年离去，1684 年初才到达荷兰。——译者

论》度过了那些年头。这是洛克的最重要的一部书，而且就是他的名声稳稳倚靠着的那本书；但是他对政治哲学的影响十分重大、十分长远，所以必须把他看成不但是认识论中经验主义的奠基者，同样也是哲学上的自由主义的始祖。

洛克是哲学家里面最幸运的人。他本国的政权落入了和他抱 <sup>629</sup>同样政见的人的掌握，恰在这时候他完成了自己的理论哲学著作。在实践和理论两方面，他主张的意见这以后许多年间是最有魄力威望的政治家和哲学家们所奉从的。他的政治学说，加上孟德斯鸠的发展，深深地留在美国宪法中，每逢总统和国会之间发生争论，就看得见这学说在起作用。英国宪法直到大约五十年前为止，拿他的学说作基础；1871 年法国人所采订的那部宪法也如此。

在十八世纪的法国，洛克的感召力其大无比，从根本上说是伏尔泰带来的；因为伏尔泰青年时代在英国度过一些时候，他在《哲学书简》(*Lettres philosophigues*)中向自己的同胞解说了英国思想。当时 philosophes（哲人们）①及稳健派改革家信奉洛克，过激派革命者信奉卢梭。洛克的法国信徒是否正确不谈，总相信洛克的认识论同他的政治学说是有密切关联的。

在英国，这种关连倒不那么明显。他的两个最著名的信徒：贝克莱在政治上不重要，休谟是一个在他的《英国史》(*History of England*)中发表反动见解的托利党员。但是康德时代以后，德国的唯心论开始影响英国思想，哲学和政治之间又有了一种关联：大

---

① 法语中"philosophe"一字有时特指十八世纪法国的"启蒙思想家"，例如伏尔泰、卢梭、孔多塞、孔狄亚克等人，和英语中的"philosopher"（哲学家）含义不同。——译者

致讲,追随德国人的哲学家们为保守党,而边沁派是急进派,则属于洛克的传统。不过这种相互关系也不是一成不变的;例如,T.H.格林①是自由党人,却是个唯心论者。

不但洛克的正确意见在实际事情上有用,而且连他的种种错误在实际事情上也有用处。比如,我们来看他的主性质与次性质之说。主性质照他定义就是和物体不可分离的那些性质,依他列举,有充实性、广延性、形状、运动或静止,及数目。次性质即其他各种性质:颜色、声音、气味等。他主张,主性质实际就在物体里;反之,次性质仅只在知觉者中。假使没眼睛,就无所谓颜色;没有耳朵,就谈不到声音,诸如此类。洛克的次性质看法是有充分理由的——黄疸病②、蓝色眼镜,等等。但是,贝克莱指出,这套道理对主性质也适用。自从贝克莱以来,关于这一点洛克的二元论在哲学上已经过时了。尽管如此,一直到现代有量子论兴起时为止,它支配着实际的物理学。不但物理学家们或明说或默认,总拿它当假定,而且它到底成为许多极重大的发现的一个根源,有了丰硕的结果。主张物理世界仅是由运动着的物质构成的这种理论,是一般承认的声学、热学、光学、电学理论的基础。这个理论不管在理论上错误到何等地步,按实效讲是有用的。这一点正是洛克学说的特点。

《人类理智论》中所表现的洛克哲学,通体上有某种优点,也有某种劣点。优点和劣点同样都有用:那种劣点从理论上的观点来

630

---

① 格林(Thomas Hill Green,1836—1882),英国新康德派和新黑格尔派的哲学家。——译者

② 患黄疸病的人看一切东西都是黄的。——译者

看才算劣点。洛克一贯通情达理,一贯宁肯牺牲逻辑也不愿意发奇僻的悖论。他发表了一些一般原理,读者总不会看不出,那都是可能推出来怪结论的;但是每当怪结论好像就要露头的时候,洛克却用婉和的态度回避开。对一个逻辑家来说,这是惹人恼火的;在务实的人看来,这是判断力健全的证据。既然世界实际上是什么就是什么,可见从牢靠的原理出发,进行妥当的推论,不会推出错误来;但是一条原理尽可以十分近乎正确,在理论方面值得尊重,然而仍可能产生我们感觉荒谬的实际结论。于是在哲学中运用常识这件事便有了理由,但也只是表明只要我们的理论原则的结论,依据我们感觉无可争辩的常识来断定是不合理的,这些原则便不会十分正确。理论家或许反驳说,平常见识和逻辑一样谈不上绝对无误。不过,尽管贝克莱和休谟作了这种反驳,它和洛克的思想气质总是完全不相合的。

少独断精神为洛克的特质,由他传留给整个自由主义运动。有不多几个确实项:自己存在、神存在、数学是真理,他从前人继承过来。但是他的学说与前辈们的学说只要有所不同,旨趣总是在于说:真理难明,一个明白道理的人是抱着几分怀疑主张己见的。这种精神气质显然和宗教宽容、和议会民主政治的成功、和自由放任主义以及自由主义的整个一套准则都有连带关系。尽管洛克是虔心深厚的人、是一个信启示为知识之源的热诚的基督教信徒,他仍旧给声言的启示加上一重理性保证。有一回他说:"仅只有启示的证据,便是最高的确实性",但是另有一回,他说:"启示必须由理性裁断。"因此,终究理性还是高于一切。

书里的《论热忱》一章,在这方面颇有启发性。"热忱"一词在当时的含义和现在不同;它指相信宗教领袖或他的门徒受到个人启示。它是王政复辟时代被击败的各宗派的特征。如果有许许多多这样的个人启示,彼此都不一致,这时候所谓真理,或人认作的真理,便成为纯个人的真理,丧失其社会性。洛克把爱真理这件事看得万分重要;爱真理和爱某个被宣称为真理的个别学说是大不相同的事。他说,爱真理的一个确实的标志是"抱任何主张时不怀有超出这主张依据的证明所能保证的自信。"他说,动辄唐突指教人,这种态度表现缺乏爱真理精神。"热忱抛开理性,要不借理性来树立启示;这一来它实际把理性和启示都取消,换上人自己脑子里的毫无根据的空想。"带有忧郁或自负的人往往容易"确信与神直接交通"。因而千奇百怪的行动和意见都获得了神明的裁可,这怂恿了"人的懒惰、无知和虚荣"。洛克拿上面已经引过的"启示必须由理性裁断"那条大原则结束这一章。

洛克用"理性"所指的意思,必得从他的全书去推量。不错,确有叫"论理性"的一章,但是这一章主要是想证明理性不是由三段论推理作成的,全章大意总括成这句话:"神对人类向来并不那么吝啬:把人仅只造成两足动物,留待亚里士多德使他有理性。"按洛克对"理性"一词的用法,理性包括两部分:其一,关于我们确实知道哪些事物的一种考查;其二,对某些主张的研究:这些主张虽然只有盖然性而没有确实性作为支持,但是在实践上以承认它为聪明。他说:"盖然性的根据有二,即与我们自己的经验一致,或旁人的经验的证据。"他说起,暹罗王当欧洲人对他提到冰的时候,就不再相信他们对他所讲的事了。

在《论同意的程度》一章中他说,对任何主张,我们给予它的同意程度应当取决于支持它的盖然性的根据。他在指出我们常常须根据缺乏确实性的盖然性而行动之后说,这点的正当运用就是"相互间的宽厚和容忍。人们纵非全体,也是绝大部分都不可避免地总要抱有种种意见,而并没有确凿无疑的证据证明这些意见是正确的;而人们如果在旁人刚一提出自己不能当即回答、指明其缺陷的议论,便弃舍个人先前的主张,这也要招致无知、轻浮或愚昧等严厉的非难;所以既然如此,依愚见一切人似乎咸宜在意见纷纭当中维持平和,守人情与友爱的共同义务,因为我们依理无法指望有某人竟欣然卑屈地放弃个人的见解,盲目顺从人类理智所不承认的威信,这样来采纳我们的见解。因为人的意见不管怎样常常错误,但是除理性之外不会顺从任何向导,也不能盲目屈服在他人的意志和指示之下。假如你愿意某人转信你的意见,而他是一个未表同意之前先要考究的人,你就得容他有暇时把你的话再推敲一遍,让他回想起从记忆中消失的事情,审查各个详情细节,看优点究竟在哪一方;假如他认为我们的议论不够重要,不重新再费那许多苦心,那也无非是在同样情况下我们自己时常采取的态度;假若旁人竟要给我们指定哪些点我们必须研究,我们也会怫然不悦的;假如他是一个不问证据、一味相信旁人意见的人,我们又怎能设想他会舍弃那岁月和习俗在他的心中深深种下的、使他认为不证自明、确凿无疑的信念;或者舍弃他认为就是得自神本身或得自神的使者的印象的那些主张?试想我们又怎能指望如此固定下来的意见竟会在一个生人或论敌的议论或威信之前退避三舍?假若他猜疑你怀有私心或企图,尤其如此;人发觉自己遭受恶待时,总要产 [633] 生这念头。我们正应该悲悯我们相互间的无知,在一切温和而正派的说服中除去这种无知,不可因为旁人不肯放弃自己的意见,接受我们的意见(或至少说我们强要他接受的意见),就立刻以为旁人顽固不化而恶待旁人;在这种场合,几乎可以肯定,我们不接受旁人的一些意见时,其顽固也不亚于旁人。因为哪里有这样一个人:持有无可争辩的证据证明他所主张的一切全正确、他所非难的一切全错误;或者,哪里有这样一个人:能说他把所有他个人的意见或旁人的意见全彻底研究过了? 在我们所处的这个匆促无常的行动和盲目的状态中,没有认识而往往只有极少的根据也必须相信,这点就应当使我们多勤于精心培养自己的知识而少约辖别人。……我们有理由认为,人假使自己多知道一些事理,对他人就少显一分神气"。①

到此我只谈了《人类理智论》的末尾各章,在这几章里,洛克由前面他对人类认识的本性与界限所作的理论考察汲取道德教训。现在该来研究在上述这个比较纯粹的哲学问题上,他要讲的一些话。

一般说,洛克对形而上学是蔑视的。关于莱布尼茨的一些思想,他写信给一个朋友说:"你我都玩够了这类无聊的闲耍。""实体"概念在当时的形而上学中占统治地位,洛克却认为它含混无用,但是他并没有大胆把它完全否定。他承认支持神存在的种种形而上学证明是站得住的,可是他并不在这些证明上大做文章,对它们似乎有点不很惬意。每当他表述新的思想,不仅仅在重复传统东西的时候,他总是从具体细节而不从大的抽象概念进行思考。

---

① 《人类理智论》,第四卷,第十六章,第4节。

他的哲学好像科学工作,是片段累积成的,不像十七世纪的大陆哲学那些个大系统那么庄严巍峨,浑然一体。

洛克可以看作是经验主义的始祖,所谓经验主义即这样一种学说:我们的全部知识(逻辑和数学或许除外)都是由经验来的。因此,《人类理智论》第一卷就是要一反柏拉图、笛卡尔及经院哲学家,论述没有天生的观念或天赋的原则。在第二卷中他开始详细说明经验如何产生不同种类的观念。他在否定了天生的观念之后,说: <sup>634</sup>

"那么我们且设想心灵比如说是白纸,没有一切文字、不带任何观念;它何以装备上了这些东西呢?人的忙碌而广大无际的想象力几乎以无穷的样式在那张白纸上描绘了的庞大蓄积是从何处得来的?它从哪里获有全部的推理材料和知识?对此我用一语回答,从经验:我们的一切知识都在经验里扎着根基,知识归根结蒂由经验而来。"(第二卷,第一章,第2节)

我们的观念出于两个来源:(一)感觉作用,(二)对我们自己的心灵的活动的知觉,这可以称作"内感"。既然我们只能借助观念进行思考,既然所有观念都是从经验来的,所以显然我们的任何知识不能先于经验。

他说,知觉作用是"走向认识的第一步和第一阶段,是认识的全部材料的入口"。在现代人来看,会觉得这几乎是不必说的道理,因为至少在英语国家中,这已经成为有教育者的常识的一部分。但是在洛克时代,心灵据设想先验地认识一切种类的事物,他倡导的认识完全依赖知觉作用,还是一个革命性的新说。在《泰阿泰德篇》中,柏拉图曾着手批驳认识与知觉作用的同一化;从柏拉图时代以来,几乎所有的哲学家,最后直到笛卡尔和莱布尼茨,都论说我们的最可贵的知识有许多不是从经验来的。所以洛克的彻底经验主义是一个大胆的革新。

《人类理智论》第三卷讨论言语,主要是企图说明形而上学家提出的所谓关于宇宙的知识,纯粹是词句上的东西。第三章《论一般名词》在共相问题上采取了极端的唯名论立场。凡存在的一切事物都是殊相,然而我们却能构成类如"人"这种适用于许多殊相的一般观念,给这些一般观念我们可以加上名称。一般观念的一般性完全在乎它适用于,或可能适用于种种特殊事物;一般观念作为我们心中的观念,就其本身的存在而言,和其他一切存在的事物是同样特殊的东西。

第三卷第六章《论实体的名称》是要驳斥经院哲学的本质说。各种东西也可能具有实在的本质,那便是它们的物理构造,但是这种构造大致说来是我们不知晓的,也不是经院哲学家所谈的"本质"。我们所能知道的那种本质纯粹是词句问题;仅在于给一般名辞下定义而已。例如,议论物体的本质只是广延性呢,或者是广延性加上充实性呢,等于议论字眼:我们把"物体"一词照这样定义或照那样定义均无不可,只要我们死守住定义,绝不会出任何弊病。判然不同的各品类并不是自然界中的事实,而是语言上的事实;不同的各品类乃是"连带有不同名称的不同的复合观念"。固然,自然界中有着各种相异的东西,但是这差异是通过连续的渐次推移表现出来的:"人借以区分各品类的品类界限原是人定的。"他继而举出一些怪物实例,就这些怪物说是否算人尚有疑问。这种观点在达尔文令一般人信服而采纳了渐变进化论之前,向来不是普遍

635

152

承认的。只有自己让经院哲学家折磨苦了的那些人，才会领略到它清除了多少形而上学的破烂废品。

经验主义和唯心主义同样都面临着一个问题，迄今哲学一直没找到满意的解答；那就是说明我们对自身以外的事物和对我们自己的心灵活动如何有认识的问题。洛克探讨了这个问题，但是他发表的意见十分明显让人不能满意。在有一处①，据他讲："因为心灵在其一切思维与推理方面，除只有自己默省或能默省的各个观念而外别无直接对象，所以很明白，我们的认识只和这些观念有关。"又说："认识即关于二观念相符或不符的知觉。"由这点似乎可以直接推断，关于其他人的存在或物质界的存在，我们无法知道，因为这两样即使存在，也不仅仅是我的心灵中的观念。这么一来，就认识而论，我们每个人必定被关闭在自身范围以内，与外界割断一切接触。

可是这是悖论，而洛克跟悖论总不愿有半点瓜葛。因此，他在另一章中又叙述了和前一个学说完全矛盾的不同的一说。他讲，关于实在的存在，我们有三类知识。我们对自身存在的知识是直觉知识，我们对神存在的知识是论证知识，我们对呈现于感官的事物的知识是感觉知识（第四卷，第三章）。

在以下一章里，他多少察觉到这种自相矛盾。他提出，有某人也许说："假若认识在于观念之间的相符，那么热狂者和理智清醒的人就处在同一个等位上了。"他答道：在观念与事物相符方面并不如此。他于是转而议论一切单纯观念必定与事物相符，因为"我

---

① 《人类理智论》，第四卷，第一章。

们已经说明了,心灵绝不能给自己作出"任何单纯观念,这种观念全是"事物按自然方式作用于心灵上的产物"。谈到关于实体的复合观念,"我们关于实体的一切复合观念必定是(而且只能是)由已发现共存于自然界中的那种单纯观念所组成的。"我们除了(1)凭直觉,(2)凭理性,考察两个观念相符或不符,(3)"凭感觉作用,感知个别事物的存在,"之外,不能有任何知识(第四卷,第三章,第2节)。

在所有这些话里,洛克假定以下的事情为已知。他称之为感觉的某种精神现象在本身以外具有原因,而这种原因至少在一定程度上和在某些方面与其结果——感觉是相像的。但是准照经验主义的原则来讲,这点怎么可能知道呢?我们经验到了感觉,但没经验到感觉的原因;即使我们的感觉是自发产生的,我们的经验也会完全一样。相信感觉具有原因,更甚的是相信感觉和它的原因相似,这种信念倘若要主张,就必须在和经验完全不相干的基础上去主张。"认识即关于二观念相符或不符的知觉"这个见解正是洛克有资格主张的见解,而他所以能逃避开这见解必然带来的悖论,凭借的却是那么严重的一种矛盾,只由于他坚决固守常识,才让他看不见这种矛盾。

这个难题到如今一直是经验主义的麻烦。休谟把感觉具有外部原因这个假定抛弃,从而除掉了它;但是每当他一忘记自己的原则,连他也保留这个假定,这原是极常有的事。他的那条基本准则:"没有任何观念不具有前行印象"是从洛克接手过来的,可是这条准则只在我们认为印象具有外部原因的限度内才似乎有道理,因为"印象"一词本身就让人情不自禁地联想到外部原因。而如果

637

休谟达到了某个程度的首尾一贯，这时候他就悖理得荒唐。

至今还没有人创造成功一种既可信赖同时又自圆其说的哲学。洛克追求可信，以牺牲首尾一贯而达到了可信。大部分的伟大哲学家一向做得和洛克正相反。不能自圆其说的哲学绝不会完全正确，但是自圆其说的哲学满可以全盘错误。最富有结果的各派哲学向来包含着显眼的自相矛盾，但是正为了这个缘故才部分正确。我们没有任何理由设想一个自圆其说的体系就比像洛克的那种显然有些错误的体系含有较多的真理。

洛克的道德原则，一部分就它的本身讲，一部分当作边沁的前驱看，都很有意思。我所说的他的道德原则，并不指他实际为人的道德性向，而是指关于人如何行事和应当如何行事，他的一般理论。洛克如同边沁，是一个满怀亲切感情的人，然而他却认为一切人（包括他自己）在行为上必定总是完全被追求个人幸福或快乐的欲望所驱使。略引几段话可以说明这点。

"事物或善或恶，那是仅就快乐或痛苦而言。凡易于让我们产生快乐或增大快乐，或者减少痛苦的事物，我们称之为'善'。"

"激起欲望的是什么？我答道，是幸福，仅是幸福。"

"充量的幸福就是我们有分领受的最大快乐。"

"追求真幸福的必要〔乃是〕一切自由的基础。"

"舍善从恶〔是〕明显的错误判断。"

"制驭我们的炽情〔即是〕正当地改善自由。"①

这些话里面最末一句看来似乎是依据来世报偿惩罚之说的。

---

① 以上所引各句都见于第二卷，第二十章。

神制定下了某些道德规律;恪守这些规律的人进天堂,干犯规律的人保不住要入地狱。因此,有远虑的快乐追寻者便要有道德。随着罪为地狱之门这种信念的衰微,就比较难提出一个支持有德生活的纯利己的理由了。边沁是自由思想家,把人间的制法者换到神的位置上:调和公众利益和私人利益是法律和社会制度的任务,因而在每个人追求个人幸福的时候,也应当强使他为总体幸福尽一份力。但是这还不如借助天堂地狱做到的公私利益的调和圆满,不仅因为制法者不总是英明或有道德的,而且因为人间政府也不是全知的。

洛克也只好承认一件明显的事:人并非总按照依理来推测多半会确保他有最大快乐的方式行动的。我们对现时的快乐比对将来的快乐更重视,对最近将来的快乐比对邈远将来的快乐更重视。也不妨说(洛克未这样说)利息利率就是未来快乐一般折扣的一个数量标度。假令一年后花用一千镑的预想和现下花用一千镑的念头同样愉快,那么我就不必要因为延搁了我的快乐而让人付我钱。洛克承认,虔诚的信徒也时常犯按自己的信条说来使他们有入地狱危险的罪。大家全知道一些人迟迟不去见牙医,假使他们在从事对快乐的合理追求,本来是不会迟延那么久的。可见,即使求快乐或避免痛苦是我们的动机,那也必须追补一句:依快乐或苦痛在未来的远近为准,快乐削减它的魅力,苦痛丧失它的可怕。

因为按洛克的意见,自我利益和全体利益一致只是就长远而言,所以要紧的是人应该尽可能以自己的长远利益为指南。也就是说,人当有远虑。远虑是仍待倡导的唯一美德,因为一切失德都是失于远虑。强调远虑,是自由主义的特色。它和资本主义的兴盛有连带关系,因为有远虑的人发财致富,而没远虑的人贫困下去,或贫困如故。这又和新教中的某些种虔诚有关系:为进天堂而讲善德和为投资而储蓄,在心理上是极其类似的。

公私利益的调和这种信念,是自由主义的特色,在洛克讲的它所具有的神学基础崩溃后仍然长时存在。

洛克讲,自由依靠追求真幸福的必要以及制驭我们的炽情。这个意见是他从自己的以下学说推出来的:公私利益固然在短时<sup>639</sup>期内未必一致,长远下去是合一的。由这个学说可见,假若有一个社会,由一律是既虔诚又有远虑的公民组成的,那么给他们以自由,他们都会按促进公益的方式行动。那样,就不必要有约束他们的人间法律,因为神律已经够了。一个从来善良而现在动念要做劫路强盗的人,会对自己说:"我也许逃得过人间法官,但是我在天曹法官的手下难逃惩罚。"因此他会放弃他的恶孽阴谋,好像确信要被警察捉获般地去过善良的生活。所以,在远虑和虔诚普遍存在的情况下,法的自由才可能完全实现;在其他场合,缺少不了刑法加给人的约束。

洛克一再申述道德是可能论证的,但是他没把这想法充分发挥到可望做到的程度。最重要的一段文字是:

"道德可能论证。在权能、善性和智慧方面是无限的,而且我们是它的创造物并依赖着它——这样一个太上存在者①的观念,和作为有理解力、有理性的存在者的我们自身这种观念,都是在我

---

① 指上帝。——译者

们心中明白有的观念,所以我以为,如果加以适当的考察和探索,会做成我们的义务与行动规则的那种基础,使得道德列置在可能论证的诸科学当中。在下述这点上我不怀疑:凡是对这些科学当中之一和另一,同样无偏颇、同样注意去研究的人,我们由自明的命题,借如同数学里的推理一样无争辩余地的必然推理,可以使他明白是非的尺度。和数目及广延性的关系一样,其他样态间的关系也会确实被感察到:那么我就不了解,假若想出考核或探索这些样态间的相符或不符的恰当方法,为什么它们不也是可能论证的。'无占有,则无不义',这是个和几何中任何证明同样确实的命题:因为占有观念就是对某事物有权利,而加上'不义'这名称的观念即侵犯或破坏那种权利,显而易见,这两个观念如此确立起来,再把这两个名称跟它们连结上之后,我就可以如同确知三角形具有共等于二直角的三个角一样,确知这个命题是真的。又如,'任何政治也不许可绝对自由':政治这个观念就是根据某些要求人遵奉的规则或法律建立社会,而绝对自由观念乃是任何人为所欲为。我能够像确信数学中任何命题的正确性一样确信这命题的正确性。"①

这段话让人迷惑不解,因为起初似乎把道德律说得依据神命,但是在举的例子里又隐示道德律是分析命题。据我想,实际上洛克认为伦理学中有些部分是分析命题,其他一些部分则依据神命。另外一个让人惶惑不解的地方是,所举的例子似乎根本不是伦理命题。

---

① 《人类理智论》,第四卷,第三章,第18节。

还有一个难点，我们总能希望考察一下。神学家们一般主张神命不是随心所欲的，而是在神的善性和智慧下感发出来的。这便要求先于神命，必须有某种"善"的概念，促成了神不发其他神命，独独发出那些神命。这种概念会是什么，从洛克的著作里是不可能发现到的。他所讲的是，有远虑的人如此这般地行动，因为否则神会降罚给他；但是关于为什么某些行动应当受惩罚，而不是相反的行动该受惩罚，洛克让我们完全蒙在鼓里。

洛克的伦理学说当然是无法给它辩护的。把远虑看成是唯一美德的学说体系中就有某种招人厌感的地方，撇开这点不说，对他的理论还有一些比较非感情的反对理由。

首先，说人只希求快乐，这是因果倒置。不管我可巧希求什么，得到它我就要感觉快乐；但是通常，快乐由于欲望，不是欲望由于快乐。像被虐狂者①那样，希求痛苦也是可能有的；在这种情况，满足欲望仍旧有快乐，然而快乐里混合着它反面的东西。即使按洛克自己的学说讲，人也不就是希求快乐，因为最近的快乐比渺远的快乐更是人所希求的。假如道德真像洛克和他的门徒努力以求的那样，能由欲望的心理学推演出来，就不会有理由非难把遥远快乐打折扣，或有理由把远虑当一个道德义务来坚持主张了。简括说来，洛克的议论是："我们只希求快乐。但是实际上，有许多人并不就是希求快乐，而是希求最近的快乐。这件事违反我们讲的 <sup>641</sup> 他们就是希求快乐的学说，所以是不道德的。"几乎所有的哲学家

---

① "被虐狂"据说是一种性心理变态，以受异性的痛苦虐待为乐。——译者

在他们的伦理学体系中都首先立下错误的一说,然后再主张"不道德"便是照足以证明这一说错误的那种做法去行动,可是假使该学说当真正确,这件事根本就办不到。在这种类型中,洛克便是一个实例。

# 第十四章 洛克的政治哲学

## 第一节 世袭主义

1688 年英国革命刚过后,在 1689 年和 1690 年,洛克写了他的两篇《政治论》,其中特别第二篇在政治思想史上非常重要。

这两篇论著中头一篇是对世袭权力说的批评。它是给罗伯特·费尔默爵士①的《先祖论即论国王之自然权》(*Patriarcha: or The Natural Power of Kings*)一书作的答辩,那本书出版于 1680 年,不过是在查理一世治下写成的。罗伯特·费尔默爵士是一位王权神授说的赤诚拥护者,殊不幸活到了 1653 年,因为处决查理一世和克伦威尔的胜利,他想必感到刻骨伤心。但是,《先祖论》的撰写虽说不比内战早,倒还在这些惨痛事以前,所以书中自然要表现理会到颠覆性学说的存在。那种学说,如费尔默所说,在 1640 年就不新鲜。事实上,新教的和旧教的神学家们,双方在各别跟旧教徒君主及新教徒君主的争执中,都曾经激烈主张臣民有反抗无

---

① 罗伯特·费尔默爵士(Sir Robert Filmer, 1589—1653),英国政治思想家。——译者

道昏君的权利,他们写的东西供给了罗伯特爵士丰富的论战材料。

罗伯特·费尔默爵士的爵士封号是查理一世授予的,他的家宅据说遭国会党人抢掠过十次。他以为挪亚上航地中海,将非洲、亚洲和欧洲各分派给含、闪和雅弗①,未见得不实有其事。他主张,依照英国宪法说,上院无非是向国王进忠言,下院的权限更小;他讲,独有国王制定法律,因为法律全然是由他的意志发出来的。据费尔默说,为王的完全不受一切人间的管制,而且不能以他的先人的法令束缚他,甚至不能以他自己的法令束缚他,因为"人给自身定法律,是万不可能有的事。"

这些见解表明,费尔默属于神授权说派中顶极端的一流人物。

《先祖论》开篇是驳击这样一种"俗见":"人类禀受天赋,生来就有免于一切隶属的自由,得随意选择自己所好的政治形式,任何一个人对他人的支配权,最初都是按照群众的裁夺授予的。"费尔默说,"这一说起初是在讲所②中谋划出来的。"依他说,真相全非如此;那是这样:原来神把王权授给了亚当,王权由亚当下传给他的历代继承人,最后到了近世各个君主手里。他确断地说,现下当国王的"或者就是,或者该看成是,最初为全人类生身父母的那两位元始先祖③的隔代继承人"。看来,我们的元祖④并未充分欣赏他作世间一统王的特权,因为"求自由的欲望乃是亚当堕落的第一

643

① 含、闪、雅弗是挪亚的三个儿子。见《旧约》《创世记》,第五章,第32节。——译者

② 指中世纪时讲授逻辑、形而上学、神学的场所。——译者

③ 指亚当与夏娃。——译者

④ 指亚当。——译者

个原因"。求自由的欲望是罗伯特·费尔默爵士认为邪恶的一种
感情。

查理一世的要求，他那一方的大轴主角们的要求，比以前的时
代会容许给国王的还有过之而无不及。费尔默指出，英格兰耶稣
会士帕森斯（Parsons）和苏格兰加尔文派信徒布凯南
（Buchanan），虽然在旁的事情上几乎意见从不一致，却双双主张
君王乱政可以由臣民废黜。不用说，帕森斯心里想着奉新教的伊
丽莎白女王，布凯南心里想着苏格兰的旧教徒女王玛利。布凯南
的学说由成功认可了①，但是帕森斯的学说由于他的同僚坎平②处
死刑而被驳倒。

还在宗教改革以前，神学家们就往往相信限制王权是好事。
这是大半个中世纪内，遍欧洲如火如荼的教会与国家的斗争的一
部分。在这场斗争中，国家靠武装力量，教会凭仗聪明和神圣。教
会在兼有这两美的期间，斗争胜利；等它一闹得只有聪明时，就落
了败局。但是虔心深诚的名士们所发的反对国王权力的言论，在
记载上还留着，那固然本意是为了教皇的利益，用来支持臣民的自
治权也无不可。费尔默说："阴险狡猾的经院学者们，定要把国王
猛贬到教皇的下位，认为最稳妥的手段莫过于将臣民抬举到国王
之上，好让教皇权代替王权。"他引征神学家贝拉民（Bellarmine）
的话，贝拉民讲俗权是由人授给的（即是说，非由神授给的），"只要
臣民不把它授给国君，这权力就在臣民中间"；依费尔默说，这一来

————————————

① 指玛利女王被伊丽莎白处死。——译者

② 坎平（Edmund Campion，1539—1581），英国耶稣会士，因反对英国国教会，被
处绞刑。——译者

贝拉民"让神成了一个民主阶层的一手创造者"。这在他觉得其荒 <sup>644</sup> 谬绝伦,有如说神是布尔什维主义的一手创造者,让现代的富豪财阀听来的感觉一样。

费尔默讲政治权力的由来本末,不从任何契约讲起,更不从关于公益的什么理由出发,却完全追溯到父亲对儿女的威权。他的见解是:帝王威权的本源在儿女服从父母;《创世记》中的那些先祖们就是君主;做国王的是亚当的后代继承人,最低限度也该把他们以这等人看待;国王的当然权利与父亲的当然权利一样;在本性上,儿子永远脱不开父权,即便儿子长大成人,而父亲已老朽不堪。

整个这套说法,在现代人想来,觉得真荒诞离奇,难相信它还是郑重主张的说法。我们不习惯从亚当与夏娃的故事追政治权利的老根。我们认为,儿子或女儿够二十一岁时,亲权应该完全终止,这之前亲权必须受国家以及儿辈们渐次获得的独立发言权很严格的限制,这都是明白的道理。我们承认,做母亲的和父亲至少有相等的权利。但是,撇开这种种理由不谈,除了在日本外,现代人哪个也不会想起来假定政治权力在什么地方应当和父母对儿女的支配权等量齐观。确实,在日本仍然信奉着和费尔默学说酷似的一说,所有教授及中小学教师必须讲授这说法。天皇的血统可以上溯到太阳女神,他便是这女神的后代继承人;其他日本人也是女神的苗裔,然而属于她的家系里的末支。因此天皇是神,凡违抗天皇就叫渎神。这一说大体上是 1868 年<sup>①</sup>的杜撰,但现下在日本托称是自从开天辟地口传下来的。

---

① 明治元年。——译者

硬栽给欧洲一个同样的说法,这个打算——费尔默的《先祖论》即其中一部分——失败了。什么缘故?承认这种说法,是绝不违反人性的事;例如,除日本而外,古代的埃及人,被西班牙征服以前的墨西哥人、秘鲁人,都信奉过这说法。在人类演进的某个阶段,这种说法自然而然。斯图亚特朝的英国已经过了这个阶段,但是现代的日本没有过。

在英国神授权学说的失败,由于两大原因。一是教派杂多;二是君主、贵族和上层资产阶级之间的权力争斗。谈到宗教,从亨利八世在位的时代以后,英王为英国教会的首脑,这教会既反对天主教,又反对大部分新教宗派。英国教会自夸是折中派;钦定英译本圣经的序文开头是:"我英伦教会自从最初编纂通用祈祷书以来,一向在两极端之间保守中庸,是为其英明所在。"总的说来,这个折中投合了大多数人的心意。玛利女王和詹姆士二世国王竭力要把国民拖向罗马一边,内战中的胜利者们竭力要把国民拖到日内瓦①去,但是这些个打算都终于失败,到 1688 年以后,英国教会的势力就不可动摇了。然而,它的反对派也存留下来。尤其是,非国教派信徒们是一些锐气勃勃的人,而且在势力正不断增长的富商与银行家中间为数很多。

国王的神学立场有些独特,因为他不但是英国国教会的首领,也是苏格兰教会的首领。在英格兰,他得信赖主教,排斥加尔文派教义;在苏格兰,他得排斥主教,信仰加尔文派教义。斯图亚特朝

645

---

① 日内瓦在宗教改革运动中占领导地位,一般把它看成是新教的大本营。——译者

的国王们有纯正坚定的宗教信仰,因此他们便不可能抱这种阴阳两面的态度,让他们在苏格兰比在英格兰更伤脑筋。但是从1688年以后,为了政治上的便宜,国王们默许同时奉两种宗教。这有碍宗教热忱,也使人难以把他们看成神化的人物了。反正,无论天主教徒或非国教派信徒,都不能默认代表君主政治的任何宗教主张。

国王、贵族和富裕中产阶级三方面,在不同时代结成不同的联盟。在爱德华四世和路易十一世治下,国王与中产阶级联合反对贵族;在路易十四时代,国王联贵族对抗中产阶级;在1688年的英国,贵族跟中产阶级合起来反国王。国王若有另外两派之一和他一气,他势力强大;如果两派联合起来反对他,他就势孤力薄了。

特别因为以上种种缘故,洛克要摧毁费尔默的议论毫无困难。

在说理方面,洛克当然是轻而易举的。他指出,即便要讲的是亲权,那么母亲的权力也应当和父亲的相等。他力言长子继承法的不公道,可是假使要拿世袭作君主制的基础,那是避免不了的。[646]所谓现存的君主们从某种实际意义上讲是亚当的后代继承人,洛克嘲弄这种说法的无知可笑。亚当只能有一个后代继承人,可是谁也不晓得是哪一个。他问道,费尔默是不是要主张,假若能发现那个真继承人,现有的全体君主都该把王冠奉置在他的足前?倘若承认了费尔默讲的君主制基础,所有国王,至多除一个而外,全成了篡位者,完全无资格要求现实治下的臣民服从。他说,何况父权也是一时的权力,而且不及于生命和财产。

照洛克讲,其余的基本根据且不谈,即凭以上这种理由,就不能承认世袭制为合法政治权力的基础。因而在第二篇政治论中,他要寻求比较守得住的基础。

世袭主义在政治里差不多已成泡影。在我一生当中,巴西、中国、俄国、德国和奥地利的皇帝绝踪了,换上一些不志在建立世袭朝代的独裁者。贵族阶级除在英国而外,在欧洲各处都丧失了特权,在英国也无非一种历史性的形式罢了。在大多数国家,这一切还是很近的事,而且和各种独裁制的抬头大有关系,因为传统的权力体制已被一扫而光,为成功地实行民主所必需的习性还未暇成长起来。倒有一个大组织从来不带一点世袭因素,就是天主教会。各种独裁制假若存留下去,可以逆料要逐渐发展一种政治形式,和教会的类似。就美国的大公司说已经发生了这种情况,那些大公司拥有和政府的权力几乎相埒的权力,或者说在珍珠港事变以前一直是拥有的。

奇怪的是,民主国家政治上摒弃世袭主义,这在经济范围内几乎没有起丝毫影响。(在极权主义国家,经济权力已并入政治权力中。)我们仍旧认为理所当然,人应该把财产遗留给儿女;换句话说,虽然关于政治权力我们摒弃世袭主义,在经济权力方面却承认世袭主义。政治朝代消灭了,但是经济朝代活下去。现下我既不是发议论赞成,也不是发议论反对这样地不同对待这两种权力;我仅仅是指出存在着这事情,而且大多数人都没有察觉。读者试想一想,由大宗财富产生的对他人生命的支配权要世袭,这在我们觉得多么自然,你就更能了解,像罗伯特·费尔默爵士那种人在国王权力问题上如何会采取同样的看法,而和洛克抱一致思想的人们所代表的革新又是如何之重大了。

要想了解费尔默的理论如何会得到人的相信,洛克的反对理论如何会显得有革命性,我们只消细想一下当时对王国的看法和

166

现在对地产的看法是一样的。土地所有主持有种种重要的法权，主要的是选定谁待在该土地上的权力。所有权可以通过继承来传让，我们觉得继承到了地产的人，便对法律因而容许给他的一切特权有了正当要求资格。然而究其实这人的地位同罗伯特·费尔默爵士为其要求而辩护的那些君主们的地位一样。如今在加利福尼亚州有许多庞大地产，其所有权是西班牙王所实际赐予，或伪托是他所赐予。他所以有资格作出那样的赐予，无非是（一）因为西班牙信奉和费尔默的见解类似的见解，（二）因为西班牙人在交战中能够打败印第安人。然而我们还是认为受到他的赐予的那些人的后代继承人有正当的所有权。恐怕到将来，这事情会跟费尔默在今天显得一样荒诞吧。

## 第二节　自然状态与自然法

在第二篇《政治论》一开始，洛克说他既然说明了从父亲的威权追寻政治威权的由来行不通，现在要提出他所认为的统治权的真根源。

他假定在人间的一切政治之先，有一个他所谓的"自然状态"，由此说起。在这个状态中有一种"自然法"，但是自然法系由一些神命组成，并不是人间的哪个立法者加给人的。至于在洛克看来，自然状态到底有几分只是一个说明性的假说，究竟他有几分设想它曾经在历史上存在过，不得而知；但是我觉得好像他每每把这状态认成是实际出现过的一个时代。有个社会契约设立了民政政<sup>648</sup>治，人类借助于该契约脱出了自然状态。这事情他也看成或多或少是历史事实。但是目下我们要说的是自然状态。

关于自然状态及自然法，洛克要讲的话大多并不新颖，不过是中世纪经院派学说的旧调重弹。圣托马斯·阿奎那这样讲：

"人制定的每一宗法律，有几成出于自然法，便恰带有几成法律性质。但是它若在哪一点上与自然法抵触，它立即不成其为法律；那纯粹是对法律的歪曲。"①

在整个中世纪，大家认为自然法谴责"高利贷"，即有息放款。当时教会的产业差不多全在于土地，土地所有主向来总是借债的人，不是放债的人。但是等新教一兴起，新教所得的支援——特别是加尔文派得到的支援——主要来自富裕中产阶级，这班人却是放债的，不是借债的。因此，首先加尔文，然后旁的新教宗派，最后天主教会，都认可了"高利贷"。这一来，对自然法也有了另一种理解，但是谁也不怀疑存在这种东西。

自然法的信仰消灭后仍存在的许多学说，是从这个信仰发源的；例如，自由放任主义和人权说。这两个学说彼此有关，二者都起源于清教徒主义。有陶奈所引证的两段话可以说明这点。1604 年英国下院的一个委员会发表：

"全体自由臣民，关于自己的土地，又关于在自己所专务而赖以为生的职业中自由发挥勤奋一事，天生持有继承权。"

又在 1656 年约瑟·李写道：

"每人借自然与理性之光的烛照，都要做有利于个人最大利益的事，这是无法否认的金科玉律。……私人的腾达向上就会是公众的利益。"

---

① 陶奈在《宗教与资本主义的兴起》一书中所引的话。

若不是因为有"借自然与理性之光的烛照"几个字,这满可说是十九世纪时写的呢。

我重说一遍,洛克的政治论中新颖的东西绝无仅有。在这点上,洛克和凭思想而博得了名声的人大都相似。一般讲,最早想出新颖见解的人,远远走在时代前面,以致人人以为他无知,结果他一直湮没无闻,不久就被人忘记了。后来,世间的人逐渐有了接受 <sup>649</sup> 这个见解的心理准备,在此幸运的时机发表它的那个人便独揽全功。例如,达尔文就是如此;可怜的孟伯窦勋爵[①]成为笑柄。

关于自然状态,洛克还不及霍布士有创见;霍布士把它看成是这样一种状态:里面存在着一切人对一切人的战争,人生是险恶、粗卑而短促的。但是霍布士被人认为是个无神论者。洛克由前人接受下来的自然状态与自然法之说,脱不开它的神学根据;现代的自由主义多除掉神学根据来讲这一说,这样它就欠缺清晰的逻辑基础。

相信太古时候曾有个幸福的"自然状态"这种信念,一部分来自关于先祖时代的圣经故事,一部分来自所谓黄金时代这个古典神话。一般人相信太古坏的信念,是随着进化论才有的。

以下是洛克著作中见得到的最近乎是自然状态的定义的一段话:

"众人遵循理性一起生活,在人世间无有共同的长上秉威权在他们之间裁决,这真正是自然状态。"

---

① 孟伯窦勋爵(Lord Monboddo),本名詹姆士·伯奈特(James Burnett,1714—1799),苏格兰法官,人类学家;在达尔文之前主张人类可能是由猿猴演变来的。——译者

这不是写蛮民的生活，这是写有德行的无政府主义者们组成的空想社会，这帮人是绝不需要警察和法院的，那是因为他们永远遵从"理性"，理性跟"自然法"就是一个东西，而自然法本身又是由那些大家认为发源于神的行为规律组成的。（例如，"不可杀人"①是自然法的一部分，而交通规则却不是。）

再引证一些话，可以使洛克的意思显得更清楚些。

"〔他说〕为正确地理解政治权力，并且追溯到它的本源，我们必须考察人类天然处于何种状态；那状态即是：在自然法的限度内，人有完全自由规定自己的行动，处理自己的财物和人身；不请求许可，也不依从任何旁人的意志。

"那也是平等的状态，其中一切权力和支配权都是相互的，谁也不比谁多持有；有件事最明白不过：同样品类的被造物，无分彼此地生来就沐浴着完全同样的自然恩惠、就运用同样的官能，那么相互之间也应当平等，无隶属服从关系；除非他们全体人的上神主宰明显宣示意志，将其中一人拔举在他人之上，作出明白清楚的任命，授予他对统治与主权的不容置疑的权利。

"但是尽管这〔自然状态〕是自由的状态，却并非狂纵状态：该状态下的人虽持有处理自己的人身或财物的难抑制的自由，然而他却没有自由戕害自身，甚至没有自由杀害他所占有的任何被造物，除非有比单纯保存它更高尚的某种用途要求这样做。自然状态有自然法支配它，这自然法强制人人服从；人类总是要向理性求教的，而理性即该自然法，理性教导全人类：因为人人平等独立，任

---

① 基督教的"十诫"之一，见《旧约》《出埃及记》，第二十章，第 13 节。——译者

170

何人不该损害他人的生命、健康、自由或财物"①（因为我们全是神的财产）②。

不过，情况马上显出来好像这样：大多数人处于自然状态时，仍会有若干人是不依照自然法生活的，于是自然法在一定限度内提供抵制这般罪犯的可行手段。据他讲，在自然状态下，每个人可以保卫他自己以及为他所有的东西。"凡流人血的，他的血也必被人所流"③是自然法的一部分。一个贼正动手偷我的财物时，我甚至可以把他杀死，这个权利在设立政治之后还是存在的，固然，若存在政治，假如贼跑掉，我必须舍弃私自报复而诉之于法律。

自然状态有个重大缺陷，当存在这种状态期间，人要保卫他的权利必须依赖自己，所以人人是自己的讼案中的法官。对这个弊害，政治正是救治手段，但它不是自然的手段。据洛克说，人脱离自然状态，是靠一个创立政府的契约。并不是任何契约都结束自然状态，唯有组成一个政治统一体的契约如此。各独立国政府现下彼此间正处于自然状态之中。

在一段大概针对着霍布士的文字中，洛克讲自然状态和战争状态不是一回事，倒比较近乎它的反面。洛克在以盗贼可视为对人开战为根据，说明了杀贼的权利之后，说道： <sub>651</sub>

"于此就看到一种明白的区别，'自然状态与战争状态的区别，'这两个状态尽管有些人把它们混为一谈，但是相去之远犹如

---

① 比较美国的《独立宣言》。

② "他们是神的财产，他们是神赐造的东西，造出来在神嘉许的期间存续，而非在他人嘉许的期间存续。"

③ 见《旧约》《创世记》，第九章，第 6 节。——译者

一个和平、亲善、相互扶助和保护的状态，与一个敌对、仇恶、暴力和相互破坏的状态彼此相去之远一样。"

大概自然法应该看成比自然状态范围要广，因为前者管得着盗贼和凶杀犯，而在后者里面却没有那种罪犯。至少说，这看法指出了一条路子，解决洛克的一个显明的矛盾，那就是他有时候把自然状态描绘成人人有德的状态，又有些时候讨论在自然状态下为抵御恶人侵犯，依正理可采取什么做法。

洛克所说的自然法有些部分真令人惊讶。例如，他说正义战争中的俘虏依自然法为奴隶。他还说，天生来每人有权惩罚对他本身或他的财产的侵袭，甚至为此可以伤人性命。洛克没附加任何限制，所以我如果抓到一个干偷鸡摸狗之事的人，依自然法显然我有理由把他枪毙。

在洛克的政治哲学中，财产占非常显著的地位，而且据他讲，财产是设立民政政治的主要原因：

"人类结合成国家，把自己置于政治之下，其伟大的主要目的是保全他们的财产；在自然状态中，为保全财产，有许多事情阙如。"

这套自然状态与自然法之说，全部是在某个意义上清楚明了，但在另一个意义上甚是莫名其妙。洛克所想的是什么，这倒明了；但是他如何会有了这种想法，那就不清楚了。由前文知道，洛克的伦理学是功利主义的伦理学，但是当他考察"权利"问题的时候，他却不提出功利主义的意见。类似这样的事情在法学家们所讲授的全部法哲学中俯拾即是。法权可以下定义：笼统说来，一个人若能够求法律保护不受损害，就谓之享有法权。人对自己的财产一般

172

讲有法权,但他假若持有(譬如说)违禁的大量可卡因,他对偷他的可卡因的人没有法律救济权。但是立法者总得决定创立什么法权,于是自然就倚赖"自然"权利的概念,把这种权利作为法律应确保的权利。<sup></sup>652

现在我打算尽可能地用非神学的语言讲一讲类似洛克的那种理论。如果假定伦理学以及把行为分成"是"与"非"的分类,从逻辑上讲先于现实法律,那么便可能用不包含神话性历史的说法来重新叙述这理论。为把自然法推论出来,我们不妨这样提问题:在不存在法律和政治的情况下,某甲做了哪些类反对某乙的事,某乙便有正当理由对某甲报复?又在各种具体情况下,哪类报复算得正当?一般认为,任何人为对抗旁人的怀有杀心的袭击而自卫,必要时甚至于把袭击者杀死,也无可指责。他可以同样保卫他的妻子儿女,或者简直可以保卫一般大众里的任何一员。在这种事情上,假使尚未召来警察的援助以前,被袭击者会死掉(这也是多半会发生的事),那么,存在着禁杀人的法律与题毫不相干。所以我们就得仰赖"自然"权利。人也有权保卫个人的财产,虽然关于在正当范围内可以加给盗贼如何程度的伤害,意见不一。

在国与国之间的关系上,就像洛克所说的,"自然"法是适用的。在什么情势下战争谓之正当?只要任何国际政府还不存在,这问题的答案就不是法学上的答案,而纯粹是伦理上的答案。回答这个问题,必定要和就无政府状态下的个人说来一样回答法。

法的理论总要以个人的"权利"应受国家保护这种见解作依据。换句话说,人如果蒙受据自然法的原则有正当理由进行报复的那类伤害,成文法应当规定报复该由国家来实行。假如你见某人袭击你的弟兄,要杀害他,如果用其他办法救不了你的弟兄,你有权把这人杀死。在自然状态下,若有人杀害你的弟兄已遂,你有权杀死他——至少洛克认为如此。但是如果有法律在,你丧失这个权利,因为它由国家接过去了。假如你为了自卫或保卫旁人而杀人,你总得向法庭证明这是杀人的理由。

那么,仅就道德律独立在成文法规之外来说,不妨把"自然法"看作就等于道德律。好法律同坏法律假如要有什么区别,非有这种道德律不可。对洛克来说,问题简单,因为道德律已由神制定下了,在《圣经》里找得到。这个神学根据一撤掉,问题就比较棘手。但是只要认为正当行为与不正当行为之间有道德上的区别,我们可以这样讲:在没有政府的社会里,由自然法来决定哪种行为在道德上算正当,哪种行为不正当;成文法在可能范围内应该以自然法为指针,传自然法的精神。

个人有某种不可侵夺的权利之说,按其绝对形式讲,与功利主义是矛盾的,那就是,与所谓正当行为即最有助于促进总体幸福的行为这个学说是矛盾的。但是为了要某个学说成为法的适当依据,它并不是非在一切可能有的情况下都正确不可,只需要在绝大多数的场合是对的。我们都能够设想一些场合,那时杀人可说是正当的,但这种场合究属罕见,不能成为反对杀人犯法的理由。同样,从功利主义的观点看,给每个人保留一定的个人自由范围,也许是要得的(我并不说一定要得)。假若如此,纵然人权难免有例外情况,人权说也是相应法律的适当根据。功利主义者总得从人权说的实际效果着眼,来研讨看成是法的根据的人权说,不能够自始便非难人权说违反自己的伦理学。

## 第三节　社会契约

在十七世纪的政治思想中,关于政府的起源,主要有两类理论。一类理论我们已有罗伯特·费尔默爵士为实例:这类理论主张,神把权力赋给了某些人,这些人或他们的后代继承人构成合法政府,所以反抗它不仅是大逆,而且是渎神。这种见解是远古以来人心所认可的:差不多在一切初期的文明各国中,为王的都是神圣人物。国王们自然把它看成是个绝妙的好理论。贵族们有支持它的动机,也有反对它的动机。于这理论有利的是,它强调世袭主义,而且对抵制骤然兴起的商人阶级这件事给予庄严的支持。若中产阶级比起国王来,是贵族所更为惧怕或憎恨的,这种动机便占优势。如果事情适相反,尤其是假若贵族自己有获得大权的希望,他们就往往反对国王,因而排斥各种王权神授说。 <sup>654</sup>

另一类主要理论——洛克是其代表者——主张民政政治是契约的结果,并非由神权确立的东西,而是纯粹现世的事情。有的著述家把社会契约看成是历史事实,有的看成法律拟制①;对所有这些人来说,重要的问题是为统治权力找出一个现世的起源。事实上,除这个想象的契约外,他们再想不出什么可替代神授权说的东西。除谋反者而外,人人感觉必须为服从政府这件事找出某种根据,他们认为只是说对大多数人来说政治的权力有方便是不够的。

---

① 旧法学名词,指为了事件便于解决,在法律上假定某事物为事实,而不问它是否真实。——译者

175

政治在某个意义上必须有一种强人服从的权利,若不说那是神命,似乎只好说是契约授予的权利了。因此,政治是由契约设立的这个学说,几乎在所有反对王权神授说的人当中都得人心。在托马斯·阿奎那的思想中这个理论略露眉目,但是在格老秀斯的著作里见得到最早对它的郑重发挥。

契约论可能成为一种为专制政治辩解的理论。例如,霍布士认为公民之间有一个契约,把全部权力移交给选定的主权者,但是该主权者并非契约的一方,因此势必获得无限制的权力。这种理论起初本来就可以成为克伦威尔极权国家的口实;王政复辟之后,它给查理二世找到根据。然而在洛克讲的那种契约论中,政府为契约的一方,如果不履行这契约中的义务,可以有正当理由反对它。洛克学说在本质上或多或少是民主的,但是民主成分受到一个(暗示而未明言的)见解的限制,那就是没有财产的人不应当算公民。

现在我们看关于当前这个问题,洛克是要讲些什么。

首先有一个政治权力的定义:

"所谓政治权力,我以为即制定法律的权利,为了规定与保护财产而制定法律,附带着死刑、下而至于一切轻缓刑罚,以及为执行这种法律和为防御国家不受外侮而运用社会力量的权利,而这一切无非为了公益。"

据他讲,在自然状态下,每个人是自己的讼案中的法官,由此生出种种不便当,政治是其救治手段。但是若君主是争执的当事者,这就不成其为救治手段,因为君主既是法官又是原告。为了这些理由,所以产生一个意见,认为政府不可是专制的政府,而且司法部门应该独立在行政部门以外。这种议论在英国在美国都有了远大前途，但是目前我们暂且不谈。

洛克说，每人天生就有权惩治对他本身或他的财产的侵袭，甚至致人死命。在人们把这个权利转移给社会或法律的场合，而且只在这种场合，才有政治社会。

君主专制不算是一种民政政治，因为不存在中立威权，裁定君主和臣民之间的争执；实际上，君主在对臣民的关系上依然处于自然状态。希望一个生性粗暴的人因为做国王就会有道德，是没有用的。

"在美洲森林里要骄横为害的人，在王座上大概也不会善良很多；在王座上，恐怕他将找出学问、宗教为他对臣民所做的一切事情辩护，凡有胆敢提出怀疑的人，利剑立刻叫他们噤声。"

君主专制正好像人们对臭猫和狐狸有了防护，"却甘心被狮子吞噬，甚至可以说以此为安全。"

市民社会势必要服从过半数，除非大家同意需要更多的人数（例如，就像在美国，要修改宪法或批准条约时。）这听起来好像民主，但是必须牢记洛克首先认为妇女和穷人是被排斥在公民权利以外的。

"政治社会的发端有赖于各个人同意联合组成单一的社会。"据他（有些不大认真地）主张，这种同意必是在某个时代实际有过的，虽然他承认除了在犹太人中间，各处政治的起源都在有史以前。

设立政治的市民契约只约束订立这契约的那些人；父亲所订 656 的契约，儿子必得重新承认。（由洛克的原则如何推出来这点，显而易见，但此话却不太现实。有哪个美国青年到了二十一岁，宣称"我不要受创建这合众国的那个契约的约束"，他就会惹来一身麻烦。）

据他讲，依据契约的政府，其权力绝不越出公益范围以外。方才我引证了一句关于政治权力的话，话尾是"而这一切无非为了公益。"洛克好像没想起来问一问，这公益是要谁来判定的。显然，如果由政府判定，政府就总下有利于自己的决定。大概洛克会说，该让公民中过半数人判定。但是有许多问题得迅速决定，不容先查明选民的意见；其中和战问题或许是最重要的了。在这样的事情上，唯一的救治手段是给予舆论或舆论代表者们某种权限（例如弹劾权），有权事后惩办那些做出不孚人望的行为的行政官吏。但是这常常是个很不够的手段。

我在上文引证了一句话这里必须再引一遍：

"人类结合成国家，把自己置于政治之下，其伟大的主要目的是保全他们的财产。"

和这个原则取一致，洛克宣称：

"最高权力若不经本人同意，不得从任何人取走其财产的任何部分。"

更让人惊诧的是这个讲法：军队长官对部下兵士们尽管操生杀大权，却没有拿走金钱的权。（据此说来，在任何军队里，惩办轻微的违犯军纪，处罚款是不对的，却许可通过鞭挞一类的体伤来惩罚。这说明洛克让他的财产崇拜带到了何等荒谬的地步。）

课税问题依我们想总会给洛克作梗，他却丝毫无睹。他讲，政府的经费须由公民负担，但是要经公民同意，就是说有过半数人的同意。但请问，倒是为什么有过半数人的同意便够了？他说过，必须有个人的同意，政府才有正当理由拿走人的财产的任何部分。[657]据我想，各人默然同意照过半数人的决定课税，这一点被洛克假定为包含在各人的公民身份中，而公民身份又被假定是由己自愿的。不必说，这一切有的时候和事实完全相反。关于自己应属于哪个国家，大部分人都没有有效的选择自由，至于想不属于任何国家，如今谁也没有这个自由。举个例，假使你是和平主义者，不赞成战争。随你住在什么地方，政府总要为军事用项拿走一些你的财产。有什么正当道理能使你不得不接受这点呢？我可以想象许多个答案，但是我认为哪个答案和洛克的原则也不是一致的。他未经适当考虑就横加上服从过半数的准则，而且除神话性的社会契约外，他也没提出从他的个人主义的前提到这准则的任何过渡。

社会契约按这里所要求的意义讲，总是一种架空悬想的东西，即使在从前某个时代实际有过一个契约创建了我们说的那个政府。美国是一个切题的实例。当初制定美国宪法时，人们是有选择自由的。即使在当时，有不少人投了反对票，这些人因此便不是契约的当事者。当然，他们本来可以离开那个国家，由于留下没走，结果被视为就得受他们未曾同意的契约的约束。但是实际上离开自己的国家通常是难事。谈到宪法既制定之后出生的人，所谓他们的同意，更加不着边际了。

与政府相对抗的个人权利这个问题，是个很难讲的问题。民主主义者认为如果政府代表着过半数人，它有权强制少数，这太轻率了。在某个限度以内，这话定然不假，因为强制乃是政治少不得的要素。但是多数派的权神授说如果强调得过分，会成为和王权神授说几乎一样暴虐的东西。洛克在《政治论》里关于这问题没有怎么谈论，但是在他的《论宽容的书简》中考察得相当详尽，他主张凡信仰神的人，绝不该因为他的宗教见解的缘故而被治罪。

契约创立了政治之说，当然是进化论以前的讲法。政治如同麻疹和百日咳，必是逐渐发展起来的，固然它也和这两种病一样，可能突然传入像南洋群岛那样的新地域。人们没研究过人类学以前，完全不知道政治的萌芽里所涉及的那种种心理过程，完全不知道促成人们采纳后来才知有益的那些制度风习的种种离奇古怪的理由。但是社会契约说当作一个法律拟制，给政治找根据，也有几分道理。

## 第四节 财产

由我们以上就洛克对财产的意见所讲的话看来，可能觉得仿佛洛克拥护大资本家，既反对比他们社会地位高的人，也反对比他们社会地位低的人，然而这可说只是部分真实。在洛克的著作中，见得到预兆高度资本主义的学说的论调，也见得到隐隐预示较近乎社会主义的见解的论调，不调和地并存着。和在大部分其他问题上一样，在这个问题上单方面引证他的话容易歪曲他的意思。

下面我写出关于财产问题洛克的一些主要论断，以在书中出现的先后为序。

首先，据他讲每个人对他个人劳力的产品持有私人所有权，或者至少说，应当持有这种权。在工业生产前时代，这准则还不像到后来那么不现实。城市生产在当时主要是自己保有工具、自售产品的手艺人干的。至于农业生产，洛克所隶属的那个学派认为"小农自耕制"算是最好的制度。他讲,人能够耕多少田地,他就可以保有多少田地,但不得更多。他好像随随便便地不理会在欧洲的所有国家,若不经一次流血革命,这个方案可说简直就没有实现的可能。到处农田大部分属于贵族们所有,他们从农民那里强征固定一部分(往往一半)农产品,或强征可能随时变动的地租。前一种制度盛行于法国和意大利,后一种制度盛行于英国。比较靠东方,到俄国和普鲁士,劳动者是农奴,他们为地主干活,实际上没有一点权利。这种旧制度在法国因为法国大革命而结束,在北意大利和西德意志,由于法国革命军的侵略宣告终了。在普鲁士废止农奴制度,是被拿破仑战败的结果;在俄国,是克里米亚战争失败的结果。但是在这两个国家,贵族仍保持了地产。在东普鲁士,这种制度虽然受到纳粹的严厉管制,一直存留到现在;[①] 在俄国和现今的立陶宛、拉脱维亚、爱沙尼亚,由于俄国革命,贵族被剥夺了土地。在匈牙利、罗马尼亚和波兰,他们存留下来;在东波兰,贵族们在 1940 年被苏联政府"清算"。不过苏联政府竭尽了一切能事在俄国全境改行集体耕作制,不改行小农自耕制。

在英国,向来的发展比较复杂。在洛克的时代,农村劳动者的处境因为存在着公有地而有所缓和:农村劳动者对公有地保有重要的权利,因此便能够自产相当大一部分粮食。这种制度乃是中世纪的遗制,近代头脑的人是不以为然的,他们说从生产的观点看,这种制度不经济。于是有了一个圈占公有地运动,从亨利八世年间开始,在克伦威尔统治时代继续下去,但是直到 1750 年左右

_____

① 指第二次世界大战后期。——译者

才雷厉风行起来。从那时以后，大约九十年之间，一块又一块的公有地被圈起来，移交给当地的地主。每圈一回，就需要国会有个法令，于是操纵国会两院的贵族们无情地运用他们的立法权肥己，而把农业劳动者推到饥馑的边缘。逐渐，由于工业的发达，农业劳动者的境况有了改善，因为否则防止不了他们往城市迁移。现在，由于有势埃德-乔治所创立的税制，结果贵族迫不得已放弃了他们的大半农业财产。但是那些也拥有城市财产或工业财产的贵族们，却一直能够紧握住他们的不动产。迄今没发生急剧的革命，却有一种现今还在进行着的渐次过渡。目前，那些仍旧富有的贵族们，其财富来源都是仰赖城市财产或工业财产。

这段漫长的发展过程，除在俄国外，可以看作符合洛克的原则。事情怪的是，他虽然能够提出需要有那么多革命然后才可以付诸实施的学说，然而却没丝毫征象表现出他认为当时存在的制度不公平，或察觉这制度与他倡导的制度不同。

660　劳动价值说——即生产品的价值取决于耗费在该产品上的劳动之说——的创立，有人归之于马克思，有人归之于李嘉图；不过这种学说在洛克的思想中就有了，而洛克所以产生这种思想又是由于有上溯至阿奎那的一系列前人。陶奈总结经院派的学说时讲：

"这种议论的精髓就是，制造货品的手艺人，或运输货品的商人，于理可以要求报酬，因为他们全在自己的职业中出劳力，满足公共的需要。万难容赦的罪过是投机者和经纪人的罪过，因为这般人是靠榨取公众必需品牟夺私利的。阿奎那教义的真传是劳动价值说，经院派学者中最末一人是卡尔·马克思。"

劳动价值说有两面，一是伦理的一面，另一面是经济的一面。换句话说，它可以是主张生产品的价值应当与耗费在这产品上的劳动成正比，也可以是主张事实上这劳动规制着价格。后一说不过大致上正确，这是洛克所承认的。他讲，价值的十分之九由于劳动；但是关于其余十分之一，他毫无表示。他说，给一切东西加上价值差异的是劳动。他举印第安人所占据的美洲的土地为实例，这些土地因为印第安人不事开垦，几乎不具有丝毫价值。他好像并不领会，土地这东西只要一有人愿意在它上面劳动，尚未实际劳动之前，它就可以获得价值。假如你保有一块荒地，人家在上面发现石油，你没在这土地上干半点活也能卖一个好价钱。他不想这种情况，却只想到农业，在他那个时代自然如此。他赞成的小农自耕制对于像大规模开矿那样的事情是用不上的，因为这类事情需要高价设备和大批的工人。

人对自己劳动的产品持有权利这条原则，在工业文明里不管用。假定你在造福特汽车的一道工序里工作，那么总产额中哪一部分出于你的劳动，让人该如何估计呢？又假定你受铁道公司聘用管运输货物，有谁能断定你对生产这货物应视为有多大贡献？由于这种种理由，所以想防止剥削劳动的那班人才放弃了各自的产品各自有权的原则，赞同偏社会主义化的组织生产与分配的方法。 <sup>661</sup>

向来倡导劳动价值说，通常是出于对某个被看成掠夺性的阶级的敌意。经院学者只要主张它，便是由于反对高利贷者，那种人大多是犹太人。李嘉图主张它以反对地主，马克思反对的是资本家。然而洛克好像是对任何阶级不抱敌意，在一种真空中主张这理论的。他唯一的敌意是对君主的,但是这跟他对于价值问题的意见没关系。

洛克的见解有的真古怪,我不知道怎么能把它说得近乎道理。他说,人不可有自己和家人尚未及吃完就非烂不可的那么多的李子;但是以合法手段能弄到多少黄金、多少块钻石,却是可以的,因为黄金和钻石是不腐烂的。他没想到持有李子的人,在李子未腐烂以前未尝不可把它卖掉。

洛克把贵金属的不腐坏性看得甚了不起,他讲,贵金属是货币的来源,也是财产不均的来源。他好像以一种空想的学究风度悲叹经济上的不平等,但是他当然并不认为还是以采取那种可能防止经济不平等的措置为明智。想必他和当时的所有人一样,深深感到富人主要作为艺术、文事的奖励者给文明带来的利益。在现代美国也存在着这种态度,因为美国的科学和艺术大大依赖富豪的捐助。在一定程度上,文明是社会不公推进的。这件事实是保守主义中极其体面之处的根据。

## 第五节　约制与均衡说

政治的立法、行政和司法几种职权应分离之说,是自由主义的特色;这学说是在英国在反对斯图亚特王室的过程中兴起的,至少关于立法部门和行政部门,是由洛克阐明的。他讲,立法部门和行政部门必须分离,以防滥用权力。当然不言而喻,他说到立法部门,指的是国会,他说行政部门,就指国王;不管他在逻辑上想要指什么意思,至少在情绪上他指的是这个。因此,他把立法部门看成是良善的,而行政部门则通常是恶劣的。

他说立法部门应当高于一切,只不过它必须能由社会罢免。言外之意,立法部门得像英国下院那样,不时通过民众投票来选举。立法部门要能够由民众罢免这个条件,认真讲来,对于在洛克时代英国宪法容许给国王和上院的作为立法权一部分的那种职分是个谴责。

洛克说,在一切组织得良好的政府中,立法部门和行政部门是分离的。于是就发生这个问题:在它们起冲突的时候该怎么办?据他说,行政部门如果不按适当时间召集立法官员,它就是与人民开战,可以通过暴力把它撤除。这显然是在查理一世治下发生的事情让人联想起的一种意见。从 1628 年到 1640 年,查理一世竭力要排除国会,独自掌权。洛克感觉这种事情必须制止,必要时诉之于内战。

他说,"暴力只可用来反对不公不法的暴力。"只要不存在一个什么团体,有法权宣判在什么时候暴力"不公不法",这条原则在实际事情上就毫无用处。查理一世打算不经国会同意征收造舰税①,这件事被他的反对者们断言为"不公不法",而他断言它又公又法。只有内战的军事结局证明了他对宪法的解释是错误解释。美国的南北战争也发生了同样事情。各州有退出联邦的权利吗?那谁也不知道;只有北军的胜利才解决了这个法律问题。我们从洛克及当时大多数写书的人见得到一个信念:任何正直的人都能知道什么事是公正合法的;这种信念完全没把双方的党派偏见的

①　战时对海港及沿海城市所课的一种国防税;1634 年至 1636 年查理一世在平时对内陆城市也课了这种税。——译者

力量估计在内,也没考虑到不论在外界或在人良心当中都难建立一个对议论纷纭的问题能够下权威性裁断的法庭。在实际事情上,这种纠纷问题假如十分重大,并不由正义和法律解决,而完全由实力解决。

洛克也有些承认这一事实,固然他是用隐话承认的。他说,在立法部门和行政部门的争执中有某些案件在苍天底下没有法官。由于苍天不下明白的判决,所以这实际上就是说只能凭打仗取得解决。因为据认为当然苍天要把胜利给予较好的义举。任何划分政治权力的学说总离不了这类的见解。这种学说若体现在宪法中,那么避免不时打内战的唯一办法就是行使妥协和常识。但是妥协和常识乃是人的习性,成文宪法是体现不了的。

出人意料的是,尽管司法组织在洛克时代是个议论得火炽的问题,关于司法组织他却一言未发。一直到光荣革命时为止,法官总是随时能够被国王解职的;因此当法官的都要判国王的敌对者有罪,而把国王的同党无罪开释。革命之后,法官被定为非有国会两院的敕语奉答文不得免职。大家以为这样一来法官的判决就会遵照法律来下了;事实上,在牵涉宗派性的案件里,这无非让法官的偏见代替了国王的偏见。不管怎样,凡约制与均衡原则得势的地方,司法部门就和立法及行政部门并列,成为政府的第三个独立分支。最可注目的实例是美国最高法院。

约制与均衡说的历史很有趣。

在它的发祥国英国,是打算拿它来限制国王权力的,因为国王在革命以前向来完全控制行政部门。可是,逐渐行政部门成了依属国会的部门,因为一个内阁若没有下院中多数的支持,便不可能继续下去。这样，行政部门虽形式上不然，实际上成了国会选定的一个委员会；结果是立法权和行政权渐渐越来越不分。过去五十来年中间，由于首相有解散国会之权以及政党纪律日益严格化，出现又一步发展。现下国会中的多数派决定哪个政党执政，但是既决定这点之后，国会实际上不能再决定别的任何事情。动议的法案只要不是由政府提出的，几乎没有成立过。因而，政府又是立法部门又是行政部门，它的权力不过由于时而必要有大选才受到限 <sup>664</sup>制。当然，这种制度跟洛克的原则完全背道而驰。

在法国，因为孟德斯鸠极力鼓吹这个学说，它为法国大革命当中比较温和的各党派所信奉，但是雅各宾党人一胜利，就被扫除得暂时无声无息。拿破仑自然要它无用，不过在王政复辟时它复活了，拿破仑三世一抬头又随之湮灭。1871 年这学说再一次复活，而且促成通过一部宪法，其中规定总统几乎无权，政府不能解散议会。结果就是让国民议会无论和政府对比起来或和选民对比起来都有了很大的权限。权力的划分有甚于近代英国，但是还够不上依洛克的原则应有的划分，因为立法部门凌驾于行政部门之上。这次大战之后法国宪法会成什么样子，未可逆料。

洛克的分权主义得到了最充分应用的国家是美国；在美国，总统和国会彼此完全独立，最高法院又独立在总统和国会以外。无意之中，美国宪法把最高法院定为立法部门的一个分支，因为只要最高法院讲不成为法律的就不算法律。最高法院的权限在名义上仅是解释性的权限，这实际上使那种权限更增大，因为这一来便难于指责那些想当然是纯法律性的决定了。这部宪法自来仅有一度

187

惹起了武装冲突,这一点十足说明了美国人在政治上的贤达。

洛克的政治哲学在工业革命以前大体上一直适当合用。从那个时代以来,它越来越无法处理各种重大问题。庞大的公司所体现的资产权力涨大得超乎洛克的任何想象以外。国家的各种必要职权——例如在教育方面的职权——大大增强。国家主义造成了经济权力和政治权力联盟,有时两者融为一体,使战争成为主要的竞争手段。单一的个体公民已经不再有洛克的思想中他所具有的那种权力和独立。我们的时代是个组织化时代,时代的冲突是组织和组织间的冲突,不是各个人之间的冲突。如洛克所说,自然状态还存在于国与国之间。先必须有一个新的国际性"社会契约",我们才能领受从政治可以指望到的福惠。国际政府一旦创立起来,洛克的政治哲学有不少又适用了,虽然其中关于私有财产的那一部分不会这样。

# 第十五章　洛克的影响

从洛克时代以来到现代,在欧洲一向有两大类哲学,一类的学说与方法都是从洛克得来的,另一类先来自笛卡尔,后来自康德。康德自己以为他把来自笛卡尔的哲学和来自洛克的哲学综合起来了;但是,至少从历史观点看,这是不能承认的,因为康德的继承者们属于笛卡尔派传统,并不属于洛克派传统。继承洛克衣钵的,首先是贝克莱和休谟;其次是法国的 philosophes(哲人)中不属于卢梭派的那些人;第三是边沁和哲学上的急进主义者;第四是马克思及其门徒,他们又取大陆哲学成分,作了一些重要的添补。可是,马克思的体系是杂采各家的折中体系，关于这体系的任何简单说法，几乎必错无疑；所以，我想把马克思暂搁一边，等到后面再详细论他。

在洛克当时，他的主要哲学对手是笛卡尔主义者和莱布尼茨。说来全不合道理，洛克哲学在英国和法国的胜利大部分要归功于牛顿的威望。就哲学家的身份讲，笛卡尔的威信在当时由于他在数学和自然哲学方面的业绩而有所提高。但是他的旋涡说作为对太阳系的解释，断然比不上牛顿的引力定律。牛顿派宇宙演化论的胜利减低了大家对笛卡尔的尊崇，增高了他们对英国的尊崇。这两个原因都促使人心偏向洛克。在十八世纪的法国，知识分子正在反抗一种老朽、腐败、衰竭无力的君主专制，他们把英国看成是自由的故乡，所以洛克的政治学说就让他们对他的哲学先偏怀好感。在大革命临前的时代，洛克在法国的影响由于休谟的影响而更加增强，因为休谟一度在法国居住过，熟识不少第一流的 savants（学者）。

把英国影响传到法国去的主要人物是伏尔泰。 667

在英国，一直到法国大革命时为止，洛克哲学的信奉者对他的政治学说从来不感兴趣。贝克莱是一个不很关心政治的主教；休谟是把鲍令布卢克①奉为表率的托利党员。在他们那个时代，英国的政局平静无波，哲学家可以不操心世界情势，乐得讲理论立学说。法国大革命改变了这种情况，迫使最优秀的人物反对现状。

① 鲍令布卢克（Henry St. John Bolingbroke, 1678—1751），英国托利党政治家。——译者

然而,纯哲学中的传统依旧没中断。雪莱为了《无神论的必要》(*Necessity of Atheism*)被逐出牛津的校门,那作品充满了洛克的影响。①

到 1781 年康德的《纯粹理性批判》一书发表时为止,可能看起来一直好像笛卡尔、斯宾诺莎和莱布尼茨的老哲学传统渐渐要被新的经验主义方法明确地压倒。不过这种新方法却从未在德国各大学中盛行,而且自 1792 年以后,大家把法国大革命里各种恐怖惨事的责任都归给了它。类如柯勒律治这般中途变卦的革命派,得到了康德做他们反对法国无神论的精神后盾。德国人在抵抗法国人之际,满愿有一种德国哲学支持他们。甚至法国人,在拿破仑败亡后,对反雅各宾主义的任何武器也尽欢迎。这种种因素都于康德有利。

康德有如达尔文,引起了一个当初他会深恶痛绝的运动。康德是个自由主义者、民主主义者、和平主义者,但自称发展他的哲学的那些人满不是这种人。或者说,假使他们还自名为自由主义者,他们就是另一号的自由主义者。在卢梭和康德以后,历来有两派自由主义,这两派不妨区分为"冷头脑派"和"柔心肠派"。"冷头脑派"经由边沁、李嘉图和马克思,按逻辑的阶段发展到斯大林;"柔心肠派"按另外一些逻辑阶段,经过费希特、拜伦、卡莱尔和尼采,发展到希特勒。自然,这个说法过于简括,不够十分正确,但是也可算一种帮助记忆的指掌图。思想演进的阶段向来带有一种简

---

① 例如,试看雪莱的论断:"某个命题一呈示于心,心就感知构成该命题的那些观念的相符与不符。"

直可以说是黑格尔辩证法的性质：各种学说通过一些似乎都很自然的步骤，发展成了其对立面。但是这种发展从来不是完全出于 思想的内在活动；它一向为外界状况及外界状况在人情感中的反映所左右。可以用一个最显著的事实说明实情如此。自由主义思想在美国没经过这个发展的任何一段，到今天还保持洛克所讲的那个样子。

搁下政治不谈，我们来考察考察哲学上的两个学派的不同点，这两派大体可以区分为大陆派和英国派。

首先是方法的不同。英国哲学比起大陆哲学来，明细而带片段性；自己每承认某个一般原理，就着手审查这原理的种种应用，按归纳方式去证明它。所以，休谟在宣布没有任何观念不具有前行的印象以后，随即进而研究以下的异议：假定你眼下看见两种彼此相似而不全同的色调，并且假定你从未见过一种恰恰介乎二者之间的色调，你是不是仍旧能想象这样一种色调？他对这问题不下论断，而且以为即使下一个违反他的一般原理的论断，也不会成为他的致命伤，因为他的原理不是逻辑性的而是经验性的。再举一个对比的反例，莱布尼茨想要确立他的单子论时，他大致是这样议论的：凡复杂的东西都必是由一些简单部分组成的；简单的东西不会有广延；所以说万物全是由不具有广延的各部分组成的。但是不具有广延的东西非物质。所以，事物的终极组成要素不是物质的，而若不是物质的，便是精神的。因此，桌子实际是一堆灵魂。

这里，方法的不同可以这样来刻画其特征：在洛克或休谟，根据对大量事实的广泛观察，得出一个比较有限的结论；相反，莱布尼茨在针尖似的逻辑原则上按倒金字塔式矗立起一个演绎巨厦。

在莱布尼茨,假若原则完全正确而步步演绎也彻底牢靠,万事大吉;但是这个建筑不牢稳,哪里微有一点裂罅,就会使它坍倒瓦解。反之,洛克和休谟不然,他们的金字塔基底落在观测事实的大地上,塔尖不是朝下,是朝上的;因此平衡是稳定的,什么地方出个裂口可以修缮而不至于全盘遭殃。康德打算吸取一些经验主义的东西,此后上述方法上的差别照旧存在:一方从笛卡尔到黑格尔,另一方从洛克到约翰·斯图亚特·穆勒,这种差别保持不变。

方法上的差别是和其他种种差别相关连的。先说形而上学。

笛卡尔提出了一些关于神存在的形而上学证明,其中最重要的证明是十一世纪时坎特伯雷大主教圣安瑟勒姆首创的。斯宾诺莎有一个泛神论的神,那在正统教徒看来根本不是神;不管是不是神,反正斯宾诺莎的议论本质上是形而上学的议论,而且能够归源于每个命题必有一个主语和一个谓语之说(固然,他也许没领会到这一点)。莱布尼茨的形而上学也出于同一个根源。

在洛克,他所开创的哲学方向尚未得到充分发展;他承认笛卡尔的关于神存在的证明妥实有据。贝克莱创造了一个全新的证明;但是休谟——到休谟,这种新哲学臻于完成——完全否定了形而上学,他认为在形而上学所处理的那些题目上面下推理工夫,什么也发现不了。这种见解在经验主义学派中持续存在,而相反的见解,略经修改,则持续存在于康德和他的弟子们的学说中。

在伦理学方面,这两派有同样的区分。

由前文知道,洛克认为快乐就是善,这是整个十八、十九世纪在经验主义者中间流行的意见。相反,经验主义者的敌派蔑视快乐,以为快乐卑下,他们有种种显得较崇高的伦理体系。霍布士重

192

视权力,斯宾诺莎在一定程度上跟霍布士意见一致。斯宾诺莎的思想中对伦理学有两个不能调和的意见,一个是霍布士的意见,另一个意见是,善就在于和神有神秘的合一。莱布尼茨对伦理学无重大贡献,但是康德把伦理学摆到首位,由伦理前提得出他的形而上学。康德的伦理学之所以重要,是因为它是反功利主义的、先验的和所谓"高贵的"。

康德讲,你若因为喜欢你的弟兄而待他好,你不算有什么道德价值;一个行为,由于道德律吩咐做而做它,才有道德价值。虽说快乐并非善,然而善良人受苦还是不公的事——康德这样主张。670 既然在今世这种事屡见不鲜,所以定有另一个世界,善良人死后得善报,而且定有一位神在死后生活中主持正义。他否定关于神和永生的一切老式形而上学证明,却认为他的新式伦理学证明是没有反驳余地的。

康德对实际事务的见解是慈祥而人道的,他自己是这样一个人,但是否定幸福是善的人大多数却不能这样说。号称"高贵的"那种伦理,和认为我们应尽力让人幸福些这个较世俗的意见比起来,跟改善世界的打算具有较少的关系。这本不足怪。幸福若是别人的,比幸福是自己的,就容易蔑视。一般讲,幸福的代替品是某种英雄品质。这使权力欲有了无意识的发泄出路,给残酷行为造成丰实的借口。再不然,所崇尚的也许是强烈的感情;在浪漫主义者,便是如此。这造成对憎恨和复仇心之类的炽情的宽容;拜伦笔下的英雄算得典型,他们绝不是有模范行为的人物。对促进人类幸福最有贡献的人——或许可以想见——是认为幸福重要的人,不是那些把幸福和什么更"崇高的"东西相比之下鄙视幸福的人。而且，一个人的伦理观通常反映这人的性格，人有慈善心便希望大家全幸福。因此，认为幸福是人生目的的人，往往是比较仁慈的，而提出其他目的的人，不知不觉地常常受残忍和权力欲的支配。

这些伦理学上的差别，通常和政治学上的差别有连带关系，固然也不尽如此。前文讲过，洛克在个人意见上抱试探态度，根本没有权威主义气派，他愿意让每个问题凭自由讨论来解决。结果是，以他本人和他的信奉者来讲，都信仰改革，然而是一种逐步的改革。由于他们的思想体系是由片段组成的，是对许多不同问题个别考察的结果，他们的政治见解自然也往往带有这种性质。他们规避一整块雕成的大纲领，宁愿就事论事，研究各个问题。他们在政治上如同在哲学上一样，带着试探和尝试的精神。在另一方面，他们的敌派认为自己能"全部识透这可悲的事态格局"，所以更大大愿意"把它猛然打碎，重新塑造得比较贴合心意"①。他们可能作为革命者来干这件事，再不然，可能作为想要当政者权力增强的那种人来干这件事；或此或彼，他们追求宏大目标时，总不避讳暴力，他们责斥爱好和平为卑鄙可耻。

从现代观点看，洛克及其信奉者的重大政治缺点是财产崇拜。但是据这理由批评他们的人，却常常是为了比资本家更有害的阶级，例如君主、贵族和军阀的利益而作这种批评的。贵族地主按照远古传下来的惯例不费劳力坐享收入，他们并不认为自己是敛财

---

① 以上所引的这两句是波斯天文学家兼诗人莪玛·亥亚谟（Omar Khayyám，死于公元 1123 年?）的四行诗中的句子。——译者

鬼,而不从锦绣如画的外表下察看底细的人也不把他们这样看待。反之,实业家从事有意识的猎求财富,所以在他们的活动多少还有些新颖的时代,引起了一种对地主的绅士派勒索所感不到的愤懑不平。这话是说,中产阶级作家和读他们的作品的人情况如此;农民们并不是这样,就像法国大革命和俄国革命中所表现的。不过农民是不会说话的。

洛克学派的反对者大多赞赏战争,以为战争英勇壮烈而意味着蔑弃舒适和安逸。反之,采取功利主义伦理观的人往往把大多数战争看成是蠢事。至少在十九世纪,这点又使他们和资本家连成一气,因为资本家由于战争妨害贸易,也厌恶战争。资本家的动机当然是纯粹自私自利,但是由此却产生比军阀及其文字帮手们的意见和公众利益较为一致的意见。是的,资本家对战争的态度向来也摇摆不定。十八世纪时英国打的仗除美国独立战争以外,总的讲是赚钱事,得到了实业家的支持;但是从十九世纪初一直到末年,实业家赞成和平。在现代,到处大企业和民族国家发生了密切的关系,以致形势大变。但是即使现在,无论在英国或在美国,大企业一般是厌恶战争的。

开明的自私自利当然不是最崇高的动机,但是那些贬斥它的人常常有意无意地另换上一些比它坏得多的动机,例如憎恨、嫉 <sup>672</sup>妒、权力欲等等。总的讲,根源出于洛克的倡导开明自利的学派,同借英雄品质与自我牺牲的名目鄙视开明自利的那些学派比起来,对增加人类的幸福多作了贡献,对增加人类的苦难少起些作用。初期工业社会的那种种惨事我并没忘记,但是那到底在这制度内部减缓下来了。而且我再拿以下的事情同那些惨事来作个对

195

比看:俄国农奴制、战争的祸害及战争的遗患——恐惧和憎恨,以及旧制度已丧失了活力时还企图维持旧制度的人必然有的蒙昧主义。

# 第十六章　贝克莱

乔治·贝克莱(George Berkeley,1685—1753)因为否定物质存在而在哲学上占重要地位,在这个否定里,他有许多巧妙的议论作为根据。他主张物质对象无非由于被感知才存在。那样说来,譬如一棵树,假若没人瞧着它岂不就不再存在了;对这个异议,他的回答是:神总在感知一切;假使果真没有神,那么我们所当成的物质对象就会过一种不稳定的生活,在我们一瞧它的时候突然存在;但事实上,由于神的知觉作用,树木、岩块、石头正如同常识认为的那样连续存在着。在他认为,这是支持上帝存在的有力理由。有一首罗诺尔·纳克斯(Ronald Knox)写的五行打油诗,附带一首和韵,说明贝克莱的物质对象理论:

曾有个年轻人开言道:"上帝

一定要认为太稀奇,

假如他发觉这棵树

存在如故,

那时候却连谁也没在中庭里。"

答

敬启者:

您的惊讶真稀奇:

咱时时总在中庭里。

这就是为何那棵树

会存在如故，

因为注视着它的是

您的忠实的

上帝。

贝克莱是个爱尔兰人，在二十二岁作了都柏林大学三一学院的特别研究员。他曾由斯威夫特①引荐，进宫参谒；斯威夫特的瓦妮萨②把她的财产一半遗赠给了他。他制定了一个在百慕大群岛建立学院的计划，抱这个目的去往美国；但是在罗德艾兰度过三年（1728—1731）之后，他就回国，放弃了那个计划。有一行闻名的诗 <sup></sup>674<br>句：

帝国的路线取道向西方，

作者便是他，为这个缘故，加利福尼亚州的贝克莱城是因他命名的。1734 年他当了克罗因③的主教。他晚年丢开了哲学，去弄焦油水，这种东西他认为有种种神奇的药性。关于焦油水，他写道："此乃是开怀解愁但不令人酣醉的杯中物"——这是后来库柏（Cowper）加给茶而为大家比较熟悉的一种情趣。

他的最优秀的著作全部是他还十分年轻时写的：写《视觉新

---

① 斯威夫特（Jonathan Swift，1667—1745），英国讽刺作家，《伽利弗游记》的作者。——译者

② 一个热恋斯威夫特的女子，本名 Esther Vanhomrigh，"瓦妮萨"（Vanessa）是斯威夫特在作品中对她的爱称。——译者

③ 克罗因（Cloyne）是爱尔兰近南海岸的一个小镇。——译者

论》（*A New Theory of Vision*）是在 1709 年，《人类认识原理》（*The Principles of Human Knowledge*）在 1710 年，《海拉司和费罗诺斯的对话》（*The Dialogues of Hylas and Philonous*）在 1713 年。他二十八岁以后的作品就不那么重要了。他写得一手极有魅力的文章，笔调秀美动人。

他否定物质的议论发表在《海拉司和费罗诺斯的对话》里面，讲得头头是道，娓娓动听。这些篇对话我打算只考察第一篇连同第二篇的开头部分，因为这以下所讲的一切在我看来是不那么重要的。在这本著作中我将要讨论的那一部分，贝克莱提出了支持某个重要结论的一些正确道理，只不过这些道理并不十分支持他自以为在证明的那个结论。他以为他是在证明一切实在都是属于心的；其实他所证明的是，我们感知的是种种性质，不是东西，而性质是相对于感知者讲的。

下面我开始先把对话中我以为重要之点直叙出来，不加批评；然后再转入评论；末了我想把这里论到的问题就个人所见谈一谈。

对话中的登场人物是两个人：海拉司代表受过科学教育的常识；费罗诺斯，那就是贝克莱。

海拉司讲了几句亲切话以后说，关于费罗诺斯的见解，他耳闻到一些奇怪的传言，意思是讲费罗诺斯不信有物质实体。他高叫："难道还有什么能够比相信物质这种东西不存在更荒诞离奇、更违背常识，或者是比这更明显的一套怀疑论吗？"费罗诺斯回答说，他并不否定可感物的实在性，换句话说不否定由感官直接感知的东西的实在性；但是，我们并没看见颜色的起因，也没听到声音的起因。感官是不作推论的，关于这点两人意见一致。费罗诺斯指出：

凭看，我们只感知光、色和形状；凭听，只感知声音；如此等等。所以，除各种可感性质而外没有任何可感的东西，而可感物无非是一些可感性质，或是种种可感性质的组合罢了。

费罗诺斯现在着手证明"可感物的实在性就在于被感知"，这和海拉司的意见："存在是一回事，被感知是另一回事"形成对比。感觉资料是属于心的，这是费罗诺斯通过详细考查各种感觉来证明的一个论点。他由冷热说起。他说，强热是一种苦痛，苦痛必是在某个心中。所以，热是属于心的；冷也是一样的道理。这一点又借关于温水的著名议论加以补证。假若你的手一只热、一只凉，你把两只手一齐放进温水中，一只手感觉水凉，另一只手感觉水热；但是水不可能同时又热又凉。这驳倒了海拉司，于是他承认"冷热不过是存在于我们心中的感觉"。但是他满怀希望地指出，仍旧有其他的可感性质。

费罗诺斯然后讲起滋味。他指出甜味是一种快乐，苦味是一种苦痛，快乐和苦痛是属于心的。同样的道理用到气味上也合适，因为气味不是快感的就是不快的。

海拉司奋力拯救声音，他说声音为空气中的运动，真空中没声音，由这件事实即可明了。海拉司讲，我们必须"把我们所感知的那种声音和声音本身区别开；或者说，把我们直接感知的声音和我们身外存在的声音区别开"。费罗诺斯指出，海拉司所谓的"实在的"声音，既然是一种运动，可能看见、触到也难说，但是一定听不见；所以这不是我们从知觉中所知道的那种声音。听了这番话，海拉司现在承认"声音在心外也没有实在存在"。

他们于是谈到颜色，这回海拉司很自信地开言："对不起，论颜色那可大不一样。莫非还有什么事会比我们在对象上看见颜色更明白?"他主张,在心外存在的实体具有在其上所见到的颜色。但是费罗诺斯要了结这种意见并无困难。他从夕阳下的云彩说起,这种云是红中透金黄的;他指出,一块云逼近来看就不带这种颜色。他接着谈到使用显微镜因而造成的差异,谈到一切东西在有黄疸病的人看来都是黄的。他说,极渺小的虫子一定比我们能看见更小得多的对象。于是海拉司说颜色不在对象中,在光里面;他讲,颜色乃是一种稀薄的流动实体。如同声音问题一样,费罗诺斯指出,照海拉司的说法,"实在的"颜色就是和我们看见的红与蓝不同的什么东西,这说不过去。

话到这里,关于一切次性质,海拉司都认输了,但是他继续说各种主性质,特别是形象和运动,却是外界的无思维实体固有的。对这点费罗诺斯回答说,物体离我们近时显得大,离我们远时显得小,而某个运动可能在这人看来觉得快,那人看来觉得慢。

说到这里,海拉司企图改弦更张,换一个新方针。他说他犯了错误,没把对象和感觉区别开;"感知"这件行为他承认是属于心的,但是所感知的东西不然;例如颜色"在心以外某个无思维的实体中有实在存在。"对这点费罗诺斯回答:"所谓感官的什么直接对象——即什么表象或诸表象的组合——存在于无思维的实体内,换句话说存在于一切心的外面,这话本身就是一个明显的矛盾。"可以看出,到这里议论变成为逻辑性的,不再是经验性的了。隔几页之后,费罗诺斯讲:"凡直接感知的东西全是表象;任何表象能够在心外存在吗?"

对实体进行了形而上学的讨论之后,海拉司回过来讨论视觉,论点是他在某个距离外看得见东西。费罗诺斯回答说，这话对于梦里见到的东西同样说得过，可是个个都承认梦中的东西是属于心的；况且，距离不是凭看感知的，而是经验的结果，是判断出来的；一个生来瞎眼，但现在初次能看东西的人，视觉对象对于他就不会显得有距离。

在第二篇对话的开头，海拉司极力主张脑子里的某些痕迹为感觉作用的起因，但是费罗诺斯回驳他说："脑子既然是可感物，只存在于心中。"

这本对话的其余部分不那么有意思，没必要再讲了。 677

现在我们给贝克莱的主张作一个分析批判。

贝克莱的议论分两部分。一方面，他议论我们没感知到物质实体，只感知到颜色、声音等等；又议论这些都是"属于心的"，或"在心中"。他的说理关于头一点完全有折服人的力量，但是关于第二点，毛病在于"属于心的"这话没有任何定义。事实上他信赖习常的见解，以为一切事物必定或是物质的或是心灵的，而且任何事物不兼是二者。

当他讲我们感知的不是"东西"或"物质实体"，而是性质，而且没有理由认为常识看作是全属于一个"东西"的各种性质固有在某一个与它们各个全有区别的实体内，这时候他的论法是可以接受的。但是等他接下去说可感性质（包括主性质）是"属于心的"，那些议论便属于很不相同的种类，而确实性程度也大有出入了。有些议论是打算证明逻辑必然性的，另外一些议论是比较经验性的议论。先来说前一类议论。

费罗诺斯讲："凡直接感知的东西全是表象；任何表象能够在

心外存在吗?"这恐怕就需要对"表象"一词作个长长的讨论。假使认为思维和知觉作用是由主体与客体间的关系构成的,那么便能够把心看成等于主体,而主张心"中"什么也没有,只在心"前"有客体。贝克莱讨论了这样一种意见,即我们必须把"感知"这件行为和被感知对象区别开,前者属于心而后者则否。他反对这意见的那些道理是含混的,而且也必然如此,因为像贝克莱那种相信有心灵实体的人,并没有驳它的确实手段。他说:"所谓感官的什么直接对象存在于无思维的实体内,换句话说存在于一切心的外面,这话本身就是一个明显的矛盾。"在这里有一个谬误,类似以下的谬误:"没有舅舅,就不可能存在外甥;那么,甲君是外甥;所以甲君按逻辑必然性讲有舅舅。"若已知甲君是外甥,这当然是逻辑必然的,但是从分析甲君而可能知道的任何事情都推不出这种逻辑必然性。所以说,如果某物是感觉的对象,就有某个心和它有着关系;但是由此并不见得此物若不作感觉的对象,本来就存在不了。

678

关于设想的东西,有一个略为类似的谬误。海拉司断言,他能够设想一座房子,是谁也不感知、不在任何心中的。费罗诺斯回驳说,凡海拉司所设想的东西,总在他自己心中,所以那座假想的房子归根到底还是属于心的。海拉司本该这样回答:"我说的不是我在心中有房子的心像;我讲我能够设想一座谁也不感知的房子,这时我实在说的是我能够理解'有一座谁也不感知的房子'这个命题,或更好不如说'有一座谁也不感知、谁也不设想的房子'这个命题。"这个命题完全由可理解的词构成,而且各词是正确地组合在一起的。这命题是真命题或是假命题,我不知道;但是我确实相信绝不能指明它是自相矛盾的。有些极类似的命题能够证明。例如:二整数相乘这种乘法的可能数目是无限的,因此有若干个从来也没想到过。贝克莱的议论假使正确,会证明不可能有这种事。

这里包含的谬误是一个很常见的谬误。我们用由经验得来的概念,能够构成关于一些"类"的命题,类中的分子一部分或全部是未被经验到的。举个什么十分寻常的概念,譬如"小石子"吧;这是一个来自知觉的经验概念。但是并不见得一切小石子都被感知到,除非我们把被感知这件事实包括在我们的"小石子"的定义中。只要我们不这样做,"未被感知的小石子"这个概念在逻辑上就无可非议,尽管要感知这概念的一个实例照逻辑讲是不可能的。

议论概括说来如下。贝克莱讲:"可感对象必是可感觉的。甲是可感对象。所以甲必是可感觉的。"但是,假如"必"字指逻辑必然性,那么甲如果必是可感对象,这议论才站得住。这议论并不证明,从甲是可感觉的这个性质以外甲的其他性质能推出甲是可感觉的。例如,它并不证明,与我们所见的颜色本质上就区分不开的颜色不可以不被看见而存在。我们根据生理上的理由尽可相信没这种颜色存在,但是这种理由是经验性的;就逻辑而论,没有理由 <sup>679</sup> 说,不存在眼睛和脑子,就没有颜色。

现在来谈贝克莱的经验论据。首先,把经验论据和逻辑论据撮合一起,就是有弱点的表示,因为后者如果站得住,前者便成了多余的。① 我假如主张正方形不会是圆的,我并不要引据任何既知城市里的方场没一个是圆的这件事实。不过,由于我们已经否

---

① 例如,"我昨晚没喝醉。我只喝了两杯;再说,我是个绝对戒酒者,这是大家都知道的。"

定了逻辑论据,就必须按经验论据的是非曲直考察一下经验论据。

第一个经验论据是个奇怪的论据:那是说热不会是在对象中,因为"最强炽的热〔是〕极大的苦痛",而我们无法设想"任何无知觉的东西能够有苦痛或快乐"。"苦痛"一词有双重意义,贝克莱正利用这点。这词可以指某个感觉的苦痛的性质,也可以指具有这种性质的那个感觉。我们说一条折断的腿很痛,并不暗含着这条腿在心中的意思;同样,容或是热引起苦痛,因而我们说热是苦痛时应该指的也无非是这个意思。所以,贝克莱的这种论据是个蹩脚论据。

关于冷、热的手放进温水的议论,严格说来,恐怕只证明在该实验中我们所感知的不是热和冷,而是较热和较冷。丝毫也不证明这些事情是主观的。

关于滋味,又重复快乐和苦痛论证:甜是快乐,苦是苦痛,因此两者都是属于心的。并且他又极力说,人在健康时觉甜的东西,生病时也许觉苦。关于气味,使用了非常类似的论据:因为气味不是快感的就是不快的,"它不能存在于有知觉的实体即心以外的任何实体中。"在这里,在所有的地方,贝克莱都假定,不是物质所固有的东西,必是心灵实体固有的,任何东西也不能既是心灵的又是物质的。

关于声音的论证,是个 ad hominem(对人)论证①。海拉司说声音"实在地"是空气里的运动,而费罗诺斯反驳说,运动能够看

---

① 所谓"对人论证"指在议论中避开主题,利用对方个人的性格、感情、言行等来证明自己的见解。例如在这里费罗诺斯避不讨论海拉司的论点,只是贬斥"实在的"声音听不见,就算了事。——译者

见、触到,却不能听见,因此"实在的"声音是听不见的。这不好算公正的议论,因为运动的知觉表象依贝克莱讲也和其他知觉表象一样是主观的东西。海拉司所要求的运动总得是不被感知的和不能感知的。然而,这论证倒也指明,听见的那种声音跟物理学看作<sup>680</sup>是声音原因的空气运动不能当成一回事,就这点来说,论证还是正确的。

海拉司放弃了次性质之后,还不愿放弃主性质,即广延性、形象、充实性、重量、运动和静止。议论当然集中在广延性和运动上。费罗诺斯说,假如东西有实在的大小,同一个东西绝不会在同时大小不同,然而东西离近时比离远时显得大。假如运动实际在对象里,何至于同一个运动可以在一个人看来快,另一个人看来慢?我以为,应该承认这种议论证明被感知空间的主观性。但这种主观性是物理的主观性:对照相机来讲也同样说得过,因此并不证明形状是"属于心的"。在第二篇对话中,费罗诺斯把以前进行的讨论总结成下面的话:"除各种神灵以外,我们所认识的或设想的一切都是我们自己的表象。"当然,他不该把神灵算作例外,因为认识神灵和认识物质完全一样,是不可能的。事实上,这两种情形的论据几乎相同。

现在试谈一谈由贝克莱开创的那种议论,我们能得出什么肯定的结论。

我们所认识的东西是可感性质的簇:例如,一张桌子是由它的外观形状、软硬、叩时发的响声和气味(假设有气味)组成的。这些性质在经验中有某种邻接,以致常识把它们看成属于同一个"东西",但是"东西"或"实体"概念在感知到的各种性质之外丝毫未添加什么旁的性质，所以是不必要的。到此为止，我们一直站在坚固的基础上。

然而现在我们必须自问，所谓"感知"指什么意思。费罗诺斯主张，谈到可感物，其实在性就在于它被感知；但是他并没说出他所讲的知觉是什么意义。有一个理论认为知觉是主体与知觉对象间的关系，他是否定的。既然他以为"自我"是实体，他本来满可以采纳这一说；可是，他决定不要它。对否定"实体的自我"观念的人说来，这个理论是讲不通的。那么，把某物叫作"知觉对象"，指什么意思？除说该某物存在以外，还有什么别的意义吗？我们能不能把贝克莱的断语倒过来，不说实在性在于被感知，而说被感知就在于是实在的？不管怎样，总之贝克莱认为存在不被感知的东西这件事照逻辑讲是可能的，因为他认为某些实在的东西，即精神实体，是不被感知的。于是看来很明白，我们讲某事件被感知到，除指它存在以外，还指别的意思。

这别的意思是什么呢？感知到的事件和未感知的事件有一个明显的差别：前者可以记起，但是后者记不起。还有什么其他差别吗？

有一整类的作用，多少可说是我们自然而然称之为"心灵的"那种现象所独具的，追忆即其中之一。这些作用和习惯有关系。被火烧过的孩子怕火；被火烧过的火钩子不怕。不过，生理学家把习惯以及类似的事情作为神经组织的特性处理，他们没有必要背弃物理主义的解释。按物理主义的用语，可以说一个事件如果有某种的作用，就是"被感知到"了；按这个意义，我们就是这样说似乎也无不可：水道"感知到"把它冲深的雨水，河谷是对以前的洪流倾泻的一个"记忆"。习惯和记忆如果用物理主义的说法来讲,就是死物也并不完全没有;在这点上,活物与死物的差别无非是程度上的差别。

照这个看法,说某个事件被"感知到",也就是说它具有某种的作用,无论在逻辑上或在经验上,都没有理由设想一切事件全具有那种的作用。

认识论提出一种不同的观点。在认识论里我们并不从已完成的科学出发,而从我们对科学的信赖所依据的不管什么知识出发。贝克莱的做法正是这样。这时不必要预先给"知觉对象"下定义。方法概略说来如下。把我们觉得是不经推论而知的各个命题搜集一起,于是发现这些命题大部分与某个时日的个别事件关联着。我们将这些事件定义成"知觉对象"。这样,知觉对象就是我们不假推论而知的那些事件;或者把记忆考虑在内,至少说这种事件在过去某时曾是知觉对象。于是我们面临一个问题:我们从自己的知觉对象能推断其他什么事件吗? 关于这点,有四种立场可能采取,前三种立场是唯心论的三种形式。

(1)我们可以全盘否定从自己目下的知觉对象和记忆对其他事件的一切推论的妥实性。凡是把推论局限于演绎的人,谁也必 682 定抱这个看法。任何事件,任何一组事件,从逻辑上讲都能够单独自立,因此任何一组事件都不足为其他事件存在的论证的证据。所以,如果把推论局限于演绎,既知的世界就只限于我们自己的生命史中我们感知的事件,或者,假如承认记忆,限于曾经感知的事件。

(2)第二种立场是一般所理解的唯我论,这种立场容许从自己的知觉对象作某种推论,但限于对个人生命史中的其他事件作推论。例如,试看这样的意见:在醒觉生活中的任何时刻,总有一些可感对象我们没注意到。我们看见许多东西,却没暗自默念我们看见了这些东西;至少说,好像如此。在一个我们完全觉察不到运动的环境里定睛来看,我们能够陆续注意到各色各样的东西,于是我们觉得应相信这些东西在我们注意到以前,原来就是可见的;但是在我们未注意到之前,它们并非认识论的论据资料。从我们所观察到的东西作这种程度的推论,是人人不假思索地在做的,即使那些极希望避免把我们的认识过分扩张得越出经验以外的人也在做。

(3)第三种立场(例如艾丁顿①好像采取这种立场)是:对和我们自己经验中的事件类似的其他事件,能够作推论,因此譬如说我们当然可以相信存在着我们没看见而别人看见的颜色、别人感觉的牙疼、别人享到的乐和受到的苦,等等,但是我们却全然不可推论谁也没经验到的、不构成任何"心"的一部分的事件。这个意见可以据以下理由给它辩护:对自己观察范围以外的事件作一切推论都是靠类推作的,谁也没经验到的事件同自己的论据资料不够类似,不足以保证作类推推论。

(4)第四种立场是常识和传统物理学的立场,按这种立场,除自己的和旁人的经验以外,还有谁也不经验的事件,例如在自己睡

---

① 艾丁顿(Sir Arthur Stanley Eddington,1882—1944),英国天文学家,物理学家。——译者

着而卧室一片漆黑的时候这间卧室中的家具。G.E.穆尔[①]曾指责唯心论者以火车乘客待在车内时不能看见车轮为理由主张火车在停站当中才具有车轮。根据一般常识，人不相信每当你一瞧，车轮683突然存在，而谁也不视察它的时候就懒得存在。这种观点如果是科学上的观点，则以因果律作为对未感知事件的推论的基础。

目前我不打算就这四种观点下断论。这断论即使下得了，也只有把非论证性推论及盖然性理论加以细腻研究，才能够下。我真打算做的是指出向来讨论这些问题的人所犯的某种逻辑错误。

由上文知道，贝克莱以为有逻辑上的理由证明唯有心和精神的事件能存在。这个意见也是黑格尔和他的继承者们根据别的理由所抱的意见。我认为这是个根本的错误。像"曾有过一个时代，在这个星球上生命尚未存在"这样的命题，真也好、假也好，犹如"永远没人算过的乘法计算是有的"一样，根据逻辑理由是驳斥不了的。所谓被察觉，即所谓成为知觉对象，无非是说具有某种的作用，从逻辑上讲并没有理由说一切事件都会有这种的作用。

然而还有另一种议论，虽然没把唯心论确立为一种形而上学，如果正确，倒把唯心论当作实践上的方针确立起来。据说无法验证的命题不具有意义；验证要靠知觉对象；所以，关于现实的，或可能有的知觉对象以外任何事情的命题都是无意义的。我以为严格解释起来，这种意见会使我们局限于上述四种理论中第一种理论，不允许谈我们没亲自明白注意到的任何东西。假若如此，它就是

---

① 穆尔（George Edward Moore，1873—1958），英国哲学家，新实在论的先驱之一，罗素早年的哲学观点一度和他大体一致。——译者

一个在实践中谁也无法抱的意见，在一个据实际理由而主张的理论，这是个缺陷。关于验证，以及验证与认识的关系，全部问题困难而复杂；所以我目前姑置不论。

上述各理论中，第四种理论承认有谁也不感知的事件，这理论也能用乏力的议论为它辩护。可以主张因果性是先验知道的，假如不存在未被感知的事件，无从有因果律。与此相反，可以强调因果性不是先验的，凡是能够观察到的不管什么规律性，必定和知觉对象关联着。看来，好像凡是有理由相信的不管什么物理学定律，都可以借知觉对象表述出来。这种表述也许古怪而繁复，也许欠缺直到最近人们仍认为物理定律应有的特征——连续性，然而总不好说做不到。

我的结论是，以上讲的四种理论哪一种也没有先验的缺点。然而，却可能有人说一切真理都是实用主义的，这四种理论并没有实用主义上的差别。假若此话有理，我们就能够采纳个人所好的随便哪个理论，各理论之间的差别不过是语言上的差别。我无法接受这个意见；但这也是后文讨论的问题。

尚待考问一下，是否能给"心"和"物质"二词规定什么意义。人人知道，"心"是唯心论者以为舍此无他的东西，"物质"是唯物论者也以为如此的东西。我想读者还知道唯心论者是善良人，唯物论者是恶人。[①] 但或许除此以外还有的可说。

我个人给"物质"下的定义也许似乎不圆满。我愿意把"物质"

---

① 这里罗素说的是讥诮话；因为在西方一般人心目中有个固定观念："唯物论者"="无神论者"="恶人"。——译者

定义成满足物理学方程的那种东西。也可能并没有什么东西满足这种方程；假若那样，不是物理学错了，便是"物质"概念错了。如果我们摈弃掉实体，"物质"就得是逻辑结构了。至于它能不能是由事件（一部分是可以推断的）所组成的什么结构，这是个难问题，然而绝不是无法解决的问题。

至于"心"，当排除掉实体之后，"心"必定是种种事件所成的某种集团或结构。这种集团的划分必定是由我们愿意称作"心的"那类现象所特有的某种关系完成的。我们不妨拿记忆当作典型的关系。我们或许可以把"心的"事件定义成进行记忆的事件或被记忆的事件——固然这未免有些过于简单化。于是某已知的心的事件所隶属的"心"，就是借记忆锁链向后或向前与这已知事件连接起来的那些事件的集团。

按上述定义可知一个"心"和一块物质各都是事件集团。没有理由说一切事件都会属于这类或那类事件集团，而且也没有理由说某些事件不会同属这两个集团；因此，某些事件可以既不是心的，也不是物质的，而另一些事件可以既是心的，又是物质的。关于这一点，只有详细的经验上的考察能够下决断。

# 第十七章　休谟

大卫·休谟（David Hume，1711—1776）是哲学家当中一个最重要的人物，因为他把洛克和贝克莱的经验主义哲学发展到了它的逻辑终局，由于把这种哲学作得自相一致，使它成了难以相信的东西。从某种意义上讲，他代表着一条死胡同：沿他的方向，不可能再往前进。自从他著书以来，反驳他一向是形而上学家中间的一种时兴消遣。在我来说，我觉得他们的反驳没有一点是足以让人信服的；然而，我还是不得不希望能够发现比休谟的体系怀疑主义气味较差的什么体系才好。

休谟的主要哲学著作《人性论》(*Treatise of Human Nature*)是 1734 年到 1737 年间，他在法国居住的时候写的。前两卷出版于 1739 年，第三卷出版于 1740 年。当时他很年轻，还不到三十岁；他没有名气，而且他的各种结论又是几乎一切学派都会不欢迎的那种结论。他期待着猛烈的攻击，打算用堂堂的反驳来迎击。殊不料谁也不注意这本书；如他自己说的，"它从印刷机死产下来。"他接着说："但是，我因为天生就性情快活乐天，不久便从这个打击下恢复过来。"他致力散文的写作，在 1741 年出版了第一集散文。1744 年，他企图在爱丁堡大学得到一个教授职位未成；在这方面既然失败，他先做了某个狂人的家庭教师，后来当上一位将军的秘书。他有这些保证书壮了心气，再度大胆投身于哲学。他略去《人性论》里的精华部分以及他的结论的大多数根据，简缩了这本书，结果便是《人类理智研究》(*Inquiry into Human Understanding*)一书，该书长时期内比《人性论》著名得多。把康德从"独断的睡梦"中唤醒过来的就是这本书；康德好像并不知道《人性论》。

休谟还写了一本《自然宗教对话录》(*Dialogues Concerning Natural Religion*)，他在生前未予发表。按照他的指示，这书在 1779 年作为遗著出版。他写的《论奇迹》(*Essay on Miracles*)成了名作，里面主张奇迹这类事件绝不会有适当的历史证据。

在 1755 年和以后若干年间出版的他的《英国史》,热中证明托利党员胜过辉格党员,苏格兰人优于英格兰人;他不认为对历史值得采取哲学式的超然态度。1763 年他访问巴黎,很受 philosophes(哲人们)器重。不幸,他和卢梭结下友谊,和他发生了著名的口角。休谟倒表现得忍让可佩,但是患有被害妄想狂的卢梭坚持跟他一刀两断。

休谟曾在一篇自拟的讣闻即如他所称的"诔词"里,叙述自己的性格:"我这个人秉质温和,会克制脾气,性情开朗,乐交游而愉快;可以有眷爱,但几乎不能存仇恨;在我的一切情感上都非常有节度。即便我的主情——我的文名欲,也从来没使我的脾气变乖戾,尽管我经常失望。"所有这些话从我们对他所知的一切事情都得到了印证。

休谟的《人性论》分为三卷,各讨论理智、情感和道德。他的学说中新颖重要的东西在第一卷里,所以下面我仅限于谈第一卷。

他开始先讲"印象"和"观念"的区别。它们是两类知觉,其中印象是具有较多的力量和猛烈性的知觉。"我所谓的观念,意思指思考和推理中的印象的模糊心像。"观念,至少就单纯观念的情况说,和印象是类似的,但是比印象模糊。"一切单纯观念都有一个单纯印象,和它相似;而一切单纯印象都有一个相应的观念。""我们的所有单纯观念在首次出现时全是由单纯印象来的,这种单纯印象与该单纯观念相应,而该单纯观念确切代表这种单纯印象。"

在相反方面,复合观念未必和印象相似。我们没见过带翅的马而能想象带翅的马,但是这个复合观念的构成要素全是由印象来的。印象居先,这件事的证据出于经验;例如,生来瞎眼的人便没有颜色观念。在种种观念当中,保持原印象的相当大程度生动性的观念属于记忆,其他观念属于想象。

　　书中有一节(第一卷,第一编,第七节)《论抽象观念》,开头一段话和贝克莱的下述学说显著一致:"一切一般观念无非是附加在某个名词上的个别观念,该名词让这种观念得到比较广泛的意义,使它在相应的时候回想起和自己类似的其他个体。"休谟主张,当我们持有"人"的观念时,这观念具有"人"的印象所具有的一切个别性质。"心若不对量或质的程度各形成精确概念,就不能形成量或质的任何概念。""抽象观念不管在代表[印象]时如何变得一般,本身总是个体的。"这理论是一种近代的唯名论,它有两个缺点,一个是逻辑上的缺点,一个是心理学上的缺点。先说逻辑上的缺点。休谟讲:"当我们在若干对象中间发现了类似点时,我们把同一个名称加到所有这些对象上。"一切唯名论者都会同意。但是实际上,像"猫"之类的通名,和共相猫一样不实在。唯名论对共相问题的解决,就这样由于应用自己的原则时不够彻底而归于失败;错在把这种原则只用到"事物"上,而不同时用到言语上。

　　心理学上的缺点至少就休谟方面说比较严重。他所讲的整套理论,把观念看成印象的摹本,其弊病就在于忽略含混性。例如,我见到过一朵什么颜色的花,后来想起它的心像时,这心像缺乏精密性,意思是说有好几种彼此非常类似的色调,它可能是其心像,用休谟的术语讲即"观念"。"心若不对量或质的程度各形成精确概念,就不能形成量或质的任何概念",这话是不对的。假如你见到过一个身高六尺一寸的男人。你保留下对他的心像,但是这心像对于再高一寸或更矮一寸的人多半也会合适。含混性和一般性

687

214

不同,但是具有若干同样的特征。休谟由于没注意到含混性,陷入不必要的难局,例如关于下述这件事的难局:是否有可能想象一种从未见过的色调,介乎见过的两种极相似的色调中间。如果这两种色调充分相似,你所能形成的任何心像会同样适用于这两种色调以及中间的色调。休谟说观念来自观念所确切代表的印象,这时候他逸出了心理学的真实情况以外。

正如贝克莱从物理学中驱走了实体概念,休谟从心理学中驱走了实体概念。他说,并不存在"自我"这种印象,因此也没有"自我"这种观念(第一卷,第四编,第六节)。"就我而论,当我极密切 <sup>688</sup>体察我称之为我自己的时候,我总要碰上一种什么特别知觉,冷或热、明或暗、爱或憎、苦或乐的知觉。在任何时候我从不曾离了知觉而把握住我自己,除知觉而外我从不能观察到任何东西。"他含着讥讽的意味承认,也许有些哲学家能感知他们的自我;"但是撇开若干这类的形而上学家不谈,对人类中其余的人我可以大胆断言,自我无非是一簇或一组不同的知觉,以不可思议的快速彼此接替,而且处于不绝的流变和运动中。"

对自我观念的这种否认非常重要。我们来确切看看它主张什么,有几分站得住脚。首先,自我这种东西即便有,也从未感知到,所以我们不能有自我观念。假如这个议论可以被承认,就必须仔细地叙述一下。谁也感知不到自己的脑子,然而在某种重要的意义上,人却有脑子这个"观念"。这类"观念"是知觉的推论,不属于逻辑意义的基础观念之类;它是复合观念和描述性的——假如休谟讲的一切单纯观念出于印象这个原理正确,事实必当如此;而假如否定了这条原理,我们势不得不回到"生得"观念说。使用现代的用语,可以这样讲:关于未感知事物或事件的观念,永远能够借感知的事物或事件来定义,因此,用定义来代替被定义的名词,我们永远能够不引入任何未感知事物或事件而叙述我们从经验所知的事情。就我们目前的问题来说,一切心理的知识都能不引入"自我"而叙述出来。并且,如此定义的"自我",只可能是一簇知觉,不是新的单纯"东西"。我想在这点上彻底的经验主义者谁也必定和休谟有同见。

但是并不见得单纯自我是不存在的;只可说它存在与否我们不能知道,而自我除开看作一簇知觉,不能组成我们的知识的任何部分。这结论剔除掉"实体"的最后残存的使用,在形而上学上很重要。在神学里,它废除了关于"灵魂"的一切假想知识,在这点上很重要。在对认识的分析上也重要,因为它指明主体和客体这范畴并不是基本的东西。在这个自我问题上,休谟比贝克莱有了重大的进展。

整个一本《人性论》中最重要部分是称作《论知识和盖然性》的一节。休谟所谓的"盖然性"不指数理概率论中所包含的那类知识,例如用两只骰子掷出双六的机会等于三十六分之一。这种知识本身在任何专门意义上都不是盖然的;它具有知识所能具有的限度之内的确实性。休谟讨论的是靠非论证性推论从经验的资料所得到的那种不确实的知识。这里面包括有关未来的我们全部知识以及关于过去和现在的未观察部分的全部知识。实际上,一方面除去直接的观察结果,另一方面除去逻辑和数学,它包括其余一切。通过对这种"盖然的"知识进行分析,休谟得出了一些怀疑主义的结论,这些结论既难反驳、同样也难接受。结果成了给哲学家们下的一道战表，依我看来，到现在一直还没有够上对手的应战。

休谟开始先区分出七种哲学关系：类似、同一、时间和地点关系、量或数的比率、任一性质的程度、相反和因果关系。他说，这些关系可以分为两类，即仅依存于观念的关系，和观念虽毫无变化而能使其改变的那种关系。属第一类的是类似、相反、性质的程度和量或数的比率。但是空间时间关系和因果关系则属于第二类。只有第一类关系给人确实的知识；关于其他各种关系我们的知识仅是盖然的。唯独代数和算术是我们能进行一长串的推理而不失确实性的科学。几何不如代数和算术那样确实，因为我们不能确信几何公理正确无误。有许多哲学家设想，数学中的观念"必须凭灵魂的高级能力所独有的纯粹而理智的观点去理解"，这是错误的。休谟说，只要一记起"我们的一切观念都是照我们的印象摹写出来的"，这种意见的错误立现。

不仅仅依存于观念的三种关系，是同一、空间时间关系和因果关系。在前两种关系，心不超越直接呈现于感官的东西以外。（休谟认为，空间时间关系能够感知，而且能形成印象的一部分。）唯有 690 因果关系使我们能够从某个事物或事件推论其他某个事物或事件："使我们由一对象的存在或作用确信它随后有、或以前有其他什么存在或作用，产生这种关连的唯因果关系而已。"

休谟主张没有所谓因果关系的印象，由此主张产生一个困难。单凭观察甲和乙，我们能感知甲在乙上方，或在乙右方，但是不能感知"因为甲，结果乙"。已往，因果关系向来或多或少被比作和逻辑中的根据和论断的关系一样，但是休谟正确认识到这个比法是错误的。

在笛卡尔哲学中,也和经院学者的哲学中一样,原因和结果间的关连被认为正如逻辑关连一样是必然的。对这见解的第一个真正严重的挑战出于休谟,近代的因果关系哲学便是自休谟开始的。他和直到柏格森为止、连柏格森也在内的几乎所有哲学家相同,以为因果律就是说有"因为甲,结果乙"这样形式的命题,其中甲和乙是两类事件;此种定律在任何发达的科学中都见不到,这件事实好像哲学家们并不知晓。但是哲学家向来所讲的话,有很多能够转换说法,使之可以适用于实际出现的那种因果律;所以,我们目下可以不睬这一点。

休谟开始先讲,使得一个对象产生另一对象的力量,不是从这二对象的观念发现得到的,所以我们只能由经验认识原因和结果,不能凭推理或内省来认识。他说,"凡发生的事物必有原因"这句话并不是像逻辑中的命题那样具有直观确实性的话。照他的讲法:"如果我们就对象本身考察各对象,绝不超越关于这些对象我们所形成的观念去看,那么并没有意味着其他对象存在的对象。"据此休谟主张,必定是经验使人有了关于原因和结果的知识,但不会仅是彼此成因果关系的甲乙二事件的经验。必定是经验,因为这关连非逻辑关连;而由于我们单只从甲中发现不了任何东西会促使甲产生乙,所以不会仅是甲和乙二个别事件的经验。他说,必要的经验是甲类事件和乙类事件经常连结这个经验。他指出,在经验中当两个对象经常相连时,我们事实上的确从一个去推论另一个。(他说的"推论",意思指感知一个就使我们预料到另一个;他并不指形式的或明确的推论。)"大概,必然的关连有赖于推论",倒过来讲则不对。换句话说,见甲使人预料到乙,于是让我们相信甲乙之间有必然的关连。这推论不是由理性决定的,因为假使那样便要求我们假定自然的齐一性,可是自然的齐一性本身并不是必然的,不过是由经验推论出来的。

休谟于是有了这种见解:我们说"因为甲,结果乙",意思只是甲和乙事实上经常相连,并不是说它们之间有某种必然的关连。"除一向永远相连在一起的某些对象的概念而外,我们别无原因和结果的概念。……我们无法洞察这种连结的理由。"

休谟拿"信念"的一个定义支持他的理论,他认为信念就是"与当前的印象有关系或者相联合的鲜明的观念"。如果甲和乙在过去的经验里一向经常相连,由于联合①,甲的印象就产生乙的这种鲜明观念,构成对乙的信念。这说明为什么我们相信甲和乙有关连:甲的知觉表象和乙的观念就是关连着,因此我们便以为甲和乙关连着,虽然这个意见实在是没有根据的。"各对象间并没有发现得到的一体关连;我们所以能够从一个对象的出现推论另一个对象会被经验到,除根据作用在想象力上的习惯而外,也没根据其他任何原理。"在我们看来的各对象间的必然关连,其实只是那些对象的诸观念之间的关连,休谟多次反复了这个主张;心是由习惯决定的,"予我以必然性观念的,正是这种印象,也即是这种决定。"使我们产生"因为甲,结果乙"这个信念的各事例的反复,并没赋予该对象什么新东西,但是在心中造成观念的联合;因而"必然性不是存在于对象中而是存在于心中的东西"。

现在谈谈我们对休谟的学说应如何来看的问题。这学说有两

---

① association,在心理学上也译"联想"。——译者

部分,一个是客观部分,另一个是主观部分。客观部分讲:在我们

断定"因为甲,结果乙"的场合,就甲和乙而论,实际发生了的事情是,一向屡次观察到二者相连,也就是说甲后面一向立即跟着有乙,或很快地跟着有乙;我们完全没有理由说甲后面一定跟着有乙,或在将来的时候会跟着有乙。而且无论甲后面如何经常地跟着有乙,我们也没有任何理由设想其中包含有超乎"先后顺序"以外的什么关系。事实上,因果关系能用"先后顺序"来定义,它并不是独立的概念。

休谟的学说的主观部分讲:因为屡次观察到甲和乙连结,结果就:因为[有]甲的印象,结果[有]乙的观念。但是,假如我们要按这学说的客观部分的提法来定义"因为……,结果……",那么必须把以上的话改一个说法。在以上的话里代入"因为……,结果……"的定义,变成为:

"一向屡次观察到:屡次观察到的二对象甲和乙连结的后面一向屡次跟着有这种场合:甲的印象后面跟着有乙的观念。"

我们不妨承认,这段陈述是真实的,但是它很难说具有休谟划归他的学说的主观部分的那个范围。他三番五次地主张,甲和乙屡次连结并不成为预料两者将来也会相连的理由,只不过是这种预料的原因。也就是说,屡次连结这件事的经验屡次和一种联合习惯相连。但是,假若承认休谟学说的客观部分,过去在这种情况下屡次形成了联合这件事实便不成为设想这种联合将会继续,或设想在类似情况下将形成新的联合的理由。实际是,在有关心理方面,休谟径自相信存在有一般讲他所指责的那种意义的因果关系。试举一个实例。我看见一个苹果,预料我如果吃它,我就会经

验到某种滋味。按照休谟的意见，没有理由说我总得经验到这种滋味：习惯律能说明我的这种预料的存在，却不足以作它的根据。然而习惯律本身就是一个因果律。所以，我们如果认真对待休谟的意见，必须这样讲：尽管在过去望见苹果一向和预料某种滋味相连，没有理由说要继续这样相连。也许下次我看见苹果我会预料它吃起来像烤牛肉味道。目下，你也许认为未必有这回事；但是这并不成为预料五分钟后你会认为未必有这回事的理由。休谟的客观学说假若正确，我们在心理界的预料也和在物理界一样没有正当理由。休谟的理论无妨戏谑地刻画如下："'因为甲，结果乙'这个命题意思指'因为[有]甲的印象，结果[有]乙的观念'"。当作定义来说，这不是个妙作。

所以我们必须更仔细地考究一下休谟的客观学说。这学说有两部分：(1)当我们说"因为甲，结果乙"的时候，我们有权说的仅只是，在过去的经验里，甲和乙一向屡次一起出现或很快地相继出现，甲后面不跟着有乙或甲无乙伴随的事例，一回也没观察到过。(2)不管我们观察到过如何多的甲和乙连结的事例，那也不成为预料两者在未来某时候相连的理由，虽然那是这种预料的原因，也就是说，一向屡次观察到它和这种预料相连。学说的这两个部分可以叙述如下：(1)在因果关系中，除"连结"或"继起"而外，没有不可以下定义的关系；(2)单纯枚举归纳不是妥实的论证形式。一般经验主义者向来承认这两个论点中的头一个，否定第二个。我所谓他们向来否定第二个论点，意思是说他们向来相信，若已知某种连结的为数相当庞大的一堆事例，这种连结在下次事例中出现的可能性就会过半；或者，即使他们并没有恰恰这样主张，他们也主张了具有同样结论的某一说。

目前,我不想讨论归纳,那是个困难的大题目;现在我愿意讲,即便承认休谟的学说的前半,否定归纳也要使得关于未来的一切预料,甚至连我们会继续抱预料这个预料,都成为不合理的东西。我的意思并非仅仅说我们的预料也许错误;这一点是无论如何总得承认的。我说的是,哪怕拿明天太阳要出来这类的我们最坚定的预料来讲,也没有分毫理由设想它会被证实比不会被证实的可能性大。附加上这个条件,我回过来再说"因果"的意义。

和休谟意见不同的人主张"因果"是一种特殊的关系,有这种关系,就必然有一定的先后顺序,但是有一定的先后顺序,却未必有这种关系。重提一下笛卡尔派的时钟说:两个完全准确的钟表尽可一成不变地先后报时,然而哪个也不是另一个报时的原因。一般说,抱这种见解的人主张,固然在大多数情况我们不得不根据事件的经常连结,多少带危险性地推断因果关系,我们有时候能够感知因果关系。关于这点,我们看看对休谟的见解有哪些赞同理由,有哪些反对理由。

休谟把他的议论简括成以下的话:

"我认识到,在这本论著内至此我已经持有的,或今后有必要提出的一切奇僻悖论当中,要算目前这个奇论最极端了,全仗牢实的证明与推理,我才能够希望它为人所承认而打破人们的根深蒂固的偏见。在我们对这学说心悦诚服之前,我们必须如何经常地向自己重复这些话:任便两个对象或作用,不论彼此多么有关系,仅只单纯的看见它们,绝不能使我们得到两者之间的力量或关联的观念,此其一;这种观念系由于两者结合的反复而产生的,此其二;这种反复在对象方面既毫无所揭露,也毫无所引起,却靠它所显示的常例转变只对心灵发生影响,此其三;所以这种常例转变与灵魂因而感觉到、但在外界从物体却感知不到的力量和必然性是同一个东西。"

通常人指责休谟抱有一种过分原子论式的知觉观,但是他倒也承认某种关系是能感知的。他说:"我们不可把我们所作关于同一性,关于时间与地点的关系的观察的任何部分理解成推理;因为在这些观察中,心灵都不能超越过直接呈现于感官的东西。"他说,因果关系的不同处在于它使我们超越感觉印象以外,告诉我们未感知的存在。这话作为一个论点来说,似乎欠妥。我们相信有许多我们不能感知的时间和地点的关系:例如我们认为时间向前和向后延展,空间延展到居室的四壁以外。休谟的真正论点是,虽然我们有时感知到时间和地点的关系,我们却从来没感知因果关系,所以即使承认因果关系,它也必是从能感知的各种关系推断出的。于是论争便化成一个关于经验事实的论争:我们是否有时感知到一种能称作因果关系的关系呢? 休谟说"否",他的敌手们说"是",不容易理解双方任何一方怎样能提出证据来。<sup></sup>

我想休谟一方的最有力的论据或许从物理学中因果律的性质可以得到。好像,"因为甲,结果乙"这种形式的单纯定则,在科学中除当作初期阶段的不成熟提法而外,是绝不会容许的。在很发达的科学里,代替了这种单纯定则的因果律十分复杂,谁也无法认为它是在知觉中产生的;这些因果律显然都是从观察到的自然趋势作出的细密推论。我还没算上现代量子论,现代量子论更进一步印证以上结论。就自然科学来讲,休谟完全正确:"因为甲,结果乙"这类的说法是绝不会被认可的，我们所以有认可它的倾向，可以由习惯律和联想律去解释。这两个定律本身按严密形式来讲，便是关于神经组织——首先关于它的生理、其次关于它的化学、最终关于它的物理——的细腻说法。

不过休谟的反对者，纵然全部承认以上关于自然科学所讲的话，也许仍不承认自己被彻底驳倒。他也许说，在心理学内不乏因果关系能够被感知的事例。整个原因概念多半是从意志作用来的，可以说在某个意志作用和随之而起的行动之间，我们能够感知一种超乎一定的先后顺序以上的关系。突然的疼痛和叫喊之间的关系也不妨说如此。不过，这种意见据生理学看来就成了很难说得过去的意见。在要动胳臂的意志和随之而起的动作之间，有一连长串由神经和肌肉内的种种作用构成的因果中介。我们只感知到这过程的两末端，即意志作用和动作，假若我们以为自己看出这两个末端间的直接因果关连，那就错了。这套道理虽然对当前的一般问题不是能作出最后定论的，但是也说明了：我们若以为感知到因果关系便料想真感知到，那是轻率的。所以，权衡双方，休谟所持的在因果当中除一定的先后继起而外没有别的这种见解占优势。不过证据并不如休谟所想的那么确凿。

休谟不满足于把因果关连的证据还原成对事件的屡次连结的经验；他进而主张这种经验并不能成为预料将来会有类似连结的理由。例如，（重提以前的一个实例）当我看见苹果的时候，过去的经验使我预料它尝起来味道像苹果，不像烤牛肉；但是这个预料并没有理性上的理由。假使真有这种理由，它就得是从以下原理出发的："我们向来没有经验的那些事例跟我们已有经验的那些事例类似。"这个原理从逻辑上讲不是必然的，因为我们至少能设想自然进程会起变化。所以，它应当是一条有盖然性的原理。但是一切盖然的议论都先假定这条原理，因此它本身便不能借任何盖然的议论来证明，任何这种议论甚至不能使它带有盖然真确性。"未来和过去类似这个假定，不以任何种的论据为基础，完全是由习惯来的。"①结论是一个彻底怀疑主义的结论：

"一切盖然的推理无非是感觉作用的一种。不独在诗和音乐中我们必须遵循自己的趣味和感情，在哲学里也一样。我如果确信一个什么原理，那不过是一个观念，比较强力地印在我的心上。我如果认为这套议论比那套议论可取，这只是我由个人对于这套议论的感染力优越所持的感情作出决定而已。诸对象没有可以发现的一体关连；而且我们从一个对象出现对另一个对象存在所以能得出任何推论，根据的也不是旁的什么原理，无非是作用于想象力的习惯罢了。"②

休谟对通常认为的知识进行研究的最后结果，并不是据我们料想他所期求的那种东西。他的著作③的副题是"在精神学科中导入实验推理法之一探"。很明显，他初着手时有一个信念：科学方法出真理、全部真理，而且只出真理；然而到末了却坚信因为我们一无所知，所谓信念绝不是合理的东西。在说明了支持怀疑主义的种种论据之后（第一卷，第四编，第一节），他不接着批驳这些论据，倒进而求助于人天生的盲从轻信。

---

① 第一卷，第三编，第四节。
② 第一卷，第三编，第八节。
③ 指《人性论》。——译者

"自然借一种绝对的、无法控制的必然性,不但决定了我们呼吸和感觉,也决定了我们作判断。我们只要醒着,就无法阻止自己思考;在光天化日之下把眼睛转向四周的物体,无法阻止自己看见这些物体;同样,由于某些对象和现在的印象惯常关连着,我们也忍不住对这些对象有一个较鲜明、较完全的观察。凡是曾费苦心反驳这种绝对怀疑论的人,他实际是作了没有敌手的争辩,努力靠议论确立一种能力,而自然在以前已经把这种能力灌注在人心中而且使它成为无可避免的能力了。那么,我所以如此仔细地发挥那个荒诞学派①的议论,其用意也不过是让读者理解我的以下这个假说是正确的:关于原因与结果我们的一切推论无非是由习惯来的;信念与其说是我们天性中思考部分的行为,不如说是感觉部分的行为比较恰当。"

他继续写道(第一卷,第四编,第二节):"怀疑主义者纵使断言他不能用理性为他的理性辩护,他仍旧继续推理、相信;同样,尽管他凭什么哲学的议论也不能冒称主张关于物体存在的原理是真实的,却也必须同意这条关于物体存在的原理。……我们尽可问,什么促使我们相信物体存在?但是问是不是有物体,却徒劳无益。在我们的一切推论中,这一点必须认为是不成问题的。"

以上是《论关于各种感觉的怀疑主义》这一节的开端。经过一段长长的讨论之后,这一节用以下结论收尾:

"关于理性和感觉双方的这种怀疑主义的疑惑,是一种永远不能根治的痼疾,一种不管我们如何驱逐它,而且有时也好像完全摆

---

① 指"绝对怀疑论"。——译者

脱了它，但偏偏每时每刻又来侵犯我们的痼疾。……唯有不关心和不留意可以作我们的一点救药。因为这个理由，我完全信赖这两点；而且认为不论此刻读者的意见如何，一小时以后他一定会相信外部世界和内部世界双方都是存在的。"

研究哲学对某种气质的人说来是个惬意的消度时间的方法，除此以外没有研究它的理由——休谟这样主张。"在一切生活事件中，我们仍应当保持我们的怀疑主义。我们如果相信火使人温暖，或相信水让人精神振作，那无非因为不这样想我们要吃太大的苦头。不，如果我们是哲学家，那就只应当是依据怀疑主义的原则，出于我们感觉照那样想的一种倾向。"假如他放弃了思索，"我感觉我在快乐方面有损失；这就是我的哲学的来源。"

休谟的哲学对也好、错也好，代表着十八世纪重理精神的破产。他如同洛克，初着手时怀有这个意图：明理性、重经验，什么也不轻信，却追求由经验和观察能得到的不拘任何知识。但是因为他具有比洛克的智力优越的智力，作分析时有较大的敏锐性，而容纳心安理得的矛盾的度量比较小，所以他得出了从经验和观察什么也不能知晓这个倒霉的结论。所谓理性的信念这种东西是没有的；"我们如果相信火使人温暖，或相信水让人精神振作，那无非因为不这样想我们要吃太大的苦头。"我们不得不抱有信念，但是任何信念都不会根据理性。而且，一个行为方针也不会比另一个方针更合理，因为一切方针同样都以不理性的信念为基础。不过这个最后结论休谟似乎并没有得出来。甚至在他总结第一卷的各个结论的那一章，怀疑主义最甚的一章中，他说道："一般讲，宗教里的错误是危险的；哲学里的错误只是荒谬而已。"他完全没资格讲

227

这话。"危险的"是个表示因果的词，一个对因果关系抱怀疑的怀疑论者不可能知道任何事情是"危险的"。

实际上，在《人性论》后面一些部分，休谟把他的根本怀疑全忘到九霄云外，写出的笔调和当时任何其他开明的道德家会写出的笔调几乎一样。他把他推赏的救治方剂即"不关心和不留意"用到了自己的怀疑上。从某种意义上讲，他的怀疑主义是不真诚的，因为他在实践中不能坚持它。可是，它倒有这样的尴尬后果：让企图证明一种行为方针优于另一种行为方针的一切努力化为泡影。

在这样的自我否定理性精神的后面跟随着非理性信念大爆发，是必不可免的事。休谟和卢梭之间的争吵成了象征：卢梭癫狂，但是有影响；休谟神志正常，却没有追随者。后来的英国经验主义者未加反驳就否定了他的怀疑论；卢梭和他的信徒们同意休谟所说的任何信念都不是以理性为基础的，然而却认为情胜于理，让感情引导他们产生一些和休谟在实践上保持的信念迥然不同的信念。德国哲学家们，从康德到黑格尔，都没消化了休谟的议论。我特意这样讲，尽管不少哲学家和康德有同见，相信《纯粹理性批判》对休谟的议论作了解答。其实，这些哲学家们——至少康德和黑格尔——代表着一种休谟前形式的理性主义，用休谟的议论是能够把他们驳倒的。凭休谟的议论驳不倒的哲学家是那种不以合理性自居的哲学家，类如卢梭、叔本华和尼采。整个十九世纪内以及二十世纪到此为止的非理性的发展，是休谟破坏经验主义的当然后果。

所以，重要的是揭示在一种完全属于，或大体属于经验主义的哲学的范围之内，是否存在对休谟的解答。若不存在，那么神志正

699

常和精神错乱之间就没有理智上的差别了。一个相信自己是"水煮荷包蛋"的疯人，也只可能以他属于少数派为理由而指责他，或者更不如说（因为我们不可先假定民主主义），以政府不跟他意见一致为理由而指责他。这是一种无可奈何的观点，人不得不希望有个什么逃避开它的方法才好。

休谟的怀疑论完全以他否定归纳原理为根据。就应用于因果关系而言，归纳原理讲：如果一向发现甲极经常地伴随有乙，或后面跟着有乙，而且不知道甲不伴随有乙或后面不跟着有乙的任何实例，那么大概下次观察到甲的时候，它要伴随有乙或后面跟着有乙。要想使这条原理妥当，那么必须有相当多的实例来使得这个盖然性离确实性不太远。这个原理，或其他推得出这个原理的任何一个原理，如果是对的，那么休谟所排斥的因果推理便妥实有据，这固然并不在于它能得出确实性，而在于它能得出对实际目的说来充分的盖然性。假如这个原理不正确，则一切打算从个别观察结果得出普遍科学规律的事都是谬误的，而休谟的怀疑论对经验主义者说来便是逃避不开的理论。当然，若不犯循环论法，这原理本身从观察到的齐一性是推论不出来的，因为任何这种推论都需要有这个原理才算正当。所以，它必定是一个不基于经验的独立原理，或由这种独立原理推出来的原理。在这个限度内，休谟证明了纯粹经验主义不是科学的充足基础。但是，只要承认这一个原理，其他一切都能按照我们的全部知识基于经验这个理论往下进行。必须承认，这是严重违反纯粹经验主义，非经验主义者的人或许问，如果一种违反是许可的，为什么旁的违反就得禁止。不过 <sup>700</sup>这些都是由休谟的议论非直接引起的问题。他的议论所证明的是——我以为这证明无法辩驳——归纳是一个独立的逻辑原理，是从经验或从其他逻辑原理都推论不出来的，没有这个原理，便不会有科学。

# 第二篇　从卢梭到现代

## 第十八章　浪漫主义运动

从十八世纪后期到今天，艺术、文学和哲学，甚至于政治，都受到了广义上所谓的浪漫主义运动特有的一种情感方式积极的或消极的影响。连那些对这种情感方式抱反感的人对它也不得不考虑，而且他们受它的影响常常超过自知的程度以上。在这一章里我想主要就一些不确定算是哲学上的事情，简单讲一讲浪漫主义观点；因为这种观点乃是我们眼下要涉及的一段时期中大部分哲学思想的文化背景。

浪漫主义运动在初期跟哲学并不相干，不过很快就和哲学有了关系。通过卢梭，这运动自始便和政治是连在一起的。但是，我们必须先按它的最根本的形式来考察它，即作为对一般公认的伦理标准和审美标准的反抗来考察，然后才能了解它在政治上和哲学上的影响。

这运动中的头一个大人物是卢梭，但是在有些地方他只是表现了已然存在的潮流倾向。在十八世纪的法国，有教养人士极其赞赏他们所谓的 la sensibilité（善感性），这个词的意思指容易触发感情，特别是容易触发同情的一种气质。感情的触发要做到彻底如意，必须又直截又激烈而且完全没有思想的开导。善感的人

231

看见一个困窘的小农家庭会动心落泪，可是对精心擘画的改善小农阶级生活状况的方案倒很冷淡。穷人想当然比有钱人要多具备美德；所谓贤哲，认为就是一个从腐败的朝廷里退出来，在恬淡的田园生活中享受清平乐趣的人。这种态度作为一时的心境来说，<sup>702</sup>几乎在历代诗人的作品中都找得到。《皆大欢喜》(*As You Like It*)里的流亡公爵表达了这种态度，不过他一有办法便回到他的公爵领地；唯独抑郁多愁的杰克斯①是真心欢喜那森林生活。甚至浪漫主义运动所反对的一切人当中的十足典型波普也说：

> 谁把愿望和心计
>
> 　囿于几块祖留的田亩，
>
> 甘心在自己的地上呼吸乡土气，
>
> 　谁便有幸福。

在培养善感性的那些人的想象中，穷人总都有几块祖留的田亩，靠自己的劳动产品过生活，无需乎对外交易。是的，他们总是在凄惨的境况里把这些田亩逐渐失掉，因为上年纪的父亲不能再劳动，娇媚的女儿又在害着痨伤症，奸恶的受抵押人或混账的领主不是正准备攫走田亩，就是准备着夺去女儿的贞操。在浪漫主义者看来，穷人绝不是都市里的，绝不是工业界的；"无产阶级"是个十九世纪的概念，也许是同样浪漫化了的，却完全是另一种东西。

卢梭讲求已经存在的善感性崇拜，使它有了一个要不然就不会具有的幅度和范围。他是个民主主义者，不但按他的学说来讲

---

① 《皆大欢喜》是莎士比亚的一个喜剧；杰克斯(Jacques)是剧中人物之一。——译者

是,按他的趣味来讲也是。他一生在长时期中是一个四处漂泊的穷汉,接受一些论穷困程度不过稍亚于他的人的好意照顾。他在行动上常常用糟到家的忘恩负义来回报这种关怀,但是在情感上,他的反应却是最热忱的善感性崇拜者所能想望的一切。他因为有流浪人的好尚,觉得巴黎社交界的种种拘束让人厌腻。浪漫主义者们跟他学会了轻蔑习俗束缚——最初是服装和礼貌上的、小步舞曲和五步同韵对句上的习俗束缚,然后是艺术和恋爱上的习俗束缚,最后及于传统道德的全领域。

浪漫主义者并不是没有道德;他们的道德见识反倒锐利而激烈。但是这种道德见识依据的原则却和前人向来以为良好的那些原则完全不同。从 1660 年到卢梭这一段时期,充满了对法国、英国和德国的宗教战争和内战的追忆。大家深深意识到混乱扰攘的危险,意识到一切激烈热情的无政府倾向,意识到安全的重要性和为达到安全而必须作出的牺牲。谨慎被看成是最高美德;理智被尊为对付破坏性的热狂之辈顶有力的武器;优雅的礼貌被歌颂成抵挡蛮风的一道屏障。牛顿的宇宙井然有序,各行星沿着合乎定则的轨道一成不变地绕日回转,这成了贤良政治的富于想象性的象征。表现热情有克制是教育的主要目的,是上流人最确实的标记。在法国大革命当中,浪漫主义前的贵族们默不作声地死去;罗兰夫人和丹敦是浪漫主义者,死时伴随有华美的词句。

到卢梭时代,许多人对安全已经厌倦,已经开始想望刺激了。法国大革命和拿破仑让他们把刺激足足尝个饱。当 1815 年政治界回归平静的时候,这又是那么死气沉沉、那么僵硬刻板、与一切蓬勃生活那么敌对的一种平静,只有丧魂落魄的保守派耐得住。

因此,像太阳王①治下的法国与法国大革命时代前的英国特有的那种在思想上默认现状不存在了。十九世纪时对神圣同盟体制的反抗分两种。一方面,有既是资本家的又是无产阶级的工业主义对君主制和贵族政治的反抗;这种反抗几乎完全没沾到浪漫主义,而且在许多方面又返回十八世纪。这种运动以哲学上的急进派、自由贸易运动和马克思派社会主义为代表。与此完全不同的是浪漫主义的反抗,它有的地方是反动的,有的地方是革命的。浪漫主义者不追求和平与安静,但求有朝气而热情的个人生活。他们对工业主义毫无好感,因为它是丑恶的,因为苦心敛财这件事他们觉得与不朽人物是不相称的,因为近代经济组织的发展妨害了个人自由。在革命后的时代,他们通过民族主义逐渐进到政治里:他们感觉每个民族有一个团体魂,只要国家的疆界和民族的界限不一样,团体魂就不可能自由。在十九世纪上半期,民族主义是最有声势的革命原则,大部分浪漫主义者热烈支持它。

浪漫主义运动的特征总的说来是用审美的标准代替功利的标准。蚯蚓有益,可是不美丽;老虎倒美,却不是有益的东西。达尔704 文(非浪漫主义者)赞美蚯蚓;②布雷克赞美老虎。③ 浪漫主义者的道德都有原本属于审美上的动机。但是为刻画浪漫主义者的本色,必须不但考虑审美动机的重要,而且考虑趣味上的变化,这种

---

① 太阳王(le Roi Soleil)是路易十四的别号。——译者
② 达尔文对蚯蚓的习性及其改良土壤的作用作过详细的考察和报告。——译者
③ 布雷克(William Blake, 1757—1827),英国版画家,诗人。他有一首诗题名《虎》(The Tiger),歌颂暴力的美。——译者

变化使得他们的审美感和前人的审美感不同。关于这方面，他们爱好哥特式建筑就是一个顶明显的实例。另外一个实例是他们对景色的趣味。约翰生博士（Dr.Johnson）对江浦街①比对任何乡村风光更喜爱，并且断言凡是厌腻伦敦的人一定厌腻生活。卢梭以前的人假使赞赏乡间的什么东西，那也是一派丰饶富庶的景象，有肥美的牧场和哞哞叫着的母牛。卢梭是瑞士人，当然赞美阿尔卑斯山。在他的门徒写的小说及故事里，见得到汹涌的激流、可怕的悬崖、无路的森林、大雷雨、海上风暴和一般讲无益的、破坏性的、凶猛暴烈的东西。这种趣味上的变化多少好像是永久性的：现在差不多人人对尼亚加拉瀑布②和大峡谷③比对碧草葱茏的牧原和麦浪起伏的农田更爱好。关于人对风景的趣味，游客旅馆本身供给了统计上的证据。

　　浪漫主义者的性情从小说来研究最好不过了。他们喜欢奇异的东西：幽灵鬼怪、凋零的古堡、昔日盛大的家族最末一批哀愁的后裔、催眠术士和异术法师、没落的暴君和东地中海的海盗。菲尔丁（Fielding）和斯摩莱特（smollett）写的是满可能实际发生的情境里的普通人物，反抗浪漫主义的那些现实派作家都如此。但是对浪漫主义者来说，这类主题太平凡乏味了；他们只能从宏伟、邈远和恐怖的事物领受灵感。那种多少有点靠不住的科学，如果带

----

　　① 江浦街（Fleet Street）是伦敦的一条街道，为新闻业及出版业中心，约翰生博士早年进行事业活动的地方。——译者

　　② 世界最大的瀑布，在美国纽约州与加拿大的国境线上。——译者

　　③ 美国阿里佐纳州西北部科罗拉多河的大峡谷，长 322 公里以上，深 610—1830 米。——译者

来什么惊人的事情,倒也可以利用;但是主要讲,中世纪以及现时的中古味顶重的东西最使他们欢喜。他们经常跟过去的或现在的现实完全断绝了关系。在这点上,《老舟子吟》(*The Ancient Mariner*)是典型,而柯勒律治的《忽必烈汗》(*Kubla Khan*)也很难说是马可波罗写的那位历史君主。浪漫主义者的地理很有趣:从上都①到"荒凉的寇刺子米亚海岸"②,他们注意的尽是遥远的、亚细亚的或古代的地方。

浪漫主义运动尽管起源于卢梭,最初大体是德国人的运动。德国的浪漫主义者们在十八世纪末都还年轻,也正是当年轻的时候他们在自己的看法上表现出最富有特色之处。那些没有幸运夭折的人,到末了让个性泯没在天主教的齐一模式中。(一个浪漫主义者如果原来从出生是个新教徒,他可以成为天主教徒;但若不是这样,就不大能当天主教徒,因为他必须把天主教信仰和反抗结合起来。)德国浪漫主义者对柯勒律治和雪莱起了影响;与德国的影响无关,浪漫主义观点在十九世纪初叶在英国流行开。在法国,自王政复辟以后,直到维克托·雨果,浪漫主义观点大盛,固然那是一种弱化的浪漫主义观点了。在美国,从梅厄韦尔(Melville)、索娄(Thoreau)和布洛克农场③可以见到近乎纯粹的浪漫主义观点;

---

① 《忽必烈汗》中歌咏的上都(Xanadu),是元朝的一个都市。——译者

② 寇刺子米亚(Chora mia)为古时里海以东一个地区,即原苏联乌兹别克中部及土库曼北部一带,原是古波斯的一个省,十二世纪时大致相当于花刺子模帝国。——译者

③ 布洛克农场(Brook Farm)是 1841 年美国的超绝论者乔治·瑞普莱(George Ripley)夫妇在波士顿附近创建的一个空想社会主义实验社会,至 1847 年失败。当时霍桑是参加者之一,爱默生也赞同它。——译者

稍有缓和的，从爱默生（Emerson）和霍桑（Hawthorne）也见得到。虽然浪漫主义者倾向于旧教，但是在他们的看法上的个人主义方面，总有一种什么牢固不拔的新教成分，而且在塑造风俗、舆论和制度方面，他们取得的永久性成功几乎完全限于新教国家。

英国的浪漫主义的端倪在讽刺作家的作品里见得到。在谢立丹（Sheridan）的《情敌》（*Rivals*）（1775）中，女主人公决意宁为爱情嫁一穷汉，而不嫁给一个有钱男人来讨好她的监护人和他的父母；然而，他们选中的那个富人化个假名，伪充贫穷向她求爱，赢得了她的爱情。贞·奥斯丁（Jane Austen）在《诺桑格府》（*Northanger Abbey*）和《理智与情感》（*Sense and Sensibility*）（1797—1798）中嘲笑了浪漫主义者。《诺桑格府》里有这么一个女主人公：她被 1794 年出版的瑞德克里弗夫人（Mrs. Radcliffe）写的超浪漫主义的《乌铎尔佛的奥秘》（*Mysteries of Udolpho*）引入了迷途。英国第一个好的浪漫主义作品就是柯勒律治的《老舟子吟》——姑且撇开布雷克不谈，因为他是一个孤独的、瑞典宝利①教派的信徒，难说是任何"运动"的一部分。《老舟子吟》发表在 1799 年②；柯勒律治不幸由魏志伍德家③供给了钱，翌年进了格廷根大学，沉溺在康德哲学里，这并没使他的诗进一步工练。

在柯勒律治、华兹渥斯（Wordsworth）和骚济（Southey）成了

① 瑞典宝利（Emanuel Swedenborg, 1688—1772），瑞典哲学家，神秘主义者。他的宗教学说的信奉者总称为"新耶路撒冷教会"。——译者

② 应作 1798 年。——译者

③ 魏志伍德（Josiah Wedgwood, 1730—1795），英国著名的陶器业者。他的儿子托马斯·魏志伍德继承到大笔遗产后资助了一些文人学者。——译者

反动者之后,对法国大革命和拿破仑的憎恨暂时遏制住英国的浪漫主义。但是不久拜伦、雪莱和济慈使它又复活了,且多少可说支配了整个维多利亚时代。

玛丽·雪莱①的《弗朗肯士坦》(*Frankenstein*)是在阿尔卑斯山的浪漫情调的景色中与拜伦谈话的灵感启发下写成的,其内容几乎可以看成是一部寓言体的、预言性的浪漫主义发展史。弗朗肯士坦的怪物并不像俗语中把他说的那样,是不折不扣的怪物,他最初也是个温良和善的生灵,渴望人间的柔情;但是,他打算得到一些人的爱,而他的丑陋倒激起那些人的恐怖,于是逼得他凶暴愤恨起来。这怪物隐着身形观察一家善良的贫苦小农,暗中帮助他们劳动。最后他决意让他们知道他:

"我越多见他们,我要求得到他们的庇护和照顾的欲望越强;我的心渴望为这些温良可亲的人所认识,为他们所爱;看见他们把和美的容颜含情对着我,便是我的极度奢望了。我不敢想他们会怀着轻蔑和恐怖躲开我。"

然而,他们真这样躲开了。于是他首先要求创造他的人创造一个类似他自己的女性,等这件事一遭到拒绝,他便致力把弗朗肯士坦爱的所有人一个一个杀害,不过,甚至在这时候,当他完成了全部杀害,眼盯着弗朗肯士坦的尸首,那怪物的情操依然是高贵的:

"这也是我的牺牲者!杀害了他,我罪恶满盈;我此身的这位

---

① 玛丽·雪莱(Mary Shelley,1791—1851),本名玛丽·葛德汶(Mary Godwin),诗人雪莱的第二妻,1816年同雪莱一起在瑞士认识了拜伦。——译者

可怜的守护神受伤到底了！哦，弗朗肯士坦！你这宽宏大量、舍己为人的人啊！我现在求你饶恕我又有什么用？是我，毁灭了你所爱的一切人，因而无可挽救地毁灭了你。天哪！他冰凉了，他不能回答我的话……当我把我的可怕的罪孽总账浏览一遍时，我不能相信我还是从前那个在思想中对善德的美和尊严曾充满着崇高超绝的幻想的生灵。但事实正是如此；堕凡的天使成了恶毒的魔鬼。然而连神和人的那个仇敌在凄苦悲凉当中也有朋友伙伴；可是我孤单。”

这种心理如果剥除掉浪漫主义形式，毫无不现实的地方，要想找类似的实例也不必要去搜寻重洋大盗或汪达尔人①的国王。旧德国废皇在窦恩②对来访的某个英国人慨叹英国人不再喜欢他了。伯特博士在他写的一本讲少年犯的书里③，提到有个七岁男孩把另一个男孩弄到瑞珍特运河④里淹死。这孩子的理由是无论他一家人或他的同年辈的孩子们，对他全不表示爱。伯特博士以 ⁷⁰⁷ 好意对待他，结果他成了一个有身份的公民；可是并没有一个伯特博士来担任改造弗朗肯士坦的怪物。

可怪罪的倒不是浪漫主义者的心理，而是他们的价值标准。他们赞赏强烈的炽情，不管是哪一类的，也不问它的社会后果如何。浪漫爱情，尤其在不如意的时候，其强烈足以博得他们的赞

---

① 五世纪时掠夺罗马，破坏其文化的一个野蛮民族。——译者

② 窦恩（Doorn）是荷兰中部位于特雷赫（Utrecht）东南的一个村，威廉二世退位后居住在那里。——译者

③ 伯特（Sir Cyril Lodowic Burt，1883—1971），英国心理学家，伦敦大学教授（1924—1950）；这里提到的书即 1925 年出版的《少年犯》（*The Young Delinquent*）。——译者

④ 伦敦的一条运河。——译者

许;但是最强烈的炽情大部分都是破坏性的炽情:如憎恶、怨愤和嫉妒,悔恨和绝望,羞愤和受到不正当压抑的人的狂怒,黩武热和对奴隶及懦弱者的蔑视。因此,为浪漫主义所鼓舞的,特别是为拜伦式变种的浪漫主义所鼓舞的那类人,都是猛烈而反社会的,不是无政府的叛逆者,便是好征服的暴君。

浪漫主义观点所以打动人心的理由,隐伏在人性和人类环境的极深处。出于自利,人类变成了群居性的,但是在本能上一直依然非常孤独;因此,需要有宗教和道德来补充自利的力量。但是为将来的利益而割弃现在的满足,这个习惯让人烦腻,所以炽情一激发起来,社会行为上的种种谨慎约束便难于忍受了。在这种时刻,推开那些约束的人由于内心的冲突息止而获得新的元气和权能感;虽然他们到末了也许会遭遇大不幸,当时却享受到一种登仙般的飞扬感,这种感受伟大的神秘主义者是知道的,然而仅仅有平凡德性的人却永远不能体验。于是他们天性中的孤独部分再度自现,但是如果理智尚存在,这自现必定披上神话外衣。神秘主义者与神合为一体,在冥想造物主时感觉自己免除了对同俦的义务。无政府的叛逆者做得更妙:他们感觉自己并不是与神合一,而就是神。所谓真理和义务,代表我们对事情和对同类的服从,对于成了神的人来讲不复存在;对于旁人,真理就是他所断定的,义务就是他所命令的。假使我们当真都能孤独地过生活而且不劳动,大家全可以享受这种自主状态的销魂之乐;既然我们不能如此,这种乐处只有疯子和独裁者有份了。

孤独本能对社会束缚的反抗,不仅是了解一般所谓的浪漫主义运动的哲学、政治和情操的关键,也是了解一直到如今这运动的后裔的哲学、政治和情操的关键。在德国唯心主义的影响下,哲学成了一种唯我论的东西,把自我发展宣布为伦理学的根本原理。[708]关于情操,在追求孤独这件事与炽情和经济的必要之间,须作一个可厌的折中。D.H.劳伦斯(Lawrence)的小说《爱岛的人》(*The Man Who Loved Islands*)里的主人公鄙夷这种折中越来越甚,最后冻饿而死,但他是享受着完全孤独而死去的;可是如此程度的言行一致那些颂扬孤独的作家们从来也没有达到过。文明生活里的康乐,隐士是无从获得的,想要写书或创作艺术作品的人,他在工作期间要活下去,就必须受人服侍。为了依旧感觉孤独,他必须能防止服侍他的人侵犯他的自我,假如那些人是奴隶,这一点最能够圆满完成。然而热烈的爱情却是个较为困难的问题。一对热情恋人只要被看作是在反抗社会桎梏,便受人的赞美;但是在现实生活中,恋爱关系本身很快地就成为一种社会桎梏,于是恋爱的对手倒被憎恨上了,如果爱情坚强,羁绊难断,就憎恨得更加厉害。因此,恋爱才至于被人理解为一场战斗,双方各在打算破入对方的“自我”保护墙把他或她消灭。这种看法通过斯特林贝利(Stringberg)的作品,尤其还通过劳伦斯的作品,已经众所周知了。

按这种情感方式讲,不仅热烈的爱情,而且连和别人的一切友好关系,只限于在能把别人看成是自己的“自我”的客观化的情况下才可能存在。若别人是血缘亲属,这看法就行得通,关系越近越容易做到。因此,人们强调氏族,结果像托勒密家系①,造成族内

① 托勒密家系(the Ptolemys)是亚历山大大帝死后统治埃及的一个王朝(公元前 323 年—公元前 30 年);托勒密二世娶了他的亲姊。——译者

通婚。这对拜伦起了怎样的影响，我们知道；①瓦格纳在济克蒙特和济克琳德的恋爱中②也流露出类似的感情。尼采喜欢他的妹妹胜过其他一切女子（固然没有丑事），他写给她的信里说："从你的一切所言所行，我真深切感觉我们属于一脉同根。你比旁人对我了解得多，因为我们是出于一个门第的。这件事和我的'哲学'非常调和。"

民族原则是同一种"哲学"的推广，拜伦是它的一个主要倡导者。一个民族被假定成一个氏族，是共同祖先的后嗣，共有某种"血缘意识"。马志尼经常责备英国人没给拜伦以正当的评价，他把民族设想成具有一个神秘的个性，而将其他浪漫主义者在英雄人物身上寻求的无政府式的伟大归给了民族。民族的自由不仅被马志尼看成是一种绝对的东西，而且比较稳重的政治家们也这样看了。这一来在实际上便不可能有国际合作了。

对血统和种族的信仰，当然和反犹太主义连在一起。同时，浪漫主义观点一半因为是贵族观点，一半因为重热情、轻算计，所以万分鄙视商业和金融。于是浪漫主义观点宣称反对资本主义，这和代表无产阶级利益的社会主义者反对资本主义完全不同，因为前一种反对的基础是厌恶经济要务，这种反对又由于联想到资本主义世界由犹太人统治着而进一步增强。拜伦很难得偶尔也屈尊

---

① 参照本书第 300 页。——译者

② 瓦格纳（Wilhelm Richard Wagner，1813—1883），德国作曲家，近代歌剧的创始者。济克蒙特（Siegmund）和济克琳德（Sieglinde）是瓦格纳所作歌剧《尼伯龙的戒指》（*Der Ring des Nibelungen*）中的两个神话人物，他们是兄妹，两人结婚，生了著名的英雄济克弗里特（Siegfried）。——译者

去注意像什么经济权力那种庸俗事,那时就表达出上述看法:

　　谁掌握世界的平衡? 谁统治

　　　不论是保皇党的还是自由党的国会?

　　谁使西班牙的没有内衣的爱国者惊醒?

　　　(这使旧欧洲的杂志全都叽叽喳喳起来)。

　　谁使旧世界和新世界处于痛苦

　　　或欢乐之中? 谁使政治都变得油嘴滑舌?

　　谁使拿破仑的英雄事业变成幽灵? ——

　　犹太人罗斯柴尔德①和他的基督教友培林②。

　　诗句也许不大铿锵悦耳,但是感情十足是现代感情,所有拜伦的信徒向来都发出了回响共鸣。

　　浪漫主义运动从本质上讲目的在于把人的人格从社会习俗和社会道德的束缚中解放出来。这种束缚一部分纯粹是给相宜的活动加的无益障碍,因为每个古代社会都曾经发展一些行为规矩,除了说它是老传统而外,没有一点可恭维的地方。但是,自我中心的热情一旦放任,就不易再叫它服从社会的需要。基督教多少算是做到了对"自我"的驯制,但是经济上、政治上和思想认识上的种种原因刺激了对教会的反抗,而浪漫主义运动把这种反抗带入了道德领域里。由于这运动鼓励一个新的狂纵不法的自我,以致不可

---

　　① 罗斯柴尔德(Meyer Anselm Rothschild,1743—1812),德籍犹太人,国际金融资本家,在欧洲各国拥有庞大的势力。——译者

　　② 培林(Francis Baring,1740—1810),英国大银行家,当时公认为全欧第一巨商,曾任东印度公司主席。这首诗是拜伦的《唐璜》(*Don Juan*)里的一节。中译引自:《唐璜》,朱维基译,上海文艺出版社 1959 年版,第 747 页。——译者

能有社会协作,于是让它的门徒面临无政府状态或独裁政治的抉择。自我主义在起初让人们指望从别人得到一种父母般的温情;但是,他们一发现别人有别人的自我,感到愤慨,求温情的欲望落了空,便转成为憎恨和凶恶。人不是孤独不群的动物,只要社会生活一天还存在,自我实现就不能算伦理的最高原则。

# 第十九章　卢梭

让·雅克·卢梭(Jean Jacques Rousseau,1712—1778)虽然是个十八世纪法语意义上的 philosophe(哲人),却不是现在所说的。"哲学家"那种人。然而,他对哲学也如同对文学、趣味、风尚和政治一样起了有力的影响。把他作为思想家来看不管我们对他的功过有什么评价,我们总得承认他作为一个社会力量有极重要的地位。这种重要地位主要来自他的打动感情及打动当时所谓的"善感性"的力量。他是浪漫主义运动之父,是从人的情感来推断人类范围以外的事实这派思想体系的创始人,还是那种与传统君主专制相反的伪民主独裁的政治哲学的发明人。从卢梭时代以来,自认为是改革家的人向来分成两派,即追随他的人和追随洛克的人。有时候两派是合作的,许多人便看不出其中有任何不相容的地方。但是逐渐他们的不相容日益明显起来了。在现时,希特勒是卢梭的一个结果;罗斯福和丘吉尔是洛克的结果。

卢梭的传记他自己在他的《忏悔录》里叙述得十分详细,但是一点也不死心塌地尊重事实。他乐于自表为大罪人,往往在这方面渲染夸大了;不过,倒也有丰富的外在证据说明他欠缺一切平常道德。这件事并不使他苦恼，因为他认为他永远有着一副温情心肠，然而温情心肠却从来没阻碍他对最好的朋友有卑鄙行动。下面我仅就为了理解他的思想和影响而必须知道的事情讲一讲他的生平。

卢梭生于日内瓦，受的是正统加尔文派信徒的教育。他的父亲因为穷困，兼干钟表匠和舞蹈教师两种职业；他在婴儿时代就死了母亲，由一个姑母把他抚养长大。他十二岁时辍了学，在各种行业里当学徒，但是行行他都憎恨，于是在十六岁的时候从日内瓦逃到了萨瓦①。因为没有生活手段，他去到一个天主教神父那里，扬言想要改宗。正式改宗式是在都灵的一个公教要理受讲所中举行 712的，过程历时九天。他把他的动机说成是完全为了报酬："我不能假装不知道我就要做的神圣行为其实是盗贼行为。"不过这话是他又改奉新教以后写的；有理由认为若干年间他是一个信心真诚的天主教徒。1742 年他公开宣称过他在 1730 年所住的房子曾经仗某主教的祈祷而奇迹似的逃过了一场火灾。

他腰揣着二十法郎被赶出了都灵的公教要理受讲所之后，当上一个叫德·维齐丽夫人的贵妇的男仆，可是那夫人三个月后就死了。她死的时候，人家发现卢梭保有一个原来属于她的饰纽，这其实是他偷来的。他一口咬定是某个他喜欢的女仆送给他的；旁人听信他的话，女仆受了处罚。他的自解很妙："从来也没有比在这个残酷时刻邪恶更远离我了；当我控告那可怜的姑娘时，说来矛盾，却是实情：我对她的爱情是我所干的事的原因。她浮现在我的

---

① 萨瓦(Savoy)在法国东南部，邻近瑞士和意大利的国境。——译者

心头,于是我把罪过推给了第一个出现的对象。"这是照卢梭的道德观讲,怎样以"善感性"代替一切平常道德的好实例。

在这次事件之后,他得到了德·瓦朗夫人的接济;她和他一样是由新教改宗的,是一个为了在宗教上的功劳而从萨瓦王领受年金的妖媚贵妇。有九个或十个年头,他在她家里度过大部分时光;甚至她做了他的姘妇后,他也叫她"mama"(妈妈)。有一段时间他和她的杂役共享着她;大家生活得和睦之至,杂役一死,卢梭感觉悲伤,却转念安慰自己:"算了,反正我总会捞到他的衣裳。"

他早年曾是个流浪汉,徒步周游,尽可能地谋一个朝不保夕的生计,如此度过了许多时期。在这种插曲当中,有一回,他的一个共同浪游的朋友的癫痫病在里昂大街上发作了;正当发作时,卢梭趁着人群聚起来,抛下了他的朋友。另一回,有个人自称是前往圣墓途中的希腊正教修道院院长,他当了那人的秘书;又有一回,他713混充詹姆士二世的党徒①,自称是名叫达丁的苏格兰人,跟一个有钱的贵妇人闹了一次桃色事件。

不过,在1743年,他凭一个显赫贵妇的帮助,当上法国驻威尼斯大使的秘书,那是个叫孟泰居的酒棍,他给卢梭委派了工作,却忽略了付给他薪金。卢梭把工作干得很好,那场势在难免的纷争并不是他的过错。他去巴黎争取得到公断;人人承认他理直,但是长期没作任何处置。尽管最后他领到了他应得的欠薪,这次迁延的苦恼跟卢梭转向憎恶法国的现存政体也有关系。

他和黛蕾丝·勒·瓦色同居大约就在这时候(1745),黛蕾丝

①　指英国"光荣革命"后拥护亡命法国的詹姆士二世复位的一派人。——译者

是他在巴黎的旅馆中的佣人。他此后终生和她一起生活（不排斥其他艳事）；他跟她有了五个孩子，他全部送进育婴堂。向来谁也不明白，是什么东西引动他接近她。她又丑又无知；她读写全不通（他教她写字，却不教她阅读）；她不晓得十二个月份的名称，不会合计钱数。她的母亲贪得无厌；两人一同把卢梭及他的全体朋友们当收入之源来利用。卢梭声言（不管是真情还是假话）他对黛蕾丝从来没有半点爱情；她晚年贪酒，曾追逐过少年养马夫。大概他喜欢的是这种优越感：感觉在财力上和智力上都毫无疑问比她优越，而且她是彻底依赖着他的。他与大人物为伍总不自在，从心底欢喜贫贱愚直的人；在这点上，他的民主感情完全是真诚的。尽管他至终没和她结婚，他把她几乎当妻子般看待，所有赞助卢梭的名媛贵妇都不得不容忍她。

他在写作方面的首次成功，在人生路上到来得颇迟。狄戎学院悬赏征求关于艺术与科学是否给予了人类恩泽这一问题的最佳作。卢梭持否定主张，获得奖金（1750）。他主张科学、文学和艺术是道德的最恶的敌人，而且由于让人产生种种欲望，还是奴役的根源；因为像美洲蛮人那种素常裸体的人，锁链如何加得上身？可以想见，他赞成斯巴达，反对雅典。他七岁时读过普鲁塔克的《名人传》，受了很大感染；他特别仰慕莱库格斯的生平。卢梭和斯巴达人一样，把战争中的胜利看成是价值的标准；可是他仍旧赞美"高<sup>714</sup>贵的蛮人"，虽然老于世故的欧洲人在战争中是打得败他们的。他认为，科学与美德势不两立，而且一切科学的起源都卑鄙。天文学出于占星术迷信；雄辩术出于野心；几何学出于贪婪；物理学出于无聊的好奇；连伦理学也发源于人类的自尊。教育和印刷术可悲可叹;文明人以别于未化蛮人的一切一切全是祸患。

卢梭既然凭这篇论文获得了奖金,骤而成名,便照论文中的处世法生活起来。他采取了朴素生活,把表卖掉,说他不再需要知道时刻了。

这头一篇论文里的思想,在第二篇论文《论人间不平等的起源和基础》(*Discourse on Inequality*)(1754)中精心作了发挥,不过这篇论文却没有得到奖金。他认为"人天生来是善的,让种种制度才把人弄恶"——这是跟原罪和通过教会得救之说正对立的一说。卢梭同那个时代大部分政治理论家一样,也谈自然状态,只不过带着几分假定口吻,把它说成是"一种不复存在、或许从未存在过、大概将来也绝不会存在的状态,不过为适当判断现今的状态,对它仍需要有正确的观念。"自然法应当从自然状态推出来,但是只要我们对自然人无知,便不可能确定原来给自然人所规定的或最适合自然人的法。我们所能知道的只是服从自然法的那些人的意志必定自觉到他们在服从,而自然法必定直接出于自然之声。卢梭并不反对关于年龄、健康、智力等的自然不平等,只反对由传统惯例所认可的特权造成的不平等。

市民社会及由此而起的社会不平等的根源,从私有制中找得到。"第一个圈出了一块土地,想起说'这是我的',而且发觉大家愚蠢得信他的话的那人,是市民社会的真正创始者。"他接着说,一次可悲的革命带来了冶金术和农耕;五谷是我们的灾难的象征。欧洲因为有最多的五谷,有最多的铁,是最不幸的大陆。要消除这715 个祸患,只需抛弃掉文明,因为人性本善,野蛮人在吃过饭以后与自然万物和平相处,跟所有族类友好不争(我自加的重点)。

卢梭把这篇论文送给伏尔泰,伏尔泰回复说(1755年):"我收到了你的反人类的新书,谢谢你。在使我们都变得愚蠢的计划上面运用这般聪明伶巧,还是从未有过的事。读尊著,人一心想望四脚走路。但是,由于我已经把那种习惯丢了六十多年,我很不幸,感到不可能再把它捡回来了。而且我也不能从事探索加拿大的蛮人的工作,因为我遭罹的种种疾患让我必需一位欧洲外科医生;因为在那些地带正打着仗;而且因为我们的行为的榜样已经使蛮人坏得和我们自己不相上下了。"

卢梭与伏尔泰终于失和倒不在意料之外;不可思议的是他们竟没有早些反目。

卢梭既然成了名,在1754年他的故乡城市记起他来,邀请他到那里去。他答应了,可是因为只有加尔文派信徒才能做日内瓦市民,于是他再改宗恢复原信仰。他先已养成了自称日内瓦清教徒与共和主义者的习惯,再改宗后便有心在日内瓦居住。他把他的《论不平等》题献给日内瓦市的长老们,可是长老们却不高兴;他们不希望被人看成仅仅是和普通市民平等的人。他们的反对并不是在日内瓦生活的唯一障碍;还有一层障碍更为严重,那就是伏尔泰已经到日内瓦去住了。伏尔泰是剧作家,又是个戏迷,但是由于清教徒的缘故,日内瓦禁止一切戏剧上演。当伏尔泰一心想使这禁令撤销的时候,卢梭加入了清教徒一方的战团。野蛮人绝不演戏;柏拉图不赞成戏剧;天主教会不肯给戏子行婚配礼或埋葬式;波须埃①把戏剧叫作"淫欲炼成所"。这个攻击伏尔泰的良机不可

---

① 波须埃(Jacques Bénigne Bossuet,1627—1704),法国神学家,演说家。——译者

失，卢梭自扮演了禁欲美德斗士的角色。

这并不是这两位大名士的第一次公开不和。第一次是因为里斯本地震（1755）惹起的；关于那回地震，伏尔泰写了一首对神意统辖世界这件事表示怀疑的诗。卢梭激愤了。他评论道："伏尔泰外表上似乎一贯信仰神，其实除魔鬼外从来什么人他也不信，因为他的伪神乃是个据他说从恶作剧找寻一切乐趣的害人神祇。一个荣享各种福惠的人，却在个人幸福的顶峰打算借自己未遭受的一场重祸的悲惨可怕的影像使他的同类满怀绝望，就这人来说此种论调的荒谬尤其令人作呕。"

至于卢梭方面，他不明白有任何理由对这回地震如此大惊小怪。不时有一定数目的人丧命，这完全是件好事情。况且，里斯本的人因为住七层高的房子所以遭了难；假使他们照人的本分，散处在森林里，他们本来是会逃脱灾难免受伤害的。

有关地震的神学问题和演戏的道德问题，在伏尔泰和卢梭之间造成了激烈的敌意，所有 philosophes（哲人们）都各祖护一方。伏尔泰把卢梭当成一个拨弄是非的疯子；卢梭把伏尔泰说成是"那种鼓吹不敬神的喇叭手，那种华丽的天才，那种低级的灵魂"。不过，高雅的情操不可不有所表现，于是卢梭写信给伏尔泰说（1760）："实际上，因为你一向那么愿意我恨你，我所以恨你；但我是作为一个假使当初你愿意人爱你、本来更配爱你的人那样恨你的。在我的心对你充溢着的一切情绪当中，只剩下对你的华丽天才我们不得不抱的景仰，以及对你的作品的爱好了。如果说除你的才能外，你没有一点我可尊敬的地方，那非我之过。"

现在我们来讲卢梭一生中最多产的时期。他的长篇小说《新爱洛绮思》(*La nouvelle Héloïse*)出版于 1760 年;《爱弥儿》(*Emile*)和《社会契约论》(*The Social Contract*)都是在 1762 年问世的。《爱弥儿》是一本根据"自然"原则论教育的著作;假使里面不包含《一个萨瓦牧师的信仰自白》(*The Confession of Faith of a Savoyard Vicar*),当局本来会认为是无害的书,可是那一段"自白"提出了卢梭所理解的自然宗教的原理,是新旧教双方正统信仰都恼火的。《社会契约论》更带危险性,因为它提倡民主,否定王权神授说。这两本书虽然大大振扬了他的名声,却给他招来一阵风暴般的官方谴责。他只好逃离法国。日内瓦万万容不得他;①伯尔尼拒绝作他的避难所。最后弗里德里希大王可怜他,准许他在纳沙泰尔②附近莫底埃居住,该地是这位"圣王"的领地的一部分。在那里他住了三年;但是在这段时期终了(1765),莫底埃的乡民在牧师率领下,控告他放毒,并且打算杀害他。他逃到了英国去,因为休谟在 1762 年就提出来愿为他效力。

在英国最初一切顺利。他在社会上非常得志,乔治三世还给予了他一份年金。他几乎每天和柏克(E.Burke)见面,可是他们的交情不久就冷到让柏克说出这话的程度:"除虚荣心而外,他不抱任何原则,来左右他的感情或指导他的理智。"休谟对卢梭的忠诚最长久,说他非常喜爱他,可以彼此抱着友谊和尊重终生相处。

<sup>717</sup>

---

① 日内瓦市议会命令将这两种书焚毁,并且指示,若卢梭来到日内瓦,应予逮捕。法国政府发出逮捕他的命令;索保恩大学和巴黎的高等法院谴责了《爱弥儿》。

② 纳沙泰尔(Neuchatel)在瑞士西部边境。——译者

但是在这时候,卢梭很自然地患上了被害妄想狂,终究把他逼得精神错乱,于是他猜疑休谟是图害他性命的阴谋的代理人。有时候他会醒悟这种猜疑的荒唐无稽,他会拥抱休谟,高叫:"不,不! 休谟绝不是卖友的人!"对这话休谟(当然弄得非常窘)回答道:"Quoi,mon cher Monsieur!(什么,我亲爱的先生!)"但是最后他的妄想得胜了,于是他逃走了。他的暮年是在巴黎在极度贫困中度过的,他死的时候,大家怀疑到自杀上。

两人绝交以后,休谟说:"他在整个一生中只是有所感觉,在这方面他的敏感性达到我从未见过任何先例的高度;然而这种敏感性给予他的,还是一种痛苦甚于快乐的尖锐的感觉。他好像这样一个人,这人不仅被剥掉了衣服,而且被剥掉了皮肤,在这种情况下被赶出去和猛烈的狂风暴雨进行搏斗。"

这话是关于他的性格有几成和真相一致的最善意的概括。

卢梭的业绩中有许多东西不管在别的方面如何重要,但与哲学思想史无涉。他的思想只有两个部分我要稍许详细说一说;那两个部分是:第一,他的神学;第二,他的政治学说。

在神学上他作了一个大多数新教神学家现已承认的革新。在他之前,自柏拉图以来的每一个哲学家,倘若他信仰神,都提出支持其信仰的理智论据。① 这些论据在我们看来或许显得不大能够服人,我们可能感觉只要不是已经深信该结论真实的人,谁也不会觉得这些论据有力。但是提出这些论据的哲学家确实相信它们在逻辑上站得住,是应当使任何有充分哲学素质而无偏见的人确信神存在的那种论据。

718

---

① 巴斯卡尔必须除外。"心自有理性所不知的理"完全是卢梭的笔调。

敦促我们信奉神的现代新教徒,大部分都轻视老的"证明",把自己的信仰基础放在人性的某一面——敬畏情绪或神秘情绪、是非心、渴念之情等等上面。这种为宗教信仰辩护的方式是卢梭首创的;因为已经家喻户晓,所以现代的读者如果不费心思把卢梭和(譬如说)笛卡尔或莱布尼茨加以比较,多半会认识不到他有创见。

卢梭给一个贵族妇人写信说:"啊,夫人!有时候我独处书斋,双手紧扣住眼睛,或是在夜色昏暗当中,我认为并没有神。但是望一望那边:太阳在升起,冲开笼罩大地的薄雾,显露出大自然的绚烂惊人的景色,这一霎时也从我的灵魂中驱散全部疑云。我重新找到我的信念、我的神、和我对他的信仰。我赞美他、崇拜他,我在他面前匍匐低头。"

另有一次他说:"我信仰神和我相信其他任何真理是同样坚定的,因为信与不信断不是由我做主的事情。"这种形式的议论带私人性质,是其缺点;卢梭不由得不相信某件事,这并不成为另一人要相信那件事的理由。

他的有神论态度是十分断然的。有一次在一个宴会上因为圣朗贝尔(Saint Lambert)(客人之一)对神的存在表示了怀疑,他威胁要离席。卢梭怒声高叫:"Moi, Monsieur, je crois en Dieu! (我吗,先生,我是信神的!)"罗伯斯庇尔在所有事情上都是他的忠实信徒,在这方面也步他的后尘。"Fête de l'Etre Suprême"(太上主宰节)①想必会得到当年卢梭的衷心赞许。

①　罗伯斯庇尔为反对天主教教义及法国大革命中艾贝尔派的无神论,根据卢梭的《社会契约论》中的宗教思想,于 1794 年 5 月 7 日提出了"太上主宰信仰法令";6 月 8 日他主持了一个盛大的新宗教仪式,即所谓"太上主宰节"。——译者

《爱弥儿》第四卷里有一段插话《一个萨瓦牧师的信仰自白》，

719　是卢梭的宗教信条最明白而正式的声明。虽然这段自白自称是自
　　然之声向一个为了引诱未婚女子这种完全"自然的"过错①而蒙污
　　名的善良牧师所宣明的话，可是读者很诧异，他发觉自然之声一开
　　始讲话，满口是出自亚里士多德、圣奥古斯丁、笛卡尔等人的议论
　　的大杂烩。的确，这些议论都剥除了严密性和逻辑形式；这是以为
　　这一来讲这些议论便有了口实，而且也容许那位可敬的牧师说他
　　丝毫也不把哲学家的智慧放在心上了。

　　　《信仰自白》的后半部分不像前半部分那么促人想起以前的思
　　想家。该牧师在确信神存在以后，接着讨论为人之道。他讲："我
　　并不从高超的哲学中的原理推出为人之道，可是我在内心深处发
　　现为人之道，是'自然'用不可抹除的文字写下的。"由此他接着发
　　挥这种见解：良知在一切境况下总是正当行为的不误向导。他结
　　束这部分议论时说："感谢上天，如此我们便摆脱了整个这套可怕
　　的哲学工具；我们没有学问也能做人；由于免去了在研究道德上面
　　浪费生命，我们在人的各种意见所构成的广大无际的迷宫中便用
　　较低代价得到一个较为可靠的向导。"他主张，我们的自然感情指
　　引我们去满足公共利益，而理性则激励自私心。所以我们要想有
　　道德，只需不遵循理性而顺从感情。

　　　这位牧师把他的教义称作自然宗教，自然宗教是用不着启示
　　的；假使大家倾听了神对内心所说的话，世界上本来就只有一种宗

---

　　①　他在别处叙述一个萨瓦教士说的话："Un prêtre en bonne règle ne doif faire
des enfants qu'aux femmes mariées"（一个规矩端正的教士只应当跟已婚妇女生孩子）。

教。即使神特别对某些人作了默示，那也只有凭人的证明才能够知道，而人的证明是可能错误的。自然宗教有直接启示给各个人的优点。

有一段关于地狱的奇文。该牧师不知道恶人是不是要受永罚苦难，他有几分傲然地说，恶人的命运并不引起他的很大关心；但是大体上，他偏于这个看法：地狱的痛苦不是永绵不尽的。不管尽不尽，反正他确信得救不局限于任何一个教会的成员。

使法国政府和日内瓦市议会那样深感震惊的，大概就是否定启示和地狱了。

排斥理性而支持感情，在我认为不是进步。实际上，只要理性似乎还站在宗教信仰的一边，谁也不想到这一招。在卢梭当时的环境里，像伏尔泰所主张的那种理性是和宗教对立的，所以，要轰走理性！何况理性是奥妙难懂的东西；野蛮人甚至吃过了饭都不能理解本体论证明，然而野蛮人却是一切必要智慧的宝库。卢梭的野蛮人——那不是人类学家所知道的野蛮人——乃是个良夫慈父；他没有贪婪，而且抱有一种自然仁慈的宗教信仰。这种野蛮人倒是个方便人儿，但是假如他能理解了那位好牧师信仰神的种种理由，他知道的哲学想必要比我们料想他那样纯朴天真的人所能知道的多一些。

撇开卢梭的"自然人"的虚构性质不谈，把关于客观事实的信念的依据放在内心情感上，这做法有两点缺陷。一点是：没有任何理由设想这种信念会是真实的；另一点是：结果产生的信念就会是私人信念，因为心对不同的人诉说不同的事情。有些野蛮人凭"自然之光"相信吃人是他们的义务，甚至伏尔泰笔下的野蛮人，虽然理性之声使他们认为只应当吃耶稣会士，也不算满惬意的。对于佛教徒，自然之光并不启示上帝存在，但的确宣示吃动物的肉是不对的。但是即使心对所有的人诉说了同样事情，那也不足以成为我们自己的情感以外存在着什么事物的证据。不管我或者全人类如何热烈想望某种事物，不管这种事物对人的幸福多么必要，那也不成其为认定这种事物存在的理由。保证人类要幸福的自然律是没有的。人人能了解，这话是符合我们的现世生活的，但是由于一种奇妙的牵强附会，恰恰就是我们今生的苦痛被说成了来世生活较好的道理。我们切不可把这种道理运用到其他方面。假若你向一个人买了十打鸡蛋，头一打全是臭的，你总不会推断下余九打一定其好无比；然而，这却是"内心"当作对我们在人世间的苦痛的安慰而鼓励人作的那种推理。

在我来说，我宁愿要本体论证明、宇宙论证明以及老一套货色里的其他东西，也不喜欢发源于卢梭的滥弄感情的不逻辑。老式的议论至少说是正经的，如果确实，便证明了它的论点；如果不确实，也容许任何批评者证明它不确实。但是新派的内心神学免掉议论；这种神学是驳不了的，因为它并不自称证明它的论点。其实，为承认这种神学而提出的唯一理由就是它容许我们沉溺在愉快的梦想中。这是个不足取的理由，假如在托马斯·阿奎那和卢梭之间我必得选一个，我会毫不犹豫地选择那位圣徒。

卢梭的政治学说发表在1762年出版的他的《社会契约论》里。这本书和他的大部分作品在性质上大不相同；书中没有多少滥弄感情，而有大量周密的理智议论。它里面的学说虽然对民主政治献嘴皮殷勤，倒有为极权主义国家辩护的倾向。但是日内瓦和古代共同促使他喜欢城邦,而不喜欢法国和英国之类的大帝国。在里封上他把自己称为"日内瓦公民",而且他在引言中说:"我生为自由邦的公民,自主国的一员,所以我感觉,不管我的意见对公众事务起的影响多么微弱,由于我对公众事务有投票权,研究这些事务便成了我的本分。"书中屡次以颂扬口吻提到普鲁塔克的《莱库格斯传》里所写的那样的斯巴达。他说民主制在小国最理想,贵族政治在半大不大的国家最理想,君主制在大国最理想。但是必须知道,依他的意见小国尤为可取,这一部分也是因为小国比较行得通民主政治。他说到民主政治,所指的意思如同希腊人所指的,是每一个公民直接参政;他把代议制政体称作"选举制贵族政治"。因为前者在大国不可能实现,所以他对民主政治的赞扬总暗含着对城邦的赞扬。对城邦的这种爱好,依我看来在大部分关于卢梭政治哲学的介绍文字里都强调得不够。

虽然这书整个地说远远不像卢梭的大多数作品华丽浮夸,但是第一章就是以一段极有力的辞藻起首的:"人生来自由,而处处都在枷锁中。一个人自认为是旁人的主子,但依旧比旁人更是奴隶。"自由是卢梭思想的名义目标,但实际上他所重视的、他甚至牺牲自由以力求的是平等。

他的社会契约概念起初好像和洛克的类似,但不久就显出比较近乎霍布士的概念。在从自然状态向前发展的过程中,个人不能再自己维持原始独立的时候到来了;这时为了自我保全就有了联合起来结成社会的必要。然而我如何能够不伤我的利益而保证我的自由呢?"问题是找出这样一种结社:它要用全部群力去防御和保护每个结社成员的人身和财物,而且其中每个人虽然与所有

257

人联合起来,却仍旧可以单独服从自己,和以前还是一样自由。这就是以社会契约为其解决办法的那个根本问题。"

该契约即是"每个结社成员连同自己的一切权利完全让渡给全社会;因为首先,由于每个人绝对地献出自己,所有人的境况便都相同了;既然如此,谁也没有兴趣让自己的境况给别人造成负担。"这种让渡应当是无保留的:"假若个人保留下某些权利,由于没有共同的长上在个人和公众之间作出裁决,每个人既然在某一点上是自己的法官,会要求在所有各点上如此;自然状态因而会继续下去,这种结社必然会成为不起作用的或暴虐专横的。"

这话含有完全取消自由和全盘否定人权说的意思。的确,在后面一章中,把这理论作了某种缓和化。那里说,虽然社会契约赋予国家对它的一切成员的绝对权力,然而人仍有他做人的自然权利。"主权者不能给国民强加上任何于社会无益的束缚,它甚至连想要这样做也不可能想。"但是什么于社会有益或无益,主权者是唯一的判定者,可见,这样给集体暴政只加上了极薄弱的对立障碍。

必须注意,在卢梭,"主权者"指的不是君主或政府,而是作为集体和立法者的社会。

社会契约能够用以下的话来叙述:"我们每人把自己的人身及全部力量共同置于总意志的最高指导之下,而我们以法人的资格把每个成员理解为整体的不可分割的一部分。"这种结社行为产生一个道德的、集合的团体,该团体在被动的场合称"国家",在主动场合称"主权者",在和其他与己类似的团体的关系上称"列强之一"。

以上对社会契约的表述里出现的"总意志"这个概念,在卢梭的体系中占非常重要的地位。关于这个概念,下面我即将还有话要讲。

　　据主张,主权者不必向国民作任何保证,因为它既然是由组织它的那些个人构成的,不能有同他们的利害相反的利害。"主权者仅仅凭它实际是什么,就一定应当是什么。"这个论调对不注意卢梭的颇特殊的术语用法的读者来说是容易造成误解的。主权者并不是政府,政府他承认可能是专制的;主权者是个多少有些形而上的实体,是国家的任何有形机关未充分体现的。所以,即使承认它完美无缺,也没有想来会有的实际后果。

　　主权者的这种永远正确的意志即"总意志"。每个公民作为公民来说分担总意志,但是作为个人来说,他也可以有与总意志背驰的个别意志。社会契约不言而喻谁拒不服从总意志,都要被逼得服从。"这恰恰是说他会被逼得自由。"

　　这种"被逼得自由"的概念非常玄妙。伽利略时代的总意志无疑是反哥白尼学说的;异端审判所强迫伽利略放弃己见时,他"被逼得自由"了吗?莫非连罪犯被关进监狱时也"被逼得自由"了?想想拜伦写的海盗吧:

　　　　在蓝色深海的欢乐的波涛上,

　　　　我们的思想也无边无际,我们的心怀

　　　　也自由得如大海一样。

　　这人在土牢里会更"自由"吗?事情怪就怪在拜伦笔下的高贵海盗是卢梭的直接结果,然而在上面这段文字里卢梭却忘掉了他的浪漫主义,讲起话来像个强词夺理的警察。深受卢梭影响的黑格尔,采纳了他对"自由"一词的误用,把自由定义成服从警察的权利,或什么与此没大差别的东西。

卢梭没有洛克及其门徒所特有的对私有财产的那种深切尊重。"国家在对它的成员的关系上,是他们的全部财产的主人。"他也不相信像洛克和孟德斯鸠所鼓吹的那种权能分立。不过在这点上,也和在其他若干点上一样,他后来的详细讨论和前面的一般原则是不尽一致的。在第三卷第一章里他说,主权者的职责限于制定法律,行政部门即政府,是设立在国民和主权者之间来确保二者相互呼应的中间团体。他接着说:"假若主权者欲执掌政务,或行政长官想立法,或者假如国民拒绝服从,混乱就要代替秩序,于是……国家陷入专制政治或无政府状态。"如果考虑到用字上的差别,在这句话里他似乎和孟德斯鸠意见一致。

我现在来讲总意志说,这学说很重要,同时也含糊不清。总意志不等于过半数人的意志,甚至和全体公民的意志也不是一回事。好像把它理解为属于国家这东西本身的意志。如果我们采取霍布士的市民社会即是一个人这种看法,我们必须假定它赋有人格的种种属性,包括意志在内。可是这样一来我们就面临一个困难,即要断定这意志的有形表现是什么,关于这件事卢梭未加以说明。据他讲,总意志永远正当,永远有助于公共利益;但是,并不见得人民的评议同样正确,因为全体人的意志与总意志常常有很大分歧。那么,我们怎么能知道总意志是什么呢? 在同一章内,有一段像是解答似的话:

"在供给人民适当资料进行评议时,若公民彼此不通声气,则诸细小分歧的总和永远会产生总意志,所作的决定也永远是好的。"

卢梭心中的想法好像是这样：每个人的政治意见都受自私自利心的支配，但是自私自利心由两部分组成，一部分是个人所特有的，而另一部分是社会的全体成员通有的。如果公民们没有彼此帮衬的机会，他们个人的利益因为你东我西，便会抵消，会剩下一<sup>725</sup>个结果，就代表他们的共同利益；这个结果即总意志。卢梭的概念或许可以借地球引力来说明。地球的每一个质点朝自己吸引宇宙中每一个其他质点；在我们上面的空气吸引我们向上，而在我们下面的大地吸引我们向下。然而所有这些"自私的"引力只要相异就彼此抵消了，剩下的是一个朝向地心的合引力。在幻想上不妨把这理解为当作一个社会看待的地球的作用，理解为地球的总意志的表现。

说总意志永远正当，无非是说因为它代表各色公民的自私自利心当中共通的东西，它必定代表该社会所能做到的对自私自利心的最大集体满足。这样解释卢梭的意思，比我向来能想出的其他任何解释①似乎都更符合他的原话。

依照卢梭的看法，实际上对总意志的表现有碍的是国家内部存在着下级社团。这些社团要各有自己的总意志，和整体社会的总意志可能抵触。"那样就可以说，不再是有多少人投多少张票，而是有多少社团便只投多少票。"由此得出一个重要结论："所以，若要总意志得以表现，必要的是在国家内部不可有部分性社会，而

---

① 例如，"全体人的意志与总意志之间常常有很大差别：后者只考虑公共利益；前者注意私人利益，无非是诸个别意志的总和；但是从这些个别意志中除去彼此对消的盈余或不足，剩下那些差别的总和即总意志。"

且每个公民应只想自己的思想：这真是伟大的莱库格斯所确立的崇高无伦的制度。"在一个脚注中卢梭引了马基雅弗利的话来支持自己的意见。

我们看这样的制度实际上会必然造成什么情况。国家要禁止教会（国家教会除外）、政党、工会以及有相同经济利害的人们所组成的其他一切组织。结果显然就是个体公民毫无权力的一体国家即极权726国家。卢梭似乎领会到禁止一切社团也许难办，所以又添上一句补充的话：假如下级社团非有不可，那么愈多愈好，以便彼此中和。

他在书的后一部分中讨论到政府时，认识到行政部门必然是一个有自己的利益和总意志的社团，这利益和总意志多半会和社会的利益和总意志矛盾。他说，大国的政府虽然需要比小国的政府强有力，但是也更需要通过主权者制约政府。政府的一个成员具有三种意志：他的个人意志、政府的意志及总意志。这三者应当合成 crescendo（渐强音），但事实上通常合成 diminuendo（渐弱音）。并且，"事事都协同从获有支配他人之权的人身上夺走正义感和理性。"

因而，尽管"永远坚定、不变和纯洁的"总意志无过无误，所有那些如何躲避暴政的老问题依然存在。关于这类问题卢梭要讲的话，不是偷偷重复孟德斯鸠的说法就是坚持立法部门至上；立法部门若是民主的立法部门，就等于他所说的主权者。他最初所提的、他说得俨然解决了种种政治问题的那些一般大原则，等他一俯就细节问题时便无影无踪，原来那些原则对解决细节问题是毫无贡献的。

由于此书受了当时反动派的谴责，结果现代的读者本指望书中会见到比它实际含有的学说远为彻底的革命学说。可以拿关于民主政治的言论来说明这一点。我们已经讲过，卢梭使用民主政治一词时他所指的意思是古代城邦的直接民主制。他指出，这种民主制绝不能完全实现，因为国民无法总是聚集起来，总是忙于公务。"假使真有由众神而成的国民，他们的政府就会是民主的。这样完美的政府不是人类分内的东西。"

我们所说的民主政治，他称作"选举制贵族政治"；他说，这是一切政体之中最好的，但不是适于一切国家。气候必须既不很热也不很冷；物产不可超出必要量过多，因为若超出过多，奢华恶习势在难免，这种恶习限于君主和他的宫廷比弥漫在全民中要好。727由于有这些限制，给专制政体便留下广大的存在范围。然而，他提倡民主政治，尽管有种种限制，当然是让法国政府对此书恨入骨髓的一个原因；另一个原因大概是否定王权神授说，因为把社会契约当作政治起源的学说暗含着否定王极神授的意思。

《社会契约论》成了法国大革命中大多数领袖的圣经，但是当然也和《圣经》的命运一样，它的许多信徒并不仔细读它，更谈不上理解它。这本书在民主政治理论家中间重新造成讲形而上的抽象概念的习气，而且通过总意志说，使领袖和他的民众能够有一种神秘的等同，这是用不着靠投票箱那样世俗的器具去证实的。它的哲学有许多东西是黑格尔为普鲁士独裁制度辩护时尽可以利用的。① 它在实际上的最初收获是罗伯斯庇尔的执政；俄国和德国

---

① 黑格尔选中了总意志与全体人的意志的区别，特别加以称颂。他说："卢梭当初假使把这点区别总放在心上，他对国家理论本来会有更充实的贡献。"（《大逻辑学》，第 163 节。）

（尤其后者）的独裁统治一部分也是卢梭学说的结果。至于未来还要把什么进一步的胜利献给他的在天之灵，我就不敢预言了。

# 第二十章　康德

## 第一节　德国唯心论一般

十八世纪的哲学处于英国经验主义派的支配之下，洛克、贝克莱和休谟可以看成是这派的代表人物。在这些人身上存在着一种他们自己似乎一向不知道的矛盾，即他们的精神气质和他们的理论学说的倾向之间的矛盾。按精神气质来讲，他们是有社会心的公民，绝不一意孤行，不过分渴望权势，赞成在刑法许可的范围内人人可以为所欲为的宽容社会。他们都和蔼可亲，是通达世故的人，温文尔雅、仁慈厚道。

但是，虽然他们的性情是社会化的，他们的理论哲学却走向主观主义。主观主义并不是一个新倾向；在古代晚期就存在过，在圣奥古斯丁身上最为坚断；到近代，笛卡尔的 cogito（我思）使它复活了，而在莱布尼茨的无窗单子说里便达到了暂时的顶点。莱布尼茨相信，即使世界的其他部分绝灭了，他自己经验里的一切也会不改变；尽管如此，他还是致力于旧教教会与新教教会的再统一。类似的自相矛盾也出现于洛克、贝克莱和休谟。

在洛克，自相矛盾还是在理论上。由前面的一章我们知道，洛克一方面讲："因为心灵在其一切思维与推理方面，除只有自己默省或能默省的各个观念而外别无直接对象，所以很明白，我们的认识只和这些观念有关。"又说:"认识即关于二观念相符或不符的知觉。"然而,他仍主张我们有三类关于实在的存在的知识:关于我们自己的存在,直觉知识;关于神的存在,论证知识;关于呈现于感官的事物,感觉知识。他主张,单纯观念是"事物按自然方式作用于心灵上的产物"。这点他怎样知道的,他不解释;这主张的确超出"二观念相符或不符"以外了。

贝克莱朝着结束这种自相矛盾走了重要的一步。在他说来,只存在心及其表象;外部的物界废除了。但是他仍旧未能理解他由洛克继承下来的认识论原理的全部后果。假使他完全前后一贯,他就会否定关于神的知识和关于他自己的心而外的一切心的知识了。作为一个教士和过社会生活的人,他的感情阻止他作这样的否定。<sup>729</sup>

休谟在追求理论一贯性上毫无所惧,但是他感不到让他的实践符合他的理论的冲动。休谟否定了自我,并且对归纳和因果关系表示怀疑。他认可贝克莱废除物质,但是不认可贝克莱以神的表象为名所提出的代替品。固然,他和洛克一样,不承认任何不具有前行印象的单纯观念,而且无疑他把"印象"想象成因为心外的什么东西,结果直接使心有的一种心的状态。然而他无法承认这是"印象"的定义,因为他对"因为……,结果……"这个概念是有异议的。我很怀疑他或他的门徒是不是曾经清楚认识到关于印象的这个问题。很明显,依他的看法,"印象"既然不能据因果关系下定义,恐怕就得借它和"观念"赖以区别的某种内在特性来定义了。因此他便不能主张印象产生关于在我们外面的事物的知识,这是洛克曾主张的,也是贝克莱以一种修正形式主张过的。所以，他本来应当认为自己被关闭在一个唯我主义的世界里，除他自己的心灵状态及各心灵状态的关系以外，一概不知。

休谟通过他的前后一贯性，表明了经验主义若做到它的逻辑终局，就产生很少有人能承认的结果，并且在整个科学领域里废除掉理性相信和盲从轻信的区别。洛克预见到了这种危险。他借一个假想批评者的口，发出以下的议论："假若认识在于观念之间的相符，那么热狂者和理智清醒的人就处在同一个等位上了。"洛克生当大家对"热忱"已经厌倦的时代，不难使人们相信他对这种批评的答复是妥善的。卢梭在众人又转而对理性渐渐有了厌倦的时候登场，使"热忱"复苏，而且承认了理性破产，允许感情去决断理智存疑不决的问题。从1750年到1794年，感情的发言越来越响 730 亮；最后，至少就法国而论，"热月"①使感情的凶猛的宣讲暂时终止。在拿破仑底下，感情和理智同样都弄得哑不则声。

在德国，对休谟的不可知论的反作用所采取的形式比卢梭原先加给它的形式要深刻得多，精妙得多。康德、费希特和黑格尔发展了一种新哲学，想要它在十八世纪末年的破坏性学说当中保卫知识和美德。在康德，更甚的是在费希特，把始于笛卡尔的主观主义倾向带到了一个新的极端；从这方面讲，最初并没有对休谟的反作用。关于主观主义，反作用是从黑格尔开始的，因为黑格尔通过他的逻辑，努力要确立一个脱开个人、进入世界的新方法。

---

① "热月"（Thermidor）是法国革命历的第十一月，相当于阳历七月十九日至八月十七日。1794年热月九日（七月二十七日），法国发生了反革命政变，推翻罗伯斯庇尔的专政。——译者

德国的唯心论全部和浪漫主义运动有亲缘关系。这种关系在费希特很明显，在谢林（Schelling）更加明显；在黑格尔最不明显。

德国唯心论的奠基者康德，虽然关于政治问题也写了若干有趣的论文，他本人在政治上是不重要的。反之，费希特和黑格尔都提出了一些对历史进程曾有过深刻影响，而且现在仍有深刻影响的政治学说。若不先研究一下康德，对这两人就都不能了解，所以在本章里讲一讲康德。

德国的唯心论者有某些共同的特征，在开始详细讨论之前可以一提。

对认识的批判，作为达成哲学结论的手段，是康德所强调的、他的继承者所接受的。强调和物质相对立的精神，于是最后得出唯独精神存在的主张。猛烈排斥功利主义的伦理，赞成那些据认为由抽象的哲学议论所证明的体系。存在着一种从以前的法国和英国的哲学家们身上见不到的学究气味；康德、费希特和黑格尔是大学教授，对着学术界的听众说教，他们都不是对业余爱好者讲演的有闲先生。虽然他们起的作用一部分是革命的，他们自己却不是故意要带颠覆性；费希特和黑格尔非常明确地尽心维护国家。所有这些人的生活是典范的学院生活；他们关于道德问题的见解是严格正统的见解。他们在神学上作了革新，然而是为了宗教而革新。 731

有了这几句引话，我们再回过来研究康德。

## 第二节　康德哲学大意

伊曼努尔·康德（Immanuel Kant，1724—1804），一般认为是

近代哲学家当中最伟大的。我个人不能同意这种评价,但是若不承认他非常重要,也可说是愚蠢无知。

康德整个一生住在东普鲁士的柯尼斯堡,或柯尼斯堡附近。虽然他经历了七年战争(有一段时期俄国人占领东普鲁士)、法国大革命以及拿破仑生涯的初期,他的外在生活却是学院式的、完全平稳无事的。他受的教育是武尔夫派传述的莱布尼茨哲学,但是有两个影响力量,即卢梭和休谟,使他放弃了这种哲学。休谟通过对因果性概念的批判,把他从独断的睡梦中唤醒过来——至少他这样讲;但是唤醒只不过是暂时的,他不久就发明了一种让他能够再入睡的催眠剂。在康德说,休谟是个必须予以驳斥的敌手,然而卢梭对他的影响却比较深。康德是一个生活习惯十分有规律的人,大家惯常根据他做保健散步经过各人门前的时间来对表,但是有一回他的时间表打乱了几天;那是他在读《爱弥儿》的时候。他说读卢梭的书他得读几遍,因为在初读时文笔的美妨害了他去注意内容。虽然康德素来受的教养是虔诚者的教养,但他在政治和神学双方面都是自由主义者;直到恐怖时代为止,他对法国大革命向来是同情的,而且他是一个民主主义的信仰者。由后文可知,他的哲学容许诉之于感情,反抗理论理性的冷酷指令;少许夸张一点说,这不妨看成是"萨瓦牧师"的一个学究式的翻版。他所提的应当把人人看成本身即是目的这条原则,是人权说的一种;从他讲的以下一句(关于成人又关于儿童的)话里流露出他酷爱自由:"再没有任何事情会比人的行为要服从他人的意志更可怕了。"

康德的早期著作比较多涉及科学,少关系到哲学。里斯本地震之后,他执笔讨论了地震理论;他写过一个关于风的论著,还有一篇关于欧洲的西风是否因为横断了大西洋所以多含水汽的问题的短文。自然地理是他大感兴趣的一门学科。

康德的科学著作中最重要的是他的《自然通史与天体理论》(*General Natural History and Theory of the Heavens*)(1755),这本书在拉普拉斯星云假说以前倡导星云假说,论述了太阳系的一个可能起源。这个著作的若干部分带有一种显著的密尔顿式的庄严。此书有首创一个确有成果的假说的功绩,但是没有像拉普拉斯那样提出支持该假说的郑重道理。他的假说一部分纯粹是空想的东西,例如所有行星都有人居住,最远的行星上有最优秀的居民之说;这种见解为地球谦虚,应当称赞,但是并没有任何科学根据。

康德有一段他一生中最为怀疑主义者的议论所苦的时期,当时他写了一本奇妙著作叫《一个睹灵者的梦,以形而上学的梦为例证》(*Dreams of a Ghost-seer, Illustrated by the Dreams of Metaphysics*)(1766)。"睹灵者"就是瑞典宝利,他的神秘主义体系曾以一部庞然巨著公之于世,这书共售出了四部,有三部买主不明,一部卖给了康德。康德把瑞典宝利的体系称为"异想天开的"体系;他半严肃半开玩笑地表示,瑞典宝利的体系或许并不比正统的形而上学更异想天开。不过,他也不完全藐视瑞典宝利。他的神秘主义的一面是存在的,虽然在著作中不大表现;他的这一面赞美了瑞典宝利,他说他"非常崇高"。

他像当时所有旁的人一样,写了一个关于崇高与美的论著。夜是崇高的,白昼是美的;海是崇高的,陆地是美的;男人是崇高的,女人是美的;如此等等。

《英国百科全书》上说:"因为他从来没结婚,他把热心向学的青年时代的习气保持到了老年。"我倒真想知道这个条目的笔者是独身汉呢，还是个结了婚的人。

康德的最重要的书是《纯粹理性批判》(*The Critique of Pure Reason*)(第一版,1781 年;第二版,1787 年)。这部著作的目的是要证明,虽然我们的知识中没有丝毫能够超越经验,然而有一部分仍旧是先天的,不是从经验按归纳方式推断出来的。我们的知识中是先天的那一部分,依他讲不仅包含逻辑,而且包含许多不能归入逻辑,或由逻辑推演出来的东西。他把莱布尼茨混为一谈的两种区别划分开。一方面,有"分析"命题和"综合"命题的区别;另一方面,有"先天"命题和"经验"命题的区别。关于这两种区别,各需要讲一讲。

"分析"命题即谓语是主语一部分的命题;例如"高个子的人是人"或"等边三角形是三角形"。这种命题是矛盾律的归结;若主张高个子的人不是人,就会自相矛盾了。"综合"命题即不是分析命题的命题。凡是我们通过经验才知道的命题都是综合命题。例如,仅凭分析概念,我们不能发现像"星期二是下雨天"或"拿破仑是个伟大的将军"之类的真理。但是康德跟莱布尼茨和以前所有的其他哲学家不同,他不承认相反一面,就是说一切综合命题通过经验才知道。这就使我们接触到上述两种区别中的第二种区别。

"经验"命题就是除借助于感官知觉而外我们无法知道的命题,或是我们自己的感官知觉,或是我们承认其证明的另外某人的感官知觉。历史上和地理上的事实属于这一类;凡是在我们对科学定律的真实性的认识要靠观测资料的场合,科学上的定律也属于这一类。反过来说,"先天"命题是这样的命题:由经验虽然可以

733

把它抽引出来,但是一旦认识了它,便看出它具有经验以外的其他基础。小孩学算术时,经验到两块小石子和另外两块小石子,观察到他总共在经验着四块小石子,可以这样帮助他去学。但是等他理解了"二加二等于四"这个一般命题,他就不再需要由实例来对证了;这命题具有一种归纳绝不能赋予一般定律的确实性。纯数学里的所有命题按这个意义说都是先天的命题。

休谟曾证明因果律不是分析的,他推断说我们无法确信其真实性。康德承认因果律是综合的这个意见,但是仍旧主张因果律是先天认识到的。他主张算术和几何学是综合的,然而同样是先天的。于是康德用这样的词句来叙述他的问题:

如何可能有先天的综合判断? 734

对这个问题的解答及其种种结论,构成《纯粹理性批判》的主题。

康德对此问题的解决办法,是他非常自信的解决办法。他寻求这个解决办法费了十二年工夫,但是在他的理论既然成了形之后,只用几个月就把他的整个一部大书写成了。在第一版序言中他说:"我敢断言,至今未解决的,或者至少尚未提出其解决关键的形而上学问题一个也没有了。"在第二版序言里他自比哥白尼,说他在哲学中完成了一个哥白尼式的革命。

据康德的意见,外部世界只造成感觉的素材,但是我们自己的精神装置把这种素材整列在空间和时间中,并且供给我们借以理解经验的种种概念。物自体为我们的感觉的原因,是不可认识的;物自体不在空间或时间中,它不是实体,也不能用康德称之为"范畴"的那些其他的一般概念中任何一个来描述。空间和时间是主观的,是我们知觉的器官的一部分。但是正因为如此,我们可以确信,凡是我们所经验的东西都要表现几何学与时间科学所讲的那些特性。假若你总戴着蓝色眼镜,你可以肯定看到一切东西都是蓝的(这不是康德举的例证)。同样,由于你在精神上老是戴着一副空间眼镜,你一定永远看到一切东西都在空间中。因此,按几何学必定适用于经验到的一切东西这个意义来讲,几何学是先天的;但是我们没有理由设想与几何学类似的什么学适用于我们没经验到的物自体。

康德说,空间和时间不是概念,是"直观"(intuition)的两种形式。("直观"德文原字是"Anschauung",照字面讲是"观看"或"观察"的意思。英文中"intuition"一字虽然成了定译,却并不完全是一个圆满的译法。)不过,先天的概念也是有的,那就是康德从三段论法的各个形式引申出来的十二个"范畴"。十二个范畴每三个一组分为四组:(1)关于量的:单一性、复多性、全体性;(2)关于质的:实在性、否定性、限制性;(3)关于关系的:实体与偶性、原因与结果、交互作用;(4)关于样式的:可能性、存在性、必然性。空间和时间在某种意义上是主观的,按同样意义讲,这些范畴也是主观的——换句话说,我们的精神构造是这样的:使得这些范畴对于凡是我们所经验到的事物都可以适用,但是没有理由设想它们适用于物自体。不过,关于"原因",有一处自相矛盾;因为康德把物自体看成是感觉的原因,而自由意志他认为是空间和时间中的事件的原因。这种自相矛盾并不是偶然疏忽,这是他的体系中一个本质部分。

《纯粹理性批判》的一大部分内容是从事说明由于把空间和时

272

间或各范畴应用于未经验到的事物而产生的种种谬见。康德主张，这一来，我们就发现自己困于"二律背反"——也就是说，困于两个相互矛盾的命题，每个都是显然能够证明的。康德举出四种这样的二律背反，各是由正题和反题组成的。

在第一种二律背反里，正题是："世界在时间上有一个起点，就空间来说，也是有限的。"反题是："世界在时间上没有起点，在空间上没有界限；就时间和空间双方面来说，它都是无限的。"

第二种二律背反证明每一个复合实体既是由单纯部分做成的，又不是由单纯部分做成的。

第三种二律背反的正题主张因果关系有两类，一类是依照自然律的因果关系，另一类是依照自由律的因果关系；反题主张只有依照自然律的因果关系。

第四种二律背反证明，既有又没有一个绝对必然的存在者。

《批判》的这一部分对黑格尔有了极大影响，所以黑格尔的辩证法完全是通过二律背反进行的。

在著名的一节里，康德着手把关于神存在的所有纯属理智上的证明一律摧毁。他表明他另有信仰神的一些理由；这些理由他后来要在《实践理性批判》（*The Critique of Practical Reason*）里讲述。但是暂时他的目的纯粹是否定性的。

他说，靠纯粹理性的神存在证明只有三个；三个证明即本体论证明、宇宙论证明和物理神学证明。

按他的叙述，本体论证明把神定义成 ens realissimum（最实在的存在者）；也就是绝对属于存在的一切谓语的主语。相信此证明妥实有据的那些人主张，因为"存在"是这样的谓语，所以这个主 <sup>736</sup>

语必定有"存在"作谓语,换句话说,必定存在。康德提出存在不是谓语作为反对理由。他说,我纯粹想象的一百个塔拉①,和一百个真塔拉可以有全部的同样谓语。

宇宙论证明讲:假如有什么东西存在,那么绝对必然的存在者必定存在;既然我知道我存在;所以绝对必然的存在者是存在的,而且那一定是 ens realissimum(最实在的存在者)。康德主张,这个证明中的最后一步是本体论证明的翻版,所以这个证明也被上面已经讲过的话驳倒了。

物理神学证明就是大家熟悉的意匠说论证,但是罩上一件形而上学外衣。这证明主张宇宙显示出一种秩序,那是存在着目的的证据。康德怀着敬意讨论这个证明,但是他指出,充其量它只证明有一位"设计者",不证明有"造物主",因此不能给人一个适当的神概念。他断定"唯一可能有的理性神学就是以道德律为基础的,或谋求道德律指导的神学"。

他说,神、自由和永生是三个"理性的理念"。但是,纯粹理性虽然使得我们形成这些理念,它本身却不能证明这些理念的实在性。这些理念的重要意义是实践上的,即与道德是关联着的。纯然在理智方面使用理性,要产生谬见;理性的唯一正当行使就是用于道德目的。

理性在实践上的行使在《纯粹理性批判》近尾有简单论述,在《实践理性批判》(1786)中作了比较详尽的发挥。论点是:道德律要求正义,也就是要求与德性成比例的幸福。只有天意能保证此

①　塔拉(thaler)是一种德国旧银币。——译者

事,可是在今世显然没有保证了这一点。所以存在神和来世;而且自由必定是有的,因为若不然就会没有德性这种东西了。

康德在他的《道德形而上学》(*Metaphysic of Morals*)(1785)中所揭述的伦理体系,有相当大的历史意义。这本书里讲到"定言令式",这术语至少作为一个短语来讲,在专业哲学家的圈子以外也是大家熟知的。可以料到,康德跟功利主义,或跟任何把道德本身以外的某个目的加到道德上去的学说,不要有丝毫牵涉。他说,他需要"一种不夹杂半点神学、物理学或超物理学的完全孤立的道德形而上学"。他接着说,一切道德概念都完全先天地寓于理性,发源于理性。人出于一种义务感而行动,才存在道德价值;行动像义务本可能指定的那样,是不够的。出于自私自利而诚实的生意人,或出于仁爱冲动而助人的人,都不算有德。道德的真髓应当从规律概念引申出来;因为虽说自然界的一切都按规律而行动,可是只有理性生物才有按规律的理念而行动、即凭意志而行动的能力。客观的原则这一理念,就它对意志有强制性而言,称作理性的命令,而命令的程式叫令式。

有两种令式:说"如果你想要达到如此这般的目的,就必须这样那样地做",是假言令式;说某种行动与任何目的无关,总是客观必然的,是定言令式。定言令式是综合的和先天的。康德从规律概念推出它的性质:

"我一想到一个定言令式,就立刻知道它包含着什么。因为除规律以外,该令式所包含的只有准则要和此规律一致的必要性,但是此规律并不包含限制它自己的条件,所以剩下的仅是规律的一般普遍性,行为准则应符合这普遍性,唯有这种符合才把该令式表

737

现为必然的。因此,定言令式只有一个,实际上即:只按照那样一个准则去行动,凭借这个准则,你同时能够要它成为普遍规律。"或者说:"如此去行动:俨然你的行为准则会通过你的意志成为普遍自然律似的。"

作为说明定言令式的作用的一个实例,康德指出借钱是不对的,因为假使大家都打算借钱,就会剩不下钱可借。依同样方式能够说明盗窃和杀人是定言令式所谴责的。但是也有一些行为,康德必定会认为是不对的,然而用他的原则却不能说明它不对,例如自杀;一个患忧郁病的人完全可能想要人人都自杀。实际上,康德的准则所提的好像是美德的一个必要的标准,而不是充分的标准。

738 要想得到一个充分的标准,我们恐怕就得放弃康德的纯形式的观点,对行为的效果作一些考虑。不过康德却断然地讲,美德并不决定于行为的预期结果,而决定于行为本身为其结果的那条原则;假如承认了这点,那么就不可能有比他的准则更具体的准则了。

康德主张,我们应这样行动,即把每一个人当作本身即是目的来对待,固然康德的原则似乎并不必然伴有这个结论。这可以看作人权说的一个抽象形式,所以也难免同样的非议。如果认真对待这条原则,只要两个人的利害一有冲突,便不可能达成决定。这种困难在政治哲学中特别明显,因为政治哲学需要某个原则,例如过半数人优先,据该原则,某些人的利益在必要时可以为了他人的利益而牺牲。假如还要有什么政治伦理,那么政治的目的必须是一个,而和正义一致的唯一目的就是社会的幸福。不过,也可能把康德的原则解释成不指每个人是绝对的目的,而指在决定那种影响到许多人的行动时,所有人都应当同样算数。如此解释起来,这原则可以看作为民主政治提出了伦理基础。按这种解释，它就遭不到上述非议了。

康德在老年时代的精力和清新的头脑表现在他的《永久和平论》(*Perpetual Peace*)(1795)上。在这本著作中，他倡导各自由国家根据禁止战争的盟约结成的一种联邦。他讲，理性是完全谴责战争的，而只有国际政府才能够防止战争。联邦的各成员国的内部政体应当是"共和"政体，但是他把"共和"这个词定义成指行政与立法分离的意思。他并不是说不应当有国王；实际上，他倒讲在君主制下面最容易获得尽善尽美的政府。这书是在恐怖时代的影响之下写的，所以他对民主制抱着怀疑；他说，民主制必然是专制政治，因为它确立了行政权。"执行自己的政策的所谓'全民'，实在并不是全体人，只是过半数人；于是在这点上普遍意志便自相矛盾，而且与自由原则相矛盾。"这话的措辞用语流露出卢梭的影响，但是世界联邦 <sup>739</sup> 作为保障和平的手段这种重要思想不是从卢梭来的。

从 1933 年①以来，因为这本著作，康德在本国不受欢迎了。

## 第三节　康德的空间和时间理论

《纯粹理性批判》的最重要部分是空间和时间的学说。在本节中，我打算把这个学说作一个批判性的考察。

把康德的空间和时间理论解释清楚是不容易的，因为这理论本身就不清楚。《纯粹理性批判》和《绪论》(*Prolegomena*)②中都

---

① 希特勒上台的一年。——译者

② 书原名甚长，英译本叫《任何未来的形而上学绪论》(*Prolegomena to Any Future Metaphysic*)。——译者

讲了它；后者的解说比较容易懂，但是不如《批判》里的解说完全。我想先来介绍一下这个理论，尽可能讲得似乎言之成理；在解说之后我才试作批判。

康德认为，知觉的直接对象一半由于外界事物，一半由于我们自己的知觉器官。洛克先已使一般人习惯了这个想法：次性质——颜色、声音、气味等等——是主观的，并不属于对象本身。康德如同贝克莱和休谟，更前进一步，把主性质说成也是主观的，固然他和他们的方式不尽相同。康德在大多时候并不怀疑我们的感觉具有原因，他把这原因称作"物自体"或称"noumena"（本体）。在知觉中呈现给我们的东西他称之为"现象"，是由两部分组成的：由于对象的部分，他称之为"感觉"；由于我们的主观装置的部分，他说这一部分使杂多者按某种关系整列起来。他把这后一部分叫作现象的形式。这部分本身不是感觉，因此不依环境的偶然性为转移；它是我们随身所带有的，所以始终如一，并且从它不依存于经验这个意义上讲是先天的。感性的纯粹形式称作"纯粹直观"（Anschauung）；这种形式有两个，即空间和时间，一个是外部感觉的形式，一个是内部感觉的形式。

为证明空间和时间是先天的形式，康德持有两类论点，一类是形而上学的论点，另一类是认识论的论点，即他所谓的先验的论点。前一类论点是从空间和时间的本性直接得来的，后一类论点是从能够有纯数学这件事实间接得来的。关于空间的论点比关于时间的论点讲得详细，因为他认为关于后者的论点根本上和前者的情况相同。

关于空间，形而上学的论点总共有四个。

278

（1）空间不是从外在经验抽引出来的经验概念，因为把感觉归于某种外界事物时先已假定了空间，而外界经验只有通过空间表象才有可能。

（2）空间是一种先天的必然的表象，此表象是一切外界知觉的基础；因为我们虽然能想象空间里没有东西，却不能想象没有空间。

（3）空间不是关于一般事物关系的推论的概念或一般概念，因为空间只有一个，我们所说的"诸空间"是它的各个部分，不是它的一些实例。

（4）空间被表象为无限而已定的量，其自身中包含着空间的所有各部分；这种关系跟概念同其各实例的关系不同，因此空间不是概念，而是一个 Anschauung（直观）。

关于空间的先验论点是从几何学来的。康德认为欧几里得几何虽然是综合的，也就是说仅由逻辑推演不出来，却是先天认识到的。他以为，几何学上的证明依赖图形；例如，我们能够看出，设有两条彼此成直角的相交直线，通过其交点只能作一条与该二直线都成直角的直线。他认为，这种知识不是由经验来的。但是，我的直观能够预见在对象中会发现什么的唯一方法，就是预见在我的主观中一切现实印象之前，该对象是否只含有我的感性的形式。感觉的对象必须服从几何学，因为几何学讲的是我们感知的方式，所以我们用其他方法是不能感知的。这说明为什么几何学虽然是综合的，却是先天的和必然的。

关于时间的论点根本上一样，只不过主张计数需要时间，而把几何换成算术。

现在来一一考察这些论点。

关于空间的形而上学论点里的第一个论点说:"空间不是从外界经验抽引出来的经验概念。因为,为了把某些感觉归之于处在我之外的某东西〔即归之于和我所在的空间位置处于不同空间位置的某东西〕,而且为了我可以感知这些感觉彼此不相属而并列,从而感知它们不仅是不同的,而且是在不同的地点,为此,空间的表象必定已经作成基础〔zum Grunde liegen〕。"因此,外界经验只有通过空间表象才可能有。

"处在我之外〔即和我所在的地点处于不同的地点〕"这话是句难解的话。我作为一个物自体来说,哪里也不在,什么东西从空间上讲也不是处在我之外的;这话所能够指的只是作为现象而言的我的肉体。因此,真正的含义完全是这句话后半句里所说的,即我感知不同的对象是在不同的地点。一个人心中出现的心像就等于一个把不同外衣挂在不同木钉上的衣帽室服务员的心像;各个木钉必定已经存在,但是服务员的主观性排列外衣。

这里有一个康德似乎从未觉出来的困难,他的空间与时间的主观性理论从头到尾都有这个困难。是什么促使我把知觉对象照现在这样排列而不照其他方式排列呢?例如,为什么我总是看见人的眼睛在嘴上面,不在下面呢?照康德的说法,眼睛和嘴作为物自体存在着,引起我的各别的知觉表象;但是眼睛和嘴没有任何地方相当于我的知觉中存在的空间排列。试把关于颜色的物理学理论和这对比一下。我们并不以为按我们的知觉表象具有颜色的意义来讲物质中是有颜色的,但是我们倒真认为不同的颜色相当于不同的波长。可是因为波动牵涉着空间与时间,所以在康德说来,我们的知觉表象的种种原因当中,不会有波动这一项。另一方面,如果像物理学所假定的那样,我们的知觉表象的空间和时间在物质界中有对应物,那么几何学便可以应用到这些对应物上,而康德的论点便破产了。康德主张精神整列感觉的原材料,可是他从不认为有必要说明,为什么照现在这样整列而不照别的方式整列。

关于时间,由于夹缠上因果关系,这种困难更大。我在知觉雷声之前先知觉闪电;物自体甲引起了我的闪电知觉,另一个物自体乙引起了我的雷声知觉,但是甲并不比乙早,因为时间是仅存在于知觉表象的关系当中的。那么,为什么两个无时间性的东西甲和乙在不同的时间产生结果呢? 如果康德是正确的,这必是完全任意的事,在甲和乙之间必定没有与甲引起的知觉表象早于乙引起的知觉表象这件事实相当的关系。

第二个形而上学论点主张,能想象空间里什么也没有,但是不能想象没有空间。我觉得任何郑重议论都不能拿我们能想象什么、不能想象什么作根据;不过我要断然否认我们能想象其中一无所有的空间。你可以想象在一个阴暗多云的夜晚眺望天空,但这时你本身就在空间里,你想象自己看不见的云。魏亨格①曾指出,康德的空间和牛顿的空间一样,是绝对空间,不仅仅是由诸关系构成的一个体系。可是我不明白,绝对空虚的空间如何能够想象。

第三个形而上学论点说:"空间不是关于一般事物关系的推论的概念或所谓的一般概念,而是一个纯粹直观。因为第一,我们只能想象〔sich vorstellen〕单独一个空间,如果我们说到'诸空间',

---

① 魏亨格(Hans Vaihinger, 1852—1933),德国哲学家,"康德协会"的创立者。——译者

意思也无非指同一个唯一的空间的各部分。这些部分不能先于全体而做成全体的部分……只能想成在全体之中。它〔空间〕本质上是独一无二的，其中的杂多者完全在于限度。"由此得出论断：空间是一个先天的直观。

这个论点的主眼在否定空间本身中的复多性。我们所说的"诸空间"既不是一般概念"一个空间"的各实例，也不是某集合体的各部分。我不十分知道，据康德看这些空间的逻辑地位是什么，但是无论如何，它们在逻辑上总是后于空间的。现代人几乎全采取空间的关系观，对采取这种观点的人来说，无论"空间"或"诸空间"都不能作为实体词存在下去，所以这个论点成了无法叙述的东西。

第四个形而上学论点主要想证明空间是一个直观，不是概念。它的前提是"空间被想象为〔或者说被表象为，vorgestellt〕无限而已定的量。"这是住在像柯尼斯堡那样的平原地方的人的见解；我不明白一个阿尔卑斯山峡谷的居民如何能采取这种观点。很难了解，什么无限的东西怎样会是"已定的"。我本来倒认为很明显，空间的已定的部分就是由知觉对象占据的部分，关于其他部分，我们只有一种可能发生运动之感。而且，假如可以插入一个真不登大雅的论点，我们说现代的天文学家们主张空间实际上不是无限的，而是像地球表面一样，周而复始。

743 

先验的论点（或称认识论的论点）在《绪论》里讲得最好，它比形而上学论点明确，也更明确地可以驳倒。我们现下所知道的所谓"几何学"，是一个概括两种不同学问的名称。一方面，有纯粹几何，它由公理演绎结论，而不问这些公理是否"真实"；这种几何不

282

包含任何由逻辑推不出来的东西，不是"综合的"，用不着几何学教科书中所使用的那种图形。另一方面，又有作为物理学一个分支的几何学，例如广义相对论里出现的几何学；这是一种经验科学，其中的公理是由测量值推断出来的，结果和欧几里得的公理不同。因此，这两类几何学中，一类是先天的，然而非综合的；另一类是综合的，却不是先天的。这就解决了先验的论点。

现在试把康德提出的有关空间的问题作一个比较一般的考察。如果我们采取物理学中认为理所当然的观点，即我们的知觉表象具有（从某个意义上讲是）物质性的外在原因，就得出以下结论：知觉表象的一切现实的性质与知觉表象的未感知到的原因的现实性质不同，但是在知觉表象系统与其原因的系统之间，有某种构造上的类似。例如，在（人所感知到的）颜色和（物理学家所推断的）波长之间有一种相互关系。同样，在作为知觉表象的构成要素的空间和作为知觉表象的未感知原因系统的构成要素的空间之间，也必定有一种相互关系。这一切都依据一条准则："同因，同果"及其换质命题："异果，异因。"因此，例如若视觉表象甲出现在视觉表象乙的左边，我们就要想甲的原因和乙的原因之间有某种相应的关系。

照这个看法，我们有两个空间，一个是主观的，一个是客观的，一个是在经验中知道的，另一个仅仅是推断的。但是在这方面，空间和其他知觉样相如颜色、声音等并没有区别。在主观形式上，同样都是由经验知道的；在客观形式上，同样都是借有关因果关系的一个准则推断出来的。没有任何理由把我们关于空间的知识看得跟我们关于颜色、声音和气味的知识有什么地方不一样。

744

283

谈到时间，问题就不同了；因为如果我们坚守知觉表象具有未感知的原因这个信念，客观时间就必须和主观时间同一。假若不然，我们会陷入前面结合闪电和雷声已讨论过的那种难局。或者，试看以下这种事例：你听某人讲话，你回答他，他听见你的话。他讲话和他听你回答，这两件事就你来说都在未感知的世界中；在那个世界里，前一件事先于后一件事。而且，在客观的物理学世界里，他讲话先于你听讲话；在主观的知觉表象世界里，你听讲话先于你回答；在客观的物理学世界里，你回答又先于他听讲话。很明显，"先于"这个关系在所有这些命题中必定是同样的。所以，虽然讲知觉的空间是主观的，这话有某种重要的意义，但是讲知觉的时间是主观的，却没有任何意义。

就像康德所假定的那样，以上的论点假定知觉表象是由"物自体"引起的，或者也可以说是由物理学世界中的事件引起的。不过，这个假定从逻辑上讲绝不是必要的。如果把它抛弃掉，知觉表象从什么重要意义上讲也不再是"主观的"，因为它没有可对比的东西了。

"物自体"是康德哲学中的累赘成分，他的直接后继者们把它抛弃了，从而陷入一种非常像唯我论的思想。康德的种种矛盾是那样的矛盾：使得受他影响的哲学家们必然要在经验主义方向或在绝对主义方向迅速地发展下去；事实上，直到黑格尔去世后为止，德国哲学走的是后一个方向。

康德的直接后继者费希特（1762—1814）抛弃了"物自体"，把主观主义发展到一个简直像沾上某种精神失常的地步。他认为745 "自我"是唯一的终极实在，自我所以存在，是因为自我设定自己；具有次级实在性的"非我"，也无非因为自我设定它才存在。费希特作为一个纯粹哲学家来说并不重要,他的重要地位在于他通过《告德意志国民》(*Addresses to the German Nation*)(1807—1808)而成了德国国家主义的理论奠基者;《告德意志国民》是在耶拿战役之后打算唤起德国人抵抗拿破仑。作为一个形而上学概念的自我,和经验里的费希特轻易地混同起来了;既然自我是德意志人,可见德意志人比其他一切国民优越。费希特说:"有品性和是德意志人,无疑指的是一回事。"在这个基础上,他作出了整个一套国家主义极权主义的哲学,在德国起了很大的影响。

他的直接后继者谢林(1775—1854)比较温厚近人,但是主观程度也不稍差。他和德国浪漫主义者有密切关系;在哲学上,他并不重要,固然他在当时也赫赫有名。康德哲学的重要发展是黑格尔的哲学。

# 第二十一章　十九世纪思潮 746

十九世纪的精神生活比以前任何时代的精神生活都要复杂。这是由于几种原因。第一,有关的地区比已往大了;美国和俄国作出重要贡献,欧洲比以前多注意到了古代和近代的印度哲学。第二,从十七世纪以来一向是新事物主要源泉的科学,取得新的胜利,特别是在地质学、生物学和有机化学方面。第三,机器生产深深地改变了社会结构,使人类对自己在关于自然环境方面的能力,有了一种新概念。第四,针对思想、政治和经济中的传统体系,在哲学上和政治上出现了深沉的反抗,引起了对向来看成是颠扑不破的许多信念和制度的攻击。这种反抗有两个迥然不同的形式,一个是浪漫主义的,一个是理性主义的。(我是按广义使用这两个词的）浪漫主义的反抗从拜伦、叔本华和尼采演变到墨索里尼与希特勒；理性主义的反抗始于大革命时代的法国哲学家，稍有缓和后，传给英国的哲学上的急进派，然后在马克思身上取得更深入的形式，产生苏俄这个结果。

德国在知识上的优势是一个从康德开始的新因素。莱布尼茨虽然是德国人，差不多总是用拉丁文或法文著述，他在自己的哲学上简直没受到德国什么影响。反之，康德以后的德国唯心论也正如后来的德国哲学，深受德国历史的影响；德国哲学思想中的许多仿佛奇特的东西，反映出一个由于历史的偶然事件而被剥夺了它那份当然势力的精悍民族的心境。德意志曾经赖神圣罗马帝国取得了国际地位，但是神圣罗马皇帝逐渐控制不住他的名义上的臣属。最后一个有力的皇帝是查理五世，他的势力有赖于他在西班牙和低地带①的领地。宗教改革运动和三十年战争破坏了德国统一的残局，留下来许多仰承法国鼻息的弱小公国。十八世纪时，只有一个德意志国家普鲁士抵抗法国人获得了成功；弗里德里希号称"大王"，就是为这个缘故。但是普鲁士本身也没能够抵挡住拿破仑，耶拿之战一败涂地。普鲁士在俾斯麦之下的复兴，显得是恢复阿拉利克、查理曼和巴巴罗撒的英雄的过去。（对德国人来说，查理曼是德国人，不是法国人。）俾斯麦说："我们不要到卡诺萨②

747

------

① "低地带"指莱茵河、马斯河及些耳德河下流的地方，中古时分为许多小国；相当于现在荷兰、比利时和卢森堡一带。——译者

② 卡诺萨（Canossa）在意大利北部，为公元 1077 年神圣罗马皇帝亨利四世向教皇格雷高里七世要求悔过时受屈辱的地方。（参看本书上册第 507 页）后来"卡诺萨"就成了俗权屈服于天主教会的代称。——译者

去",这流露出他的历史观念。

不过,普鲁士虽然在政治方面占优势,在文化上却不及西德意志大部分地区先进;这说明为什么有许多德国名人,包括歌德在内,不以拿破仑在耶拿的胜利为恨。十九世纪初,德国在文化上和经济上呈现异常的参差错杂。东普鲁士还残存着农奴制;农村贵族大多浸沉在乡陋愚昧当中,劳动者连最初步的教育也没有。反之,西德意志在古代一部分曾经隶属于罗马;从十七世纪以来,一直处在法国的势力之下;它被法国革命军占领过,获得了和法国的制度同样自由主义的制度。邦主们当中有些人很聪慧,他们在自己的宫廷里模仿文艺复兴时代的邦主,作艺术与科学的奖励者;最著名的例子是魏玛,魏玛大公即歌德的恩主。邦主们当然大部分都反对德意志统一,因为这会破坏他们的独立。所以他们是反爱国的,依附于他们的那些名士有许多人也如此,在他们的心目中,拿破仑是传布比德意志文化高超的文化的使者。

十九世纪当中,新教德意志的文化逐渐日益普鲁士化。弗里德里希大王是个自由思想家和法国哲学的崇拜者,他曾殚精竭虑把柏林建成为一个文化中心;柏林科学院有一个知名的法国人穆伯杜依①做终身院长,可是他不幸成了伏尔泰死命嘲笑的牺牲品。弗里德里希的种种努力和当时其他开明专制君主的努力一样,不包括经济上或政治上的改革;实际的成绩无非是集合了一帮雇来捧场的知识分子。他死之后,文化人大部分又是在西德意志才找 748

---

① 穆伯杜依(Pierre Louis Moreau de Maupertuis,1698—1759),法国数学家,天文学家。——译者

得到了。

德国哲学比德国文学及艺术跟普鲁士的关系要深。康德是弗里德里希大王的臣民；费希特和黑格尔是柏林大学的教授。康德几乎没受到普鲁士什么影响；确实，他为了他的自由主义的神学，和普鲁士政府还起了纠纷。但是费希特和黑格尔都是普鲁士的哲学喉舌，对准备后来德国人的爱国精神与普鲁士崇拜合一作出了很大贡献。在这方面他们所做的事情由德国的大史学家们，特别是蒙森①和特莱奇克②继续下去。俾斯麦最后促使德意志民族接受在普鲁士之下的统一：从而使德意志文化里国际主义精神较淡的成分获得了胜利。

在黑格尔死后的整个时期，大部分学院哲学依旧是传统派的，所以没多大重要意义。英国经验主义哲学在英国一直盛行到十九世纪近末尾时，在法国，直到略早些时候为止，它也占优势；然后，康德和黑格尔逐渐征服了法国和英国的大学，就各大学里讲专门哲学的教师来说是这样。不过一般有教养的大众几乎没受到这运动什么影响，所以这运动在科学家当中没有多少信徒。那些继续学院传统的著述家们——在经验主义一侧有约翰·斯图亚特·穆勒，在德国唯心主义一侧有洛策、济格瓦特③、布莱德雷和鲍赞克

---

① 蒙森（Theodor Mommsen，1817—1903），德国史学家，著《罗马史》（*Römische Geschichte*）（1854—1856）三卷；获得诺贝尔文学奖（1902）。——译者

② 特莱奇克（Heinrich von Treitschke，1834—1896），德国史学家，著《十九世纪德意志史》（*Deutsche Geschichte im 19.Jahrhundert*）（1897）五卷。——译者

③ 济格瓦特（Christoph Sigwart，1830—1904），德国逻辑学家，新康德主义者。——译者

特[①]——没有一个在哲学家当中完全数得上一流人物,换句话说,他们大体上采纳某人的体系,而自己并不能与某人匹敌。学院哲学以前一向和当代最有生气的思想常常脱节,例如在十六、十七世纪,那时候学院哲学主要仍是经院派的。每逢遇到这种情况,哲学史家就比较少谈到教授们,而多涉及非职业的异端者了。

法国大革命时代的哲学家们大多数把科学与种种和卢梭关联着的信念结合在一起。爱尔维修和孔多塞在结合理性主义与热狂精神上可看作是典型。

爱尔维修(1715—1771)很荣幸地让他的著作《精神论》(*De L'Esprit*)(1758)遭到了索保恩大学的谴责,由绞刑吏焚毁。边沁在 1769 年读了他的作品,立即下决心一生献身于立法的原则。他[749]说道:"爱尔维修之于道德界,正如培根之于自然界。因此,道德界已有了它的培根,但是其牛顿尚待来临。"詹姆士·穆勒在对儿子约翰·斯图亚特的教育中,把爱尔维修当作典范。

爱尔维修信奉洛克的"心是 tabula rasa(白板)"的学说,他认为个人之间的差异完全是由于教育的差异:按每个人来说,他的才能和他的道德都是他所受的教导的结果。爱尔维修主张,天才常常出于偶然:假使当年莎士比亚没有被发觉偷猎,他就会成为一个毛织品商人了。[②] 爱尔维修对立法的兴趣来自这个学说:青年期的主要教导者是政体及由此而生的风俗习惯。人生来是无知的,

---

① 鲍赞克特(Bernard Bosanquet,1848—1923),英国黑格尔派哲学家。——译者
② 莎士比亚结婚后本来已决定从事父亲的行业,作毛织品商。据传说,在 1584 年或以后,他同一帮坏朋友曾多次潜入托马斯·露蕾爵士的一个苑林里偷猎鹿,事被发觉,经官查缉,他才不得不离开故乡斯揣特弗,到伦敦开始了戏剧生涯。——译者

却不是愚钝的;教育把人弄得愚钝了。

在伦理学上,爱尔维修是功利主义者;他认为快乐就是善。在宗教方面,他是一个自然神论者,是激烈反教权的人。在认识论上,他采取洛克哲学的一种简化讲法:"由于洛克的教导,我们知道我们的观念,从而我们的精神,是赖感官得来的。"他说,身体的感性是我们的行动、我们的思想、我们的感情和我们的社交性的唯一原因。关于知识的价值,他与卢梭意见极不一致,因为他对知识评价非常高。

他的学说是乐观主义的学说,因为要想使人成为完善的人,只需要有完善的教育。他暗示,假使把教士除掉,完善的教育是容易求得的。

孔多塞(1743—1794)的见解和爱尔维修的见解相仿,但是受卢梭的影响比较多。他说,人权全部是由下述这一条真理推出来的:人是有感觉的生物,是可以作推理和获得道德观念的,可见人不能够再分成治者与被治者,说谎者与受骗者。"这种原则,高洁的悉尼①为它献出了生命,洛克把他的名字的威信寄附在它上面,后来由卢梭发挥得更加精严。"他说,洛克最先指出了人类认识的限度。他的"方法不久就成为所有哲学家的方法,正是由于把这个方法应用到伦理学、政治学和经济学上,他们终于能够在这些学问里走了和自然科学几乎同样可靠的道路。"

750　　孔多塞非常赞赏美国独立战争。"简单的常识教导了英国殖

----

①　悉尼(Algernon Sidney,1622—1683),英国政治家,共和主义者,以叛国案罪名被处斩。——译者

民地的居民,在大西洋彼岸出生的英国人和在格林尼治子午线上出生的英国人持有完全相同的权利。"他说,美国宪法以人的天然权利为基础,美国独立战争使涅瓦河到瓜达耳基维尔河的整个欧洲都知道了人权。不过,法国大革命的原则"比那些指导了美国人的原则更纯正、精严、深刻"。这些话是当他躲开罗伯斯庇尔的耳目隐匿起来时写的;不久以后他就被捕下狱了。他死在狱里,但是死情不详。

孔多塞是个信仰妇女平权的人。他又是马尔萨斯的人口论的首创者,可是这理论在他讲来却没有马尔萨斯讲的那些黯淡的结论,因为他的人口论和节育的必要是同时并提的。马尔萨斯的父亲是孔多塞的门徒,这样马尔萨斯才知道了人口论。

孔多塞比爱尔维修还要热狂,还要乐观。他相信,由于法国大革命的原则普遍流传,所有的主要弊病不久全会化为乌有。他没活到1794年以后,①也许是他的幸运。

法国的革命哲学家们的学说减低了热狂性并且大大精严化之后,由哲学上的急进派带到了英国,这派人中边沁是公认的首领。最初,边沁几乎专注意法学;随着他年纪大起来,逐渐他的兴趣扩大了,他的见解日益带颠覆性。1808年以后,他是一个共和主义者、妇女平权的信奉者、帝国主义之敌和不妥协的民主主义者。这些意见中有若干他得自詹姆士·穆勒。两人都相信教育万能。边沁采取"最大多数人的最大幸福"原则当然是出于民主感情,但是这一来就势必要反对人权说了,所以他直率地把人权说叫作"瞎说

① 自1794年发生"热月"反革命政变后,法国大革命基本上结束。——译者

八道"。

哲学上的急进派跟爱尔维修和孔多塞之类的人有许多地方是不同的。从气质上讲,他们是有耐性的人,喜欢详细制定自己的理论。他们非常侧重经济学,相信自己把经济学当作一门科学发展起来了。在边沁和约翰·斯图亚特·穆勒,存在着偏于热狂的倾向,但是在马尔萨斯或詹姆士·穆勒则不存在;热狂倾向被这门"科学"严格制止住,特别是被马尔萨斯对人口论的黯淡讲法严格制止住了,因为按照马尔萨斯的讲法,除在瘟疫刚过后以外,大部分雇佣劳动者的所得必定总是可以维持自己及家族生存的最低数目。边沁主义者和他们的法国前辈之间的另一个重大分歧点是,在工业化的英国,雇主和雇佣劳动者有剧烈的冲突,引起了工会主义和社会主义。在这种冲突中,边沁主义者大体上说站在雇主一方反对工人阶级。不过,他们的最后代表人物约翰·斯图亚特·穆勒逐渐不再固执他父亲的严峻教条,随着他年纪的增长,他越来越不敌视社会主义,越来越不坚信古典经济学是永久真理了。根据他的自传,这个缓和化过程是由读浪漫派诗人的作品开始的。

边沁主义者虽然起初带有相当温和的革命性,却逐渐不再如此,一部分是由于他们在使英国政府转向他们的一些看法上有了成功,一部分是由于反对社会主义和工会主义日益增长的势力。我们已经提过,反抗传统的人分理性主义的和浪漫主义的两类,固然在孔多塞之类的人身上,两种成分是兼有的。边沁主义者几乎完全是理性主义的,而既反抗现存经济秩序又反抗他们的社会主义者也一样。这种社会主义运动直到马克思才获得一套完全的哲学,在后面一章里我们要讲他。

浪漫主义形式的反抗和理性主义形式的反抗虽然都出于法国大革命和大革命之前不久的哲学家们，但是两者大不相同。浪漫主义形式在拜伦作品里可以见到，那是裹在非哲学的外衣下的，但是在叔本华和尼采的作品中，它学会了哲学用语。这种反抗的倾向是牺牲理智而强调意志，耐不住推理的束缚，颂扬某些类的暴力。在实际政治中，它作为民族主义的盟友是很重要的。它在倾向上对普通所说的理性明确地抱着敌意，即使在实际上也不尽然；而且往往是反科学的。它的一些最极端的形式见于俄国的无政府主义者，但是在俄国最后得势的却是理性主义形式的反抗。德国永远比其他任何国家都容易感受浪漫主义，也正是德国，为讲赤裸 752 裸意志的反理性哲学提供了政治出路。

到此为止，我们所考察的各派哲学向来都得到了传统上的、文学上的或政治上的启发。但是，哲学见解另外还有两个根源，即科学和机器生产。第二个根源在学理上的影响是从马克思开始的，从那时起逐渐重要起来。第一个根源从十七世纪以来一向很重要，但是在十九世纪当中有了种种新的形式。

达尔文之于十九世纪，犹如伽利略和牛顿之于十七世纪。达尔文理论分两部分。一方面，有进化说，主张各样的生物全是由共同祖先逐渐发展出来的。这个学说现在大家普遍承认了，在当时也并不是新东西。且不提阿那克西曼德；①拉马克②和达尔文的祖

---

① 阿那克西曼德主张生物都是由鱼演化来的；参看本书上册第 53 页。——译者

② 拉马克(Jean Baptiste Pierre Antoine de Monet de Lamarck，1744—1829)，法国生物学家；著《动物哲学》(1809)二卷，早于达尔文五十年倡导进化说。——译者

父埃拉司摩斯①都曾经主张过它。达尔文为这学说供给了极大量的证据，而且在他的理论的第二部分，他相信自己发现了进化的原因。这样，他便使这学说空前受人欢迎，并且获得一种以前所没有的科学力量；但绝不是他首创了进化说。

达尔文理论的第二部分是生存竞争和适者生存。一切动植物繁殖得太快，以致自然界无力供养它们；因此每一代都有许多个在达到生殖年龄以前就死掉了。由什么来决定哪个将生存呢？当然，有几分是纯运气，但是还有一个较为重要的原因。动物及植物一般讲与其亲代并不完全相同，在每一种可测量的形质方面，或有余、或不足，稍微有些差别。在一定的环境里，同种的个体为生存下去而竞争，对环境适应得最好的有最大的生存机会。所以在种种偶然变异当中，有利的变异在每个世代的成熟个体中会占优势。因此，一代又一代，鹿越跑越快，猫潜近活食时越来越悄静，长颈鹿的脖子越变越长。达尔文主张，如果时间充分长久，这种机理过程可以说明从原生动物到 homo sapiens（人类）整个漫长的发展。

达尔文理论的这一部分向来很受人反驳，大多数生物学家认为要附加许多重要的限制条件。然而这和写十九世纪思想史的历史家没有多大的关系。从历史观点看来，有趣的是达尔文把哲学上的急进派特有的那一套经济学推广到了生物全体。根据他讲，进化的原动力就是自由竞争世界中的一种生物学的经济。促使达尔文想到了生存竞争和适者生存为进化根源的，正是推广到动植

①　埃拉司摩斯·达尔文（Erasmus Darwin, 1731—1802），英国植物学家、医学家和诗人。——译者

物界的马尔萨斯的人口学说。

达尔文本人是个自由主义者，但是他的理论却具有对传统自由主义有些不利的结论。一切人生来平等，成人之间的差异完全是由于教育，这种学说和他强调同种个体间的先天差异是不能相容的。假使像拉马克所主张的、达尔文本人在一定限度内也愿意承认的那样，获得形质是遗传的，那么和类如爱尔维修的见解之间的这种对立本来可以略有缓和；可是除某些不大重要的例外不算，自来好像只有先天形质才遗传。因此，人与人的先天差异就有了根本的重要意义。

进化论还有一个结论，跟达尔文所提出的特别机理过程无关。假如说人和动物有共同的祖先，假如说人是经过如此缓慢的阶段发展出来的，曾有过某些生物我们不知道是否该划为人类，那么便发生这个问题：在进化的哪个阶段上，人类（或人类的半人形祖宗）开始一律平等呢？ Pithecanthropus erectus（直立猿人）假使受过适当的教育，就会和牛顿做出同样好的成绩吗？假使当初有谁控告皮尔当人①侵界偷猎，皮尔当人就会写出莎士比亚的诗篇吗？一个对这些问题作肯定回答的坚定的平等主义者，会发觉他不得不认为猿猴和人类地位相等。而为什么止于猿猴呢？我不明白他可怎样去反对那种赞成牡蛎有投票权的议论。进化论的信徒应当坚持，不但必须谴责人人平等的学说是反生物学的，而且必须谴责人权说也是反生物学的，因为它把人类和动物区别得太截然了。

--------

① 所谓皮尔当人（Piltdown Man）是 1912 年在英国的皮尔当发现的一个头盖骨，曾被揣断为更新世最古的人类，但在 1953 年经证实是伪造的。——译者

　不过,自由主义也有另外一面,由于有进化说而大大巩固了,那就是进步的信念。因为这个理由,而且因为进化论提出了反对正统神学的新论据,所以只要世界情势还容许有乐观主义,进化论就受到自由主义者的欢迎。虽然马克思的学说在某些点上是达尔文时代前的旧东西,他本人倒想把他的书题献给达尔文。

　　生物学的威信促使思想受到科学影响的人们不把机械论的范畴而把生物学的范畴应用到世界上。认为万物都在演化中,一个内在目标是容易想象的。许多人无视达尔文,以为进化证明了宇宙有目的的信念是正确的。有机体概念被认作是探索自然律的科学解释及哲学解释的秘诀,十八世纪的原子论思想被看成过时了。这种观点最后甚至影响了理论物理学。在政治上,当然造成强调和个人相对立的社会。这和国家的权力逐渐增长是谐调的;和民族主义也是谐调的,因为民族主义可以引用达尔文的适者生存说,把它应用于民族而不应用于个人。但是到这里我们就涉及广大群众在理解得不完全的科学学说启发下所产生的科学以外的见解的范围了。

　　虽然生物学对机械论的世界观向来是不利的,近代经济技术却起了相反的作用。一直到十八世纪将近末尾时为止,和科学学说相对而言的科学技术对人的见解没有重大影响。随着工业主义的兴起,技术才开始影响了人们的思想。甚至在那时候,长期以来这种影响多少总是间接的影响。提出哲学理论的人一般讲和机器简直不发生什么接触。浪漫主义者注意到了工业主义在一向优美的地方正产生的丑恶,注意到了那些在"生意"里发了财的人（在他们认为）的庸俗，憎恨这种丑恶和庸俗。这使他们和中产阶级形成对立，因而有时候他们和无产阶级的斗士结成了一种仿佛什么联盟。恩格斯颂扬卡莱尔，却不了解卡莱尔所希求的并不是雇佣劳动者的解放，而是他们服从中世纪时他们曾有过的那类主东。社会主义者是欢迎工业主义的，但是想要把产业工人从服从雇主势力的情况下解放出来。他们在自己所考察的问题上受了工业主义的影响，但是在解决问题时所运用的思想方面，受的影响不大。<sup>755</sup>

机器生产对人的想象上的世界观最重要的影响就是使人类权能感百倍增长。这无非是自有史以前人类发明武器减轻了对野兽的恐惧、创造农耕减轻了对饥馁的忧虑时便已开始的一个过程的加速。但是这个加速度一向非常之大，因而使那些掌握近代技术所创造的力量的人产生一种簇新的看法。从前，山岳瀑布都是自然现象；而现在，碍事的山可以除掉，便利的瀑布也可以创造。从前，有沙漠有沃乡；而现在，只要人们认为值得做，可以叫沙漠像玫瑰一样开鲜花，而沃乡被科学精神不足的乐观主义者变成了沙漠。从前，农民过他们父母、祖父母曾经过的生活，信他们父母、祖父母曾经信的信仰；以教会的全部力量还无法根绝各种异教仪式，所以只好把这些仪式和本地的圣徒拉上关系，从而给它们加上基督教外衣。而现在当局能够指令农民子弟在学校里应当学什么东西，在一代之间可以使务农者的思想情况变个样；据推测，这点在俄国已经做到了。

因而，在掌管事务的人们中间，或与掌管事务的人有接触的人们中间，滋生一种权能的新信念：首先是在人与自然的斗争中人的权能,其次是统治者们对那些人的权能,他们尽力通过科学的宣传术,特别是通过教育,支配那些人的信念和志向。结果是,固定性减小了;似乎没一样改变办不到。大自然是原材料;人类当中未有力地参与统治的那部分人也是原材料。有某些老的概念表示人相信人力有限度;其中两个主要的就是"神"和"真理"。(我的意思并非说这两样在逻辑上有关联)。这种概念有消逝的倾向;即使没遭到明白否定,也失掉了重要意义,只是表面上还保留下来。这套观点整个是新东西,无法断言人类将要怎样去适应它。它已经产生了莫大的变革,将来当然还要产生其他大变革。建立一种哲学,能应付那些陶醉于权能几乎无限度这个前景的人,同时也能应付无权者的心灰意懒,是当代最迫切的任务。

　　虽然有许多人仍旧真心信仰人类平等和理论上的民主,但是现代人的想象力受到了十九世纪时根本不民主的工业体制所促成的社会组织形式的深刻影响。一方面有实业巨头,另一方面有广大的工人。民主制度的这种内在分裂,民主国家里的一般老百姓尚未认识到,但是这一向是从黑格尔以来大部分哲学家的首要问题,而他们在多数人的利害与少数人的利害之间所发现的尖锐对立,已经通过法西斯主义有了实际表现。在哲学家当中,尼采恬不知耻地站在少数人一边,马克思则衷心诚意地站在多数人一边。或许边沁是唯一打算调和利害矛盾的重要人物;因此他招来了双方的忌恨。

　　阐述任何一种关于人类关系的圆满的现代伦理时,最重要的是承认人对于人类范围外的环境的权能必有的限度,承认人对人彼此间的权能宜有的限度。

# 第二十二章　黑格尔

黑格尔（Hegel，1770—1831）是德国哲学中由康德起始的那个运动的顶峰；虽然他对康德时常有所批评，假使原来没有康德的学说体系，绝不会产生他的体系。黑格尔的影响固然现在渐渐衰退了，但已往一向是很大的，而且不仅限于德国，也不是主要在德国。十九世纪末年，在美国和英国，一流的学院哲学家大多都是黑格尔派。在纯哲学范围以外，有许多新教神学家也采纳他的学说，而且他的历史哲学对政治理论发生了深远的影响。大家都知道，马克思在青年时代是个黑格尔的信徒，他在自己的完成了的学说体系中保留下来若干重要的黑格尔派特色。即使（据我个人认为）黑格尔的学说几乎全部是错误的，可是因为他是某种哲学的最好代表人物，这种哲学在旁人就没有那么一贯、那么无所不包，所以他仍然保持着不单是历史意义上的重要地位。

他的一生没有多少重大事件。在青年时代，他非常热衷于神秘主义，他后日的见解多少可以看成是最初他以为是神秘洞察的东西的理智化。他起先在耶拿大学当 Privatdozent（无俸讲师）——他曾提到他在耶拿战役开始的前一天在耶拿写成了《精神现象学》（*Phenomenology of Mind*）——然后在纽伦堡大学当 Privatdozent，后来又在海德堡大学做教授（1816—1818），最后从1818 年至逝世在柏林大学做教授，在以上各大学都讲授哲学。他晚年是一个普鲁士爱国者，是国家的忠仆，安享公认的哲学声望；但是在青年时代他却藐视普鲁士而景仰拿破仑，甚至为法军在耶拿的胜利而欢欣。

黑格尔的哲学非常艰深，我想在所有大哲学家当中他可说是最难懂的了。在开始详细讨论以前，对他的哲学先作一个一般勾画，或许有些帮助。

由于他早年对神秘主义的兴趣，他保留下来一个信念：分立性是不实在的；依他的见解，世界并不是一些各自完全自立的坚固的单元——不管是原子或灵魂——的集成体。有限事物外观上的自758立性，在他看来是幻觉；他主张，除全体而外任何东西都不是根本完全实在的。但是他不把全体想象成单纯的实体，而想象成一个我们应该称之为有机体的那类的复合体系，在这点上他与巴门尼德和斯宾诺莎是不同的。看来好像构成为世界的那些貌似分立的东西，并不单纯是一种幻觉；它们或多或少各有一定程度的实在性，因为真正看起来便知道各是全体的一个方面，而它的实在性也就在于这个方面。随着这种看法，当然就不相信时间与空间本身的实在性，因为时间和空间如果认为是完全实在的，必然要有分立性和多重性。所有这一切，最初想必都是在他心里产生的神秘的"洞察"；他的书中提出来的理智精制品一定是后来才有的。

黑格尔断言现实的就是合理的，合理的就是现实的。但是他讲这话时，他的"现实的"一词并不指经验主义者所要指的意思。他承认，甚至还强调，凡经验主义者所以为的事实，都是不合理的，而且必然都是不合理的；只有把事实作为全体的样相来看，从而改变了它的外表性格，才看出它是合理的。尽管如此，把现实的和合理的同一看待，不可避免地仍旧要造成一些与"凡存在的事物都是正当的"这个信念分不开的自满情绪。

复杂万状的全体,黑格尔称之为"绝对"。"绝对"是精神的;斯宾诺莎认为全体不仅有思维属性而且有广延属性的见解被摒弃了。

黑格尔同历来其他曾抱有稍类似的形而上学观点的人有两点区别。一点是强调逻辑:黑格尔认为,"实在"的本性从它必须不自相矛盾这个唯一的考虑就能推演出来。另一个(与第一点密切相关的)区别特征是称作"辩证法"的三元运动。他的最重要的著作是两部《逻辑学》(*Logic*)①,要想正确理解他对其他问题的见解的依据,这两部书不可不懂。

逻辑照黑格尔的理解,他明确地说和形而上学是一回事;那是一种跟普通所说的逻辑完全不同的东西。他的看法是:任何平常的谓语,如果把它认作是限定"实在"全体的,结果它就是自相矛盾的。我们不妨举巴门尼德的学说:唯一实在的"太一"是球状的,作为一个粗浅的实例。任何东西如果没有边界便不会是球状的,而除非它外部有什么(至少有虚空间),它才可能有边界。因此,假定整个宇宙是球状的,便自相矛盾。(如果把非欧几里得几何抬出来,对这个议论未尝不可以有异议,但是这议论作为一个说明例子,也算可用了。)或者,我们来举另一个更粗浅的实例——过于粗浅了,远不是黑格尔会使用的。你可以说甲君是一个舅舅,这没有明显矛盾;但是假使你要讲宇宙是舅舅,你就会陷入难局。所谓舅舅就是一个有外甥的人,而外甥是与舅舅分立的人;因此舅舅不会

759

---

① 通称《大逻辑》和《小逻辑》。——译者

是"实在"全体。

这个实例或许也可以用来说明辩证法,辩证法是由正题、反题与合题组成的。首先我们说:"实在是舅舅。"这是"正题"。但是存在舅舅就暗含着存在外甥。既然除"绝对"而外任何东西都不真存在,而我们现在又保证存在外甥,所以我们不得不断言"绝对是外甥"。这是"反题"。但是这和"绝对"是舅舅的看法有同样的缺陷;于是我们被迫采取这个看法:"绝对"是舅舅和外甥构成的全体。这是"合题"。但是这个合题仍旧不圆满,因为一个人必须有个姊妹作外甥的母亲,他才能当舅舅。因此,我们被迫扩大我们的宇宙,把姊妹连姊夫或妹夫都包括进去。据主张,照这种方式,仅凭逻辑力量就能不停地驱使我们从有关"绝对"提出的任何谓语达到辩证法的最后结论,那叫作"绝对理念"。在整个这过程当中,有一个基础假定,即任何事物若不是关于整体"实在"的,就不可能实际真确。

这个作为基础的假定有一个传统逻辑上的根据,传统逻辑假定每个命题都有一个主语和一个谓语。按照这种看法,一切事实都是说某物具有某性质。所以可见"关系"不会是实在的,因为关系涉及的不是一件而是两件事物。"舅舅"是一个关系,一个人可以当了舅舅而不知道这回事。在这种场合,从经验观点看来,这人没有由于当了舅舅而受到任何影响;如果我们把"质"字理解为撇开他与其他人和物的关系,为描述他本身而必需的某种东西,那么这人毫不具有以前所没有的质。主语、谓语逻辑能够避免这种困难的唯一方法就是讲,这事实不单只是舅舅的性质,也不单只是外甥的性质,而是舅甥所成的全体的性质。因为除"全体"而外一切东西都和外部事物有种种关系,可见关于个别的事物无法谈任何完全真的事,事实上唯有"全体"才是实在的。这点从下述事实可以比较直接地推出来:"甲和乙是两个"不是主语谓语命题,因此基于传统逻辑来说,不会有这种命题。所以世界上不存在两个事物,因此唯独看作统一体的"全体"是实在的。

以上的议论黑格尔并没有明白叙述,而是隐含在他的体系之中,同样也隐含在其他许多形而上学家的体系中。

举几个黑格尔的辩证方法的实例,也许可以使这方法容易理解一些。他在他的逻辑的议论开头先假定"绝对是纯有";我们假定它就是纯有,而不加给它任何质。但是不具有任何质的纯有是无;于是我们达到反题:"绝对即是无"。从这种正题和反题转入合题:"有"与"非有"的合一是"变易",所以说"绝对是变易"。这当然也不行,因为变易必得有什么东西变易。这样,我们对"实在"的见解通过不断改正以前的错误而发展,所有这些错误都是由于把有限的或有界限的某物当成好像可以是全体,从这种不适当的抽象化产生的。"有限物的界限不单是从外界来的;它自身的本性就是它被扬弃的原因,它借本身的作用转变成它的对立面。"

照黑格尔讲,过程对理解结果来说是必不可少的。辩证法的每个在后的阶段仿佛在溶液里似的包含着在前的所有阶段;这些阶段没有一个被完全取代,而是作为全体中的一个因素而赋予它适当的位置。所以不历经辩证法的所有阶段,便不可能到达真理。

认识作为整体看,具有三元运动。认识始于感官知觉,感官知觉中只有对客体的意识。然后,通过对感觉的怀疑批判,认识成为纯主体的。最后,它达到自认识阶段,在此阶段主体和客体不再有区别。所以自意识是认识的最高形态。当然,在黑格尔的体系中必得如此,因为最高一种的认识一定要是"绝对"所具有的认识,既然"绝对"是"全体",所以在它自身之外再没有任何东西要它认识了。

依黑格尔的意见,在最好的思维中,思想变得通畅无阻,水乳交融。真和假并不像普通所想的那样,是判然分明的对立物;没有任何事物是完全假的,而我们能够认识的任何事物也不是完全真的。"我们能够多少有些错误地去认识";我们将绝对真理归于某一件孤离知识时便发生这种情况。像"凯撒是哪里出生的?"这种问题,有一个直截了当的答案,这答案从某个意义上说是真的,但是在哲学的意义上不真。按哲学讲,"真理就是全体",任何部分事物都不十分真。

黑格尔说:"理性即对全部实在这种有意识的确信。"这并不是说分立的人是全部实在;就他的分立性来说,他不是十分实在的,但是他的实在处在于他参与整体的"实在"。随着我们变得日益理性,这种参与也相应地增大。

《逻辑学》末尾讲的"绝对理念",是一种像亚里士多德的"神"似的东西。绝对理念是思维着自身的思想。很明显,"绝对"除思维自身而外什么也不能思维,因为除对我们理解"实在"的褊狭错误的方式而言外,不再有任何旁的东西。据他说,"精神"是唯一的实在,它的思想借自意识向自身中映现。定义"绝对理念"的实际原话非常晦涩。瓦勒斯①译之如下:

---

① 瓦勒斯(William Wallace,1843—1897),英国哲学家;他的《小逻辑》英译本"The Logic of Hegel"是标准英译本。——译者

"*The Absolute Idea*. The Idea, as unity of the Subjective and Objective Idea, is the notion of the Idea—a notion whose object (*Gegenstand*) is the Idea as such, and for which the objective (*Objekt*) is Idea—an Object which embraces all characteristics in its unity."（就理念之为主观的和客观的理念的统一言，就是理念的概念，这概念以理念的本身作为对象，而且从这一概念看来，客观世界即是一理念——在这客观世界里一切规定均统一起来了。)①

德文原文更难懂。② 不过，问题的实质并不像黑格尔说的那么复杂似的。绝对理念是思维着纯思想的纯思想。这就是神古往今来所做的一切——真不愧是一位教授眼中的神。他接着说："因此这种统一乃是绝对和全部的真理，自己思想自己的理念。"③

现在来谈黑格尔哲学的一个奇妙特色，这是他的哲学与柏拉图或普罗提诺或斯宾诺莎的哲学的区别。虽然终极实在是无时间性的，而且时间无非是由于我们没能力看到"全体"而产生的一种幻觉，可是时间过程却跟纯逻辑的辩证法过程有密切关系。事实上，世界历史一向就是历经从中国的"纯有"（关于中国，黑格尔除知道有它而外毫无所知）到"绝对理念"的各范畴而进展的，绝对理念看来在普鲁士国家即便没有完全实现，也接近实现了。根据黑

---

① 中译文引自《十八世纪末—十九世纪初德国哲学》，1962 年版，第 345 页。——译者

② 德文定义是："Der Begriff der Idee, dem die Idee als solche der Gegenstand, dem das Objekt sie ist."除黑格尔的用法外，"Gegenstand"和"Objekt"是同义语。

③ 见《十八世纪末—十九世纪初德国哲学》第 345 页或《小逻辑》第 421 页。——译者

格尔自己的形而上学，我不能了解世界历史反复辩证法的各个转变这一看法有什么理由，然而这却是他在《历史哲学》（*Philosophy of History*）中所发挥的论点。这是一个有趣的论点，它使人间事务的种种变革获得了统一性和意义。这论点也和其他历史理论一样，如果要想说来似乎有道理，需要对事实作一些歪曲，而且相当无知。黑格尔同他以后的马克思和施朋格勒①一样，这两样资格都具备。奇怪的是，一种被说成是宇宙性的历程竟然全部发生在我们这个星球上，而且大部分是在地中海附近。并且，假若"实在"是无时间性的，也没有任何理由说这历程后来的部分要比在前的部分体现较高的范畴——除非人当真要采取这样一种亵渎不敬的假定：宇宙渐渐在学习黑格尔的哲学。

据黑格尔说，时间历程按伦理和逻辑双方面的意义来讲，都是从较不完善到较完善。确实，这两种意义在他看来并不是真正区别得开的，因为逻辑的完善性就在于是一个密致的全体，不带高低不平的边缘、没有独立的部分，而是像人体一样，或者说更像有理性的精神一样，结成一个各部分互相依存、都一同趋向单一目标的有机体；这也就构成伦理的完善性。引几段原文可以说明黑格尔的理论：

"理念正如同灵魂向导默久里神②，真正是各民族和世界的领袖；而精神，即这位向导的理性的、必然的意志，是世界历史的种种

---

① 施朋格勒（Oswald Spengler，1880—1936），德国的文化哲学家，著有《西方之没落》（*Der Untergang des Abendlandes*）二卷（1918—1922）。——译者

② 默久里神（Mercury；拉丁语 Mercurius），罗马神话中的商业之神，它也是众神的信使。——译者

事件的指导者,而且一向就是。按精神的这种指导职能来认识精神,便是我们当前的工作的目的。"

"哲学为观照历史而带来的唯一思想即'理性'这一单纯概念;即理性是世界的主宰;即世界历史因而显示出一种合理的历程。<sup>763</sup>这种信念和洞察在历史学本身的范围内是一个假说。在哲学领域中,它却不是什么假说。在哲学里由思辨认识证明:理性——这里不考究宇宙对神的关系,仅这个名词就算够了——既是无限力量也是实体;它自身是一切自然生命和精神生命的无限素材与无限形式——即推动该内容的东西。① 理性是宇宙的实体。"

"这种'理念'或'理性',是真实、是永恒、是绝对有力的存在;它显现在世界中,而且在这世界中除它和它的荣耀而外,再没有别的显现出来——这便是如前面所说,在哲学中已经证明的、在这里看作确证了的论点。"

"知性和自觉意志作用的世界,并没有委给偶然,而是必定表现为自知的理念的样子。"

这是"一个恰巧为我所知的结果,因为我已经详细考察了全领域②"。

所有以上引文都摘自《历史哲学》的绪论。

精神及精神发展的过程,是历史哲学的实在对象。把精神和它的对立物即物质加以比较,便可以理解精神的本性。物质的实质是重量;精神的实质是自由。物质在自己以外,而精神在自身以

---

① "它自身是……东西"是照德文原文译的,因书中所引这句的英译文(J.Sibree译)不严格正确。——译者

② 照德文原文译出是"因为我已经知道了全体"。——译者

内具有中心。"精神是自足的存在。"这话如果不清楚,下面的定义
或许比较能说明问题:

"可是精神是什么呢?它便是'一',是自身均一的无限,是纯
粹的同一性,这同一性其次把自己同自己分离开,作为自己的另一
个东西,作为和共相对立的'向自有'及'内自有'。"①

在精神的历史发展中,曾经有三个主要阶段:东方人、希腊人
与罗马人和日耳曼人。"世界历史就是对无约束的天然意志的训
练,使它服从于普遍的原则,并且赋予它主观自由。东方过去只知
道、到今天也只知道唯一者自由;希腊与罗马世界知道若干者自
由;日耳曼世界知道所有者自由。"大家总会以为,在所有者自由的
地方民主制恐怕是适当的政体了,但是不然。民主政治和贵族政
治同样都属于若干者自由的阶段,专制政治属于唯一者自由的阶
段,君主制则属于所有者自由的阶段。这和黑格尔所使用的"自
由"一词的极其古怪的意义是分不开的。在他看来,没有法律就没
有自由(到此为止,我们可以同意);但是他总爱把这话倒转过来,
主张只要有法律便有自由。因而,在他来讲,"自由"所指的可说无
非是服从法律的权利。

可以想见,在"精神"在地球上的发展中,他把最高的角色指派
给日耳曼人。"日耳曼精神是新世界的精神。新世界的目的是实
现绝对真理,作为自由的无限自决——以自己的绝对形式本身作
为其旨趣的那种自由。"

这是一种无上妙品的自由。这种自由不指你可以不进集中

----

① 这段引文也是照原著译的,因为英译文和原文出入较大。——译者

308

营。这种自由不意味着民主，也不意味着出版自由，①或任何通常的自由党口号，这些都是黑格尔所鄙弃的。当精神加给自己法律时，它做这事是自由的。照我们的世俗眼光看来，好像加给人法律的"精神"由君主体现，而被加上法律的"精神"由他的臣民体现。但是从"绝对"的观点看来，君主与臣民的区别也像其他一切区别，本是幻觉，就在君主把有自由思想的臣民投到狱里的时候，这仍旧是精神自由地决定自己。黑格尔称赞卢梭把总意志和全体人的意志区分开。据推测，君主体现总意志，而议会多数不过体现全体人的意志。真是个便当好用的学说。

黑格尔把日耳曼历史分成三个时期：第一期，到查理曼止；第二期，查理曼到宗教改革；第三期，从宗教改革以后。这三个时期又分别叫作圣父王国、圣子王国和圣灵王国。圣灵王国竟然是从镇压农民战争中所犯的令人发指的血腥暴行开始的，似乎有点离奇古怪；但是当然，黑格尔并不提这样的屑细小事，而是正如所料，对马基雅弗利大发一通称赞。

黑格尔对罗马帝国灭亡以来的历史的解释，一部分是德国学校里世界史教学的结果，一部分又是它的原因。在意大利和法兰西，虽然像塔西陀和马基雅弗利那样的少数人也曾经有过对日耳曼人的浪漫式的景仰，但是一般说日耳曼人向来被看成是"蛮族"入侵的祸首，被看成是教会的仇敌：先在那些大皇帝之下、后来又作宗教改革的领袖。一直到十九世纪为止，各拉丁民

---

① 他说，出版自由并不就是允许写想要写的东西；这种见解是不成熟的浅薄见解。举例说，不应当允许报刊使政府或警察机关显得卑鄙可耻。

族把日耳曼人看作是在文明上低自己一等的人。德意志的新教徒自然抱另一种看法。他们把晚期罗马人看成精力衰竭的人，认为日耳曼人征服西罗马帝国是走向复苏的重要的一步。关于中古时期神圣罗马帝国与教皇政治的纷争方面，他们采取皇帝党的看法；直到今天，德国小学生们都被教导对查理曼和巴巴罗撒无限崇拜。在宗教改革后的时代，德意志在政治上的软弱和不统一令人慨叹，普鲁士的逐渐兴起受到了欢迎，欢迎这使德意志不在奥地利的稍嫌脆弱的旧教领导下，而在新教领导下强盛起来。黑格尔在对历史作哲学思考时，心里怀想着狄奥都利克、查理曼、巴巴罗撒、路德和弗里德里希大王之类的人物。解释黑格尔，得从这些人的勋功着眼，得从当时德意志刚刚受了拿破仑欺辱这件事着眼。

德意志受到了高度颂扬，所以大家也许料想要讲德意志就是绝对理念的最后体现，超乎它以外恐怕不可能再有任何发展了。但是黑格尔的见解并不是这样。他反而说美洲是未来的国土，"在那里，在将要到来的时代，世界历史的主题要表现出来——或许〔他用典型的口气补充说〕以南北美之间的抗争表现出来。"他好像认为一切重大的事情都采取战争形式。假使真有人提醒他，美洲对世界历史的贡献或许是发展一个没有极端贫困的社会，他也不会感兴趣。相反，他倒说至今在美洲还没有真国家，因为真国家需要划分成贫富两个阶级。

在黑格尔，民族起着马克思讲的阶级所起的作用。他说，历史发展的本原是民族精神。在每一个时代，都有某一个民族受托担负起引导世界通过它已到达的辩证法阶段的使命。当然,在现代这个民族就是德意志。但是除民族以外,我们也必须考虑世界历史性的个人;那就是这种人:他们的目标体现着当代应发生的辩证转变。这种人是英雄,他可能违犯平常的道德律,违犯也不为过。黑格尔举亚历山大、凯撒和拿破仑为实例。我很怀疑,依黑格尔之见,人不作战争征服者是否能够是"英雄"。

黑格尔对民族的强调,连同他的独特的"自由"概念,说明了他对国家的颂扬——这是他的政治哲学的极重要的一面,现在我们必须把注意力转向这一面。他的国家哲学在《历史哲学》和《法哲学》(*Philosophy of Law*)中都有发挥。大体上和他的一般形而上学是一致的,但不是这种形而上学的必然结果;不过在某些点上——例如,关于国与国之间的关系——他对民族国家的赞美达到了和他的重全体、轻部分这个一般精神不相容的程度。

就近代来说,颂扬国家是从宗教改革开始的。在罗马帝国,皇帝被神化了,国家因此也获得了神圣性质;但是中世纪的哲学家除少数而外全是教士,所以把教会摆在国家上面。路德因得到新教邦主们的支持,开始了相反的做法。路德派教会大体上是信奉埃拉司图斯①之说的。霍布士在政治上是个新教徒,发扬了国家至上说,斯宾诺莎跟他所见略同。前面讲过,卢梭认为国家不应当容忍其他政治组织。黑格尔是属于路德派的激烈新教徒;普鲁士国

---

① 埃拉司图斯(Thomas Erastus;本名:Lieber〔或 Liebler, Lüber〕Erastus,1524—1583),瑞士新教神学家,海德堡大学教授;主张在宗教事务上国家有最高权。——译者

家是埃拉司图斯式的专制君主国。这种种理由本来会使人预料国家要受到黑格尔的高度重视；但是即使如此，他也算走到了可惊的极端。

《历史哲学》里说"国家是现实存在的实现了的道德生活"，人具有的全部精神现实性，都是通过国家才具有的。"因为人的精神现实性就在于此：人自己的本质——理性——是客观地呈现给他的，它对人来说有客观的直接的存在。因为'真的东西'是普遍的意志和主观的意志的统一，而'普遍的东西'要在国家中，在国家的法律、国家的普遍的与合理的制度中发现。国家是地上存在的神的理念。"又："国家是理性自由的体现，这自由在客观的形式中实现并认识自己。……国家是人的意志及其自由的外在表现中的精神的理念。"

《法哲学》在论国家的一节里，把这个学说阐述得稍完全一些。"国家是道德理念的现实——即作为显现可见的、自己明白的实体性意志的道德精神；这道德精神思索自身并知道自身，在它所知的限度内完成它所知的。"国家是自在、向自的理性者。假使国家（像自由党人所主张的那样）仅为了个人的利益而存在，那么个人就可以是国家的成员，也可以不是国家的成员了。然而，国家和个人却有一种与此完全不同的关系。因为国家是客观的"精神"，而个人仅以他是国家的成员而论才具有客观性、真实性和伦理性，国家的真意和目的便在于这种结合。倒也承认可能有坏的国家，但是这种国家仅只存在而已，没有真的实在性，而理性的国家本身就是无限的。

可见黑格尔为国家要求的位置跟圣奥古斯丁及其旧教后继者

们为教会所要求的位置大体是相同的。不过,从两点上看旧教的要求比黑格尔的要求要合理些。第一,教会并不是偶然造成的地域性社团,而是靠其成员们信以为有无比重要性的一种共同信条结合起来的团体;因而教会在本质上就是黑格尔所谓的"理念"的体现。第二,天主教会只有一个,国家却有许多。尽管把每个国家在对国民的关系上做成黑格尔所说的那样专制,要找出什么哲学原则来调节不同国家之间的关系总有困难。实际上,在这一点上黑格尔放弃了他的哲学空谈,而拿自然状态和霍布士讲的一切人对一切人的战争作为后盾。

只要"世界国家"还不存在,那么俨然像只有一个国家似地来 <sup>768</sup>谈"国家",这种习惯是要造成误解的。在黑格尔看来,所谓义务完全是个人对国家的一种关系,所以便没留下任何借以使各国的关系道德化的原则。这点黑格尔是承认的。他说,在对外关系上,国家是一个个体,每个国家对于其他国家是独立的。"由于在这种独立性中,现实精神的'向自有'有其存在,所以独立性是一个民族最基本的自由和最高的光荣。"他接着论驳会使各个国家的独立性受到限制的任何种类的国际联盟。公民的义务(就他的国家的对外关系来说)完全限于维持本国家的实质的个体性,即独立与主权。由此可见战争不全然是罪恶,不是我们应当尽力废止的事情。国家的目的不单是维持公民的生命财产,而这件事实便构成战争的道德根据,因此不应把战争看作是绝对罪恶或偶然的事情,也不应认为战争的原因在于某种不该有的事。

黑格尔并不只是说在某种事态下一个民族无法恰当地避免进行战争。他的意思远不止于此。他反对创设将会防止这种事态发生的机构——例如世界政府，因为他认为不时发生战争是一件好事情。他说，战争是那样一种状态，即我们认真理解现世财产物品的空虚无益。（这个见解应当和相反的理论，即一切战争都有经济原因，作一个对比。）战争有一种实际的道德价值："战争还有更崇高的意义，通过战争，各国人民的伦理健康就在他们对各种有限规定的固定化的冷淡上保全下来。"和平是僵化；神圣同盟和康德的和平联盟都错了，因为由众国家做成的一个家庭必定创造出一个敌人①。国与国的争端只能由战争来解决；因为国家彼此之间处于自然状态，它们的关系既不是法的关系，也不是道德关系。各国家的权利在它们个别的意志中有其现实性，而每个国家的利益就是它自己的最高法律。道德与政治不成对比，因为国家是不受平常道德律约束的。

这便是黑格尔的国家说——这样一个学说，如果承认了，那么769凡是可能想象得到的一切国内暴政和一切对外侵略都有了借口。黑格尔的偏见之强显露在这点上：他的国家理论同他自己的形而上学大有矛盾，而这些矛盾全都是那种偏于给残酷和国际掠劫行为辩护的。一个人如果迫于逻辑不得不遗憾地推论出他所悲叹的结论，还可以原谅；但是为了肆意鼓吹犯罪而违反逻辑，是无法宽恕的。黑格尔的逻辑使他相信，全体中的实在性或优越性（这两样在他看来是同义的）比部分中的要多，而全体越组织化，它的实在性和优越性也随之增大。这证明他喜欢国家而不喜欢无政府的个人集群是有道理的，但是这本来应当同样让他不喜欢无政府式的

——————————

① 原引英译文误作"需要一个敌人"。——译者

国家集群而喜欢世界国家才对。在国家内部,他的一般哲学也应当使他对个人感到更高的敬意,因为他的《逻辑学》所论述的全体并不像巴门尼德的"太一",甚至不像斯宾诺莎的神,因为他的全体是这样的全体:其中的个人并不消失,而是通过他与更大的有机体的和谐关系获得更充分的实在性。个人被忽视的国家不是黑格尔的"绝对"的雏形。

在黑格尔的形而上学中,也没有任何不强调其他社会组织而独强调国家的有力理由。在他不重教会重国家这件事情上,我只能看到新教的偏见。此外,假如像黑格尔所认为的那样,社会尽可能地组织化是好事,那么除国家和教会而外,还必须有许许多多社会组织。由黑格尔的原理来推论,必须说每一项对社会无害而且能够因协作而得到振兴的事业都应当有适当的组织,每一个这种组织都应当有一份有限独立性。也许会有这种反对意见:最后的权力总须归属某个地方,除归属国家而外不可能归属别处。但是即使如此,这个最后的权力在企图苛酷得超出某个限度时如果不是不可抗拒的,这仍旧是好的。

这就使我们接触到评判黑格尔的全部哲学时的一个基本问题。全体比部分是不是有较多的实在性?是不是有较多的价值?黑格尔对这两个问题都作肯定的回答。实在性的问题是形而上学的问题,价值的问题是伦理学的问题。一般都把这两个问题看得<sup>770</sup>似乎不大区别得开,但是在我认为把二者分离开是很重要的。开始从形而上学问题说起吧。

黑格尔以及其他许多哲学家的见解是这样:宇宙任何部分的性质深受这部分对其他各部分和对全体的关系的影响,所以关于任何部分，除指定它在全体中的地位而外，不可能作任何真的陈述。因为这部分在全体中的地位随所有其他部分而定，所以关于它在全体中的地位的真陈述同时就会指定其他每一个部分在全体中的地位。因此，真陈述只可能有一个；除全体真理而外别无真理。同样，除全体以外，没有完全实在的东西，因为任何部分一孤离开便因孤离而改变性质，于是不再显出十分真的面目。另一方面，如果照应当抱的看法，就部分对全体的关系来看部分，便知道这部分不是自立的，除作为唯一真正实在的该全体的部分而外，不能存在。这是形而上学学说。

如果这形而上学学说是对的，那么主张价值不寓于部分而寓于全体的伦理学说必定是对的；但是如果形而上学学说错了，它却未必也错了。并且，它还可能对某些全体说来正确，而对其他全体说来不正确。这个伦理学说在某种意义上对活体来讲显然是对的。眼睛一跟身体分离开便不中用；一堆 disjecta membra（断裂的肢体）即使在完整时，也没有原属于未取下这些肢体的那个肉体的价值。黑格尔把公民对国家的伦理关系看成类似眼睛对身体的关系：公民在其位，是有价值的全体的一部分，但是孤离开就和孤离的眼睛一样无用。不过这个类比却有问题；某种全体在伦理上是重要的，并不见得一切全体在伦理上都重要。

以上关于伦理问题的讲法，在一个重要方面是有缺陷的，即没有考虑目的与手段的区别。活体上的眼睛有用，也就是说，有当作手段的价值；但是它并不比和身体分开时有更多的内在价值。一件东西如果不当作其他某东西的手段，为了它本身而受到珍视，它就有内在价值。我们是把眼睛作为看东西的手段来评价它。看东西可以是手段,也可以是目的;让我们看到食物或敌人,这时是手段,让我们看到我们觉得美的东西,这时就是目的。国家作为手段来说 <sup>771</sup> 显然是有价值的:它保护我们不受盗贼和杀人犯的侵害,它修筑道路、设立学校,等等。不必说,它作为手段也可以是坏的,例如进行一场非正义的战争。关于黑格尔我们要问的真正问题并不是这个,而是问国家作为目的来说是不是本身即是好的:公民为国家而存在呢? 还是国家为公民而存在呢? 黑格尔抱前一种看法;来源于洛克的自由主义哲学抱后一种看法。很明白,只有认为国家具有属于自己的生命,在某种意义上是一个人格,我们才会把内在价值归于国家。在这点上,黑格尔的形而上学和价值问题有了关联。一个人是具有单一生命的复合全体;会不会有像身体由各器官构成那样,由众人格构成的一个超人格,具有不等于组成它的众人格的生命总和的单一生命? 如果像黑格尔的想法,能够有这种超人格,那么国家便可能是一个这样的东西,而国家就可以像整个身体对眼睛的关系一样,高居我们本身之上。但是假若我们认为这种超人格不过是形而上学的怪物,我们就要说社会的内在价值是由各成员的内在价值来的,而且国家是手段,不是目的。这样,又从伦理问题转回到形而上学问题。由下文可知,形而上学问题本身其实是逻辑的问题。

这里争论中的问题远远比黑格尔哲学的是非问题要广;这是划分哲学分析的敌和友的问题。试举一个实例。假定我说:"约翰是詹姆士的父亲。"黑格尔以及所有信仰斯墨茨①元帅所谓的"全

---

① 斯墨茨(Jan Christiaan Smuts,1870—1950),南非联邦政治家,将军;著有《全体论与进化》(*Holism and Evolution*)(1926)。——译者

体论"的人要讲："你必须先知道约翰和詹姆士是谁,然后才能够理解这个陈述。可是所谓知道约翰是谁,就是要知道他的全部特性,因为撇开这些特性不谈,他和其他任何人便无法区别了。但是他的全部特性都牵连着旁的人或事物。他的特征是由他对父母、妻子和儿女的关系,他是良善的或不良的公民,以及他隶属的国家来定的。你必须先知道所有这些事,才谈得上你知道'约翰'二字指的是谁。在你努力要说明你讲的'约翰'二字何所指时,一步一步使你去考虑整个宇宙,而你原来的陈述也会显出说的并不是关于约翰和詹姆士这两个各别人的什么事情,而是关于宇宙的什么事情。"

这话讲起来倒蛮好,但是一开始就难免遇上一个反对意见。假若以上的议论当真正确,认识又是怎么会开始有的呢?我知道许许多多"甲是乙的父亲"这种形式的命题,但是我并不知道全宇宙。假使一切知识都是关于整体宇宙的知识,那么就不会有任何知识了。这一点足以使我们怀疑上述议论在什么地方有错误。

事实是,为正确合理地使用"约翰"二字,我用不着知道有关约翰的一切事情,只需知道足以让我认识他的事情就行了。当然他和宇宙间的一切事物都有或远或近的关系,但是除那种是所讲的事情的直接主题的关系而外,这些关系全不考虑,也能如实来谈他。他或许不仅是詹姆士的父亲,也是吉美玛的父亲,但是为知道他是詹姆士的父亲,我并不需要知道这一点。假使黑格尔的意见正确,我们不提吉美玛就不能把"约翰是詹姆士的父亲"所指的意思说完全,我们应该说:"吉美玛的父亲约翰是詹姆士的父亲。"这样恐怕还是不够;我们总得接着提到他的父母和祖父母,以至于整个一套家谱。但是这就使我们陷入荒唐可笑的境地。黑格尔派的意见不妨叙述如下："'约翰'这词的意思指对约翰来说为真的一切事情。"但是作为一个定义而论，这话是循环的，因为"约翰"这词出现在限定短语里。实际上，假使黑格尔的意见正确，任何词都无法开始具有意义，因为根据他的理论，一个词的意义即它所指的事物的一切性质，而为叙述这一切性质，我们便需要已经知道一切其他的词的意义。

问题抽象地讲来是：我们必须把不同类的性质区别开。一件事物可以具有一个不牵涉其他任何事物的性质；这种性质叫作质。也可以具有一个牵涉一件其他事物的性质；"已婚"就是这样的性质。也可以具有一个牵涉两件其他事物的性质，例如"是妹夫"。如果某事物有某一组质，而任何旁的事物都不恰恰具有这一组质，那么该事物就能够定义成"具有如此这般的质的事物"。根据它具有这些质，凭纯逻辑推不出来有关其关系性质的任何事情。黑格尔以为，如果对于一件事物有了充分知识，足以把它跟其他一切事物区分开，那么它的一切性质都能够借逻辑推知。这是一个错误，由这个错误产生了他的整个巍峨堂皇的大体系。这说明一条重要真理，即你的逻辑越糟糕，由它得出的结论越有趣。

# 第二十三章　拜伦

十九世纪和现在的时代比较起来，显得理性、进步而满足；然而当代的一些和这相反的性质，在自由主义的乐观时期也是许多最出色的人物所具有的。如果我们不把人作为艺术家或发现者来看,不作为投合或不投合自己的口味的人来看,而是当作一种力量,当作社会结构、价值判断或理智见解的变化原因来考察,便觉得由于最近的事态发展,我们的评价不得不重新大大调整一番,有些人不如已往看来重要了,而有些人却比已往看来重要了。在比已往看来重要的人当中,拜伦应有一个崇高的位置。在欧洲大陆上,这种看法不会显得出人意料,但是在英语世界,大家可能认为这种看法很奇怪。拜伦发生影响的地方是在欧洲大陆上,寻找他的精神苗裔也不要在英国去寻找。在我们大多数人认为,他的诗往往是低劣的,他的情调往往是华而不雅的,但是在国外,他的情感方式和他的人生观经过了传播、发扬和变质,广泛流行,以至于成为重大事件的因素。

拜伦在当时是贵族叛逆者的典型代表,贵族叛逆者和农民叛乱或无产阶级叛乱的领袖是十分不同类型的人。饿着肚子的人不需要精心雕琢的哲学来刺激不满或者给不满找解释,任何这类的东西在他们看来只是有闲富人的娱乐。他们想要别人现有的东西,并不想要什么捉摸不着的形而上学的好处。虽然像中古时讲共产主义的叛逆者那样,他们也可能宣扬基督徒的爱,但是他们这样做的真实理由非常简单:有钱有势的人缺乏这种爱造成了穷人的苦难,而在叛乱的同志们之间有这种爱,他们认为对于成功是必不可少的。但是斗争的经验使人对爱的力量感到绝望,剩下赤裸裸的恨当作推进的动力。这种类型的叛逆者假若像马克思那样,创造一种哲学,便创造一种专门打算证明他的党派最后要胜利的哲学,而不创造关于价值的哲学。他的价值仍旧是原始的:有足够吃的就是善,其余的事情是空谈。没有一个挨着饿的人可能会有旁的想法。

贵族叛逆者既然有足够吃的,必定有其他的不满原因。我所说的叛逆者并不包括暂时不当权的派系的首领,只包括那些自己的哲学要求超乎个人成功以上的变革的人。也可能权力欲是他们的不满的潜在根源,但是在他们的有意识的思想中却存在着对现世政治的非难,这种非难如果充分深入,便采取提坦①式无边无际的自我主张的形式,或者,在保留一些迷信的人身上,采取撒但主义的形式。这两种成分在拜伦身上都找得到。这两种成分主要通过他所影响的人,在不大可以看作贵族阶层的广大社会阶层中流行开。贵族式的叛逆哲学,随着成长、发展,而且在接近成熟时发生转变,曾经是从拿破仑败亡后的烧炭党到1933年希特勒的大得势一连长串革命运动的精神源泉;在每个阶段,这种叛逆哲学都在知识分子和艺术家中间灌注了一种相应的思想情感方式。

很明显,一个贵族如果他的气质和环境不有点什么特别,便不会成为叛逆者。拜伦的环境是非常特别的。他对最幼小时候的回忆就是他父母的争吵;他的母亲是一个残酷得叫他害怕、庸俗得让他鄙视的女人;他的保姆兼有恶性和严格无比的加尔文主义神学;他的跛脚让他满心羞惭,在学校里阻碍他成为群体的一员。度过了一段穷苦生活后,在十岁时他突然做了勋爵,成为纽斯提德府②的业主。他继承的是他的叔祖父,他那位叔祖父"恶勋爵"三十三年前在决斗中杀了一个人,从此以后四邻见弃。拜伦族向来是个

---

① 提坦(Titans)是希腊神话中 Uranus(天公)和 Gaea(地母)所生的一族大力巨人,常用来比喻硕大无朋。——译者

② 纽斯提德府是拜伦男爵的府第。——译者

放纵不法的家系,他母亲的先辈哥登族甚至更是如此。这孩子在阿伯丁①的一个僻巷的污秽中生活过之后,当然为自己的爵号和府第而欢欣,一心愿取得他祖先的性格以感谢他们给予的土地。就算近年来他们的好斗心让他们陷入了困境,他听说在前些世纪好斗心曾给他们带来了名声。有一首他的最早期的诗《离去纽斯提德府的时际》(*On Leaving Newstead Abbey*),叙述他在当时的感情,那是对曾经在十字军中、在克雷西②、在马斯顿荒原③作过战的祖先的仰慕之情。他用这样的虔诚决心来作诗的收尾:

> 他要像你们一样生,或者要像你们一样死:
>
> 尸体腐坏后,愿他的骨骸和你们的混在一起。

这不是一个叛逆者的心情,却让人联想起模仿中古采臣的近代贵族"恰尔德"哈洛尔德④。当他做大学生时,初次得到了自己的收入,他写道他感觉自己独立自主像"自铸钱币的德意志邦主似的,或者像一个根本不铸钱币、却享有更宝贵的东西即'自由'的柴罗基人⑤酋长似的。我欢喜欲狂地提到那位女神⑥,因为我的可爱的妈妈真是太暴虐了"。拜伦后来写出了大量歌颂自由的崇高诗

---

① 阿伯丁(Aberdeen)在苏格兰东北部,是拜伦幼年时代居住的地方。——译者

② 克雷西(Crecy;英语 Cressy)是法国北部的一个村,1346 年爱德华三世的英军在此大胜法军。——译者

③ 马斯顿(Marston)荒原在英国约克郡西部,1644 年克伦威尔在此大破王党军。——译者

④ 《恰尔德·哈洛尔德游记》(*Childe Harold's Pilgrimage*)是拜伦在 1812 年至 1818 年间所发表的一部长诗。"恰尔德"意为贵族青年,用作称号,颇类似中国古时的"公子"。——译者

⑤ 柴罗基人(Cherokee)是北美的土著,现在大部分定住在美国俄克拉荷马州。——译者

⑥ 指"自由"。——译者

篇,但是我们必须知道,他所歌颂的自由是德意志邦主或柴罗基人酋长的自由,并不是普通凡人想来也可以享有的那种劣等自由。

他的贵族亲戚们不管他的家世和他的爵号,对他敬而远之,使他感觉自己在社交上和他们不是同群。他的母亲是人所厌恶已极的,大家也拿猜疑的眼光来看他。他知道她是庸俗的,暗中害怕他自己有同样的缺陷。由此就产生了他所特有的那种势利与叛逆的奇妙混合。假如他做不了近代派的绅士,他就要作一个像他的参加过十字军的祖先那种风格的大胆的采臣,或者也许要做像皇帝党首领那种较为凶猛的,但更加浪漫风格的大胆的采臣——他们在踏步走向光辉的灭亡的途程中一面诅咒着神和人。中世纪的骑士小说和历史成了他的礼仪课本。他像霍恩施陶芬皇族一样作孽犯罪,又像十字军战士一样,在和回教徒战斗时死去。

他的羞怯和孤独感促使他从恋爱中寻找安慰,但是由于他不自觉地是在寻求一个母亲而不是在寻求一个情妇,所以除奥古斯塔①外,所有人都使他失望了。1816 年他对雪莱自称是"美以美会教徒、加尔文派教徒、奥古斯丁派教徒",他一直没摆脱开的加尔文派信仰使他感觉自己的生活方式是邪恶的;但是他对自己说,邪恶是他的血统中的遗传祸害,是全能的神给他注定的厄运。假若事实当真如此,既然他必须出色,他会成为一个出色的罪人,敢于做超过那些他想轻视的时髦登徒子们的勇气以外的越轨的事。他真挚地爱着奥古斯塔,因为她是属于他那个血统的——属于拜伦家 777

---

① 奥古斯塔·拜伦(Augusta Byron,1783—1851)是拜伦的异母姐姐。——译者

的伊实玛利族系①的——而且更单纯地也因为她对他的日常幸福有一种做姐姐的亲切照顾。但是这还不是她要献给他的全部东西。由于她的纯朴和她的亲切的温和性情,她成了供给他极愉快的孤芳自赏的悔恨的手段。他可以感觉自己堪和最大的罪人匹敌——是跟曼弗里德②、该隐③、几乎就是跟撒旦同等的人。这位加尔文派教徒、这位贵族、这位叛逆者同样都得到了满足;这位由于失掉人世间唯一还能在心中引起怜爱柔情的人而伤痛的浪漫情人也满足了。

拜伦虽然感觉自己可以和撒旦匹敌,却从来不十分敢把自己放在神的位置上。傲慢的发展过程中以下这一步尼采做到了,他说:"假使有众神,咱不是神怎么能忍受! 所以没有众神。"注意这个推理中没吐露的前提:"凡是伤咱的自尊心的事情,都必须断定是错的。"尼采和拜伦一样,也受了宗教的教养,甚至程度更深,但是因为他具备较高明的理智,所以找到了一条比撒旦主义高明的逃避现实的道路。不过尼采对拜伦始终是非常同情的。他讲:

"悲剧就在于,如果我们在情感和理智中有严格的求真方法,我们便无法相信宗教和形而上学里的教条,但是另一方面,通过人性的发展,我们已经变得十分娇弱敏感地痛苦,需要一种最高的拯救和安慰的手段。由此便产生人会因为他所认识的真理而流血至

---

① 伊实玛利是《圣经》中记载的亚伯兰和其使女夏甲所生之子(见《创世记》,第十六章);"伊实玛利族系"在这里借喻庶系。——译者

② 拜伦在1817年发表的诗剧《曼弗里德》(*Manfred*)中的主人公,是一个犯了许多奇怪罪恶的人物。——译者

③ 该隐是亚当和夏娃的长子,杀其弟亚伯。见《旧约》《创世记》,第四章。——译者

死的危险。拜伦用不朽的诗句表达出这一点：

　　　　知识是悲苦：知道得最多的人

　　　　必定最深地悲叹一条不祥的真理——

　　　　知识的树不是生命的树。"

　　有时候拜伦也偶尔比较接近尼采的观点。但是一般说拜伦的伦理见解和他的实际行动相反，始终是严格传统式的。

　　伟大人物在尼采看来像神一样；在拜伦看来，通常是和他自己在战斗的泰坦。不过有时候他也描绘出一个和"查拉图士特拉"不无相似的贤人——"海盗"，他在和部下们的交往上，

　　　　更掌握他们的灵魂用那制人的手段

778

　　　　领导卑劣的人心，使之寒栗昏乱。

　　就是这位英雄"过分憎恨人类以至于不感觉痛悔"。这里的一个脚注断然地讲这"海盗"是符合人性实际的，因为汪达尔人的国王干瑟里克、皇帝党暴君艾济利诺和路易西安纳的某个海盗都表现出同样的特性。

　　拜伦搜寻英雄，并不是非限于东地中海各国和中世纪不可，因为给拿破仑加上一件浪漫主义的外衣是不难的。拿破仑对十九世纪时欧洲人的想象的影响深极了；克劳泽维茨①、斯当达尔②、海涅、费希特和尼采的思想，意大利爱国者的行动，都受到了他的精神感召。他的阴魂在整个时代昂首阔步，这唯一强大得可以起而

----

　　①　克劳泽维茨(Karl von Clausewitz, 1780—1831)，普鲁士将军；他的《战争论》是一部军事学名著。——译者

　　②　斯当达尔(Stendhal)为马里·昂利·贝勒(Marie Henri Beyle, 1783—1842)的笔名，法国小说家。——译者

反抗工业主义和商业贸易的力量，对和平论与经营商店倾注一阵嘲笑。托尔斯泰的《战争与和平》打算被除这个幽灵，但是劳而无功，因为这鬼怪从来也没有比现在势力更大了。

在"百日江山"①期间，拜伦公开表示他希望拿破仑胜利的心愿，当他听到滑铁卢的败绩时，他说："我真难过死了。"只有一度他暂时对他的英雄感到了厌恶：那是在 1814 年，当时自杀（在他认为）要比退位来得体面。那时候，他从华盛顿的美德寻求安慰，但是拿破仑从埃尔巴岛一回来，这种努力就不再需要了。当拜伦死的时候，在法国"许多报纸上讲本世纪的两大伟人拿破仑和拜伦几乎同时弃世了"②。卡莱尔在当时认为拜伦是"欧洲最高尚的人士"，感觉他好像"丧失了一个弟兄"；他后来喜欢上歌德，但是仍旧把拜伦和拿破仑相提并论：

"对于你的那些高尚人士来说，以这种或那种地方语言发表某个这样的艺术作品，几乎成了必需的事。因为正当地讲，除了说这是你在跟恶魔堂堂正正开始交战以前同它的争论而外还是什么呢？你的拜伦用诗和散文及大量其他东西发表了他的《乔治勋爵的悲伤》③；你的波拿巴特以惊人的大气派上演了他的歌剧《拿破仑的悲伤》；配的音乐是大炮齐鸣和满世界的杀人叫喊；他的舞台照明就是漫天大火；他的韵律和宣叙调就是列成战阵的军士的步

779

---

① 指拿破仑由埃尔巴岛逃回后图谋重建帝国的一段时期。——译者
② 莫罗阿（Maurois）：《拜伦传》（*Life of Byron*）。
③ 这本《乔治勋爵的悲伤》和下面提到的歌剧《拿破仑的悲伤》都是没有的；前者泛指拜伦的作品，后者泛指拿破仑的事业。——译者

伐声和陷落中的城市的声响。"①

　　的确,再往后三章,卡莱尔发出断然的号令:"合起你的拜伦,打开你的歌德"。但是拜伦是渗在他的血脉里的,而歌德始终是一个志趣。②

　　在卡莱尔看来,歌德和拜伦是对立人物;在阿尔夫雷·德·缪塞③看来,他们是往快活的高卢④灵魂中灌注忧郁毒素这场罪恶勾当里的同谋犯。那个时代的大多数法国青年似乎只是通过《维特的悲伤》⑤(*The Sorrows of Werther*)认识歌德的,根本不认识奥林帕斯神式的⑥歌德。缪塞责备拜伦没有从亚得里亚海和贵丘里伯爵夫人⑦得到安慰——这话不对,因为他在认识她以后就不再写《曼弗里德》了。但是《唐璜》⑧在法国和歌德的比较愉快的诗同样少有人读。尽管有缪塞的恶评,从那时以来大部分法国诗人一向以拜伦式的不幸作为他们吟咏的最好材料。

　　在缪塞看来,只是在拿破仑以后拜伦和歌德才算世纪的最大

---

①　《衣裳哲学》(*Sartor Resartus*),第二卷,第六章。
②　"志趣"原文是"aspiration",也作"呼吸"解。——译者
③　阿尔夫雷·德·缪塞(Louis Charles Alfred de Musset,1810—1857),法国诗人,剧作家,小说家。——译者
④　原文 Gallic,戏指法国人的。——译者
⑤　中译本名:《少年维特之烦恼》。——译者
⑥　意思是威严堂堂的。——译者
⑦　贵丘里伯爵夫人(Teresa Guiccioli,1802—1873)是拜伦于 1819 年在威尼斯结识的情妇。威尼斯滨亚得里亚海。——译者
⑧　《唐璜》(*Don Juan*)是拜伦的最著名的长诗,1819 年至 1824 年写成。——译者

天才。缪塞生在 1810 年,是属于他在一首关于法兰西帝国的盛衰荣辱的叙事抒情诗里形容的"conçus entre deux batailles"(两次战役之间孕育的)那个世代的一人。在德国,对于拿破仑的感情比较分歧。有像海涅那样的人,把他看成自由主义的强有力的传播者,农奴制的破坏者,正统主义的仇敌,让世袭小邦主发抖的人;也有一些人把他看作基督之敌,以高贵的德意志民族的破坏者自命的人,是一个彻底证明了条顿美德只有靠对法国的难消解的憎恨才能得到保全的不义之徒。俾斯麦完成了一个综合:拿破仑总归还是基督之敌,然而不是单单要憎恶的,而是应效法的基督之敌。尼采承认这个折中,他怀着令人毛骨悚然的喜悦讲古典的战争时代就要到来了,这恩惠不是法国大革命而是拿破仑给予我们的。就这样,拜伦的遗产——民族主义、撒旦主义和英雄崇拜,成了德意志精神复合体的一部分。

拜伦并不温和,却暴烈得像大雷雨一样。他讲卢梭的话,对他自己也用得上。他说卢梭是

780

> 在炽情上
>
> 投下魅惑、由苦恼
>
> 绞榨出滔滔雄辩者……
>
> 然而他知道
>
> 怎样给疯狂加上美装,在错误的
>
> 行动思想上涂抹一层绝妙的色调。

但是这两人之间有着深刻的区别。卢梭是感伤的,拜伦是热狂的;卢梭的懦怯暴露在外表,拜伦的懦怯隐藏在内里;卢梭赞赏美德,只要是纯朴的美德,而拜伦赞赏罪恶,只要是霹雳雷火般的

罪恶。这种区别虽然不过是反社会本能的反抗中两个阶段的区别，还是很重要的，它表现出运动正在发展的方向。

必须承认，拜伦的浪漫主义只有一半真诚。有时候，他会说波普的诗比他自己的诗好，但是这个意见多半也只是他在某种心情下的想法。世人向来一味要把拜伦简单化，删掉他的广大无边的绝望及对人类的明言轻蔑中的故作姿态的因素。拜伦和许多其他著名人物一样，当作神话人物来看的他比真实的他重要。看作一个神话人物，特别在欧洲大陆上他的重要性大极了。

# 第二十四章 叔本华

叔本华（Schopenhauer，1788—1860）在哲学家当中有许多地方与众不同。几乎所有其他的哲学家从某种意义上讲都是乐观主义者，而他却是个悲观主义者。他不像康德和黑格尔那样是十足学院界的人，然而也不完全处在学院传统以外。他厌恶基督教，喜欢印度的宗教，印度教和佛教他都爱好。他是一个有广泛修养的人，对艺术和对伦理学同样有兴趣。他异乎寻常地没有国家主义精神；他熟悉英国法国的作家就如同熟悉本国的作家一样。他的感召力向来总是少在专门哲学家方面，而是在那些寻求一种自己信得过的哲学的艺术家与文人方面。强调"意志"是十九世纪和二十世纪许多哲学的特征，这是由他开始的；但是在他来讲，"意志"虽然在形而上学上是基本的东西，在伦理学上却是罪恶的——这是一种在悲观主义者才可能有的对立。他承认他的哲学有三个来源即康德、柏拉图和优婆尼沙昙（奥义书）①；但是我以为他得之于柏拉图的东西并不如他所想的那么多。他的看法跟希腊化时代的看法有某种气质上的亲缘关系；这是一种倦怠病弱的看法，尚和平而轻视胜利、尚清静无为而轻视改良的努力，在他认为各种改良的努力不可避免总是要落空的。

　　叔本华生于但泽，父母都出自当地的商业望族。他的父亲是个伏尔泰主义者，把英国看成自由和理智的国土。他和但泽大部分名流市民一样，恼恨普鲁士侵犯这个自由城市的独立，1793年但泽归并普鲁士时，他感到十分愤慨，不惜在金钱上受相当大的损失迁到了汉堡去。叔本华从1793年到1797年同父亲住在汉堡；然后在巴黎过了两年，两年终了他父亲见这孩子几乎把德语忘掉，感到高兴。1803年他被送进英国一所寄宿学校，他憎恨学校里的装腔作势和伪君子作风。两年后，为讨好父亲，他当了汉堡一家商号的职员，但是他嫌恶商业生涯这种前程，憧憬文人学者的生活。<sup>782</sup> 他父亲之死（大概是自杀的）使他有可能如愿以偿；他的母亲是决意叫他弃商进学校和大学的。我们或许以为他因此会比较喜欢母亲，不喜欢父亲；但是事情恰好相反：他厌恶母亲，对他的父亲倒保持着亲挚的回忆。

　　叔本华的母亲是一个有文学志趣的女子，她在耶拿战役之前两个星期定居魏玛。在魏玛她主办了一个文艺沙龙，自己写书，跟文化人结交友谊。她对儿子没有什么慈爱，对他的毛病倒是眼力

---

　　① 优婆尼沙昙（奥义书）（Upanishads）是公元前七、八世纪时的一套印度哲学书，属于吠陀文学后期，非一人所作。书中论述宇宙及人的本性，倡导个人我与宇宙我合一之说。这套书为印度的哲学和宗教思想的根源。——译者

锐利。她训诫他不得夸夸其谈和有空洞的伤感；他这方面，则为了她跟旁人耍弄风情而生气。当他达到成年时，他继承了一份相当的资产；此后，他和母亲逐渐觉得彼此越来越不能容忍了。他对妇女的轻视，当然至少有一部分是他和母亲的争吵造成的。

叔本华在汉堡的时候已经受到了浪漫主义者们，特别是提克（Tieck）、诺瓦利斯（Novalis）及霍夫曼（Hoffmann）的影响，他跟这些人学会了赞赏希腊，认为基督教里的希伯来成分不好。另外一个浪漫主义者弗利德里希·施雷格尔（F.Schlegel）使他对印度哲学的景仰更加坚定。他在成丁的那年（1809）入格廷根大学，学会仰慕康德。两年之后他进了柏林大学，在柏林大学他主要学习科学；他听过费希特讲课，可是瞧不起他。在整个激荡人心的解放战争中，他一直漠然无动于衷。1819 年他作了柏林大学的 Privat-dozent（无俸讲师），竟自负到把自己的讲课和黑格尔的放在同一个钟点；他既然没能将黑格尔的听讲生吸引去，不久就停止讲课。最后他在德累斯顿安心过老独身汉生活。他饲养着一只取名 At-ma（宇宙精神）的鬈毛狗，每天散步两小时，用长烟斗吸烟，阅读伦敦《泰晤士报》，雇用通讯员搜求他的名声的证据。他是有反民主思想的人，憎恶 1848 年的革命；他信降神术和魔法；在他的书斋里，有一个康德的半身雕像和一尊铜佛。除关于起早这一点而外，他在生活方式上尽力模仿康德。

他的主要著作《世界之为意志与表象》(*The World as Will and Idea*)是 1818 年年终发表的。他认为这部书非常重要，竟至于说其中有些段落是圣灵口授给他的。使他万分屈辱的是，这书完全没引起人的注意。1844 年他促使出版社出了第二版；但是直 783

到若干年后他才开始得到几分他所渴望的赏识。

叔本华的体系是康德体系的一个改制品,然而是这样的改制品:所强调的《批判》中的各点和费希特或黑格尔所强调的完全不同。他们取消了物自体,因而使得认识从形而上学上讲成为基本东西。叔本华保留下来物自体,但是把它和意志看成是一回事。他主张,知觉作用所认为的我的身体其实是我的意志。有理由说明这种见解是康德思想的发展产物,固然大部分康德派的人对这些理由是不愿意全承认的。康德曾经主张,研究道德律能把我们带到现象的背后,给予我们感官知觉所不能给予的知识;他也主张道德律根本是关乎意志的。在康德看来,好人和坏人的差别是物自体世界里的差别,也是关于意欲的差别。可见,在康德看来,意欲必定不属于现象界而属于实在界。和某个意欲对应的现象是身体的某种运动;这就是据叔本华讲身体为现象、意志为其实在的理由。

但是在诸种现象背后的意志,不会是由许多不同的意欲构成的。依康德讲,时间和空间都仅属于现象,在这点上叔本华跟他意见一致;物自体并不在空间或时间当中。因此,按我的意志是实在的这种意义来说,我的意志不会是附有时日的,也不会是一些单独的意志动作构成的,因为"复多"——用叔本华喜欢的经院哲学说法即"个体化原则"——的来源正是空间和时间。所以我的意志是一个,而且是无时间性的。不,不仅如此,还应当把它和全宇宙的意志看成是一回事;我的分立性是由我主观方面的空间时间知觉器官生出的一个错觉。实在者乃是一个庞大的意志,出现在全部自然历程中,有生命的和无生命的自然历程都一样。

到此为止，我们也许料想叔本华要把他的宇宙意志和神说成是一个，倡导一种和斯宾诺莎的泛神论学说不无相像的泛神论学说，在这种学说里所谓德性就在于依从神的意志。但是在这里，他的悲观主义导向另一种发展。宇宙意志是邪恶的；意志统统是邪恶的，无论如何也是我们的全部永无止境的苦难的源泉。苦难是一切生命必不可少的，而且知识每有增长，苦难也随之加深。意志 [784] 并没有一个假如达到了便会带来满足的固定目的。尽管死亡最后总要战胜，我们仍追求我们的无益的目的，"就像我们把肥皂泡尽量吹得久、吹得大，固然我们完全知道它总归是要破裂的。"所谓幸福这种东西是根本没有的，因为愿望不满足惹人痛苦，达到之后只带来餍足。本能驱逼人繁育后代，繁育后代又生出苦难和死亡的新机缘；这便是性行为和羞耻相连的理由。自杀是无用的；轮回说即使按本义讲不是真的，也借神话形式传出了真理。

这一切都非常悲惨，但是有一条出路，这条出路是在印度发现的。

神话当中最好的莫过于涅槃①神话（叔本华把涅槃解释成寂灭）。他承认这神话不合基督教教义，但是"人类古来的智慧并不会被加利利②发生的事所代替"。苦难的起因是意志强烈；我们越少运用意志，我们越少受苦。于是所谓知识，只要是某种的知识，到底证明还是有用的。一个人和另一个人的区别是现象界的一部分，按真相来看世界，这区别就消失了。对善人讲，"摩耶"（幻影）

---

① 涅槃（Nirvana），佛家术语，断绝一切烦恼的至福境界。——译者
② 加利利（Galilee）在巴勒斯坦北部，是基督教最早开始传教活动的地方。——译者

的面纱已经成了透明的；善人明白万物都是一个，他自身和旁人的区别不过是表面上的区别。他凭借爱达到了这个洞观，所谓爱永远是同情心，跟旁人的痛苦有着关联。"摩耶"的面纱一除下，人便承担起全世界的苦难。在善人，对全体的认识宁息了一切意欲；他的意志离开生命，否定他自己的本性。"在他内心中，对他自己的现象性的存在是其一个表现的那种本性，即已认识到充满着悲惨的那个世界的核心内在的本性，生起一种嫌憎。"

因此，至少关于实践方面，叔本华同禁欲的神秘主义达到完全一致。艾克哈特①和安格鲁司·济雷鸠斯②的著作比《新约》好。正统基督教信仰中有一些好东西，值得注意的是圣奥古斯丁和路德为反对"庸俗的裴拉鸠斯的教义"而宣讲的原罪说；但是各福音书里面形而上学缺乏得不成话。他讲，佛教是最高的宗教；佛的伦理说除在"可恶的伊斯兰教义"盛行的地方以外，遍亚洲是传统公认的。

善人会实行完全守贞、自愿清贫、斋戒和苦行。在所有事情上，他会一心克制他的个人意志。但是善人做这事，并不像西方的神秘主义者那样为了达到与神谐和；并不是追求这种积极的善。所追求的善彻头彻尾是消极的：

"我们必须把我们在一切美德与神圣背后所辨认出的美德与神圣的最后标的，即我们畏之如儿童怕黑暗般的那种'虚无'的阴

---

① 艾克哈特(Johannes Eckhart，1260—1327)，德意志的多米尼各修道会修士，神秘主义哲学家、宗教家。——译者

② 安格鲁司·济雷鸠斯(Angelus Silesius；本名 Johann Scheffler，1624—1777)，德意志的神秘主义宗教诗人。——译者

霾印象驱散;我们甚至不可像印度人那样,借神话和无意义的话,例如再化入梵天或佛教徒的涅槃,来回避它。我们宁可坦率地承认,在完全废除意志之后残留的东西,对于一切仍旧满怀意志的人来说确实是空无所有;但是反之,对于意志已经转化而且已经否定它自己的人们讲,这个如此真实的我们的世界,尽管有一个个太阳与银河——才是虚无的。"

这里淡淡地暗示圣者能看出别人所看不出的某种积极的东西,但是这种东西究竟是什么,在什么地方也没有隐指出来,所以我想这种暗示不过是修辞上的。叔本华讲,世界及其一切现象不过是意志的客观化。随着意志的降服,"所有那些现象也废除了;世界所赖以构成的、在客观性所有各阶段上无终了无休止的那种不断的紧张和努力;在潜移渐变中彼此继起的多种多样的形式;意志的全部表现;而且最后,还有此表现的普遍形式——时间和空间,以及其最后的基本形式——主体与客体;一概废除了。没有意志:没有表象、没有世界。在我们前面的确只有虚无。"

除把这段话的意思解释成圣者的目的是要尽可能接近非存在以外,我们无法作其他解释;而为了某种从未清楚说明的理由,圣者靠自杀是达不到非存在的。为什么圣者比一个永远醺醉的人可取,这不太容易理解;或许叔本华认为清醒的时刻势必频繁得不得了。

叔本华的知命忍从主义不大前后一贯,也不大真诚。他所引据的神秘主义者们是信仰冥想的;在"至福直观"①中可以达到最 <sup>786</sup>深奥的一种认识,这种认识便是至高的善。自从巴门尼德以来,就

---

① 神学中所讲的圣徒在天国直接目睹上帝。——译者

把关于现象的虚妄知识和另一类知识作成对照，而不和完全不同类的某种东西作成对照。基督教倡导我们的永生在于认识神。但是叔本华根本不讲这个。他同意普通所当作的知识属于"摩耶"的领域，但是当我们戳穿面纱时，我们看到的不是神而是撒旦——这个为了折磨自己的创造物永远忙着织造苦难网的邪恶的全能意志。贤人被"魔鬼直观"吓破胆，大叫一声"去！"，躲避到非存在界里。一定说神秘主义者是信仰这种神话的人，那是对他们的侮辱。至于贤人不达到完全的非存在仍可以过有几分价值的生活，这样的提法也不可能与叔本华的悲观论调和。只要贤人存在，他就是因为保留意志这种恶才存在的。他可以靠削弱意志来减少恶的量，但是绝不能获得什么积极的善。

假若我们可以根据叔本华的生活来判断，可知他的论调也不是真诚的。他素常在上等菜馆里吃得很好；他有过多次色情而不热情的琐屑的恋爱事件；他格外爱争吵，而且异常贪婪。有一回一个上了年纪的女裁缝在他的房间门外边对朋友讲话，惹得他动火，把她扔下楼去，给她造成终身伤残。她赢得了法院判决，判决勒令叔本华在她生存期间必须每季付给她一定的钱数（十五塔拉）。二十年后她终于死了，当时他在账本上记下："Obit anus, abit onus."①除对动物的仁慈外，在他一生中很难找到任何美德的痕迹，而他对动物的仁慈已经做到反对为科学而做活体解剖的程度。在其他各方面，他完全是自私的。很难相信，一个深信禁欲主义和知命忍从是美德的人，会从来也不曾打算在实践中体现自己的信念。

---

① 老妇死，重负释。

从历史上讲，关于叔本华有两件事情是重要的，即他的悲观论和他的意志高于知识之说。有了他的悲观论，人们就不必要相信一切恶都可以解释开也能致力于哲学，这样，他的悲观论当作一种解毒剂是有用的。从科学观点看来，乐观论和悲观论同样都是要不得的：乐观论假定，或者打算证明，宇宙存在是为了让我们高兴，悲观论说是为了惹我们不高兴。从科学上讲，认为宇宙跟我们有前一种关系或后一种关系都没有证据。信仰悲观论或信仰乐观 <sup>787</sup> 论，不是理性的问题而是气质的问题，不过在西方哲学家当中乐观气质一向就普遍得多。所以，有个相反一派的代表人物提出一些本来会被人忽略的问题，可能是有益处的。

比悲观论更为重要的是意志第一的学说。显然这个学说同悲观论并没有必然的逻辑联系，叔本华以后主张此说的人经常从其中得到乐观论的基础。有许多现代的哲学家，值得注意的是尼采、柏格森、詹姆士和杜威，向来以这种或那种形式主张过意志至上说。而且，这学说在专门哲学家的圈子以外也风行开了。于是，随着意志的地位上升多少等，知识的地位就下降了若干级。我认为，这是在我们这时代哲学气质所起的最显著的变化。这种变化由卢梭和康德作下了准备，不过是叔本华首先以纯粹的形式宣布的。因为这个缘故，他的哲学尽管前后矛盾而且有某种浅薄处，作为历史发展中的一个阶段来看还是相当重要的。

# 第二十五章　尼采 <sup>788</sup>

尼采（Nietzsche，1844—1900）自认为是叔本华的后继者，这是对的；然而他在许多地方都胜过了叔本华，特别在他的学说的前后一贯、条理分明上。叔本华的东方式绝念伦理同他的意志全能的形而上学似乎是不调和的；在尼采，意志不但在形而上学上居第一位，在伦理上也居第一位。尼采虽然是个教授，却是文艺性的哲学家，不算学院哲学家。他在本体论或认识论方面没创造任何新的专门理论；他之重要首先是在伦理学方面，其次是因为他是一个敏锐的历史批评家。下面我差不多完全限于谈他的伦理学和他对宗教的批评，因为正是他的著作的这一面使他有了影响。

他生平简单。他父亲是一个新教牧师，他的教养有极浓的宗教色彩。他在大学里以研究古典和语言学才华出众，甚至在1869年他尚未取得学位以前，巴泽尔大学就提出给他一个语言学教授的职位，他接受了这个职位。他的健康状况从来不佳，在休过若干时期的病假之后，他终于在1879年不得不退职。此后，他住在瑞士和意大利；1888年他精神失常了，到死一直如此。他对瓦格纳怀着热烈的景仰，但是又跟他起了争论，名义上争论的是《帕济伐尔》①，因为尼采认为《帕济伐尔》基督教气味太重、太充满绝念精神了。在这次争论之后，他对瓦格纳大肆非难，甚至于竟指责他是犹太人。不过，他的一般看法和瓦格纳在《尼伯龙的戒指》里表露的一般看法依旧非常相像；尼采的超人酷似济格弗里特，只不过他是懂希腊文的。这点或许仿佛很古怪，但是罪不在我。

---

① 《帕济伐尔》(*Parsifal*)是瓦格纳的最后一个歌剧，1882年首次上演。——译者

尼采在自觉上并不是浪漫主义者;确实,他对浪漫主义者常常有严厉的批评。在自觉上,他的看法是希腊式的,但是略去了奥尔弗斯教义成分。他佩服苏格拉底以前的哲学家们,毕达哥拉斯除外。他同赫拉克利特的思想有密切的亲缘关系。亚里士多德讲的"雅量人"非常像尼采所谓的"高贵人",但是大体上说他认为自苏格拉底以下的希腊哲学家们都比不了他们的前辈。他无法宽恕苏<sup>789</sup>格拉底出身卑贱;他把他称作"roturier(平民)",并且责斥他以一种民主的道德偏见败坏雅典的贵族青年。尤其是柏拉图,由于他对教化的兴趣而受到尼采的谴责。不过尼采显然不十分高兴谴责他,所以为了原谅他,又暗示或许他并非真心实意,只是把美德当作使下层阶级守秩序的手段来提倡罢了。尼采有一回把柏拉图说成是个"了不起的卡留斯特罗①"。他喜欢德谟克里特和伊壁鸠鲁,可是他对后者的爱慕如果不解释成其实是对卢克莱修的景仰,似乎有些不合道理。

可能预料得到,他对康德评价很低,他把他叫作"à la Rousseau(卢梭式的)道德热狂者"。

尽管尼采批评浪漫主义者,他的见解有许多倒是从浪漫主义者来的;他的见解和拜伦的见解一样,是一种贵族无政府主义的见解,所以我们看到他赞美拜伦是不感诧异的。他打算一人兼有两组不容易调和的价值:一方面他喜欢无情、战争和贵族的高傲;另一方面他又爱好哲学、文学和艺术,尤其爱好音乐。从历史上看,

---

① 卡留斯特罗(Alessandro di Cagliostro;本名 Giuseppe Balsamo,1743—1795),意大利的大骗子;自称炼金术士、预言者,降神术师等,又冒充伯爵,在欧洲各地行骗,后来被判处终身监禁,死在狱中。——译者

这些种价值在文艺复兴时期曾经是共存的；尤理乌斯二世教皇既为勃罗纳而战，又任用米凯兰基罗，他或许可以当作尼采希望看到掌握政权的那种人。尼采和马基雅弗利这两人尽管有一些重要差别，拿尼采来跟马基雅弗利相比是很自然的。谈到差别：马基雅弗利是个办理实际事务的人，他的意见是由于和公务密切接触而形成的，同他的时代是协调的；他不迂阔，也不成体系，他的政治哲学简直不构成连贯的整体。反之，尼采是大学教授，根本上是个书斋人物，是一个与当时仿佛占优势的政治、伦理潮流有意识对立的哲学家。然而两人的相似点更深一层。尼采的政治哲学和《邦主鉴》（非《罗马史论》）里的政治哲学是类似的，固然是详细完成了，应用到较广的范围。尼采和马基雅弗利都持有一种讲求权力、存心反基督教的伦理观，固然在这方面尼采更为坦率。拿破仑对于尼采说来，就相当于凯萨·鲍吉亚对于马基雅弗利：一个让藐小的敌手击败的伟人。

790　　尼采对各派宗教及哲学的批评，完全受着伦理上的动机的主使。他赞美他认为（这或许正确）在身为贵族的少数者才可能有的某种品质；依他的意见，多数者应当只是极少数人完成优越性的手段，不可认为他们有要求幸福或福利的独立权利。他提起普通人，习惯上称作"粗制滥造的"，假如他们的受苦受难对产生伟人是必需的，他认为这件事就无可反对。因而，从1789年到1815年这段时期的全部重要性都在拿破仑身上得到总结："法国大革命使拿破仑得以出现，这就是它的正当理由。假使我们的全部文明混乱崩溃的结果会是这种报偿，我们便应该希求混乱崩溃。拿破仑使民族主义得以实现，这即是后者的理由。"他说，本世纪里差不多一切远大的希望都来自拿破仑。

他爱以逆理悖论的方式发表意见，目的是要让守旧的读者们震惊。他的做法是，按照通常含义来使用"善"、"恶"二字，然后讲他是喜欢"恶"而不喜欢"善"的。他的《善恶之彼岸》(*Beyond Good and Evil*)这本书，实际上旨在改变读者关于善和恶的看法，但是除有些时候而外，它却自称是歌颂"恶"而贬斥"善"的。例如，他说把追求善胜利、恶绝灭这件事当成一种义务，是错误的；这是英国式的看法，是"约翰·斯图亚特·穆勒那个蠢蛋"的典型货色；他对穆勒这人是怀着特别恶毒的轻蔑的。关于穆勒，他说道：

"他讲'对一个人说来正当的事，对另一个人说来也正当'；'你不愿意旁人对你做的事，你也不要对旁人做'①；说这些话使我对此人的庸俗感到憎恶。这种原则乐于把人与人的全部交道建立在相互效劳上，于是每一件行动仿佛都成了对于给我们所做的事情的现钱报酬。其中的假定卑鄙到极点：认为我的行动与你的行动之间在价值上有某种相当是理所当然的。"②

跟传统美德相反的真正美德，不是为人人所有的，而始终应当是贵族少数者的特色。这种美德不是有利可图的东西，也不是叫人谨慎；它把具备它的人同其他人隔离开；它敌视秩序，加害于劣等人。高等人必须对庶民开战，抵制时代的民主倾向，因为四面八方都是些庸碌之辈携起手来，图谋当主人。"一切纵容、软化和把'民众'或'妇女'举在前面的事情，都对普选制——也就是'劣'民

---

① 我仿佛记得有人在穆勒之前就讲过这句格言。

② 所有引尼采的话，重点都是原有的。

统治——起有利的作用。"引人入邪道的是卢梭,因为他把女人说得很有趣;其次是哈丽艾特·比彻·司托①和奴隶们;其次是为工人和穷人而战的社会主义者。所有这些人都应当加以抵制。

尼采的伦理思想不是通常任何意义的自我放纵的伦理思想;他信仰斯巴达式的纪律,为了重大目标既有加给人痛苦的能力也有忍受痛苦的度量。他赞赏意志的力量甚于一切。他说:"我按照一个意志所能作出的抵抗的量和它所能忍受的痛苦与折磨的量来检验它的力量,并且我懂得如何对它因势利导。我不用斥责的手指着生存的罪恶和痛苦,反而怀着希望但愿有一天生活会变得比向来更罪恶、更充满苦痛。"他认为同情心是一种必须抵制的弱点。"目标是要达到那种庞大的伟大性的能力:能通过纪律而且也通过消灭千百万个粗制滥造者来塑造未来的人,然而却能避免由于看见因此而造成的、以前从未见过类似的苦难而趋向崩溃。"他带着某种狂喜预言将要有一个大战时代;我们不知道假使他活到了目睹他的预言实现,他是不是快乐。

不过,他并不是国家崇拜者;绝不是那种人。他是一个热烈的个人主义者,是一个信仰英雄的人。他说,整个一个民族的不幸还不如一个伟大个人的苦难重要:"所有这些小民的灾难,除了在强有力者的感情中以外,并不在一起构成一个总和。"

尼采不是国家主义者,对德国不表现过分赞赏。他希望有一个国际性的统治种族,要他们来作全世界的主人:"一个以最严酷

---

① 哈丽艾特·比彻·司托(Harriet Elizabeth Beecher Stowe,1811—1896),美国女小说家;她的小说《汤姆叔叔的小屋》(1852)对美国奴隶解放运动起了一定的影响。——译者

的自我训练为基础的庞大的新贵族社会,在那里面有哲学思想的强权人物和有艺术才能的专制君的意志要给千秋万年打下印记。"

他也不是明确地抱有反犹太主义的人,不过他认为德国容纳着那么多的犹太人,再多便不能同化,所以不可允许犹太人继续内流。他讨厌《新约》,却不讨厌《旧约》,他用最高的赞美词句来谈《旧约》。为尼采说句公道话,我们必须强调,和他的一般伦理观点有某种关联的许多近代发展,同他明白表示的意见是相反的。

他的伦理思想的两点运用值得注意:第一是他对妇女的轻蔑;第二是他对基督教的无情批判。

他永远不厌其烦地痛骂妇女。在他的拟预言体的著作《查拉图士特拉如是说》(*Thus Spake Zarathustra*)里,他说妇女现在还不能谈友谊;她们仍旧是猫,或是鸟,或者大不了是母牛。"男人应当训练来战争,女人应当训练来供战士娱乐。其余一概是愚蠢。"如果我们可以信赖在这个问题上他的最有力的警句:"你去女人那里吗?别忘了你的鞭子",就知道战士的娱乐必是与众不同的一种娱乐。

他对妇女虽然总是同样地轻蔑,却并不总是这么凶猛。在《权力意志》(*Will to Power*)里他说:"我们对女人感到乐趣,像是对一种或许比较优美、比较娇弱、比较灵妙的动物感到乐趣一样。和那些心里只有跳舞、废话、华丽服饰的动物相会是多么大的乐事!它们向来总是每一个紧张而深沉的男性灵魂的快乐。"不过,就连这些美质也只有当女人被有丈夫气概的男人管束得老老实实的时候,在她们身上才找得到;她们只要一得到任何独立地位,就不可容忍了。"女人有那么多可羞耻的理由;女人是那么迂阔、浅薄、村夫子气、琐屑的骄矜、放肆不驯、隐蔽的轻率……迄今实在是因为对男人的恐惧才把这些约束和控制得极好。"他在《善恶之彼岸》中这样讲，在那里他并且又说，我们应当像东方人那样把妇女看成财产。他对妇女的谩骂全部是当作自明的真理提出来的，既没有历史上的证据也没有他个人经验中的证据以为支持；关于妇女方面，他个人的经验几乎只限于他的妹妹。

尼采对基督教的异议是它使人接受了他所说的"奴隶道德"。把他的议论和法国大革命之前法国 philosophes（哲人们）的议论对照起来观察是很妙的。法国的 philosophes 主张基督教教义是不真实的；基督教教导人服从人所认为的神的意志，然而有自尊心的人却不应当向任何高级的权能低头；基督教会已经成了暴君的同盟者，正在帮助民主政治的仇敌否定自由，不停地绞榨穷人的膏血。① 尼采并不关心基督教或其他任何宗教在形而上学上是否真实；他深信没有一种宗教实际是真理，所以他完全从宗教的社会效果来评价一切宗教。他和 philosophes 意见一致，也反对服从假想的神意志，但是他却要拿现世的"有艺术才能的专制君"的意志代替神的意志。除这种超人外，服从是正当的，然而服从基督教的神却不正当。关于基督教会是暴君的同盟者和民主政治的仇敌，他说这恰恰是真相的反面。据他讲，法国大革命及社会主义从精神上讲和基督教根本是同一的，这些他同样都反对，理由也相同：即不管在任何方面他都不想把所有人当作平等的对待。

---

① 这是圣经里的话，中文圣经照字面直译作"搓磨贫穷人的脸"，见《旧约》，《以赛亚书》，第三章，第 15 节。——译者

他说佛教和基督教都否定一个人和另一个人之间有任何根本的价值差别，从这个意义上讲都是"虚无主义的"宗教；但是二者当中佛教可非议的地方要少得多。基督教是堕落的，充满腐朽的粪便一般的成分；它的推动力就在于粗制滥造者的反抗。这种反抗是犹太人开头的，由不讲诚实的圣保罗那样的"神圣的癫痫患者"带进基督教里。《新约》是十分卑鄙的一类人的福音。"基督教信仰是古今最要命的、最魅惑人的谎话。从来就没有一个知名人物和基督教的理想相像；例如，想一想普鲁塔克的《名人传》里的英雄们吧。基督教所以应该受到谴责，是因为它否定"自豪、有距离的哀愁、伟大的责任、意气昂扬、光辉的兽性、战争和征服的本能、炽情的神化、复仇、愤怒、酒色、冒险、知识"的价值。这一切都是好的，却都被基督教说成坏的——尼采这样主张。

他讲，基督教的目的是要驯化人心，然而这是错误的。野兽自有某种光彩，把它一驯服就失掉了。杜思退也夫斯基所结交的罪犯们比他好，因为他们比较有自尊心。尼采非常厌恶悔改和赎罪，他把这两件事称作 folie circulaire（循环的蠢事）。我们很难摆脱开关于人类行为的这种想法："我们是两千年来的活剖良心和自钉十字架的继承人。"有一段关于巴斯卡尔的很有动人力量的文字值得引下来，因为这段文字把尼采反对基督教的理由表现得最好不过：

"在基督教中我们反对的是什么东西呢？反对的是它存心要毁掉强者，要挫折他们的锐气，要利用他们的疲惫虚弱的时刻，要把他们的自豪的信心转化成焦虑和良心苦恼；反对的是它懂得怎样毒化最高贵的本能，使它染上病症，一直到它的力量、它的权力意志转而向内反对它自己——一直到强者由于过度的自卑和自我牺牲而死亡:那种让人不寒而栗的死法,巴斯卡尔就是最著名的实例。"

尼采希望看到他所谓的"高贵"人代替基督教圣徒的地位,但是"高贵"人绝不是普遍类型的人,而是一个有统治权的贵族。"高贵"人会干得出残忍的事情,有时也会干得出庸俗眼光认为是犯罪的事;他只对和自己平等的人才会承认义务。他会保护艺术家、诗人以及一切可巧精通某种技艺的人,但他是以自己属于比那种只懂得做点事的人要高的阶级中一员的资格来保护这些人的。从战士们的榜样,他会学会把死和他正在奋斗维护的主义连在一起;学会牺牲多数人,对待他的事业严肃到不饶人;学会实行严酷的纪律;学会在战争中施展暴虐和狡猾。他会认识到残忍在贵族优越性里所起的作用:"几乎我们称作'高等教养'的一切东西,都以残忍性的崇高化和强化为基础。""高贵"人本质上是权力意志的化身。

对尼采的学说我们应该抱什么看法呢?这种学说有多大真实性呢?有几分用处吗?里面有点什么客观东西吗?它仅仅是一个病人的权力幻想吗?

不可否认,尼采向来虽然没在专门哲学家中间,却在有文学和艺术修养的人们中间起了很大影响。也必须承认,他关于未来的种种预言至今证实比自由主义者或社会主义者的预言要接近正确。假如他的思想只是一种疾病的症候,这疾病在现代世界里一定流行得很。

然而他还是有许多东西仅仅是自大狂,一定不要理它。谈起

斯宾诺莎,他说:"一个多病隐者的这种伪装暴露出多少个人怯懦 <sup>795</sup>
和脆弱!"完全同样的话也可以用来说他自己,既然他毫不犹豫地
这样说了斯宾诺莎,用来说他更不勉强。很明显,他在自己的白日
梦里不是教授而是战士;他所景仰的人全都是军人。他对妇女的
评价,和每一个男人的评价一样,是他自己对妇女的情感的客观
化,这在他显然是一种恐惧情感。"别忘了你的鞭子"——但是十
个妇女有九个要除掉他的鞭子,他知道这点,所以他躲开了妇女,
而用冷言恶语来抚慰他的受创伤的虚荣心。

尼采谴责基督徒的爱,因为他认为这种爱是恐惧的结果:我害
怕他人会伤害我,所以我使他确信我是爱他的。假使我坚强一些、
大胆一些,我就会公然表示我对他当然要感到的轻蔑。一个人真
诚地抱着普遍的爱,这在尼采看来是不可能的,显然是因为他自己
怀有几乎普遍的憎恨和恐惧,他喜欢把这种憎恨和恐惧装扮成老
爷式的冷淡态度。他的"高贵"人——即白日梦里的他自己——是
一个完全缺乏同情心的人,无情、狡猾、残忍、只关心自己的权力。
李尔王在临发疯的时候说:

我定要做那种事——

是什么我还不知道——但是它将成为

全世界的恐怖。①

这是尼采哲学的缩影。

尼采从来没有想到,他赋予他的超人的那种权力欲本身就是
恐惧的结果。不怕他人的人不认为有压制他人的必要。征服了恐

---

① 见莎士比亚:《李尔王》,第二幕,第四场。——译者

惧的人们没有尼采所谓的"有艺术才能的专制君"那种尼罗王的疯狂性质，那种尼罗王尽力要享受音乐和大屠杀，而他们的内心却充满着对不可避免的宫廷政变的恐怖。我倒不否认，现实世界已经和尼采的梦魇非常相似了，这一部分也是他的学说的结果；但是这丝毫没有使那梦魇的恐怖性有所减轻。

必须承认，也有某类的基督教伦理，尼采的酷评对它可以用得上而公正合理。巴斯卡尔和杜思退也夫斯基——用尼采自己举的实例——在品德上都有某种卑劣的地方。巴斯卡尔为他的神牺牲了自己堂堂的数学才智，于是归给神一种野蛮残暴，那就是巴斯卡尔的病态精神痛苦的无限扩张。杜思退也夫斯基和"正当的自豪"是无缘的；他要犯罪，为的是来悔改和享受忏悔的快乐。我不想讨论这样的越轨行为有几分可以公正地归罪于基督教的问题，但是我要承认我和尼采有同感，认为杜思退也夫斯基的意气消沉是可鄙的。我也觉得，某种高洁和自豪，甚至某类的自以为是，都是最优良的品格中的要素；根源在于恐惧的美德没一件是大可赞赏的。

圣贤有两种：生来的圣贤和出于恐惧的圣贤。生来的圣贤对人类有一种自发的爱；他行好事是因为行好事使他幸福。反之，出于恐惧的圣贤像只因为有警察才不干偷窃的人一样，假使没有地狱的火或他人的报复的想法约束着他就会作恶。尼采只能想象第二种圣贤；由于他心中充满恐惧和憎恨，所以对人类自发的爱在他看来是不可能有的。他从来没有设想过有一种人，虽然具有超人的大无畏和倔强的自尊心，还是不加给人痛苦，因为他没有这样做的愿望。有谁会认为林肯采取他那种做法是由于害怕地狱吗？然而在尼采看来林肯是下贱的，拿破仑大大了不起。

还需要考察一下尼采所提出的主要伦理问题,即:我们的伦理应当是贵族式的呢? 或者在某种意义上应当把一切人同样看待呢? 这个问题照我刚才这样的提法,是一个意义不很明了的问题,所以显然第一步是要把问题弄明确一些。

　　我们首先务必把贵族式的伦理和贵族式的政治理论区别开。信奉边沁的最大多数人的最大幸福原则的人抱有民主的伦理思想,但是他也许认为贵族式的政体最能促进一般人的幸福。这不是尼采的见解。他认为平常人的幸福并不是善本身的一部分。本身就是善的或是恶的事情全都只存在于少数优越者方面;其余人遭遇的事是无足轻重的。

　　以下的问题是:少数优越者怎样下定义? 实际上,这种人向来通常是战胜的氏族或世袭贵族,而贵族至少从理论上讲向来通常是战胜的氏族的后裔。我想尼采是会接受这个定义的。"没有好的出身就不可能有道德",他这样告诉我们。他说贵族阶级最初总是野蛮人,但是人类的每一步向上都起因于贵族社会。 ⁷⁹⁷

　　不明白尼采把贵族的优越性看成先天的呢还是教育和环境造成的。如果是后者,那么把其他人排除在照假定说来他们同样有资格具备的有利条件之外,很难有道理可讲。所以我假定他认为战胜的贵族及其后裔比受他们统治的人在生物学上优越,就像人比家畜优越一样,不过程度较差罢了。

　　"在生物学上优越"要指什么意思呢? 在解释尼采时,意思是指属于优越氏族的个人及其后裔在尼采讲的"高贵"的意义上更有可能是"高贵"的:他们会有较多的意志力量、较多的勇气、较多的权力冲动、较少的同情心、较少的恐惧、较少的温柔。

我们现在可以叙述一下尼采的伦理。我想以下的话是对他的伦理的公正的剖析。

战争的胜利者及其后裔通常比败北者在生物学上优越。所以由他们掌握全权、完全为他们自己的利益去处理事务是要得的。

这里还有"要得的"一词需要考虑。在尼采的哲学里什么是"要得的"呢？从旁观者的观点看来，尼采所谓的"要得的"东西就是尼采想要的东西。有了这个解释，尼采的学说不妨更干脆、更老实地用以下一句话来叙述："我假若是生活在白里克里斯时代的雅典或梅狄奇时代的弗罗棱斯才好。"但是这不叫一种哲学；这是关于某个人的传记事实。"要得的"一词和"我想要的"并不是同义语；这个词要求某种普遍的立法定规，不管这要求多么不明确。有神论者可能说，要得的东西就是神想要的东西，但是尼采不会讲这话。他本来可以说他凭伦理的直观知道什么是善，可是他不要这样讲，因为这话康德气太重。把"要得的"一词加以推广，他所能讲的是这些话："假如大家读我的著作，有一定百分数的人关于社会组织问题就会和我有同样的愿望；这些人在我的哲学会给予他们的精力和决心的激励下，能够保全和复兴贵族社会，由他们自己作贵族或（像我一样）作贵族的阿谀者。这样他们就会得到比作为人民的仆从能够有的生活更充实的生活。"

尼采思想里还有一个成分，和"彻底个人主义者"极力主张的反对工会的理由非常相近。在所有人对所有人的斗争中，胜利者可能具有尼采赞赏的某些品质，例如勇气、多谋和意志的力量。但是，如果不具备这些贵族品质的人们（他们是绝大多数）团结一致，他们尽管各个人是低劣的也可能得胜。在这场 canaille（愚民）集

350

体对贵族的斗争中,就像法国大革命曾经是战斗的前线,基督教是意识形态的前线。因此我们应该反对个体软弱者之间的一切联合,唯恐他们的集合力量会压倒个体强者的集合力量;另一方面,我们应该促进人口当中强韧而雄健的分子之间的联合。创始这种联合的第一个步骤就是宣扬尼采哲学。可见要保留伦理学和政治学的区别不是一件容易事。

假如我们想——我确实想——找到一些反驳尼采的伦理学和政治学的理由,究竟能找到什么理由呢?

有一些有力的实际理由,说明如果打算达到他讲的目标,实际上会达到完全不同的情况。门阀式的贵族现在已经声名扫地了;唯一行得通的贵族社会形式就是像法西斯党或纳粹党那样的组织。那样的组织激起人们的反对,在战争中可能是要被打败的;但是它假如没有被打败,不久以后必定成为一个十足的警察国家,国家里的统治者们生活在暗杀的恐怖中,英雄人物都进了集中营。在这种社会里,信义廉耻被告密破坏一光,自封的超人贵族阶级蜕化成一个战战兢兢的懦夫的集团。

不过,这些只是现代讲的道理;在贵族政治不成为问题的过去时代,这些道理就不会是适用的。埃及的政府照尼采式的原则管理了几千年。直到美国独立和法国大革命为止,几乎所有的大国的政府都是贵族政府。因此,我们必须问问自己,我们不喜欢一种有这样悠久的成功历史的政体而喜欢民主制,有没有什么充实理由;或者,因为我们谈的不是政治而是哲学,更不如问排斥尼采借 799 以维护贵族政治的那种伦理,有没有客观根据。

和政治问题相对而言的伦理问题,是一个关于同情心的问题。

按别人的痛苦使自己不乐这种意义来讲,同情心多少总是人天然固有的;幼小的孩子听见旁的孩子哭自己也苦恼。但是这种感情的发展在不同的人大不相同。有些人以加给别人苦楚为乐;也有些人,就像如来佛,感觉只要还有任何生灵在受苦,他们就不可能完全快乐。大多数人在感情上把人划分成敌和友,对后者抱同情,对前者不抱同情。像基督教或佛教的伦理那样的伦理,其感情基础是在普遍同情上;尼采的伦理,是在完全没有同情上。(他常常宣扬反对同情的论调,在这方面我们觉得他不难遵守自己的训条。)问题是:假使如来佛和尼采当面对质,任何一方能不能提出来什么该打动公平听者的心的议论呢?我所指的并不是政治议论。我们可以想象他们像在《约伯记》第一章里那样,出现在全能者面前,就神应当创造哪一种世界提出意见。两人各会说些什么呢?

如来佛会开始议论,说到麻风患者被摒弃在社会之外,悲惨可怜;穷人们,凭疼痛的四肢劳苦奔波,靠贫乏的食物仅仅维持活命;交战中的伤员,在缠绵的痛苦中死去;孤儿们,受到残酷的监护人的虐待;甚至最得志的人也常常被失意和死的想法缠住心。他会说,必须找出一条超脱所有这些悲哀负担的道路,而超脱只有通过爱才能够达到。

尼采这个人只有全能的神才能够制止他半途插话,当轮到他讲的时候,他会突然叫道:"我的天哪,老兄! 你必须学得性格坚强些。为什么因为琐屑的人受苦而哭哭啼啼呢? 或者,因为伟大人物受苦而你这样做呢? 琐屑的人受苦也受得琐屑,伟大人物受苦也受得伟大,而伟大的痛苦是不该惋惜的,因为这种痛苦是高贵的。你的理想是个纯粹消极的理想——没有痛苦,那只有靠非存在才能完全达到。相反,我抱着积极的理想:我钦佩阿尔西拜阿底斯①、弗里德里希二世皇帝和拿破仑。为了这样的人,遭什么不幸都值得。主啊,我向你呼吁,你这位最伟大的创造艺术家可不要让你的艺术冲动被这个不幸的精神病人的堕落的、恐怖笼罩下的顺口唠叨抑制住。"

如来佛在极乐世界的宫廷里学习了自他死后的全部历史,并且精通了科学,以有这种知识为乐,可是为人类对这种知识的使用法感觉难过;他用冷静的和蔼态度回答:"尼采教授,您认为我的理想是纯粹消极的理想,这是您弄错了。当然,它包含着一种消极成分,就是没有痛苦;但是它此外也有积极东西,和您的学说中见得到的一样多。虽然我并不特别景仰阿尔西拜阿底斯和拿破仑,我也有我的英雄:我的后继者耶稣,他叫人去爱自己的敌人;还有那些发现怎样控制自然的力量、用比较少的劳力获取食物的人;那些告诉人如何减少疾病的医生;那些瞥见了神的至福的诗人、艺术家和音乐家们。爱和知识和对美的喜悦并不是消极;这些足够充满历来最伟大的人物的一生。"

尼采回答:"尽管如此,你的世界总还是枯燥无味的。你应当研究研究赫拉克利特,他的著作在天国图书馆里完整地保存下来了。你的爱是怜悯心,那是由痛苦所勾动的;假使你老实,你的真理也是不愉快的东西,而且通过痛苦才能认识它;至于说美,有什么比赖凶猛而发出光辉的老虎更美呢? 不行,如果我主竟然决断

---

① 阿尔西拜阿底斯(Alcibiades,公元前 450 年? 一公元前 404 年),雅典政治家,将军。——译者

你的世界好，恐怕我们都会厌烦得死掉了。"

如来佛回答："您也许这样，因为您爱痛苦，您对生活的爱是假爱。但是真正爱生活的人在我的世界里会感到现世界中谁也不能有的那种幸福。"

至于我，我赞同以上我所想象的如来佛。但是我不知道怎样用数学问题或科学问题里可以使用的那种论证来证明他意见正确。我厌恶尼采，是因为他喜欢冥想痛苦，因为他把自负升格为一种义务，因为他最钦佩的人是一些征服者，这些人的光荣就在于有叫人死掉的聪明。但是我认为反对他的哲学的根本理由，也和反对任何不愉快但内在一贯的伦理观的根本理由一样，不在于诉诸事实，而在于诉诸感情。尼采轻视普遍的爱，而我觉得普遍的爱是关于这个世界我所希冀的一切事物的原动力。他的门徒已经有了一段得意时期，但是我们可以希望这个时期即将迅速地趋于终了。

# 第二十六章　功利主义者①

在从康德到尼采这段时期内，英国的职业哲学家始终几乎完全没受到同时代的德国人的影响，唯一的例外是威廉·汉密尔顿爵士，不过他是一个没有多大影响的人。柯勒律治和卡莱尔固然受康德、费希特和德国浪漫主义者的影响很深，但是他们并不算专门意义上的哲学家。仿佛某人有一次向詹姆士·穆勒提起了康

---

① 关于这个题目以及关于马克思的较详细的论述，见拙著《自由与组织》（*Freedom and Organization*，1814—1914）第二编。

德,穆勒把康德的著作仓促地略一过目后说:"可怜的康德用心何在,我十分明白。"然而连这种程度的承认也是例外;一般说,关于德国人是闭口不谈的。边沁及其学派的哲学的全部纲领都是从洛克、哈特里和爱尔维修来的;他们的重要地位与其说是哲学上的,不如说是政治上的:在于他们是英国急进主义的领袖,是无意之间为社会主义学说铺平道路的人。

杰罗密·边沁是"哲学上的急进主义者"的公认领袖,他却不是大家意料当中居这类运动首位的那种人。他生于 1748 年,但是直到 1808 年才成为急进主义者。他为人腼腆到了苦痛的程度,勉强跟生人在一起时总是要万分惶恐。他写的作品非常多,但是他从来不操心去发表;以他的名义发表的东西都是被他的朋友们善意盗走的。他的主要兴趣是法学,在法学方面他承认爱尔维修和贝卡利亚是他的最重要的前驱。通过法的理论,他才对伦理学和政治学有了兴趣。

他的全部哲学以两个原理为基础,即"联想原理"和"最大幸福原理"。联想原理哈特里在 1749 年已经强调过;在他以前,大家虽然承认观念联合是有的,却把它只看成是细小错误的来源,例如洛克就抱这个看法。边沁追随哈特里,把联想原理当作心理学的基本原理。他承认观念和语言的联合,还承认观念与观念的联合。[802]凭这个原理,他打算给种种精神现象作出决定论的说明。该学说在本质上和以巴甫洛夫的实验为根据的比较新近的"条件反射"论是一样的。唯一的重大区别是,巴甫洛夫讲的条件反射属于生理学,而观念联合则是纯粹心理方面的事。因此,巴甫洛夫的研究工作能加上一个像行为主义者加给它的那种唯物的解释,而观念联合却发展到一种多少有些跟生理学无关的心理学。从科学上讲，毫无疑问条件反射原理比旧原理前进一步。巴甫洛夫的原理是这样：设有一个反射，即由乙刺激产生丙反应，再设某个动物在受到乙刺激的同时屡次受到了一个甲刺激，那么往往到最后即使没有乙刺激，甲刺激也会产生丙反应。决定这种事在什么情况下发生，是一个实验问题。很明显，如果把甲、乙、丙换成观念，巴甫洛夫的原理就成了观念联合原理。

无疑问，这两个原理在某个范围内都是正确的；唯一引起争论的问题是这个范围的广度问题。就像某些行为主义者讲巴甫洛夫原理时夸大了这个范围的广度，边沁和他的信徒们讲哈特里原理时也夸大了这个范围的广度。

对边沁来说，心理学中的决定论很重要，因为他想要制定一部会自动使人善良有德的法典，更广地说，制定一个这样的社会制度。在这一点上，为了给"德"下定义，他的第二个原理即最大幸福原理就是必要的了。

边沁主张，所谓善便是快乐或幸福（他拿这两个词当同义词使用），所谓恶便是痛苦。因此，一种事态如果其中包含的快乐超过痛苦的盈余大于另一种事态，或者痛苦超过快乐的盈余小于另一种事态，它就比另一种事态善。在一切可能有的事态当中，包含着快乐超过痛苦的最大盈余的那种事态是最善的。

这个学说结果被人称作"功利主义"，并不是什么新东西。早在 1725 年哈契逊已经提倡过它。边沁把它归功于普利斯特里，不过普利斯特里对此倒没有特别资格。实际上洛克的著作中就包含有这个学说。边沁的功绩不在于该学说本身，而在于他把它积极

803

地应用到种种实际问题上。

边沁不仅主张善即是一般幸福，而且主张每个人总是追求他所认为的自己的幸福。所以，立法者的职责是在公共利益和私人利益之间造成调和。我不偷窃，这是符合公众利益的，但是除非存在着有效的刑法，这并不符合我的利益。因而刑法是使个人的利益和社会的利益一致的一个方法；这便是刑法存在的理由。

用刑法来惩治人是为了防止犯罪，不是因为我们憎恨犯人。刑罚分明比刑罚严厉重要。当时在英国，有许多很轻微的犯罪也不免遭死刑，结果陪审员们因为觉得刑罚过分，常常不肯判罪。边沁提倡除极恶犯外对一切犯罪废止死刑，在他逝世以前，刑法在这一点上有了缓和。

他说民法应当有四项目的：生存、富裕、安全、平等。可以注意到他不提自由。事实上，他是不大爱好自由的。他赞赏法国大革命以前的仁慈的专制君主——凯萨琳大帝和弗朗西斯皇帝。他非常轻蔑人权说。他讲，人权纯粹是胡话；绝对的人权，是浮夸的胡话。当法国的革命者提出他们的"人权宣言"的时候，边沁把它叫作"一个形而上学的作品——形而上学的 ne plus ultra（极点）"。他说它的条文可以分为三类：(1)无法理解的，(2)错误的，(3)既无法理解又错误的。

边沁的理想和伊壁鸠鲁的理想一样，不是自由是安全。"战争和风暴读起来最妙，但是和平与宁静比较好消受。"

他向急进主义的逐渐发展有两个根源：一方面是从关于快乐和痛苦的计算推出来的一种平等信念；另一方面是把一切事情都付诸他所理解的理性去裁定，这样一个百折不挠的决心。他对平等的爱好在早年曾经促使他主张人的财产由儿女均分,反对遗嘱自由。在晚年,这又促使他反对君主制和世袭贵族政治,倡导包括妇女有投票权的彻底民主制。他不肯抱没有理性根据的信念,因而他排斥宗教,包括信仰上帝;因而他对法律中荒唐和破格的地方,不管其历史起源多么古老,都抱着尖锐的批判态度。他不愿意拿任何事情是传统的为理由来原谅这件事。他从青年时代初期起就反对帝国主义,不论是英国人在美洲推行的帝国主义,或是其他民族的帝国主义;他认为保有殖民地是一件蠢事。

由于詹姆士·穆勒的影响,才使边沁在实际政治上采取一定的立场。詹姆士·穆勒比边沁小二十五岁,他是边沁学说的热诚信徒,然而也是一个积极的急进主义者。边沁赠给穆勒一所房子(这所房子以前曾属于密尔顿),而且在他编写一部印度史的时候给他经济上的帮助。这部历史完成后,东印度公司给了詹姆士·穆勒一个职位;后来东印度公司也聘任了他的儿子,一直到由于印度暴动①的结果而撤销它时为止。詹姆士·穆勒非常钦佩孔多塞和爱尔维修。他和那个时代的所有急进主义者一样,信服教育万能。他在他的儿子约翰·斯图亚特·穆勒身上实践自己的学说,其结果有好有坏。最重大的坏结果是,约翰·斯图亚特甚至在发觉了他父亲的见解一向很狭隘的时候,也绝无法完全摆脱掉他父亲的影响。

詹姆士·穆勒和边沁一样,认为快乐是唯一的善,痛苦是唯一的恶。但是他又像伊壁鸠鲁,最看重适度的快乐。他认为知识上

---

① 事情发生在 1857—1858 年。——译者

的乐趣是最高的乐趣,节制是首要的美德。他的儿子说:"激烈的事物在他说来是轻蔑非难的对象,"又补充说,他反对现代人的重感情。他和整个功利主义派一样,完全反对各样的浪漫主义。他认为政治可以受理性支配,并且指望人们的意见可以由证据来决定。如果论争中的对立双方以同等的技巧各陈己见,那么万无一失,过半数人会得出正确判断——他这样主张。他的眼界受到了他感情性质贫乏的限制,但是在他的限度以内,他具有勤勉、无私、讲理性的长处。

他的儿子约翰·斯图亚特·穆勒生于 1806 年,他继续奉行一种略有缓和的边沁派学说直到 1873 年逝世。

边沁派完全缺乏动人感情的力量,若考虑到这一点,在整个十九世纪中期他们对英国的立法和政策的影响可算大得惊人了。<sup>805</sup>

边沁提出了种种议论,支持全体幸福即 summum bonum(至善)这个看法。这些议论有的是对其他伦理学说的尖锐批评。在他写的论政治谬论的著作里,用一种似乎讲在马克思前头的言辞说,温情道德和禁欲道德满足统治阶级的利益,是贵族政体的产物。他继续说道,宣扬牺牲之道德的人并不是受谬见之害的人:他们是想要别人为他们而牺牲。他说,道德秩序是由利害平衡产生的结果。统治团体伪称统治者和被统治者之间已经利害一致,但是改革家们指明这种一致还不存在,他们努力要使它实现。他主张只有效用原则能在伦理学和立法中当一个判断标准,奠定一门社会科学的基础。他支持他这条原则的明确理由主要是,这条原则实际是表面上相异的各种伦理学体系暗中含有的。不过,要给他对各种伦理学体系的概观加上严格限制,他这话才似乎有道理。

边沁的学说体系中有一处明显的疏漏。假如人人总是追求自己的快乐,我们怎么能保证立法者要追求一般人的快乐呢?边沁自己的本能的仁慈心(他的心理学理论妨碍他注意到它)使他看不见这个问题。假使他受聘请为某个国家草拟一部法典,他会按照他所认为的公众利益制定他的提议,而不为了促进他个人的利益或(有意识地)促进本阶级的利益。但是,假使他认识到这个事实,他当初就不得不修改他的心理学学说了。他好像是这样想的:通过民主政体,结合适当监督,可以控制立法者,使得他们只有凭自己对一般公众有用处才能促进他们的私人利益。在当时,要给种种民主制度的作用下一个判断,材料是不多的,所以他的乐观主义也许还情有可原,但是在我们这个令人多幻灭感的时代,这种乐观主义就似乎有点天真了。

约翰·斯图亚特·穆勒在他的《功利主义》(*Utilitarianism*)

<sup>806</sup> 中提出了一个议论,真谬误得难以理解他怎么会认为它是正确的。他讲:快乐是人想要的唯一东西;因此快乐是唯一要得的东西。他主张,看得见的东西只有人看见的东西,听得见的东西只有人听见的东西,同样,要得的东西只有人想要的东西。他没注意到,一件东西人能够看见它就是"看得见的",但是人应该想要它才叫"要得的"。因而"要得的"是一个以某种伦理学说为前提的词;我们从人想要的事物推不出要得的事物来。

而且,假如每个人实际上必然追求自己的快乐,那么讲他应该做旁的事是不得要领的。康德极力主张"你应该"暗含着"你能够"的意思;反之,如果你不能怎样,说你应该怎样也是白费。假如每个人必定总是追求自己的快乐,伦理学便化成聪明的远虑:你正好

可以促进别人的利益,希望他们反过来也会促进你的利益。同样,在政治中一切合作都成了彼此帮衬。由功利主义者的前提按正当的推理是推不出其他结论的。

这里涉及两个性质不同的问题。第一,每个人都追求自己的幸福吗?第二,全体幸福是人的行动的正当目标吗?

说每个人都希求自己幸福,这话可以有两个意义,一个意义是明白的至理,另一个意义是不对的。不论我可巧希求什么,我达到我的愿望时就会获得几分快乐;按这个意义讲,无论我希求的是什么,那总是一种快乐,于是可以稍欠严格地说我所希求的就是快乐。该学说在这个意义上是一条明白的至理。

但是,假若所指的是,如果我希求什么,我之所以希求它是因为它会给我快乐,这通常是不对的。我饿的时候希求食物,只要我的饥饿还继续存在,食物会给我快乐。然而,饥饿这种欲望是先有的;快乐是这种欲望的后果。我不否认有些场合下人有直接求快乐的欲望。假如你已决定在戏院里度一个空暇的晚上,你要选择你认为会使你得到最大快乐的戏院。但是,这样由直接求快乐的欲望所决定的行为是例外的、不重要的。每人的主要活动都是由先于算计快乐和痛苦的欲望决定的。

不论什么事都可能是欲望的对象;受虐淫患者可能希求自己 <sup>807</sup> 痛苦。当然,受虐淫患者从他所希求的痛苦里取得快乐,但是这种快乐是由于这种欲望,而不是倒过来讲。一个人可能希求某种除了由于他的欲望而外对他个人没有影响的事情——例如,在一场他本国守中立的战争中某一方的胜利。他可能希求增进一般人的幸福,或减轻一般人的苦难。或者他也可能像卡莱尔那样,希求的与此正相反。随着他的欲望不同，他的快乐也不同。

因为人们的欲望彼此冲突，伦理学是必要的。冲突的根本原因是利己心：大多数人对自己的福利比对旁人的福利要关切。但是在毫无利己心成分的场合下同样可能有冲突。这一个人也许希望人人都是天主教徒，另一个人也许希望人人都是加尔文派教徒。社会斗争中常常包含这种非利己的欲望。伦理学有双重目的：第一，找出一条借以区别善欲望和恶欲望的准则；第二，通过赞扬和责备，促进善欲望，阻抑那种恶的欲望。

功利主义的伦理学部分从逻辑上讲和心理学部分是不相关的，伦理学部分说：那种实际上促进全体幸福的欲望和行为是善的。促进全体幸福不一定要是某件行为的动机，却只需要是它的效果。对这种学说我们在理论上有什么站得住的赞成理由或反对理由吗？关于尼采，我们曾遇到过同样的问题。他的伦理学与功利主义者的伦理学不同，因为他的伦理学主张人类中只有少数人具有伦理的重要性，其余人的幸福或不幸是应当忽视的。我个人不认为这种意见分歧能够借科学问题中可以应用的那种理论上的议论来处理。显然，那些被排斥在尼采式贵族社会以外的人要有异议，因而问题就变成不是理论性的而是政治性的了。功利主义的伦理学是民主的和反浪漫主义的。民主主义者可能要承认它，但是对那些喜好比较拜伦式的世界观的人，依我看只能从实践上去反驳他们，凭着一些不诉诸欲望、只诉诸事实的理由去反驳是不行的。

哲学上的急进主义者是一个过渡的学派。他们的学说体系产生了两个比它本身更重要的别的学说体系，即达尔文主义和社会

主义。达尔文主义是马尔萨斯人口论对全体动植物界的应用,而
马尔萨斯人口论则是边沁派的政治学和经济学不可分割的一部
分。达尔文主义讲的是一种全体规模的自由竞争,在这种竞争中
胜利属于和成功的资本家极其类似的动物。达尔文本人受到了马
尔萨斯的影响,他和哲学上的急进主义者有一般共鸣。不过,正统
派经济学家所赞赏的竞争和达尔文宣布为进化原动力的生存竞争
有一个重大区别。在正统派经济学里,"自由竞争"是一个受法律
限制所束缚的非常人为的概念。你可以比你的竞争者贱卖货品,
但是你不得杀害他。你不得使用国家的军队帮助你战胜外国厂
商。那些没好运气拥有资本的人不得打算靠革命来改善自己的命
运。边沁派的人所理解的"自由竞争"绝不是真正自由的。

达尔文学说中的竞争不是这种有限制的竞争;没有什么不许
耍卑鄙手段的规则。法德体制在动物中间是不存在的,也不排斥
把战争当竞争方法。在竞争中利用国家获取胜利违反边沁派的人
心目中的规则,却不能排除在达尔文学说讲的那种竞争以外。事
实上,虽然达尔文本人是个自由主义者,虽然尼采没有一次提到他
不带着轻蔑,达尔文的"适者生存"若被人彻底消化了,会产生一种
跟尼采哲学远比跟边沁哲学相像的东西。不过,这种发展结果是
属于后来一个时期的事,因为达尔文的《物种起源》是1859年出版
的,它的政治含义起初大家还没有看出来。

相反,社会主义是在边沁学说的全盛时代萌芽的,是正统派
经济学的一个直接结果。跟边沁、马尔萨斯和詹姆士·穆勒有
密切交往的李嘉图,主张商品的交换价值完全出于生产该商品
时花费的劳动。他在1817年发表了这个理论,八年以后,一个

前海军军官托马斯·霍治司金发表了第一个社会主义的答辩《反对资方的要求而为劳方辩护》(*Labour Defended Against the Claims of Capital*)。他议论，如果像李嘉图所主张的那样，全部价值都是劳动赋予的，全部报酬便应该归给劳动者；现下地主和资本家所得的那一份必定是纯粹榨取物。同时，罗伯特·欧文当工厂主有了丰富的实际体验之后，坚信了那种不久就被人称为社会主义的学说。(最早使用"Socialist"〔社会主义者〕一词是在1827年，当时把它应用于欧文的信徒。)他说，机器正渐渐排挤劳动者，而自由放任政策没有使工人阶级得到和机械力量相抗争的适当手段。他提出的处理这种弊端的方法，是近代社会主义的最早期形式。

809

虽然欧文是边沁的朋友，边沁在欧文的企业里还投资了颇大的一笔钱，哲学上的急进主义者并不喜欢欧文的新说；事实上，社会主义的来临使他们和以前相比急进主义色彩和哲学色彩都减退了。霍治司金在伦敦有了一些追随者，于是吓坏了詹姆士·穆勒。他写道：

"他们的财产观显得真丑；……他们似乎认为财产不应当存在，存在财产对他们是一种祸害。毫无疑问，有恶棍在他们当中活动。……这些傻瓜们，不明白他们疯狂企求的东西对他们将是那种只有他们自己的双手才会给他们带来的灾难。"

在1831年写的这封信，可以看成是资本主义与社会主义的长期斗争的开端。在后来的一封信里，詹姆士·穆勒把社会主义的根源归于霍治司金的"疯狂的胡说"，他又说："这种见解假使要传播开，会使文明社会覆灭；比匈奴和鞑靼人排山倒海地泛滥还坏。"

社会主义只是政治上的或经济上的主义，就此来说不在一部哲学史的范围以内。但是到卡尔·马克思手中，社会主义获得了一套哲学。他的哲学要在下一章里讨论。

# 第二十七章　卡尔·马克思

810

卡尔·马克思通常在人的心目中是这样一个人：他自称把社会主义做成了科学的社会主义；他比任何人都作出更多贡献，创造了一个强大的运动，通过对人的吸引和排斥，支配了欧洲近期的历史。讨论他的经济学，或讨论他的政治学（除某些一般方面外），不在本书的范围之内；我打算只把他当作哲学家和对旁人的哲学起了影响的人来讲一讲他。在这一点上，他很难归类。从一个方面看，他跟霍治司金一样，是哲学上的急进主义者的一个结果，继续他们的理性主义和他们对浪漫主义者的反抗。从另一个方面看，他是一个复兴唯物主义的人，给唯物主义加上新的解释，使它和人类历史有了新的关联。再从另外一个方面看，他是大体系缔造者当中最后一人，是黑格尔的后继者，而且也像黑格尔一样，是相信有一个合理的公式概括了人类进化的人。这几方面，强调任何一方面而忽视其他方面，对他的哲学都要有歪曲失真的看法。

他一生遭遇的事件说明了这种复杂性的部分原因。他是1818年出生的，和圣安布洛斯一样生于特里尔。特里尔在法国大革命和拿破仑时代曾受到法国人很深的影响，在见解方面世界主义色彩比德意志大部分地区浓厚得多。他的祖辈们原是犹太教的律法博士，但是在他幼年时代他的父母成了基督教徒。他娶了一

365

个非犹太系的贵族女子，一生始终对她真挚热爱。在大学时代，他受到了当时还风行的黑格尔哲学的影响，也受到了费尔巴哈反抗黑格尔而倒向唯物主义的影响。他试办过新闻事业，但是他编辑的《莱因报》由于论调过激而被当局查禁。之后，在 1843 年，他到法国去研究社会主义。在法国他结识了恩格斯，恩格斯是曼彻斯特一家工厂的经理。他通过恩格斯得以了解到英国的劳工状况和英国的经济学。他因而在 1848 年革命以前得到了一种异常国际
811 性的修养。就西欧而论，他毫不表露民族偏见。对于东欧可不能这么讲，因为他素来是轻视斯拉夫人的。

1848 年的法国革命和德国革命他都参加了，但是反动势力迫使他不得不在 1849 年到英国避难。除几个短暂期间而外，他在伦敦度过了余生，遭受到穷困、疾病、丧子的苦恼，但他仍旧孜孜不倦地著述和累积知识。激励他从事工作的力量一直来自对社会革命所抱的希望，即便不是他生前的社会革命，也是不很遥远的未来的社会革命。

马克思同边沁和詹姆士·穆勒一样，跟浪漫主义丝毫无缘；合乎科学始终是他的目的。他的经济学是英国古典经济学的一个结果，只把原动力改变了。古典经济学家们，无论自觉地或不自觉地，都着眼于谋求既同地主又同雇佣劳动者相对立的资本家的福利；相反，马克思开始代表雇佣劳动者的利益。1848 年的《共产党宣言》表现出，他在青年时代怀着新革命运动所特有的炽烈热情，如同自由主义在弥尔顿时代曾有过的一样。然而他总是极希望讲求证据，从不信赖任何超科学的直观。

马克思把自己叫作唯物主义者，但不是十八世纪的那种唯物

主义者。他在黑格尔哲学的影响下,把他那种唯物主义称作"辩证"唯物主义,这种唯物主义同传统的唯物主义有很重要的不同,倒比较近乎现在所说的工具主义。他说,旧唯物主义误把感觉作用看成是被动的,因而把活动基本上归之于客体。依马克思的意见,一切感觉作用或知觉作用都是主体与客体的交互作用;赤裸裸的客体,离开了知觉者的活动,只是原材料,这原材料在被认识到的过程中发生转变。被动的观照这种旧意义的认识是一个非现实的抽象概念;实际发生的过程是处理事物的过程。"人的思维是否具有客观的真理性,这并不是一个理论的问题,而是一个实践的问题",他这样讲。"人应该在实践中证明自己思维的真理性,即自己思维的现实性和力量,……。关于离开实践的思维是否具有现实性的争论,是一个纯粹经院哲学的问题。……哲学家们只是用不<sup>812</sup>同的方式解释世界,而问题在于改变世界。"①

我想,我们可以把马克思的主张解释成指这个意思:哲学家们向来称作是追求认识的那种过程,并不像已往认为的那样,是客体恒定不变,而一切适应全在认识者一方面的过程。事实相反,主体与客体、认识者与被认识的事物,都是在不断的相互适应过程中。因为这过程永远不充分完结,他把它叫作"辩证的"过程。

否定英国经验主义者所理解的那种"感觉作用"有现实性,对于这个理论万分重要。实际发生的事情,当最接近于英国经验主义者所说的"感觉作用"的意思时,还是叫作"察知"比较好,因为这

---

① 《关于费尔巴哈的十一条提纲》(*Eleven Theses on Feuerbach*),1845。——作者注。引文见《路德维希·费尔巴哈和德国古典哲学的终结》单行本,人民出版社 1972 年版,第 50 页和第 53 页。——译者

意味着能动性。实际上——马克思会如此主张——我们察知事物，只是作为那个关联着事物的行动过程的一部分察知的，任何不考虑行动的理论都是误人的抽象观念。

据我所知，马克思是第一个从这种能动主义观点批评了"真理"概念的哲学家。在他的著作中，并没有十分强调这个批评，所以这里我不准备更多谈，等到后面一章中再来考察这个理论。

马克思的历史哲学是黑格尔哲学和英国经济学的一个掺和体。他和黑格尔一样，认为世界是按照一个辩证法公式发展的，但是关于这种发展的原动力，他和黑格尔的意见完全不同。黑格尔相信有一个叫"精神"的神秘实体，使人类历史按照黑格尔的《逻辑学》中所讲的辩证法各阶段发展下去。为什么"精神"必须历经这些阶段，不得而知。人不禁要想，"精神"正努力去理解黑格尔的著作，在每个阶段把所读到的东西匆促地加以客观化。马克思的辩证法除了带有某种必然性而外完全不带这种性质。在马克思看来，推进力不是精神而是物质。然而，那是一种以上所谈的特别意义的物质，并不是原子论者讲的完全非人化的物质。这就是说，在马克思看来，推进力其实是人对物质的关系，其中最重要的部分是人的生产方式。这样，马克思的唯物论实际上成了经济学。

据马克思的意见，人类历史上任何时代的政治、宗教、哲学和813艺术，都是那个时代的生产方式的结果，退一步讲也是分配方式的结果。我想他不会主张，对文化的一切细节全可以这样讲，而是主张只对于文化的大体轮廓可以这样讲。这个学说称作"唯物史观"。这是一个非常重要的论点；特别说，它和哲学史家是有关系的。我个人并不原封不动地承认这个论点，但是我认为它里面包含有极重要的真理成分，而且我意识到这个论点对本书中叙述的我个人关于哲学发展的见解有了影响。首先，我们结合马克思的学说来论一论哲学史。

从主观方面讲，每一个哲学家都自以为在从事追求某种可称作"真理"的东西。哲学家们关于"真理"的定义尽可意见分歧，但是无论如何真理总是客观的东西，是在某种意义上人人应该承认的东西。假使谁认为全部哲学仅仅是不合理的偏见的表现，他便不会从事哲学的研究。然而一切哲学家会一致认为有不少其他哲学家一向受到了偏见的激使，为他们的许多见解持有一些他们通常不自觉的超乎理性以外的理由。马克思和其余人一样，相信自己的学说是真实的；他不认为它无非是十九世纪中叶一个性喜反抗的德国中产阶级犹太人特有的情绪的表现。关于对一种哲学的主观看法与客观看法的这种矛盾，我们能够说些什么话呢？

就大体上讲，我们可以说直到亚里士多德为止的希腊哲学表现城邦制所特有的思想情况；斯多葛哲学适合世界性的专制政治，经院哲学是教会组织的精神表现；从笛卡尔以来的哲学，或者至少说从洛克以来的哲学，有体现商业中产阶级的偏见的倾向；马克思主义和法西斯主义是近代工业国家所特有的哲学。我觉得，这一点既真实也很重要。不过，我认为马克思有两点是错误的。第一，必须加以考虑的社会情况有经济一面，同样也有政治一面；这些情况同权力有关，而财富只是权力的一个形式。第二，问题只要一成为细节上的和专门性的，社会因果关系大多不再适用。这两点反对意见中头一点，我在我写的《权力》（Power）一书中已经讲过了，所以我不准备再谈。第二点和哲学史有比较密切的关系，我打算 <sup>814</sup>

就它的范围举一些实例。

先拿共相问题来说。讨论这个问题的最初是柏拉图,然后有亚里士多德、有经院哲学家、有英国经验主义者,还有最近代的逻辑学家。否认偏见对哲学家们关于这个问题的见解有了影响,是说不过去的。柏拉图受了巴门尼德和奥尔弗斯教的影响,他想要有一个永恒世界,无法相信时间流转有终极实在性。亚里士多德比较偏经验主义,毫不厌恶现实的平凡世界。近代的彻底经验主义者抱有一种和柏拉图的偏见正相反的偏见:他们想到超感觉的世界就觉得不愉快,情愿尽一切努力避免必得相信有这样的世界。但是这几种彼此对立的偏见是长久存在的,同社会制度只有比较远的关系。有人说爱好永恒事物是靠旁人的劳动为生的有闲阶级的本色。我看这未必正确。艾比克泰德和斯宾诺莎都不是有闲绅士。反之,也可以极力说,把天堂当成一个无所事事的场所的想法,是那些只求休息的疲累劳工的想法。这样的辩论能够无止境地进行下去,毫无结果。

另一方面,如果注意一下关于共相的争论的细节,便知道双方各能作出一些对方会承认为确实的论据。在这个问题上亚里士多德对柏拉图的某些批评,差不多已经普遍为人认可了。在最近,固然还没有得出决断,可是发展起来一个新的专门技术,解决了许多枝节问题。希望不太久以后,逻辑学家们在这个问题上可以达到明确的意见一致,这也不是不合理的。

再举第二个实例,我们来看本体论论证。如前所述,这个论证是安瑟勒姆首创的,托马斯·阿奎那否定它,笛卡尔承认它,康德驳斥它,黑格尔使它又复旧。我认为可以十分断然地讲,由于对

"存在"概念进行分析的结果，现代逻辑已经证明了这个论证是不正确的。这不是个人气质的问题或社会制度的问题；而是一个纯粹专门性问题。驳倒这个论证当然并不构成认定其结论（即神存在）不对的理由；假使构成这种理由，我们就无法设想托马斯·阿<sup>815</sup>奎那当初会否定这个论证了。

或者，拿唯物主义这个问题来说。"唯物主义"是一个可以有许多意义的字眼；我们讲过马克思根本改变了它的含义。关于唯物主义究竟对或不对的激烈论争，从来主要是依靠避免下定义才得以持续不衰。这个名词一下出定义，我们就会知道，按照一些可能下的定义，唯物主义之不对是可以证明的；按照某些别的定义，便可能是对的，固然没有确切理由这样认为；而再按照另外一些定义，存在着若干支持它的理由，只不过这些理由并不确凿有力。这一切又是随专门性考虑而定，跟社会制度没有丝毫关系。

事情的真相其实颇简单。大家习惯上所说的"哲学"，是由两种极不同的要素组成的。一方面，有一些科学性的或逻辑性的问题；这些问题能够用一般人意见一致的方法处理。另一方面，又有一些为很多人热烈感兴趣，而在哪一方面都没有确实证据的问题。后一类问题中有一些是不可能超然对待的实际问题。在起了战争时，我必须支持本国，否则必定和朋友们及官方都发生痛苦的纠纷。向来有许多时期，在支持公认的宗教和反对公认的宗教之间是没有中间路线的。为了某种理由，我们全感到在纯粹理性不过问的许多问题上不可能维持怀疑的超然态度。按哲学一词的极普通的意义讲，一套"哲学"即这种超乎理性以外的诸决断的一个有机总体。就这个意义的"哲学"来说，马克思的主张才算基本上正确。但是，甚至按这个意义讲，一套哲学也不单是由经济性的原因决定的，而且是由其他社会原因决定的。特别是战争在历史因果关系上参与作用；而战争中的胜利并不总归于经济资源最丰富的一方。

马克思把他的历史哲学纳入了黑格尔辩证法所提出的模子，但事实上只有一个三元组是他关心的：封建主义，以地主为代表；资本主义，以工业雇主为代表；社会主义，以雇佣劳动者为代表。黑格尔把民族看作是传递辩证的运动的媒介；马克思将民族换成了阶级。他一贯否认他选择社会主义或采取雇佣劳动者的立场有任何道德上或人道主义上的理由；他断言，并不是说雇佣劳动者的立场从道德上讲比较好，而是说这个立场是辩证法在其彻底决定论的运动中所采取的立场。他本来满可以讲他并没有倡导社会主义，只是预言了社会主义。不过，这样讲不算完全正确。毫无疑问，他相信一切辩证的运动在某种非个人的意义上都是进步，而且他必定认为社会主义一旦建成，会比已往的封建主义或资本主义给人类带来更多的幸福。这些信念想必支配了他的一生，但是就他的著作来说，这些信念却大部分是隐而不露的。不过，有时候他也抛开冷静的预言，积极地激励反叛，在他写的所有的东西里面都隐含着他的那些貌似科学的预言的感情基础。

把马克思纯粹当一个哲学家来看，他有严重的缺点。他过于尚实际，过分全神贯注在他那个时代的问题上。他的眼界局限于我们的这个星球，在这个星球范围之内，又局限于人类。自从哥白尼以来已经很显然，人类并没有从前人类自许的那种宇宙重要地位。凡是没彻底领会这个事实的人，谁也无资格把自己的哲学称

816

372

作科学的哲学。

和局限于地上事务这件事相伴随的是乐于信仰进步是一个普遍规律。这种态度是十九世纪的特色,在马克思方面和在他那个时代的其他人方面同样存在。只是由于信仰进步的必然性,所以马克思才认为能够免掉道德上的考虑。假如社会主义将要到来,那必是一种事态改进。他会毫不迟疑地承认,社会主义在地主或资本家看来不像是改进,但是这无非表示他们同时代的辩证运动不谐调罢了。马克思自称是个无神论者,却又保持了一种只能从有神论找到根据的宇宙乐观主义。

概括地说,马克思的哲学里由黑格尔得来的一切成分都是不科学的,意思是说没有任何理由认为这些成分是正确的。

马克思给他的社会主义加上的哲学外衣,也许和他的见解的基础实在没大关系。丝毫不提辩证法而把他的主张的最重要部分改述一遍也很容易。他通过恩格斯和皇家委员会的报告,彻底了 817 解到一百年前存在于英国的那种工业制度骇人听闻的残酷,这给他留下了深刻印象。他看出这种制度很可能要从自由竞争向独占发展,而它的不公平必定引起无产阶级的反抗运动。他认为,在彻底工业化的社会中,不走私人资本主义的道路,就只有走土地和资本国有的道路。这些主张不是哲学要谈的事情,所以我不打算讨论或是或非。问题是这些主张如果正确便足以证实他的学说体系里的实际重要之点。因而那一套黑格尔哲学的装饰满可以丢下倒有好处。

马克思向来的声名史很特殊。在他本国,他的学说产生了社会民主党的纲领,这个党稳步地发展壮大,最后在 1912 年的普选中获得了投票总数的三分之一。第一次世界大战之后不久,社会民主党一度执政,魏玛共和国的首任总统艾伯特就是该党党员;但是到这时候社会民主党已经不再固守马克思主义正统了。同时,在俄国,狂热的马克思信徒取得了统治权。在西方,大的工人阶级运动历来没有一个是十足马克思主义的运动;已往英国工党有时似乎朝这个方向发展过,但是仍旧一直坚守一种经验主义式的社会主义。不过,在英国和美国,大批知识分子受到了马克思很深的影响。在德国,对他的学说的倡导全部被强行禁止了,但是等推翻纳粹之后①预计可以再复活。

现代的欧洲和美洲因而在政治上和意识形态上分成了三个阵营。有自由主义者,他们在可能范围内仍信奉洛克或边沁,但是对工业组织的需要作不同程度的适应。有马克思主义者,他们在俄国掌握着政府,而且在其他一些国家很可能越来越有势力。这两派意见从哲学上讲相差不算太远,两派都是理性主义的,两派在意图上都是科学的和经验主义的。但是从实际政治的观点来看,两派界线分明。在上一章引证的詹姆士·穆勒的那封讲"他们的财产观显得真丑"的信里,这个界线已然表现出来。

可是,也必须承认,在某些点上马克思的理性主义是有限度的。虽然他认为他对发展的趋向的解释是正确的,将要被种种事件证实,他却相信这种议论只会打动那些在阶级利益上跟它一致的人的心(极少数例外不算)。他对说服劝导不抱什么希望,而希望从阶级斗争得到一切。因而,他在实践上陷入了强权政治,陷入

①　作者执笔时是在 1943 年。

了主宰阶级论，尽管不是主宰民族论。固然，由于社会革命的结果，阶级划分预计终究会消失，让位于政治上和经济上的完全谐和。然而这像基督复临一样，是一个渺远的理想；在达到这理想以前的期间，有斗争和独裁，而且强要思想意识正统化。

在政治上以纳粹党和法西斯党为代表的第三派现代见解，从哲学上讲同其他两派的差异比那两派彼此的差异深得多。这派是反理性的、反科学的。它的哲学祖先是卢梭、费希特和尼采。这一派强调意志，特别是强调权力意志；认为权力意志主要集中在某些民族和个人身上，那些民族和个人因此便有统治的权利。

直到卢梭时代为止，哲学界是有某种统一的。这种统一暂时消失了，但也许不会长久消失。从理性主义上重新战胜人心，能够使这种统一恢复，但是用其他任何方法都无济于事，因为对支配权的要求只会酿成纷争。

# 第二十八章　柏格森

819

## I

昂利·柏格森（Henri Bergson）是 20 世纪最重要的法国哲学家。他影响了威廉·詹姆士和怀特海，而且对法国思想也有相当大的影响。索莱尔是一个工团主义的热烈倡导者，写过一本叫《关于暴力之我见》（*Reflection on Violence*）的书，他利用柏格森哲学的非理性主义为没有明确目标的革命劳工运动找根据。不过，到最后索莱尔离弃了工团主义，成为君主论者。柏格森哲学的主要

375

影响是保守方面的，这种哲学和那个终于发展到维希政府的运动顺利地取得了协调。但是柏格森的非理性主义广泛引起了人们完全与政治无关的兴趣，例如引起了萧伯纳的兴趣，他的《千岁人》(*Back to Methuselah*)就是纯粹柏格森主义。丢开政治不谈，我们必须考察的是它的纯哲学一面。我把柏格森的非理性主义讲得比较详细，因为它是对理性反抗的一个极好的实例，这种反抗始于卢梭，一直在世人的生活和思想里逐渐支配了越来越广大的领域。①

给各派哲学进行分类，通常或者是按方法来分，或者是按结果来分："经验主义的"哲学和"先验的"哲学是按照方法的分类，"实在论的"哲学和"观念论的"哲学是按照结果的分类。可是，如果打算用这两种分类法里任何一种给柏格森的哲学加以分类，看来难得有好结果，因为他的哲学贯通了所有公认的门类界线。

但是另外还有一个给各派哲学分类的方法，不那么精确，然而对于非哲学界的人也许比较有用；这个方法中的划分原则是按照促使哲学家作哲学思考的主要欲望来分。这样就会分出来由爱好幸福而产生的感情哲学、由爱好知识而产生的理论哲学和由爱好行动而产生的实践哲学。

感情哲学中包含一切基本上是乐观主义的或悲观主义的哲学，一切提出拯救方案或企图证明不可能有拯救的哲学；宗教哲学大多都属于这一类。理论哲学中包含大多数的大体系；因为虽然

820

———————————

① 本章的下余部分大体上是重印发表在 1912 年《一元论者》(*The Monist*)上的一篇文章。

知识欲是罕见的,却向来是哲学里大部分精华的源泉。另一方面,实践哲学就是那些哲学:把行动看成最高的善、认为幸福是效果而知识仅仅是完成有效活动的手段。假使哲学家们是一些平常人,这种类型的哲学在西欧人中间本来应该很普遍;事实上,直到最近为止这种哲学一向不多见;实际这种哲学的主要代表人物就是实用主义者和柏格森。从这种类型的哲学的兴起,我们可以像柏格森本人那样,看出现代实行家对希腊的威信的反抗,特别是对柏拉图的威信的反抗;或者,我们可以把这件事同帝国主义及汽车联系起来,席勒博士显然是会这样做的。现代世界需要这样的哲学,因此它所取得的成功不是意料不到的。

柏格森的哲学和已往大多数哲学体系不同,是二元论的:在他看来,世界分成两个根本相异的部分,一方面是生命,另一方面是物质,或者不如说是被理智看成物质的某种无自动力的东西。整个宇宙是两种反向的运动即向上攀登的生命和往下降落的物质的冲突矛盾。生命是自从世界开端便一举而产生的一大力量、一个巨大的活力冲动,它遇到物质的阻碍,奋力在物质中间打开一条道路,逐渐学会通过组织化来利用物质;它像街头拐角处的风一样,被自己遭遇的障碍物分成方向不同的潮流;正是由于作出物质强要它作的适应,它一部分被物质制服了;然而它总是保持着自由活动能力,总是奋力要找到新的出路,总是在一些对立的物质障壁中间寻求更大的运动自由。

进化基本上不是用适应环境可以说明的;适应只能说明进化的迂回曲折,那就好比是一条经过丘陵地通往城镇的道路的迂曲。但是这个比喻并不十分适当;在进化所走的道路的尽头没有城镇,没有明确的目标。机械论和目的论有同样的缺点：都以为世界上没有根本新的事物。机械论把未来看成蕴涵在过去当中，而目的论既然认为要达到的目的是事先能够知道的，所以否定结果中包含着任何根本新的事物。

柏格森虽然对目的论比对机械论要同情，他的见解跟这两种见解都相反，他主张进化如同艺术家的作品，是真正创造性的。一种行动冲动、一种不明确的要求是预先存在的，但是直到该要求得到满足时为止，不可能知道那个会满足要求的事物的性质。例如，我们不妨假定无视觉的动物有某种想在接触到物体之前能够知晓物体的模糊的欲望。由此产生的种种努力最后的结果是创造了眼睛。视觉满足了该欲望，然而视觉是事先不能想象的。因为这个道理，进化是无法预断的，决定论驳不倒自由意志的提倡者。

柏格森叙述了地球上生物的实际发展来填充这个大纲。生命潮流的初次划分是分成植物和动物；植物的目的是要在储藏库里蓄积能力，动物的目的在于利用能力来做猛然的快速运动。但是在后期阶段，动物中间出现了一种新的两歧化：本能与理智多少有些分离开了。两者绝不彼此完全独自存在，但是概言之理智是人类的不幸，而本能的最佳状态则见于蚂蚁、蜜蜂和柏格森。理智与本能的划分在他的哲学中至关重要，他的哲学有一大部分像是散弗德与默顿，本能是好孩子，理智是坏孩子。

本能的最佳状态称作直觉。他说，"我所说的直觉是指那种已经成为无私的、自意识的、能够静思自己的对象并能将该对象无限制扩大的本能"。他对理智的活动的讲法并不总是容易领会的，但是如果我们想要理解柏格森的哲学，必须尽最大努力把它弄懂。

智力或理智，"当离开自然的双手时，就以无机固体作为它的主要对象"；它只能对不连续而不能运动的东西形成清晰观念；它的诸概念和空间里的物体一样，是彼此外在的，而且有同样的稳定性。理智在空间方面起分离作用，在时间方面起固定作用；它不是来思考进化的，而是把生成表现为一连串的状态。"理智的特征是天生来没有能力理解生命"；几何学与逻辑学是理智的典型产物，严格适用于固体，但是在其他场合，推理必须经过常识的核验。而常识，柏格森说得对，是和推理大不相同的事。看来仿佛是，固体[822]是精神特意创造出来、以便把理智应用于其上的东西，正像精神创造了棋盘好在上面下棋一样。据他说，理智的起源和物质物体的起源是彼此相关的；两者都是通过交互适应而发展起来的。"必定是同一过程从一种包含着物质和理智的素材中同时把二者割离了出来"。

这种物质和理智同时成长的想法很巧妙，有了解的价值。我以为，大体上说所指的意思是这样：理智是看出各个物件彼此分离的能力，而物质就是分离成不同物件的那种东西。实际上，并没有分离的固态物件，只有一个不尽的生成之流，在这个生成之流中，无物生成，而且这个无物所生成的物也是无有的。但是生成可能是向上运动也可能是向下运动：如果是向上运动，叫作生命，如果是向下运动，就是被理智误认为的所谓物质。我设想宇宙呈圆锥形，"绝对"位于顶点处，因为向上运动使事物合在一起，而向下运动则把事物分离开，或者至少说好像把事物分离开。为了使精神的向上运动能够在纷纷落到精神上的降落物体的向下运动当中穿过，精神必须会在各降落物体之间开辟路径；因而，智力形成时便出现了轮廓和路径，原始的流注被切割成分离的物体。理智不妨比作是一个在餐桌上切分肉的人，但是它有一个特性就是想象鸡自来就是用切肉刀把鸡切成的散块。

柏格森说，"理智的活动状况总是好像它被观照无自动力的物质这件事迷惑住似的。理智是生命向外观望、把自身放在自身之外、为了事实上支配无组织的自然的做法，在原则上采取这种做法"。假如在借以说明柏格森哲学的许多比喻说法之外可以容许我们再添上一个比喻说法，不妨说宇宙是一条巨大的登山铁道，生命是向上开行的列车，物质是向下开行的列车。理智就是当下降列车从我们乘坐的上升列车旁经过时我们注视下降列车。把注意力集中在我们自己的列车上的那种显然较高尚的能力是本能或直觉。从一个列车跳到另一个列车上也是可能的；当我们成为自动习惯的牺牲者时便发生这种事，这是喜剧要素的本质。或者，我们能够把自己分成两部分，一部分上升，一部分下降；那么只有下降的部分是喜剧性的。但理智本身并不是下降运动，仅是上升运动对下降运动的观察。

按照柏格森的意见，使事物分离的理智是一种幻梦；我们的整个生命本应该是能动的，理智却不是能动的，而纯粹是观照的。他说，我们做梦时，我们的自我分散开，我们的过去破裂成断片，实际彼此渗透着的事物被看作是一些分离的固体单元：超空间者退化成空间性，所谓空间性无非是分离性。因之，全部理智既然起分离作用，都有几何学的倾向；而讨论彼此完全外在的概念的逻辑学，实在是按照物质性的指引从几何学产生的结果。在演绎和归纳的背后都需要有空间直觉；"在终点有空间性的那个运动，沿着自己

380

的途程不仅设置了演绎能力,而且设置了归纳能力,实际上,设置了整个理智能力"。这个运动在精神中创造出以上各种能力,又创造出理智在精神中所见到的事物秩序。因而,逻辑学和数学不代表积极的精神努力,仅代表一种意志中止、精神不再有能动性的梦游症。因此,不具备数学能力是美质的标记——所幸这是一种极常见的标记。

正像理智和空间关联在一起,同样本能或直觉和时间关联在一起。柏格森和大多数著述家不同,他把时间和空间看得极为相异,这是柏格森哲学的一个显著特色。物质的特征——空间,是由于分割流注而产生的,这种分割实在是错觉,虽然在某个限度内在实践上有用处,但是在理论上十分误人。反之,时间是生命或精神的根本特征。他说:"凡是有什么东西生存的地方,就存在正把时间记下来的记录器,暴露在某处。"但是这里所说的时间不是数学时间,即不是相互外在的诸瞬间的均匀集合体。据柏格森说,数学时间实在是空间的一个形式;对于生命万分重要的时间是他所谓的绵延。这个绵延概念在他的哲学里是个基本概念;他的最早期著作《时间与自由意志》(*Time and Free Will*)中已经出现了这个概念,我们如果想对他的学说体系有所了解,必须懂得它。不过,这却是一个非常难懂的概念。我个人并不十分理解,所以虽然这 <sup>824</sup> 个概念毫无疑问有解释清楚的价值,我可无法希望解释得那么清楚。

据他说,"纯粹绵延是,当我们的自我让自己生存的时候,即当自我制止把它的现在状态和以前各状态分离开的时候,我们的意识状态所采取的形式"。纯粹绵延把过去和现在做成一个有机整体,其中存在着相互渗透,存在着无区分的继起。"在我们的自我之内,有不带相互外在性的继起;在自我之外,即在纯粹空间内,有不带继起的相互外在性"。

"有关主体与客体的问题,有关两者区分与合一的问题,应当不从空间的角度,而从时间的角度来提"。我们在其中看见自己行动的那个绵延里面,有一些不相连的要素;但是在我们在其中行动的那个绵延里面,我们的各个状态彼此融合起来。纯粹绵延是最远离外在性而且与外在性最不渗透的东西,在这个绵延里,过去为完全新的现在所充满。但这时我们的意志紧张到极点;我们必须拾集起正待滑脱的过去,把它不加分割地整个插到现在里面。在这样的瞬间,我们真正占有了自己,但是这样的瞬间是少有的。绵延正是实在的素材本身,实在就是永远的生成,绝不是某种已经做成的东西。

绵延尤其是在记忆中表现出来,因为在记忆中过去残留于现在。因而,记忆论在柏格森的哲学里便非常重要了。《物质与记忆》(*Matter and Memory*)一书想要说明精神和物质的关系;因为记忆"正是精神和物质的交叉",通过对记忆进行分析,书中断言精神和物质都是实在的。

他说,有两种根本不同的事通常都叫作记忆;这两者的区别是柏格森十分强调的。他说:"过去在两种判然有别的形式下残留下来:第一,以运动机制的形式;第二,以独立回忆的形式"。例如,一个人如果能背诵一首诗,也就是说,如果他获得了使他能够重复一个以前的行动的某种习惯或机制,就说他记得这首诗。但是,至少从理论上讲,他满能够丝毫不回想以前他读这首诗的那些时机而重复这首诗;因而,这类记忆里不包含既往事件的意识。只有第二种记忆才真称得上记忆,这种记忆表现在他对读那首诗的各次时机的回忆中,而各次时机每一次都是独特的,并且带有年月日期。他认为,在这种场合谈不到习惯问题,因为每个事件只发生过一次,必须直接留下印象。他指出,从某种意义上讲,我们所遭到的一切事情都被记住,但是通常只有有用的东西进入了意识。据他主张,表面上的记忆缺陷并不真的是记忆的精神要素的缺陷,而是化记忆为行动的运动机制的缺陷。他又讨论了脑生理学和记忆丧失症的事实来证明这种看法,据认为由此得出的结果是,真记忆不是脑髓的功能。过去必须由物质来行动,由精神来想象。记忆并不是物质的发散;的确,假如我们说的物质是指具体知觉中所把握的那种物质,因为具体知觉总是占据一定的绵延,说物质是记忆的发散倒还比较接近真实。

"从原则上讲,记忆必定是一种绝对不依赖于物质的能力。那么,假如精神是一种实在,正是在这个场合,即在记忆现象中,我们可以从实验上接触到它"。

柏格森把纯粹知觉的位置放在和纯粹记忆相反的另一端,关于纯粹知觉,他采取一种超实在论的立场。他说:"在纯粹知觉中,我们实际上被安置在自身以外,我们在直接的直觉中接触到对象的实在性"。他把知觉和知觉的对象完全看成是同一的,以致他几乎根本不肯把知觉称作精神的事。他说:"纯粹知觉为精神的最低一级——无记忆的精神,它实在是我们所理解的那种物质的一部分。"纯粹知觉是由正在开始的行动构成的,其现实性就在于共能动性。就是这样脑髓才和知觉有了关系,因为脑髓并不是行动的

825

383

手段。脑髓的功能是把我们的精神生活限制在实际有用的事情上。据推测,若是没有脑髓,一切事物都会被知觉到,但是实际上我们只知觉引起我们关心的事物。"肉体总是转向行动方面,它具有的根本功能即为了行动而限制精神的生活"。其实,脑髓是进行选择的手段。

现在需要回过来讲同理智相对的本能或直觉这个主题。有必要先说一说绵延和记忆,因为柏格森对直觉的论述是以他的绵延和记忆的理论为前提的。以现下存在的人类来说,直觉是理智的边缘或半影:它是因为在行动中不及理智有用而被强行排出中心的,但是直觉自有更奥妙的用途,因此最好再恢复它的较显要的地位。柏格森想要使理智"向内转向自身,唤醒至今还在它内部酣睡着的直觉的潜力"。他把本能和理智的关系比作是视觉和触觉的关系。据他说,理智不会给人关于远隔的事物的知识;确实,科学的功能据他说是从触觉的观点来解释一切知觉。

他说:"只有本能是远隔的知识。它同智力的关系和视觉同触觉的关系是一样的。"我们可以顺便说到,柏格森在许多段文字里表现出是一个视觉化想象力很强的人,他的思考总是通过视觉心象进行的。

直觉的根本特征是,它不像理智那样把世界分成分离的事物;虽然柏格森并没有使用"综合的"和"分析的"这两个词,我们也不妨把直觉说成不是分析的而是综合的。它领会的是多样性,然而是一种相互渗透的诸过程的多样性,而不是从空间上讲外在的诸物体的多样性。其实,事物是不存在的:"事物和状态无非是我们的精神对生成所持的看法。没有事物,只有行动"。这种宇宙观虽

826

384

然在理智看来难懂而不自然，对直觉来说是易解而又自然的。记忆可以当作说明这些话的意义的一个实例，因为在记忆中过去存活到现在里面，并且渗透到现在里面。离开了精神，世界就会不断在死去又复生；过去就会没有实在性，因此就会不存在过去。使得过去和未来实在的、从而创造真绵延和真时间的，是记忆及其相关的欲望。只有直觉能够理解过去与未来的这种融合，在理智看来，过去与未来始终是相互外在的，仿佛是在空间上相互外在的。在直觉指导之下，我们理解到"形式不过是对于变迁的一个瞬时看法"，而哲学家"会看见物质世界重又融合成单一的流转"。

和直觉的优点有密切关联的是柏格森的自由说以及他对行动的颂扬。他说，"实际上，生物就是行动的中心。一个生物代表进入世界的偶然性的某个总和，也就是说，某个数量的可能行动"。否定自由意志的议论一部分要依靠假定精神状态的强度是一个至少在理论上可以测量其数值的量；柏格森在《时间与自由意志》第一章中企图反驳这种看法。据他说，从一部分上讲，决定论者依靠真绵延与数学时间的混同；柏格森把数学时间看成实在是空间的一种形式。此外，从另一部分上讲，决定论者把自己的主张放在一个没有保证的假定上，即如果脑髓的状态已定，精神的状态在理论上便确定了。柏格森倒愿意承认相反说法是对的，那就是说，精神的状态已定时脑髓的状态便确定，但是他把精神看得比脑髓更分化，所以他认为精神的许多不同状态可以相应于脑髓的一个状态。他断定真自由是可能有的："当我们的种种行动发自我们的全人格时，当这些行动表现全人格时，当它们和全人格有那种在艺术家与其作品之间不时见得到的难以名状的类似时，我们是自由的。"

在以上的概述中，我基本上尽力只讲柏格森的各种见解，而不提他为了支持这些见解而举出的理由。对于柏格森比对于大多数哲学家容易做到这一点，因为通常他并不给自己的意见提出理由，而是依赖这些意见固有的魅力和一手极好的文笔的动人力量。他像做广告的人一样，依赖鲜明生动、变化多端的说法，依赖对许多隐晦事实的表面解释。尤其是类推和比喻，在他向读者介绍他的意见时所用的整个方法中占很大一部分。他的著作中见得到的生命比喻的数目，超过我所知的任何诗人的作品中的数目。他说，生命像是一个这样的炮弹：它炸成碎片，各碎片又是一些炮弹。生命像是一个束。最初，它"尤其像草木的绿色部分进行积蓄那样，是一种在贮水池中进行积蓄的倾向"。但是，这个贮水池里要灌满喷发着蒸汽的沸水；"注流必定不断地喷涌出来，每一股注流落回去是一个世界"。他又说，"生命在其整体上显出是一个巨波，由一个中心起始向外铺展，并且几乎在它的全部周边上被阻止住，转化成振荡：只在一点上障碍被克服了，冲击力自由地通过了"。其次，又把生命比作骑兵突击，这是比喻的最高潮。"一切有机物，从最下等的到最高级的，从生命的最初起源到我们所处的时期，而且在一切地点和一切时代，无不证明了一个冲击，那是物质的运动的反面，本身是不可分割的。一切活的东西都结合在一起，一切都被同一个巨大的推进力推动。动物占据植物的上位，人类跨越过动物界，在空间和时间里，人类全体是一支庞大的军队，在我们每个人的前后左右纵马奔驰，这个排山倒海的突击能够打倒一切阻力、扫除许多障碍，甚至也许能够突破死亡"。

但是，对这场使人类位于动物界之上的突击，一个感觉自己仅是旁观者、也许仅是不同情的旁观者的冷静评论家,会觉得沉着细心的思考同这种演习是很难相容的。他一听人对他讲,思考不过是行动的一个手段,不过是避开战场上的障碍物的冲动,他会感觉这样的见解和骑兵军官是相称的,和哲学家却不相称,因为哲学家到底是以思考为本务的:他会感觉在猛烈运动的激情与喧嚣当中,理性奏出的微弱音乐没有容留余地,没有闲暇作公平的沉思,在这种沉思中,不是通过骚乱而是通过反映出来的宇宙之大来追求伟大。那么,他也许不禁要问,到底是否有什么理由承认这样一个动乱不定的宇宙观呢。假若我想得不错,如果他问这个问题,他会发觉,无论在宇宙中或在柏格森先生的著作中,都没有承认这种宇宙观的任何理由。

## II

柏格森的哲学并不只是一种富于想象的诗意的宇宙观,就这一点而言,柏格森哲学的两个基础是他的空间论与时间论。他的空间论对于他指责理智来说是必需的,如果他对理智的指责失败了,理智对他的指责就会成功,因为这两者之间是一场无情的苦斗。他的时间论对于他证明自由来说是必要的,对于他逃开威廉·詹姆士所谓的“闭锁宇宙”来说是必要的,对于他所讲的其中不存在任何流动事物的永久流转之说是必要的,对于有关精神与物质的关系他的全部讲法是必要的。所以在评论他的哲学时,宜于把注意力集中在这两个学说上。如果这两个学说是对的,任何哲学家也难免的那种细小错误和矛盾倒没有很大关系;而如果这两个学说不对,剩下的就只有应当不从理智根据而从审美根据来 829

评判的富于想象的叙事诗了。因为二者当中空间论比较简单，我先从它谈起。

柏格森的空间论在他的《时间与自由意志》中有详尽明白的叙述，所以属于他的哲学的最早期部分。在第一章中，他主张较大和较小暗含着空间的意思，因为他把较大者看成根本是包含较小者的东西。他没有提出支持这种看法的任何理由，无论是好的理由或是坏的理由；他仅仅像是在运用明白的 reductio ad absurdum（归谬证法）似地高叫："仿佛什么在既没有多样性也没有空间的场合下仍旧可以谈大小似的！"一些明显的相反事例，类如快乐与痛苦，给他造成很大困难，然而他从不怀疑也从不再审查一下他由之出发的定论。

在下一章里，关于数他主张相同的论点。他说："只要我们一想要想象数，而不仅是想象数码或数目词，我们便不得不求助于有广延的心象"，而且"关于数的每一个清晰的观念都暗含着空间的视觉心象"。这两句话足以表明柏格森并不懂得数是什么，他自己对于数就没有清晰观念，这一点我打算在下面加以证明。他的以下的定义也表明这一点："数可以一般地定义成单元集团，或者更确切地说，定义成一与多的综合。"

在讨论这些说法时，我不得不请读者暂时忍耐一下，去注意一些初看也许显得迂腐气，而其实极为重要的区别。有三件完全不同的东西，柏格森在上面的话里弄混了，即：（1）数——适用于种种个别数目的一般概念；（2）种种个别的数；（3）种种个别的数对之适用的种种集团。柏格森讲数是单元集团，他所定义的是最后这一项。十二使徒、以色列的十二支族、十二月份、黄道十二宫，都是单元集团,然而其中哪一个也不是"十二"这个数,更不是按上述定义应当是的一般的数。显然,"十二"这个数是所有这些集团共有的,但不和其他集团如十一人板球队共有的东西。因此,"十二"这个数既不是由十二项事物而成的一个集团,也不是一切集团共有的东西;而一般的数则是"十二"或"十一"或其他任何数的一种性质,[830]却不是有十二项事物或十一项事物的各种集团的性质。

因此,当我们按照柏格森的意见,"求助于有广延的心象",去想象譬如说掷出对六骰子得到的那种十二个圆点时,我们仍没有得到"十二"这个数的心象。其实,"十二"这个数是比任何心象都要抽象的东西。在我们谈得上对"十二"这个数有所了解之前,我们必须先知道由十二个单元而成的不同集团的共通点,而这一点因为是抽象的,所以是无法在心中描绘的事。柏格森无非是仗着把某个特定集团和它的项数混淆起来,又把这个数和一般的数混淆起来,才得以使他的数的理论显得似乎有道理。

这种混淆和下述情况是一样的。假使我们把某个特定青年和青年期混淆起来,把青年期又和"人生的时期"这个一般概念混淆起来,然后主张,因为青年有两条腿,青年期必定有两条腿,"人生的时期"这个一般概念必定有两条腿。这种混淆关系重大,因为只要一看出这种混淆,便明白所谓数或个别的数能在空间中描绘其心象的理论是站不住脚的。这不仅否定了柏格森的关于数的理论,而且否定了他的一个更为一般的理论,即一切抽象观念和一切逻辑都是由空间得出的。

但是,撇开数的问题不谈,我们要承认柏格森所讲的分离的诸单元的一切多元性都暗含着空间这个主张吗?他考察了和这个看法似乎矛盾的事例当中若干事例,例如接连继起的声音。他说,我们听见街上某个行人的脚步声时,我们心中悬想他的相继位置,我们听见钟声时,我们或者想象那个钟前后摇荡,或者把相继的声音在理想空间中排列起来。但是,这些话仅仅是一个好作视觉想象的人的自传式述怀,说明了我们前面所讲的话,即柏格森的见解有赖于他的视觉的优势。把时钟的打点声在想象的空间中排列起来的逻辑必然性是没有的,据我想,大多数人完全不用空间辅助手段来数时钟响声。然而柏格森却没有为必要有空间这个见解申述任何理由。他假定这是显然的,然后立即把这个见解用到时间上。他说,在似乎存在着一些彼此外在的不同时间的场合,各时间被想象为在空间中铺散开;在类如由记忆产生的真时间中,不同的时间彼此渗透,因为它们不是分离的,所以无法来数。

831

现在他就以为一切分离性暗含着空间这个见解算是确定了,并且按演绎方式利用它来证明,只要显然存在有分离性,便暗含着空间;不管作这种猜想的其他理由多么少。例如,抽象观念显然是彼此排斥的:白和黑不同,健康和生病不同,贤和愚不同。因此,一切抽象观念都暗含着空间;所以使用抽象观念的逻辑学是几何学的一个分支,理智全部依赖于把事物想象成并排在空间中这样一个他假想的习惯。这个结论是柏格森对理智的全部指责的依据,就我们发现得到的情况而论,它完全基于误把一种个人特异性癖当成思维的必然性,我说的特异性癖是指在心中把前后继起描绘成扩散在一条线上。关于数的实例表明,假使柏格森的意见是对的,我们就绝不能获得被认为这样饱含着空间的抽象观念了;反过来讲,我们能够理解(与作为抽象观念的实例的个别事物相对的)

抽象观念这一事实似乎就足以证明，他把理智看成饱含着空间是错误的。

像柏格森的哲学这样一种反理智哲学的一个恶果是，这种哲学靠着理智的错误和混乱发展壮大。因此，这种哲学便宁可喜欢坏思考而不喜欢好思考，断言一切暂时困难都是不可解决的，而把一切愚蠢的错误都看作显示理智的破产和直觉的胜利。柏格森的著作中有许多提及数学和科学的话，这些话在粗心的读者看来也许觉得大大巩固了他的哲学。关于科学，特别是关于生物学和生理学，我没有充分资格批评他的各种解释。但是关于数学方面，他在解释中故意采取了传统谬见而不采取近八十年来在数学家中间流行的比较新式的见解。在这个问题上，他效法了大多数哲学家的榜样。在十八世纪和十九世纪初期，微积分学作为一种方法虽然已经十分发达，但是关于它的基础，它是靠许多谬误和大量混乱思想来支持的。黑格尔和他的门徒抓住这些谬误和混乱以为根据，企图证明全部数学是自相矛盾的。由此黑格尔对这些问题的讲法便传入了哲学家的流行思想中，当数学家把哲学家所依赖的一切困难点都排除掉之后很久，<sup>832</sup>黑格尔的讲法在哲学家的流行思想中依然存在。只要哲学家的主要目的是说明靠耐心和详细思考什么知识也得不到，而我们反倒应该以"理性"为名（如果我们是黑格尔主义者），或以"直觉"为名（如果我们是柏格森主义者），去崇拜无知者的偏见——那么数学家为了除掉黑格尔从中得到好处的那些谬误而做的工作，哲学家就会故意对之保持无知。

除了我们已经谈的数的问题以外，柏格森接触到数学的主要一点是，他否定他所谓的对世界的"电影式的"描述。在数学中，把变化，甚至把连续变化理解为由一连串的状态构成；反之，柏格森主张任何一连串的状态都不能代表连续的东西，事物在变化当中根本不处于任何状态。他把认为变化是由一连串变化中的状态构成的这种见解称作电影式的见解；他说，这种见解是理智特有的见解，然而根本是有害的。真变化只能由真绵延来解释；真绵延暗含着过去和现在的相互渗透，而不意味着各静止状态所成的一个数学的继起。这就是他所说的非"静的"而是"动的"宇宙观。这个问题很重要，尽管困难我们也不能不管。

柏格森的立场可以拿芝诺关于箭的议论来说明，在对他的批评方面我们要讲的话由此也可以得到恰当说明。芝诺议论，因为箭在每一瞬间无非是在它所在的地方，所以箭在飞行当中总是静止的。初看来，这个议论可能不像是十分有力的议论。当然，人会这样讲：箭在一个瞬间是在它所在的地方，但在另一个瞬间是在另外的地方，这正是所谓的运动。的确，如果我们一定要假定运动也是不连续的，由运动的连续性便产生某些困难之点。如此得出的这些难点，长期以来一直是哲学家的老行当的一部分。但是，如果我们像数学家那样，避开运动也是不连续的这个假定，就不会陷入哲学家的困难。假若一部电影中有无限多张影片，而且因为任何833 两张影片中间都夹有无限多张影片，所以这部电影中绝不存在相邻的影片，这样一部电影会充分代表连续运动。那么，芝诺的议论的说服力到底在哪里呢？

芝诺属于爱利亚学派，这个学派的目标是要证明所谓变化这种事情是不会有的。对世界应采取的自然看法是：存在着发生变化的物件；例如，存在着一支时而在此，时而在彼的箭。哲学家们把这个看法对分，发展出来两种悖论。爱利亚派的人讲，有物件而没有变化；赫拉克利特和柏格森讲，有变化而没有物件。爱利亚派的人说有箭，但是没有飞行；赫拉克利特和柏格森说有飞行，但是没有箭。双方各反驳对方，来进行辩论。"静"派的人讲，说没有箭是多么可笑！"动"派的人讲，说没有飞行是多么可笑！那位站在中间主张也有箭也有飞行的不幸者，被参与辩论的人认成是否定二者；他于是就像圣西巴斯蒂安一样，一侧被箭刺穿，另一侧被箭的飞行刺穿。但是我们仍然没有发现芝诺的议论的说服力何在。

芝诺暗中假定了柏格森的变化论的要义。那就是说，他假定当物件在连续变化的过程中时，即便那只是位置的变化，在该物件中也必定有某种内在的变化状态。该物件在每一瞬间必定和它在不变化的情况下有本质的不同。他然后指出，箭在每一瞬间无非是在它所在的地方，正像它静止不动的情况一样。因此他断定，所谓运动状态是不会有的，而他又坚持运动状态是运动所不可少的这种见解，于是他推断不会有运动，箭始终是静止的。

所以，芝诺的议论虽然没有触及变化的数学解释，初看之下倒像驳斥了一个同柏格森的变化观不无相似的变化观。那么，柏格森怎样来对答芝诺的议论呢？他根本否认箭曾在某个地方，这样来对答。在叙述了芝诺的议论之后，他回答道："如果我们假定箭能够在它的路径的某一点上，芝诺就说得对。而且，假如那支运动着的箭同某个不动的位置重合过，他也说得对。但是那支箭从来不在它的路径的任何一点上。"对芝诺的这个答复，或者关于阿基 834

里兹与龟①的一个极类似的答复，在他写的三部书中都讲了。柏格森的见解坦白说是悖论的见解；至于它是不是讲得通，这个问题要求我们讨论一下他的绵延观。他支持绵延观的唯一理由就是讲变化的数学观"暗含着一个荒谬主张，即运动是由不动性做成的"。但是这种看法表面上的荒谬只是由于他叙述时用的词句形式，只要我们一领会到运动意味着"关系"，这种荒谬就没有了。例如，友谊是由做朋友的人们做成的，并不是由若干个友谊做成的；家系是由人做成的，并不是由一些家系做成的。同样，运动是由运动着的东西做成的，并不是由一些运动做成的。运动表示如下事实：物件在不同时间可以在不同地点，无论时间多么接近，所在地点仍可以不同。所以，柏格森反对运动的数学观的议论，说到底化成为无非一种字眼游戏。有了这个结论，我们可以进而评论他的绵延说。

柏格森的绵延说和他的记忆理论有密切关联。按照这种理论，记住的事物残留在记忆中，从而和现在的事物渗透在一起：过去和现在并非相互外在的，而是在意识的整体中融混起来。他说，构成为存在的是行动；但是数学时间只是一个被动的受容器，它什么也不做，因此什么也不是。他讲，过去即不再行动者，而现在即正在行动者。但是在这句话中，其实在他对绵延的全部讲法中都一样，柏格森不自觉地假定了普通的数学时间；离了数学时间，他的话是无意义的。说"过去根本是不再行动者"（他原加的重点），除了指过去就是其行动已过去者而外还指什么意思呢？"不再"一

---

① 芝诺的另一个悖论，内容是说希腊神话中的善跑者阿基里兹（Achilles）的出发点如果在一只乌龟的出发点后面，他将永远追不上那只乌龟。——译者

394

语是表现过去的话;对一个不具有把过去当作现在以外的某种东西这个普通过去概念的人来说,这话是没有意义的。因此,他的定义前后循环。他所说的实际上等于"过去就是其行动在过去者"。作为一个定义而论,不能认为这是一个得意杰作。同样的道理也适用于现在。据他讲,现在即"正在行动者"(他原加的重点)。但<sup>835</sup>是"正在"二字恰恰引入了要下定义的那个现在观念。现在是和曾在行动或将在行动者相对的正在行动者。那就是说,现在即其行动不在过去、不在未来而在现在者。这个定义又是前后循环的。同页上前面的一段话可以进一步说明这种谬误。他说:"构成为我们的纯粹知觉者,就是我们的方开始的行动……我们的知觉的现实性因而在于知觉的能动性,在于延长知觉的那些运动,而不在于知觉的较大的强度:过去只是观念,现在是观念运动性的。"由这段话看来十分清楚:柏格森谈到过去,他所指的并不是过去,而是我们现在对过去的记忆。过去当它存在的时候和现在在目前同样有能动性;假使柏格森的讲法是正确的,现时刻就应该是全部世界历史上包含着能动性的唯一时刻了。在从前的时候,曾有过一些其他知觉,在当时和我们现在的知觉同样有能动性、同样现实;过去在当时绝不仅仅是观念,按内在性质来讲同现在在目前是一样的东西。可是,这个实在的过去柏格森完全忘了;他所说的是关于过去的现在观念。实在的过去因为不是现在的一部分,所以不和现在融混;然而那却是一种大不相同的东西。

柏格森的关于绵延和时间的全部理论,从头到尾以一个基本混淆为依据,即把"回想"这样一个现在事件同所回想的过去事件混淆起来。若不是因为我们对时间非常熟悉,那么他企图把过去当作不再活动的东西来推出过去,这种做法中包含的恶性循环会立刻一目了然。实际上,柏格森叙述的是知觉与回想——两者都是现在的事实——的差异,而他以为自己所叙述的是现在与过去的差异。只要一认识到这种混淆,便明白他的时间理论简直是一个把时间完全略掉的理论。

现在的记忆行为和所记忆的过去事件的混淆,似乎是柏格森的时间论的底蕴,这是一个更普遍的混淆的一例;假如我所见不差,这个普遍的混淆败坏了他的许多思想,实际上败坏了大部分近代哲学家的许多思想——我指的是认识行为与认识到的事物的混淆。在记忆中,认识行为是在现在,而认识到的事物是在过去;因而,如果把两者混淆起来,过去与现在的区别就模糊了。

在一部《物质与记忆》中,自始至终离不了认识行为与认识到的对象的这种混淆。该书刚一开头解释了"心象",这种混淆便暗藏在"心象"一词的用法中。在那里他讲,除各种哲学理论而外,我们所认识的一切都是"心象"构成的,心象确实构成了全宇宙。他说:"我把诸心象的集合体叫作物质,而把归之于一个特定心象即我的肉体的偶发行动的同一些心象叫作对物质的知觉"。可以看到,据他的意见,物质和对物质的知觉是由同样一些东西构成的。他讲,脑髓和物质宇宙的其余部分是一样的,因此假如宇宙是一个心象,它也是一个心象。

由于谁也看不见的脑髓按普通意义来讲不是一个心象,所以他说心象不被知觉也能存在,我们是不感觉惊异的;但是,他后来又说明,就心象而言,存在与被有意识地知觉的差别只是程度上的差别。另外一段话也许能说明这一点,在那段话里他说:"未被知觉的物质对象,即未被想象的心象,除了是一种无意识的心的状态而外,还会是什么呢?"最后他说:"一切实在都和意识有一种相近、类似,总而言之有一种关系——这就是通过把事物称作'心象'这件事实本身我们向观念论让步的地方。"然而他仍旧讲,他是从还没有介绍哲学家的任何假说之前讲起的,打算这样来减轻我们一开始的怀疑。他说:"我们要暂时假定我们对关于物质的各种理论及关于精神的各种理论毫无所知,对关于外部世界的实在性或观念性的议论毫无所知。这里我就在种种心象的面前。"他在为英文版写的新序言中说:"我们所说的'心象'是指超乎观念论者所谓的表象以上,但是够不上实在论者所谓的事实的某种存在——是一种位于'事实'和'表象'中途的存在。"

在上文里,柏格森心念中的区别我以为并不是想象作用这一精神事件与作为对象而想象的事物之间的区别。他所想的是事物的实际与事物的表现之间的区别。至于主体与客体的区别,即以进行思考、记忆和持有心象的心为一方,同以被思考、被记忆或被描绘心象的对象为另一方之间的区别——就我所能理解的来说,<sup>837</sup>这个区别在他的哲学中是完全没有的。不存在这种区别,是他真正假借于观念论的地方;而且这是非常不幸的假借。从刚才所讲的可以知道,就"心象"来说,由于不存在这种区别,他可以先把心象讲成中立于精神和物质之间,然后又断言脑髓尽管从来没有被描绘成心象,仍是一个心象,随后又提出物质和对物质的知觉是同一个东西,但是未被感知的心象(例如脑髓)是一种无意识的心的状态;最后,"心象"一词的用法虽然不牵涉任何形而上学理论,却仍旧暗含着一切实在都和意识有"一种相近、类似,总而言之有一种关系"。

所有这些混淆都是由于一开始把主观与客观混淆起来造成的。主观——思维或心象或记忆——是我里面现存的事实;客观可以是万有引力定律或我的朋友琼斯或威尼斯的古钟塔。主观是精神的,而且在此时此地。所以,如果主观和客观是一个,客观就是精神的,而且在此时此地:我的朋友琼斯虽然自以为是在南美,而且独立存在,其实是在我的头脑里,而且依靠我思考他而存在;圣马可大教堂的钟塔尽管很大,尽管事实上四十年前就不再存在了,仍然是存在的,在我的内部可以见到它完整无损。这些话绝不是故意要把柏格森的空间论和时间论滑稽化,仅仅是打算说明那两个理论实际的具体意义是什么。

主观和客观的混淆并不是柏格森特有的,而是许多唯心论者和许多唯物论者所共有的。许多唯心论者说客观其实是主观,许多唯物论者说主观其实是客观。他们一致认为这两个说法差别很大,然而还是主张主观和客观没有差别。我们可以承认,在这点上柏格森是有优点的,因为他既乐意把客观和主观同一化,同样也乐意把主观和客观同一化。只要一否定这种同一化,他的整个体系便垮台:首先是他的空间论和时间论,其次是偶然性是实在的这个信念,然后是他对理智的谴责,最后是他对精神和物质的关系的解释。

当然,柏格森的哲学中有很大一部分,或许是他的大部分声望838 所系的那一部分,不依据议论,所以也无法凭议论把它推翻。他对世界的富于想象的描绘,看成是一种诗意作品,基本上既不能证明也不能反驳。莎士比亚说生命不过是一个行走的影子,雪莱说生命像是一个多彩玻璃的圆屋顶，柏格森说生命是一个炮弹，它炸裂成的各部分又是一些炮弹。假若你比较喜欢柏格森的比喻，那也完全正当。

柏格森希望世界上实现的善是为行动而行动。一切纯粹沉思他都称之为"做梦"，并且用一连串不客气的形容词来责斥，说这是静态的、柏拉图式的、数学的、逻辑的、理智的。那些对行动要达到的目的想望有些预见的人，他这样告诉人家：目的预见到了也没有什么新鲜，因为愿望和记忆一样，也跟它的对象看成是同一的。因而，在行动上我们注定要做本能的盲目奴隶：生命力从后面不休止、不间断地推我们向前。我们在沉思洞察的瞬间，超脱了动物生命，认识到把人从禽兽生活中挽救出来的较伟大的目标；可是在此种哲学中，这样的瞬间没有容留余地。那些觉得无目的的活动是充分的善的人，在柏格森的书里会找到关于宇宙的赏心悦目的描绘。但是在有些人看来，假如要行动有什么价值，行动必须出于某种梦想、出于某种富于想象的预示，预示一个不像我们日常生活的世界那么痛苦、那么不公道、那么充满斗争的世界；一句话，有些人的行动是建筑在沉思上的，那些人在此种哲学中会丝毫找不到他们所寻求的东西，不会因为没有理由认为它正确而感觉遗憾。

# 第二十九章　威廉·詹姆士

威廉·詹姆士（William James，1842—1910）基本上是个心理学家，但由于以下两点理由而在哲学上占有重要地位：他创造了他称之为"彻底经验论"的学说；他是名叫"实用主义"或"工具主义"

的这种理论的三大倡导者之一。他在晚年为美国哲学的公认领袖，这是他当之无愧的。他因为研究医学，从而又探讨心理学；1890 年出版的他在心理学方面的巨著①优秀无比。不过，这本书是科学上的贡献而不是哲学上的贡献，所以我不准备讨论。

威廉·詹姆士的哲学兴趣有两个方面，一是科学的一面，另一面是宗教一面。在科学的一面上，他对医学的研究使他的思想带上了唯物主义的倾向，不过这种倾向被他的宗教情绪抑制住了。他的宗教感情非常新教徒气味，非常有民主精神，非常富于人情的温暖。他根本不肯追随他的弟弟亨利，抱吹毛求疵的势利态度。他曾说："据人讲魔王是一位绅士，这倒难保不是，但是天地之神无论是什么，它绝不可能是绅士。"这是一种很典型的意见。

詹姆士因为温厚热情，有一副给人好感的气质，几乎普遍为人所爱戴。我所知道的唯一对他毫不爱慕的人就是桑塔雅那，威廉·詹姆士曾把他的博士论文说成是"腐败之典型"。这两人之间在气质上存在着一种怎样也无法克服的对立。桑塔雅那也喜好宗教，但是喜好的方式大不相同。他从审美方面和历史方面喜好宗教，不把它当作对道德生活的帮助；很自然，他对天主教教义远比对新教教义要爱好。他在理智上不承认任何基督教理，但是他满愿意旁人信基督教理，而他自己去欣赏他认为的基督教神话。在詹姆士看来，这样的态度只能让他觉得不道德。他由他的清教徒家系保留下来一个根深蒂固的信念，认为最重要的是善良行为，而他的民主感情使他不能默认对哲学家讲一套真理、对俗人讲另一

840

---

① 指《心理学原理》(*Principles of Psychology*)二卷。——译者

套,这样一种想法。新教徒与旧教徒的气质上的对立,在非正统信徒们中间也还是存在的;桑塔雅那是一个旧教的自由思想家,威廉·詹姆士不管如何偏异端,总是个新教的自由思想家。

詹姆士的彻底经验论之说,是1904年在一篇叫作"'意识'存在吗?"的论文中最初发表的。这篇文章的主要目的是否定主体客体关系是根本性的关系。直到当时为止,哲学家们向来认为当然存在着一种叫"认识作用"的事件,在此事件中,有个实体即认识者或称主体,察知另一个实体,即被认识的事物,或称客体。认识者被看作是一个心或灵魂;被认识的对象也许是物质对象、永恒本质、另一个心,或者——在自意识中——和认识者同一。在一般公认的哲学中,几乎一切都和主体客体的二元对立有密不可分的关系。假如不承认主体和客体的区别是基本的区别,那么精神与物质的区别、沉思的理想,以及传统的"真理"概念,一切都需要从根本上重新加以考虑。

至于我,我深信在这个问题上詹姆士有一部分是正确的,单为这个理由,他在哲学家当中就可说配占有崇高的地位。我原先不这样认为,后来詹姆士以及与他意见相同的人使我相信了他的学说是对的。不过我们且来谈他的议论。

他说,意识"乃是一种非实体的名称,无资格在第一原理当中占一个席位。那些至今仍旧死抱住它的人,不过是在死抱住一个回声,即渐渐消逝的'灵魂'给哲学空气留下的微弱余音罢了"。他接下去说,并没有"什么原始的素材或存在的质,与构成物质对象、构成我们关于物质对象的思维材料的素材或存在的质相对立"。他说明他并不是否定我们的思维执行着一种认识功能,这种功能可以称作"意识到"。他所否定的不妨粗略地说是这个见解：意识是一种"事物"。他认为"仅有一种原始的素材或材料"，世界的一切都是由它构成的。这种素材他称之为"纯粹经验"。他说，认识作用就是纯粹经验的两个部分之间的一种特别关系。主体客体关系是导出的关系："我相信经验并不具有这种内在的两重性。"经验的一个已定的未分割部分，可以在这种关系中是认识者，在那种关系中是被认识的东西。

841　　他把"纯粹经验"定义成"为我们后来的反省供给材料的直接的生命流转"。

　　可见，如果把精神和物质的区别看成是不同两类的詹姆士所谓的"素材"之间的区别，上述学说就算废除了精神和物质的区别。因此，在这个问题上跟詹姆士意见相同的那些人倡导了一种他们所说的"中性一元论"，根据这个理论，构成世界的材料既不是精神也不是物质，而是比二者在先的某种东西。詹姆士本人并未发挥他的理论中的这个暗在含义；相反，他使用"纯粹经验"一词，这反倒表露出一种或许不自知的贝克莱派的唯心论。"经验"这个词哲学家们是常常使用的，但很少见给它下定义。我们暂且来论一论这个词能够有什么意义。

　　常识认为，有许多出现了的事物未被"经验到"，例如月球的看不见的那一面上的事件。贝克莱和黑格尔出于不同的理由，全否定这一点，他们主张凡是未经验到的就没有。他们的议论现下大多数哲学家都认为是不正确的，依我看就是如此。假如我们要坚持世界的"素材"是"经验"这样一种意见，我们就不得不苦心孤诣造作一些不像信得过的解释，说明像月球的看不见的一面之类的东西是指什么意思。除非我们能够由经验到的事物推断未经验到的事物，不然便难找出理由相信除我们自身外存在任何事物。固然，詹姆士是否定这一点的，但他所持的理由却不大有力。

我们说的“经验”指什么意思呢？为找到一个答案，最好的办法是考问一下：未被经验到的事件和被经验到的事件有什么不同？看见或者身体觉触到正在下着的雨是被经验到了，但是完全没有生物存在的沙漠中下的雨未被经验到。于是我们得出头一个论点：除在有生命的场合外，不存在经验。但是经验和生命的范围不同。有许多事我遭遇到了，可是未注意；很难讲我经验到了这种事。显然，凡是我记得的事总是我所经验的事，但是有些我不明白记得的事情，可能造成了至今仍存在的习惯。被火烧伤过的小孩怕火，即便他已经完全不记得他被火烧的那一回了。我以为一个事件若造成习惯，就可以说它“被经验到”。（记忆即一种习惯。）大致说来，习惯只在生物身上造成。被火烧的拨火棒无论如何经常 842
弄得灼红，也不怕火。所以，根据常识上的理由，我们说“经验”和世界的“素材”不同范围。在这点上脱离常识，我个人看不出有任何正当的理由。

除了关于这个“经验”问题，此外我觉得詹姆士的彻底经验论我是同意的。

至于他的实用主义和“信仰意志”，那就不同了。特别是后者，我以为它蓄意给某些宗教教义提出表面上似乎正确而实际是诡辩的辩护，而且这种辩护是任何真诚的教徒所不能接受的。

《信仰意志》(*The Will to Believe*)一书出版于1896年；《实用主义——若干老想法的一个新名称》(*Pragmatism, a New Name for Some Old Ways of Thinking*）出版于 1907 年。后一本书中的学说为前一书里的学说的扩充。

《信仰意志》中主张，我们在实践上，常常在不存在任何适当的理论根据可以下决断的场合下不得不作出决断，因为即便什么事也不做，那仍旧是个决断。詹姆士说，宗教问题就属于此类；他主张，虽然"我们的十分逻辑的理智可能并未受到强制"，我们也有理由采取一种信仰的态度。这基本上就是卢梭的萨瓦牧师的态度，但是詹姆士的发挥是新颖的。

据他讲，求实这种道德义务包括两个同等的训条，即"相信真理"和"避开错误"。怀疑主义者只注意第二个训条，因而不相信一个较不慎重的人会相信的许多真理，这是不对的。假如相信真理和避免错误同等重要，那么面临二者择一时，我最好随意相信各种可能性中的一个，因为这样我便有对半的机会相信真理，可是如果悬置不决，丝毫机会也没有。

倘若认真对待这一说，结果产生的行为准则就会是一种极古怪的行为准则。假设我在火车上遇见一个陌生人，我心里自问："他的姓名是不是叫艾本尼泽·威尔克思·史密斯？"如果我自认我不知道，那么关于这人的姓名我确实没抱真信念。反之，如果我决定相信这就是他的名字，我倒有可能抱的是真信念。詹姆士说，怀疑主义者怕受蒙骗，由于有这种恐惧，会丢失重要的真理；他补充说："因为希望而受蒙骗比因为恐惧而受蒙骗坏得多，这有什么证据呢？"似乎由此可见，假如我几年来一直在希望遇到一个叫艾本尼泽·威尔克思·史密斯的人，那么在我得到确凿的反证以前，与消极求实相对的积极求实就应当促使我相信我所遇到的每一个

843

生人都叫这名字。

你会说:"可是这个实例不像话,因为你虽然不知道那个生人的名字,你总知道人当中极小一部分叫艾本尼泽·威尔克思·史密斯。所以你并不是处于在你的选择自由上所预先假定的那种完全无知的状态。"说来奇怪,詹姆士在他的通篇论文中绝不提盖然性,然而关于任何问题,几乎总可发现到某种盖然性上的考虑。姑且承认(尽管正统信徒没一个会承认),世界上的宗教哪一种也没有证据或反证。假设你是个中国人,让你跟儒教、佛教和基督教有了接触。由于逻辑规律,你不能以为这三者各是真理。现在假设佛教和基督教各有对等的可能性是真理,那么设已知两者不会全是真理,则其中之一必定是真理,因而儒教必定不是真理。假令三者都有均等的可能性,则每一个不是真理的机会要大于是真理的机会。照这种办法,只要一容许我们提出盖然性上的理由,詹姆士的原理随即垮台。

令人难解的是,詹姆士尽管是个心理学大家,在这点上却容纳了一种异常不成熟的想法。他讲起话来,仿佛可选择的路子只有完全相信或完全不相信,把中间各种程度的怀疑置之不顾。譬如说,假设我正在从我的书架上找一本书。我心里想:"可能在这个架上",于是我去瞧;但是在我看见这本书以前我并不想:"书就在这个架上"。我们习惯上按照种种假设去行动,但不完全像按照我们认为的确实事物去行动那样;因为按照假设行动时,我们留心注视着新的证据。

依我看来求实的训条并不是詹姆士认为的那种训条。我以为它是:"对任何一个值得你去考虑的假说,恰恰寄予证据所保证的那种程度的信任。"而如果这假说相当重要,更有进一步探寻其他证据的义务。这是明白的常识,和法庭上的程序是一致的,但是和詹姆士所介绍的程序完全不同。

把詹姆士的信仰意志孤立起来考察,对他是不公平的;这是个844过渡性的学说,经过一段自然发展,结果产生了实用主义。詹姆士的著作中所表现的实用主义本来是"真理"的一个新定义。另外还有两位实用主义的主将,即 F.C.S.席勒和杜威博士。下一章中要讨论杜威博士;席勒和其他两人比起来地位差一些。在詹姆士和杜威博士之间,有一种着重点上的差异。杜威博士的见地是科学的,他的议论大部分出自对科学方法的考察;但是詹姆士主要关心宗教和道德。粗略地讲,任何有助于使人有道德而幸福的学说,他都乐于提倡;一个学说假若如此,按照他所使用的"真理"一词的意义来说便是"真理"。

据詹姆士说,实用主义的原理最初是 C.S.皮尔斯提出的,皮尔斯主张,在我们关于某个对象的思维中要想做到清晰,只需考察一下这对象可能包含什么想得到的实际效果。为说明这一点,詹姆士讲哲学的职能就是弄清假若这个或那个世界定则是真理,对你我有什么关系。这样,理论就成了工具,不再是对疑难事物的解答。

据詹姆士讲,观念只要帮助我们同自己的经验中其他部分发生满意的关系,便成为真的:"一个观念,只要相信它对我们的生活有好处,便是'真的'。"真原是善的一个别种,并不是单独的范畴。真是发生于观念的事;事件使观念成为真的。依主智主义者的说法,真观念必须符合实际,这是对的;但所谓"符合"并不是"摹写"

的意思。"在最广的意义上所谓'符合'实际,意思只能指一直被引导到实际,或被引导到实际的周围,或者指与实际发生这样一种实行上的接触:处理实际或处理与实际相关联的某种事物,比不符合的情况下要处理得好。"他补充说:"所谓'真'无非是我们的思考方法中的方便手段,……就终久结局和事物经过的全程来看。"换句话说,"我们的追求真理的义务为我们做合算的事这个一般义务的一部分。"

在关于实用主义与宗教的一章中,他总结收获。"任何一个假说,如果由它生出对生活有用的结果,我们就不能排斥它。""有神这个假说如果在最广的意义上起满意的作用,这假说便是真的。""根据宗教经验所供给的证据,我们满可以相信神灵是存在的,而且正按照和我们的理想方针相似的理想方针从事拯救世人。"<sup>845</sup>

在这个学说中,我发觉依理智来讲有若干重大的困难之点。这学说假定一个信念的效果若是好的,它就是"真理"。若要这个定义有用(假使它不是有用的,就要被实用主义者的检验所否定),我们必须知道:(甲)什么是好的,(乙)这个或那个信念的效果是什么;我们必须先知道这两件事,才能知道任何事物是"真的",因为只有在我们决定了某个信念的效果是好的之后,我们才有权把这信念叫作"真的"。这一来,结果就复杂化得难以想象。假设你想知道哥伦布是否在 1492 年横渡了大西洋。你不可照旁人的做法,在书里查找。你应当首先探听一下这个信念的效果是什么,这种效果和相信哥伦布在 1491 年或 1493 年作了航行的效果有何不同。这已经够困难了,但是从道德观点权衡这些效果更加困难。你可能说分明 1492 年有最好的效果,因为它让你在考试中可以得到高分数。但是，假若你讲了 1491 年或 1493 年，你的考试竞争者就会胜过你，而他们却可能认为他们不成功而你成功从道德上讲是可叹的。撇开考试不谈，除了就历史学家来说，我想不出这个信念有任何实际效果。

但是麻烦还不止于此。你必须认为你从道德上和事实上对某个信念的后果所作的估计是真的。因为假若是假的，你用来支持你的信念是真的那种议论便错了。但是所谓你的关于种种后果的信念是真的，根据詹姆士的讲法，便等于说这信念有良好的后果，而这点如果是真的，又必须有良好的后果，如此下去无穷无尽。这显然是不行的。

还有一个困难点。假设我说曾有过哥伦布这么一个人，人人会同意我所说的事情是真的。但是为什么是真的？那是由于生活在四百五十年前的某个有血有肉的人——总之，并不是由于我的信念的效果，而是由于它的原因。如果按照詹姆士下的定义，难保不发生这种事：虽然事实上 A 不存在，而"A 存在"却是真的。我一向总感到有圣诞老人这一假说"在最广的意义上起满意的作用"；所以，尽管圣诞老人并不存在，而"圣诞老人存在"却是真的。詹姆士说（我重引一遍）："有神这个假说如果在最广的意义上起满意的作用，这假说便是真的"。这句话把神是否真在天国的问题当成无关紧要，干脆略掉了；假如神是一个有用的假说，那就够了。神这位宇宙造物主被忘到脑后；记得的只有神的信念，以及这信念对居住在地球这样一颗小小行星上的人类的影响。难怪教皇谴责了对宗教的实用主义的辩护。

于是我们谈到詹姆士的宗教观与已往信宗教的人的宗教观的

一个根本区别。詹姆士把宗教当作一种人间现象来关心宗教,对宗教所沉思的对象却不表示什么兴趣。他愿人们幸福,假若信仰神能使他们幸福,让他们信仰神好了。到此为止,这仅是仁爱,不是哲学;一说到这信仰使他们幸福便是"真的",这时就成了哲学。对于希求一个崇拜对象的人来说,这话不中意。他不愿说:"我如果信仰神,我就幸福;"他愿意说:"我信仰神,所以我幸福。"他如果信神,他之信神就如同信罗斯福或丘吉尔或希特勒存在一样;对他说来,神乃是一个现实的存在者,不仅仅是人的一个具有良好效果的观念。具有良好效果的是这种真诚信仰,而非詹姆士的削弱无力的代替品。显然,我如果说"希特勒存在",我并没有"相信希特勒存在的效果是好的"这个意思。在真诚的信徒看来,关于神也可以这么讲。

詹姆士的学说企图在怀疑主义的基础上建造一个信仰的上层建筑,这件事和所有此种企图一样,有赖于谬误。就詹姆士来说,谬误是由于打算忽视一切超人类的事实而生的。贝克莱派的唯心主义配合上怀疑主义,促使他以信仰神来代替神,装作好像这同样也行得通。然而这不过是近代大部分哲学所特有的主观主义病狂的一种罢了。

# 第三十章　约翰·杜威

约翰·杜威(John Dewey)生于 1859 年,一般公认他是美国现存的[①]首屈一指的哲学家。这个评价我完全同意。他不仅在哲

---

[①]　杜威已于 1952 年去世。——译者

学家中间,而且对研究教育学的人、研究美学的人以及研究政治理论的人,都有了深远的影响。杜威是个品性高洁无比的人,他在见解上是自由主义的,在待人接物方面宽宏而亲切,在工作当中孜孜不倦。他有许多意见我几乎完全赞同。由于我对他的尊敬和景仰,以及对他的恳挚亲切的个人感受,我倒真愿和他意见完全一致,但是很遗憾,我不得不对他的最独特的哲学学说表示异议,这学说就是以"探究"代替"真理",当作逻辑和认识论的基本概念。

杜威和威廉·詹姆士一样,是新英格兰①人,继续百年前的伟大新英格兰人的一些后代子孙已经放弃的新英格兰自由主义传统。杜威从来不是那种可称为"纯粹"哲学家的人。特别是教育学,一向是他的一个中心兴趣,而他对美国教育的影响是非常大的。我个人虽然相形见绌,也曾努力要对教育起一种和他的影响很类似的影响。或许他和我一样,对那些自称遵循他的教导的人的实际做法不是总满意的,但是在实践上任何新学说都势必容易有某种逾越分寸和过火的地方。不过这件事并不像有人可能认为的那么关系重大,因为新事物的缺陷和传统事物的缺陷比起来,太容易看到了。

杜威在 1894 年做了芝加哥大学哲学教授,当时教育学为他讲授的科目之一。他创立了一个革新的学派,关于教育学方面写了很多东西。这时期他所写的东西,在他的《学校与社会》(*The School and Society*)(1899)一书中作了总结,大家认为这本书是他

<hr />

① "新英格兰"为美国东北部佛蒙特(Vermont)等六个州的总称;杜威生于佛蒙特州的伯灵顿(Burlington)。——译者

的所有作品中影响最大的。他一生始终不断在教育学方面有所著述,著述量几乎不下于哲学方面的。

其他社会性的、政治性的问题,在他的思想中一向也占很大的地盘。和我一样,他访问俄国和中国受了很大影响,前者是消<sup>848</sup>极的影响,后者是积极的影响。他是第一次世界大战的一个不由衷的支持者。他在关于托洛茨基被断认的罪名的调查上起了重要作用,虽然他确信对托洛茨基的控告是没有根据的,但他并不认为假使列宁的后继者不是斯大林而是托洛茨基,苏维埃制度就会是美满的制度。他相信了通过暴力革命造成独裁政治不是达到良好社会的方法。虽然他在一切经济问题上都非常主张改进,但他从来不是马克思主义者。有一次我听他说,他既然好不容易从传统的正统神学中把自己解放出来,就不去用另一套神学作茧自缚。在所有这些地方,他的观点和我个人的几乎完全相同。

从严格的哲学的观点来看,杜威的工作的重要性主要在于他对传统的"真理"概念的批评,这个批评表现在他称之为"工具主义"的理论中。大多数专业哲学家所理解的真理是静止而定局的、完全而永恒的;用宗教术语来说,可以把它与神的思维同一化,与我们作为理性生物和神共有的那种思维同一化。真理的完美典型就是九九乘法表,九九表精确可靠,没有任何暂时的渣滓。自从毕达哥拉斯以来,尤其自从柏拉图以来,数学一向跟神学关联在一起,对大多数专业哲学家的认识论有了深刻影响。杜威的兴趣不是数学的而是生物学的兴趣,他把思维理解为一种进化过程。当然,传统的看法会承认人所知的逐渐多起来,但是每件知识既得到之后，就把它看成最后确定的东西了。的确，黑格尔并不这样来看人类的知识。他把人类的知识理解为一个有机整体，所有部分都逐渐成长，在整体达到完全之前任何部分也不会完全。但是，虽然黑格尔哲学在杜威青年时代对他起过影响，这种哲学仍然有它的"绝对"，有它的比时间过程实在的永恒世界。这些东西在杜威的思想中不会有地位，按杜威的思想，一切实在都是有时间性的，而所谓过程虽然是进化的过程，却不是像黑格尔讲的那种永恒理念的开展。

到此为止，我跟杜威意见一致。而且我和他意见一致的地方还不止于此。在开始讨论我和他意见相左之点以前，关于我个人对"真理"的看法我要略说几句。

头一个问题是：哪种东西是"真的"或"假的"呢？最简单不过的答案就是：句子。"哥伦布在 1492 年横渡了大洋"是真的；"哥伦布在 1776 年横渡了大洋"是假的。这个答案是正确的，但是不完全。句子因为"有意义"，依情况不同或真或假，而句子的意义是与所用的语言有关的。假如你把关于哥伦布的一个记述译成阿拉伯文，你就得将"1492 年"改换成回历纪元中相当的年份。不同语言的句子可以具有相同的意义，决定句子是"真"是"假"的不是字面，而是意义。你断言一个句子，你就表达了一个"信念"，这信念用别种语言也可以同样表达得好。"信念"无论是什么，总是"真的"或"假的"或"有几分真的"东西。这样就迫使我们不得不去考察"信念"。

可是一个信念只要相当简单，不用话表达出来也可以存在。不使用言语我们便很难相信圆周和直径的比大约是 3.14159，或相

849

412

信凯撒决心渡过卢必康河①时决定了罗马共和政体的命运。但在简单的情况,不表诸言语的信念是常见的。例如,假设当你下楼梯时关于什么时候下到了底这件事你出了错:你按照适合于平地的步态走了一步,扑通一跤跌下去。结果大大吓了一跳。你自然会想,"我还以为到了底呢",其实你方才并没有想着楼梯,不然你就不会出这个错了。你实际还没有下到底,而你的肌肉却照适合于到底的方式作了调节。闹出这个错误的与其说是你的心,不如说是你的肉体——至少说这总是表达已发生的事情的一个自然讲法。但事实上心和肉体的区别是个不清不楚的区别。最好不如谈"有机体",而让有机体的种种活动划归心或肉体这件事悬置不决。那么就可以说:你的有机体是按照假使原来到了底层就会适宜,但实际上并不适宜的方式调节了。这种失于调节构成了错误,不妨说你方才抱有一个假信念。

上述实例中错误的检验为惊讶。我以为能检验的信念普遍可以这样讲。所谓假信念就是在适当情况下会使抱有那信念的人感 850 到惊讶的信念,而真信念便没有这种效果。但是,惊讶在适用的场合下虽然是个好的判断标准,却表示不出"真"、"假"二词的意义,而且它也并不总适用。假设你在雷雨中走路,心里念叨"我料想我根本不会遭雷击"。紧接着你被雷击了,可是你不感到惊讶,因为你一命呜呼了。假使有朝一日果然如詹姆士・靳斯爵士②似乎预

---

① 卢必康河(the Rubicon)是意大利北部的一条小河,公元前 49 年凯撒率军渡过这条河,击败当时握罗马共和政府大权的庞培。——译者

② 靳斯爵士(Sir James Hopwood Jeans,1877—1946),英国物理学家,天文学家。——译者

料的那样,太阳炸裂了,我们全都要立即死亡,所以不会惊讶,但是如果我们没料到这场巨祸,我们全都出了错误。这种实例说明真和假的客观性:真的(或假的)事物是有机体的一种状态,但是一般说根据有机体外部发生的事件而是真的(或假的)。有时候要确定真和假能够进行实验检验,但有时候不能进行;如果不能进行,仍有旁的手段,而且这种手段还很重要。

我不再多阐述我对真和假的看法,现在要开始研讨杜威的学说。

杜威并不讲求那些将会是绝对"真的"判断,也不把这种判断的矛盾对立面斥之为绝对"假的"。依他的意见,有一个叫"探究"的过程,这是有机体同它的环境之间的相互调节的一种。从我的观点来看,我假令愿竭尽可能跟杜威意见一致,我应当从分析"意义"或"含义"入手。例如,假设你正在动物园里,听见扩音器中传出一声:"有一只狮子刚跑出来了"。在这个场合,你会像果真瞧见了狮子似地那样行动——也就是说,你会尽量快快逃开。"有一只狮子跑出来了"这个句子意味着某个事件,意思是说它促成的行为同假使你看见该事件,该事件会促成的行为一样。概括地讲:一个句子 S 若促成事件 E 本来会促成的行为,它就"意味着"E。假如实际上从来没有这样的事件,那个句子就是假的。对未用言语表达的信念,讲法完全相同。可以这样说:信念为有机体的一种状态,促成某个事件呈现于感官时会促成的行为;将会促成该行为的那个事件是此信念的"含义"。这个说法过于简单化,但是可以用来表示我现下主张的理论。到此为止,我认为杜威和我不会有很大分歧。但是关于他的进一步发展,我感觉自己跟他有极明确的不同意见。

杜威把探究当作逻辑的要素，不拿真理或知识当作逻辑的要素。他给探究所下的定义如下："探究即有控制地或有指导地把不确定的事态变换成一个在区别成分及关系成分上十分确定的事态，以致把原事态的各要素转化为一个统一整体。"他补充说："探究涉及将客观素材加以客观的变换"。这个定义分明是不妥当的。例如，试看练兵中士跟一群新兵的交道，或泥瓦匠跟一堆砖的交道；这两种交道恰恰满足杜威给"探究"下的定义。由于他显然不想把这两种交道包括在"探究"之内，所以在他的"探究"概念中必定有某个要素他在自己的定义里忘记了提。至于这种要素究竟是什么，我在下文中即将去确定。不过我们先来看一看照这定义的原样，要出现什么结果。

显然杜威所理解的"探究"为企图使世界更有机化的一般过程的一部分。"统一的整体"应该是探究的结果。杜威所以爱好有机的东西，一部分是由于生物学，一部分是由于黑格尔的影响流连不散。如果不以一种无意识的黑格尔派形而上学为基础，我不明白为什么探究预料要产生"统一的整体"。假若有人给我一副顺序混乱的扑克牌，请我探究探究牌的先后顺序，假若我遵照杜威的指示，我先把牌整理好顺序，然后说这就是探究结果所产生的顺序。我在整理牌的时候倒是要"将客观素材加以客观的变换"，但是定义中考虑到这点。假如最后人家告诉我说："我们本来想要知道把牌交给您的时候牌的先后顺序，不是您重新整理过后的先后顺序。"我如果是杜威的门生，我就要回答："您的想法根本太静态了。我是个动态的人，我探究任何素材，先把它变动成容易探究的样子。"认为此种手续是可以容许的这个想法，只能从黑格尔对现象与实在的区分找到根据：现象可能是杂乱而支离破碎的，但实在则永远是秩序井然而有机性的。所以我整理牌的时候，我不过是显示牌的真实永恒本性罢了。然而杜威的学说中这一部分从来没有 852 明讲。有机体的形而上学是杜威的理论的基础，可是我不知道他有几分注意到了这件事实。

要想区分探究与其他种类的有机化活动，例如练兵中士和泥瓦匠的活动，杜威的定义需要加以补充，现在试看一看要补充什么。在从前总会这样讲：探究的特征在于探究的目的，即弄清某个真理。但是在杜威说来，"真理"须借"探究"下定义，不是拿"真理"来定义"探究"；他引用了皮尔斯下的定义，并表示赞同，该定义说："真理"即"命中注定为一切进行研究的人终究要同意的意见"。这定义让我们对研究者在做什么事一无所知，因为假若说他是在努力要弄清真理，就不能不犯循环论的毛病。

我以为杜威博士的理论不妨叙述如下。有机体与其环境之间的关系有时候是令有机体满意的，有时候是令它不满意的。在关系不满意的情况下，局面可以通过相互调节得到改善。使得局面有了改善的种种变化若主要在有机体一方（这种变化绝不完全在任何一方），该过程就叫"探究"。例如，在作战当中你主要力求改变环境，即敌军；但是在作战之前的侦察时期，你主要力求使自己一方的兵力适应敌军的部署。这个前一时期是"探究"时期。

依我想，这个理论的困难之点在于把一个信念跟普通可说是"证实"这信念的那件事实或那些事实之间的关系割断了。我们继续来看某将军计划作战这个实例。他的侦察机报告给他敌军的某些准备,结果他就作了一些对抗准备。假如事实上敌军采取了他据以行动的报告中所说的措施,依常识就说该报告是"真的",那么,即便将军后来打了败仗,这报告仍不失为真。这种见解被杜威博士否定了。他不把信念分成"真的"和"假的",但是他仍然有两类信念:若将军打了胜仗,我们就说信念是"满意的",打了败仗,叫"不满意的"。直到战斗发生过后,他才能知道对他的侦察兵打来的报告该有什么意见。

概括地讲,可以说杜威博士和其他所有人一样,把信念分成为 <sup>853</sup> 两类,一类是好的,另一类是坏的。不过他认为,一个信念可能在此一时是好的,在彼一时是坏的;不完美的理论比以前的理论好,却比后来的理论坏,就是这种情况。一个信念是好是坏,要看此信念使抱有它的那个有机体所产生的活动具有令该有机体满意或不满意的后果而定。因而一个有关已往某事件的信念该划为"好的"或划为"坏的",并不根据这事件是否真发生了,却根据这信念未来的效果。这一来结果便妙了。假设有人对我说:"您今天早晨吃早点的时候喝咖啡了吗?"我如果是个平常人,就要回想一下。但是我如果是杜威博士的徒弟,我要说:"等一会儿;我得先做两个实验,才能告诉你。"于是我先让自己相信我喝了咖啡,观察可能有的后果;然后我让自己相信我没喝咖啡,再观察可能有的后果。我于是比较这两组后果,看哪一组后果我觉得更满意。假如一方的满意程度较高,我就决定作那种回答。如果两方不相上下,我只得自认我无法回答这个问题。

但是麻烦还不止于此。我怎么能知道相信自己在吃早点时喝了咖啡的后果呢?假若我说"后果是如此这般",这又得由它的后果来检验，然后我才能知道我说的这句话是"好"话或是"坏"话。即使把这点困难克服了，我怎么能判断哪一组后果是更满意的呢？关于是否喝了咖啡，一个决断可能给我满足，另一个决断可能让我决意提高战争努力。哪个也可以看成是好的，但是我要等到决定了哪个更好，才能够讲我是否喝了咖啡当早点。当然这不像话。

杜威与迄今所认为的常识背驰，是由于他不肯在他的形而上学中在"事实"定而不移、无法操纵的意义上容纳"事实"。在这点上，也许常识是在变化着，也许他的见解和常识将要变成的情况看来是不矛盾的。

杜威博士和我之间的主要分歧是，他从信念的效果来判断信念，而我则在信念涉及过去的事件时从信念的原因来判断。一个信念如果同它的原因有某种关系（关系往往很复杂），我就认为这样一个信念是"真的"，或者尽可能近于是"真的"。杜威博士认为，一个信念若具有某种效果，它就有"有保证的可断言性"——他拿这个词代替"真实性"。这种意见分歧和世界观的不同有连带关系。我们所做的事对过去不能起影响，所以，若真实性是由已发生的事情决定的，真实性和现在或未来的意志都不相干；在逻辑形式上，这代表人力的限度。但假若真实性，或者不如说"有保证的可断言性"，依未来而定，那么，就改变未来是在我们的能力范围以内来说，改变应断言的事便在我们的能力范围以内。这增大了人的能力和自由之感。凯撒是不是渡过了卢必康河？我以为根据过去某个事件非作肯定回答不可。杜威博士要靠核定未来事件才决定作肯定的或否定的回答；没有理由认为这些未来事件不能凭人的能力安排一下，让否定的回答令人更满意。假如我觉得凯撒渡过

**418**

了卢必康河这个信念很讨厌，我不必在沉闷绝望中坐下来；我如果有充分的手腕和能力，能够安排一个社会环境，让凯撒未渡过卢必康河的说法在那个社会环境中会有"有保证的可断言性"。

在这本书中，我始终在可能条件下尽力把各派哲学与有关的各哲学家的社会环境关联起来讲。我一向以为，信服人类的能力和不愿承认"定而不移的事实"，同机器生产以及我们对自然环境的科学操纵所造成的满怀希望是分不开的。这种见解也是杜威博士的许多支持者所共有的。例如乔治·瑞蒙·盖格尔在一篇颂扬文章中说杜威博士的方法"可说意味着一个思想上的革命，和一个世纪以前的工业上的革命同样属于中产阶级性的、同样不动人耳目，但是同样令人惊叹"。我觉得我写的以下一段话，说的也是这回事："杜威博士的见解在表现特色的地方，同工业主义与集体企业的时代是谐调的。很自然，他对美国人有最强的动人力量，而且很自然他几乎同样得到中国和墨西哥之类的国家中进步分子们的赏识"。

让我遗憾而惊讶的是，我本来以为完全不伤害人的这段话，却惹 855 恼了杜威博士，他作了个回答："罗素先生把实用主义的认识论同美国的工业主义可憎恶的各方面总连在一起，他这种牢固难拔的习癖……几乎像是我要把他的哲学跟英国的地主贵族的利益联系起来"。

至于我，我个人的意见被人（特别是被共产党人）解释成由于我和英国贵族的关系，①这事情我已习以为常；而我也十分愿意认

---

① 本书作者系两度任维多利亚女王的首相的罗素伯爵约翰·罗素之孙，1931 年其兄逝世后，依法律规定袭伯爵爵号。——译者

为我的见解和旁人的见解一样，受社会环境的影响。但是谈到杜威博士，如果关于他所受的社会影响我的看法错了，我为此感到遗憾。不过我发觉犯这个错误的还不单是我一个人。例如，桑塔雅那说："在杜威的著作中，也正像在时下的科学和伦理学中一样，渗透着一种准黑格尔主义倾向，不但把一切实在而现实的事物消融到某种相对而暂时的事物里面，而且把个人消融到他的社会功能里面。"

我以为杜威博士的世界是一个人类占据想象力的世界，天文学上的宇宙他当然承认它存在，但是在大多时候被忽视了。他的哲学是一种权能哲学，固然并不是像尼采哲学那样的个人权能的哲学；他感觉宝贵的是社会的权能。我们对自然力量的新支配能力，比这种能力至今仍受的限制给某些人造成更深的印象；我以为正是工具主义哲学中的这种社会权能要素使得工具主义对那些人有了诱力。

人类对待非人的环境所抱的态度，在不同时代曾有很大的差别。希腊人怕傲慢，信仰一位甚至高于宙斯的必然之神或命运之神，所以希腊人小心避免那种他们觉得会是对宇宙不逊的事情。中世纪时把恭顺做得更远甚于以前：对神谦卑是基督徒的首要义务。独创性被这种态度束缚住，伟大的创见几乎是不可能有的。文艺复兴恢复了人类的自尊，但又让自尊达到了造成无政府状态与灾殃的程度。文艺复兴的成绩大部分被宗教改革运动和反宗教改革运动打消。但是，近代技术虽不全然适于文艺复兴时期的倨傲的个人，却使人类社会的集体能力之感复活了。已往过于谦卑的人类，开始把自己当作几乎是个神。意

856

大利的实用主义者帕比尼①就极力主张用"模仿神"代替"模仿基督"②。

在所有这些事情上，我感到一种严重的危险，一种不妨叫作"宇宙式的不虔诚"的危险。把"真理"看成取决于事实的东西，事实大多在人力控制以外，这个真理概念向来是哲学迄今教导谦卑的必要要素的一个方法。这个对自傲的抑制一撤除，在奔向某种病狂的道路上便更进一步——那种病狂就是随着费希特而侵入哲学领域的权能陶醉，这是近代人不管是否哲学家都容易陷入的一种陶醉。我相信这种陶醉是当代最大的危险，任何一种哲学，不论多么无意地助长这种陶醉，就等于增大社会巨祸的危险。

# 第三十一章　逻辑分析哲学

在哲学中，自从毕达哥拉斯时代以来，一向存在着两派人的一个对立局面：一派人的思想主要是在数学的启发下产生的，另一派人受经验科学的影响比较深。柏拉图、托马斯·阿奎那、斯宾诺莎和康德属于不妨叫作数学派的那一派，德谟克里特、亚里士多德，以及洛克以降的近代经验主义者们属于相反一派。在现代兴起了一个哲学派别，着手消除数学原理中的毕达哥拉斯主义，并且开始把经验主义和注意人类知识中的演绎部分结合起来。这个学派的

---

①　帕比尼（Giovanni Papini, 1881—1956），意大利哲学家、历史学家和小说家。——译者

②　德意志神秘思想家托马司·阿·坎皮斯（Thomas a Kempis, 1380 左右—1471）有一本著作叫《模仿基督》（*De Imitatione Christi*）。——译者

目标不及过去大多数哲学家的目标堂皇壮观,但是它的一些成就却像科学家的成就一样牢靠。

数学家们着手消除了自己学科里的种种谬误和粗率的推理,上述这派哲学的根源便在于数学家所取得的那些成绩。十七世纪的大数学家们都是很乐观的,急于求得速决的结果;因此,他们听任解析几何与无穷小算法①停留在不稳固的基础上。莱布尼茨相信有实际的无穷小,但是这个信念虽然适合他的形而上学,在数学上是没有确实根据的。十九世纪中叶以后不久,魏尔施特拉斯指明如何不借助无穷小而建立微积分学,因而终于使微积分学从逻辑上讲稳固了。随后又有盖奥尔克·康托,他发展了连续性和无穷数的理论。"连续性"在他下定义以前向来是个含混字眼,对于黑格尔之流想把形而上学的混浊想法弄进数学里去的哲学家们是很方便的。康托赋予这个词一个精确含义,并且说明了他所定义的那种连续性正是数学家和物理学家需要的概念。通过这种手段,使大量的神秘玄想,例如柏格森的神秘玄想,变得陈旧过时了。

康托也克服了关于无穷数的那些长期存在的逻辑难题。拿从1起的整数系列来说,这些数有多少个呢?很明显,这个数目不是有穷的。到一千为止,有一千个数;到一百万为止,有一百万个数。858 无论你提出一个什么有穷的数,显然有比这更多的数,因为从1到该数为止,整整有那么多数目的数,然后又有别的更大的数。所以,有穷整数的数目必定是一个无穷数。可是现在出了一个奇妙事实:偶数的数目必定和全体整数的数目一般多。试看以下两排

---

① 即微积分学;原文是它的旧名称"infinitesimal calculus"。——译者

数：

1,2,3,4,5,6,……

2,4,6,8,10,12,……

上排中每有一项,下排中就有相应的一项;所以,两排中的项数必定一般多,固然下排只是由上排中各项的一半构成的。莱布尼茨注意到了这一点,认为这是一个矛盾,于是他断定,虽然无穷集团是有的,却没有无穷数。反之,盖奥尔克·康托大胆否定了这是矛盾。他做得对;这只是个奇特事罢了。

盖奥尔克·康托把"无穷"集团定义成这样的集团:它具有和整个集团包含着一般多的项的部分集团。他在这个基础上得以建立起一种极有意思的无穷数的数学理论,从而把以前委弃给神秘玄想和混乱状态的整个一个领域纳入了严密逻辑的范围。

下一个重要人物是弗雷格,他在 1879 年发表了他的第一部著作,在 1884 年发表了他的"数"的定义;但是,尽管他的各种发现有划时代的性质,直到 1903 年我引起大家对他的注意时为止,他始终完全没得到人的承认。值得注意的是,在弗雷格以前,大家所提出的一切数的定义都含有基本的逻辑错误。照惯例总是把"数"和"多元"当成一回事。但是,"数"的具体实例是一个特指的数,譬如说 3,而 3 的具体实例则是一个特指的三元组。三元组是一个多元,但是一切三元组所成的类——弗雷格认为那就是 3 这个数本身——是由一些多元组成的一个多元,而以 3 为其一实例的一般的数,则是由一些多元组成的一些多元所组成的一个多元。由于把这个多元与一个已知的三元组的简单多元混淆起来,犯了这种基本的语法错误,结果弗雷格以前的全部数的哲学成了连篇废话,是最严格意义上的"废话"。

由弗雷格的工作可以推断,算术以及一般纯数学无非是演绎逻辑的延长。这证明了康德主张的算术命题是"综合的"、包含着时间关系的理论是错误的。怀特海和我合著的《数学原理》(*Principia Mathematica*)中详细讲述了如何从逻辑开展纯数学。

有一点已经逐渐明白了:哲学中有一大部分能化成某种可称作"句法"的东西,不过句法这个词得按照比迄今习用的意义稍广的意义来使用。有些人,特别是卡尔纳普,①曾提出一个理论,认为一切哲学问题实际都是句法问题,只要避开句法上的错误,一个哲学问题不是因此便解决了,就是证明是无法解决的。我认为这话言过其实,卡尔纳普现在也同意我的看法,但是毫无疑问哲学句法在传统问题方面的效用是非常大的。

我想简单解释一下所谓摹述理论,来说明哲学句法的效用。我所说的"摹述"是指像"美国的现任总统"一类的短语,不用名字来指明一个人或一件东西,而用某种据假定或已知他或它特有的性质。这样的短语曾造成很多麻烦。假定我说"金山不存在",再假定你问"不存在的是什么"? 如果我说"是金山",那么就仿佛我把某种存在归给了金山。很明显,我说这话和说"圆正方形不存在"不是一样的陈述。这似乎意味着金山是一种东西,圆正方形另是一种东西,固然两者都是不存在的。摹述理论就是打算应付这种困难以及其他困难的。

根据这个理论,一个含有"如此这般者"(the so-and-so)形式

---

① 卡尔纳普(Rudolf Carnap,1891—1970),美国哲学家,逻辑学家。——译者

的短语的陈述,若加以正确分析,短语"如此这般者"便没有了。例如,拿"司各脱是《威弗利》的作者"这个陈述来说。摹述理论把这个陈述解释成是说:

"有一个人,而且只有一个人写了《威弗利》,那个人是司各脱。"或者,说得更完全一些就是:

"有一个实体 c,使得若 x 是 c,'x 写了《威弗利》'这个陈述便是真的,否则它是假的;而且 c 是司各脱。"

这句话的前一部分,即"而且"二字以前的部分,定义成指"《威弗利》的作者存在(或者曾存在,或者将存在)的意思"。因而,"金山不存在"的意思是:

"没有一个实体 c,使得当 x 是 c 时,'x 是金的而且是山'是真 [860] 的,否则它就不是真的。"

有了这个定义,关于说"金山不存在"是指什么意思的难题就没有了。

根据这个理论,"存在"只能用来给摹述下断言。我们能够说"《威弗利》的作者存在",但是说"司各脱存在"却不合语法,更确切地讲,不合句法。这澄清了从柏拉图的《泰阿泰德篇》开始的、两千年来关于"存在"的思想混乱。

以上所谈的工作的一个结果是,剥夺了自从毕达哥拉斯和柏拉图以来数学一直占据的崇高地位,并且打破了从数学得来的那种反对经验主义的臆断根据。的确,数学知识不是靠由经验进行归纳获得的;我们相信 2 加 2 等于 4,其理由并不在于我们凭观察极经常发现到两件东西跟另外两件东西合在一起是四件东西。在这个意义上,数学知识依然不是经验的知识。但也不是关于世界的先验知识。其实,这种知识仅仅是词句上的知识。"3"的意思是"2+1","4"的意思是"3+1"。由此可见(固然证明起来很长)"4"和"2+2"指一个意思。因而数学知识不再神秘。它和一码有三呎这个"天经地义"完全属同样的性质。

不仅纯数学,而且物理学也为逻辑分析哲学供给了材料;尤其是通过相对论和量子力学供给了材料。

相对论里面对哲学家重要的事情是以空时来代替空间和时间。据常识,认为物理世界是由一些在某一段时间内持续,而且在空间中运动的"东西"组成的。哲学和物理学把"东西"概念发展成"物质实体"概念,而把物质实体看成是由一些粒子构成的,每个粒子都非常小,并且都永久存留。爱因斯坦以事素代替了粒子;各事素和其他各事素之间有一种叫"间隔"的关系,可以按不同方式把这种关系分解成一个时间因素和一个空间因素。这些不同方式的选择是任意的,其中哪一种方式在理论上也不比其他任何方式更为可取。设在不同的区域内已知两个事素 A 和 B,那么满可能是这种情况:按照一种约定,两者是同时的,按照另一种约定,A 比 B 早,再按照另外一种约定,B 比 A 早。并没有任何物理事实和这些不同的约定相当。

从这一切似乎可以推断,事素应当是物理学的"素材",而粒子不是。向来认为的粒子,总得认为是一系列事素。代替粒子的这种事素系列具有某些重要的物理性质,因此要求我们予以注意;但是它并不比我们可能任意选出的其他任何事素系列具有更多的实体性。因而"物质"不是世界的基本材料的一部分,只是把种种事素集合成束的一个便利方式。

量子论也补证了这个结论,但是量子论在哲学上的重要意义主要在于把物理现象看成可能是不连续的。量子论指出,在一个(如上解释的)原子内,某种事态持续一段时间,然后突然换成一种有限不同的事态。已往一贯假定的运动连续性,似乎自来不过是一种偏见。可是,量子论特有的哲学还没有充分发展起来。我想量子论恐怕比相对论会要求更根本地背离传统的空间时间学说。

　　物理学一直在使物质的物质性减弱,而心理学则一直在使精神的精神性减弱。在前面一章中,我们曾有机会把观念联合与条件反射作了比较。后者的生理学色彩显然重得多,它已经代替了前者。(这只是一个例证;我不想夸大条件反射的范围。)因此物理学和心理学一直在从两端彼此靠拢,使得威廉·詹姆士对"意识"的批判中所暗示的"中性一元论"之说更有可能成立了。精神与物质的区别是从宗教转到哲学中来的,尽管在过去一段长时间内这种区别似乎还有确实的理由。我以为精神和物质都仅是给事素分组的便当方式。我应当承认,有些单独的事素只属于物质组,但是另外一些事素属于两种组,因此既是精神的,又是物质的。这个学说使我们对于世界构造的描绘有了重大简化。

　　近代物理学和生理学提出了有助于说明知觉这个古老问题的新事实。假若要有什么可以称作"知觉"的东西,知觉在某种程度上总要是所知觉的对象的效果,而且知觉假若要可能是关于对象[862]的知识的来源,总要或多或少跟对象相似。只有存在着与世界其余部分多少有些无关的因果连环,头一个必要条件才能得到满足。根据物理学,这种连环是存在的。光波从太阳走到地球上,这件事遵守光波自己的定律。这话只是大体上正确。爱因斯坦已证明光线受重力的影响。当光线到达我们的大气层时要遭受折射,有些光线比其他光线分散得厉害。当光线到达人眼时,发生了在别的地方不会发生的各种各样的事情,结局就是我们所说的"看见太阳"。但是,我们视觉经验中的太阳虽然和天文学家的太阳大不一样,却仍然是关于后者的一个知识来源,因为"看见太阳"与"看见月亮"的不同点,和天文学家的太阳与天文学家的月亮的不同有因果关联。可是,关于物理对象我们这样所能认识的,不过是某些抽象的结构性质。我们能够知道太阳按某种意义讲是圆的,固然不完全是按我们所看见的情况是圆的这种意义来讲;但是我们没有理由假定太阳是亮的或暖的,因为不假定它如此,物理学也能说明为什么它似乎如此。所以,我们关于物理世界的知识只是抽象的数学性知识。

以上我谈的是现代分析经验主义的梗概;这种经验主义与洛克、贝克莱和休谟的经验主义的不同在于它结合数学,并且发展了一种有力的逻辑技术。从而对某些问题便能得出明确的答案,这种答案与其说有哲学的性质,不如说有科学的性质。现代分析经验主义和体系缔造者们的各派哲学比起来,有利条件是能够一次一个地处理问题,而不必一举就创造关于全宇宙的一整套理论。在这点上,它的方法和科学的方法相似。我毫不怀疑,只要可能有哲学知识,哲学知识非靠这样的方法来探求不可;我也毫不怀疑,借这种方法,许多古来的问题是完全可以解决的。

不过,仍旧有一个传统上包括在哲学内的广阔领域,在那里科学方法是不够的。这个领域包括关于价值的种种根本问题;例如,863 单凭科学不能证明以对人残忍为乐是坏事。凡是能够知道的事,通过科学都能够知道；但是那些理当算是感情问题的事情却是在科学的范围以外。

哲学在其全部历史中一直是由两个不调和地混杂在一起的部分构成的：一方面是关于世界本性的理论，另一方面是关于最佳生活方式的伦理学说或政治学说。这两部分未能充分划分清楚，自来是大量混乱想法的一个根源。从柏拉图到威廉·詹姆士，哲学家们都让自己的关于宇宙构成的见解受到了希求道德教化的心思的影响：他们自以为知道哪些信念会使人有道德，于是编造了一些往往非常诡辩性的理由，证明这些信念是真的。至于我，我根据道德上的理由和理智上的理由都斥责这类偏见。从道德上讲，一个哲学家除了大公无私地探求真理而外若利用他的专业能力做其他任何事情，便算是犯了一种变节罪。如果他在进行研究以前先假定某些信念不拘真假总归是那种促进良好行为的信念，他就是限制了哲学思辨的范围，从而使哲学成为琐碎无聊的东西；真正的哲学家准备审查一切先入之见。假如有意识或无意识地给追求真理这件事加上什么限制，哲学便由于恐惧而瘫痪，为政府惩罚吐露"危险思想"的人的检查制度铺平道路——事实上，哲学家已经对自己的研究工作加上了这样的检查制度。

从理智上讲，错误的道德考虑对哲学的影响自来就是大大地妨碍了进步。我个人不相信哲学能够证明宗教教条是真理或不是真理，但是自从柏拉图以来，大多数哲学家都把提出关于永生和神存在的"证明"看成了自己的一部分任务。他们指责了前人的证明——圣托马斯否定圣安瑟勒姆的证明，康德否定笛卡尔的证明——但是他们都提出了自己的新证明。为了使自己的证明显得有根据,他们曾不得不曲解逻辑、使数学神秘化、冒称一些根深蒂固的偏见是天赐的直觉。

这一切都被那些把逻辑分析当作哲学的主要任务的哲学家否定了。他们坦率地承认,人的理智无法给许多对人类极为重要的问题找出最后的答案,但是他们不肯相信有某种"高级的"认识方法,使我们能够发现科学和理智所见不到的真理。他们因为否认这一点而得到的报偿是,已发现有许多从前被形而上学迷雾所蒙蔽的问题可以精确地解答,而且是靠除求知欲而外丝毫不牵涉哲学家个人气质的客观方法来解答。拿这样一些问题来说:数是什么? 空间和时间是什么? 精神是什么,物质又是什么? 我并不说我们在此时此地能够给所有这些古来的问题提出确定的答案,但是我确实说已经发现了一个像在科学里那样能够逐步逼近真理的方法,其中每一个新阶段都是由改良以前的阶段产生的,而不是由否定以前的阶段产生的。

在混乱纷纭的各种对立的狂热见解当中,少数起协调统一作用的力量中有一个就是科学的实事求是;我所说的科学的实事求是,是指把我们的信念建立在人所可能做到的不带个人色彩、免除地域性及气质性偏见的观察和推论之上的习惯。我隶属的哲学派别一向坚持把这种美德引入哲学,创始了一种能使哲学富于成果的有力方法,这些乃是此派的主要功绩。在实践这种哲学方法当中所养成的细心求实的习惯,可以推广到人的全部活动范围,结果在凡是有这种习惯存在的地方都使狂热减弱,而同情与相互了解的能力则随之增强。哲学放弃了一部分武断的浮夸奢求,却仍继续提示启发一种生活方式。

# 索　　引

（索引中的数字为原书页码，即本书边码）

Arab mystics 阿拉伯神秘主义 446

Arab philosophy 阿拉伯哲学 451,465,474 - 5,496 - 7,521

Arabia 阿拉伯 441

*Arabian Nights*, *The* 《天方夜谭》 442

Arabic language 阿拉伯语 234 - 5,343,443,461,465,486,849

Arabic numerals 阿拉伯数字 307,444

Arabs 阿拉伯人 234,299,306, 442 - 3,486 - 8,529

Aragon 阿拉贡 463,506,520

Arcadia 阿加底亚 32,117,299, 363

Arcesilaus 阿塞西劳斯 258,259

Archelaus, King of Macedon 马其顿国王,阿其老斯 207

Archimedes 阿基米德 227,233, 237,240,246

Architecture 建筑 428,432,509, 704

Archytas of Taras 塔拉斯的阿尔奇诺斯 139

Argenteuil 阿尔章特伊 458

Argonauts 亚尔古船众英雄 537

Arguments for God 〔关于〕神存在的论证 608 - 12,717 - 18,735 - 6.参看 ontological argument

Arianism 阿利乌斯教派 323, 358,389,392,404,405,409, 459;～与君士坦丁 349,351; ～的教义 352 - 3;～统治西罗马帝国 353,354

Aristarchus of Samos 萨摩的亚里士达克 153,237 - 9,245,246, 280,282,548,549,552

Aristodemus 亚里士托德姆 110, 118

Aristophanes 亚里士多芬尼 77, 100,102,105,137

Aristotle 亚里士多德 38,233, 283,390,449;～与亚历山大 182 - 3,207,299;～与阿那克西曼德 46,235;～与古代哲学 44,49 注,64,82,237,253,255, 257,287,311;～与阿奎那 309,324,475 - 9,480,483,484; ～与天文学 153,204,229 - 30,235,551;～与阿威罗伊 447;～与弗兰西斯·培根 566; ～与天主教哲学 218,368, 377,461,472,487;喜悦与乐观的～ 39 - 40,191,202,205, 253,255;～与德谟克利特 85, 86;～与恩培多克勒 73,76;～的伦理学 195 - 206;～与神 189,190 - 1,194,202,203,214, 373,477,478,484,608;～论希

436

73,82,235,236,250

economics　经济学　285,443,646,746,750-1,753,808,809,810,811,848；～与精神产品　160；～与洛克　660-1,664-5；～与战争　741

ecstasy　天人感通　41,55,314

Eddington,Sir Arthur　艾丁顿,爵士亚瑟　269 注,682

Eddy,Mrs.　艾地夫人　49

Edessa　埃德撒　444

Edilbert　爱狄尔伯特　406

Edinburgh　爱丁堡　685

education　教育　94,366,428,546,753；与亚里士多德　213,216；近代的～　217,621,664,714,716,749,750,755,804,847；～与柏拉图　126,129,130-1,133-4,144,152；斯巴达的　115,119,122-3

Edward Ⅰ　爱德华一世　502

Edward Ⅲ　爱德华三世　492,494

Edward Ⅳ　爱德华四世　509,577,645

Edward Ⅷ　爱德华八世　415

ego　自我　-ism　利己心/自我主义/自我中心　680,688,710,745,807,824

Egypt　埃及　120,334,348,353,604；～与亚历山大　241,242,244,246,302；～与亚里士多德207,214；～与天文学　235；～与文明　21,22,24；～与克里特岛　24-5,35；～与几何学44,54,231；～的统治　27,136,644,798；希腊哲学在～　44,49,84,231,311；～与希腊世界35,43,47,48,49,121,231,246,247,302；犹太人在～　331；～与回教徒　306,440；～的修道院制度　395-6；基督一性论在～　389,440；～的祭司　428,499；～的宗教　22,23；～与罗马　241,294；记录下来的～22,27-8. 参看　Alexandria

Einstein,Albert　爱因斯坦,阿尔伯特　49,90,239,561,860,862

Elagabalus　艾罗加巴鲁　参看Heliogabalus

Elea　爱利亚　67

Eleatic school,　833

elect　拣选　election　蒙拣选的人/被拣选的人/选民　328,376,381,383,384,482

electrons　电子　66

elements　原素　46,47,62,74,76,82,166,167,168,169,170,229,230,276. 参看　air；earth；fire；water

Eleusinian mysteries　伊留希斯神

459

460

Great Mother　伟大的母亲　23，25
注，36，350

Great Schism　大分裂　325，493，
505－6，508

"greatest happiness of the greatest
number"　"最大多数人的最大
幸福"　750，796，801，802

Greece，Greek（s）　希腊，希腊人
120，210，215，782；～与亚历山
大　242 以下，304；～与阿拉伯
人　299，443－4；～与小亚细亚
23，77，119，246；～的天文学
227，229，231－40，548；～对世
界的态度　170，329，855；～与
蛮族　242－3，275，363；～的城
邦　47，72，78，79，121，241，
243，246，247，249，295；～的文
明与文化　21－42，77－80，
117，121，216－17，243，299，
305，334，346；的殖民地　23，
248，249；的衰落　296；～与民
主　72，212；～与埃及　35，43，
235；～与伦理学　111，200－1；
～的理论天才　231 以下；～与
犹太人　246，334，342，344；～
与希腊精神　241，247，248，
250，275；～与逻辑　222，257，
292；～对静态的完美的热爱
192；～与数学　54－5，153；～
并不沉溺于中庸之道　67；～并

不绝对宁静　37－9；当今对～
的态度　57，820；～与波斯
31，77；～与物理学　226－7；～
与政治学　52，207，208，217，
295，524，529；～的宗教　40－
2，44，249，428，499，500；～文艺
复兴　525，530；～的革命
213，241，294 以下；～与科学
87，153，239 以下，763；～与奴隶
制　208－9，215，243；～与斯巴
达　117－18；～的三个时期
241；～的悲剧　37，77；～与西
方世界　299，419；～的女人
115－16，130.参看　Hellenic
world；Hellenism

Greek Atomists and Epicurus，The
（Bailey）《希腊原子论者与伊
壁鸠鲁》（西雷尔·贝莱）　84注，
86注，89注，91注，263注，267
注，268注

Greek Church　希腊教会　380，
408，482，501，507.参看东方教
会

Greek Emperor　希腊的皇帝
408，409，454

Greek Fathers　希腊教父　426

Greek language　希腊语　25，153，
245，306，366，537－8，788；～与
亚历山大　120；～与阿拉伯人
306；～与圣经　333，338，341，

479

486

490

雅典的～　79,80,100；亚历山大港的～　80,246；～与阿奎那484；～与阿拉伯人　448；～与亚里士多德　193；～与天文学153,231,235-40；～与原子论者　88注；～与弗兰西斯·培根565；～与罗吉尔·培根　486,487,488；～与柏格森　823,830-2；～与欧洲大陆哲学　568；～与演绎逻辑　858；～与笛卡尔580,583,589；～与经验主义568；～与希腊人　21,31,57-8,231,235-40,857,862；希腊化时期的～　241；～与霍布士568；～与休谟　689；～与归纳221；～与康德　733,740；～与知识　161,633,689,860,862；～与洛克　630；～与逻辑分析857,859；～与大希腊　67；～与努斯　313；～与哲学　246,858,862；～与柏拉图　126,141,146,148,153,158,168-70,177,181,192；～与普罗提诺312；～与毕达哥拉斯　47,49,51,52,53-6,158,857；十七世纪的～　546,558；～与苏格拉底　158；～与斯多葛派　281；～与三段论式　221-2；～与神学　56,848；～的抽象文字181

matter　物/物质　65,82,345,860,861；～与亚里士多德　187-9,192,193,229；～的定义　684；～柏格森　820,822,823,825,836,837；～与贝克莱　673,674,679,729；～与笛卡尔　90；～与邓斯·司各脱　490；～与黑格尔　763；～与休谟　729；～与康德　730,741；～与马克思812；～与柏拉图　169；～与普罗提诺　315-17；～与空间89-90；～与真理　707.　参看mind and matter

495

## O

447,474 - 5,483,489,505

Parliament 议会 464,539,563,
663;～国王的斗争 569,573,
577,625 - 6,627,662;～与霍布
士 569,570,573,577;～与洛
克 628,662 - 3. 参看 Com-
mons；Long Parliament；Lords

Parma 帕尔玛 414

Parmenides 巴门尼德 67 - 71,
82,87,89,112,256,499,786;～
论变化 67,68,70 - 1,88 - 9;
～与黑格尔 67,758,769;～与
逻辑 50,67,70,618;～与意义
68 - 71;～的一元论 85,135;
～与柏拉图 67,126,141 - 3,
171,174,814;～与其他哲学家
50,71,75,76,81,82,84,87,88,
90,312,594;～与理念论 149 -
51

*Parmenides*（Plato） 巴门尼德（柏
拉图） 112,149 - 51,184,258

*Parsifal*（Wagner） 《帕济伐尔》（瓦
格纳） 788

Parsons,Robert 帕森斯,罗伯特
643

Parthenon 巴特浓 78

Parthians 安息人 245

particulars 个体 149,150,186,
221,424,478 - 9. 参看 singu-
lars；universals

Pascal 巴斯卡尔 546,718 注,
794,795

Paschal Ⅱ,Pope 帕司查勒二世,
教皇 452

passion(s) 炽情/激情/热情/感情
34,38,39,111,278,571 - 2,595
- 7;～与浪漫主义 703,708

Passover 逾越节 500

Patarine movement 帕塔林运动
434,453,455

*patria potestas* 父权 301

*Patriarcha*（Filmer） 《先祖论》（费
尔默） 642 - 4

Patrick,St. 圣帕垂克 386,396,
406,421

Paul,St. 圣保罗 154,160,283,
323, 344, 346, 361, 388, 397,
410,411,430,469,793;～与圣
奥古斯丁 371,381,383,385;
～与亚略巴古的狄奥尼修斯
424,426;选民 381,383,384;
保罗书信 383;～与犹太教
337,339

Paula,St. 圣葆拉 361

Paulicians 保罗教派信徒 469

Pausanias 鲍萨尼亚斯 119

Pavia 帕维亚 392,437

Pavlov,I.P. I.P.巴甫洛夫 802

Peace 和约 294 - 8

Pearl Harbor 珍珠港 646

489,504,819,825

reality 实在/实在性 87,158,734,836,844,848;～与黑格尔758-9,761,769-70,851;～与柏拉图 126,141,147,148,156,158,188;～与柏拉图的理念论 143,150,151

reason 理性/理由 33,56,65,289,313,337,571,718 注,815;～与阿奎那 476,482,484;～与亚里士多德 194,195,203;～与阿威罗伊 447,474-5;～与边沁 804;～与基督教哲学324,348,423,437,438,456,459,461,564;～与黑格尔761,763,767,832;～与康德732,736;～与洛克 631,636,649;～与柏拉图 145,155,165;～与反抗 751,818;～与卢梭 720,729;充足理由律615

recurrence 循环反复 278

reflection 思索 174,310

reform 改革/改良/革新 533,670,780;教会～ 409,428-39,451,464

Reformation 宗教改革 325,413,420,531,544-6;～与圣奥古斯丁 354,366,382;～中的经济变化 210;～与埃拉斯摩

536,538;～的先兆 455,468,470,492-3,508-9;～与德国747,764-5;～与政治 577,643;～作为对教会腐败的反动522,532;～与文艺复兴 513,520,533,855;～与国家 354,382,766

refugees 难民 31,44,72,325,422,569

refutations 反驳 71,226

regular solids 正多面体 169,170,234,551

Reichstag fire 国会纵火案 526

Reign of Terror, 731,738

relation-words 关系字 186

relational propositions 关系性命题 172

relativity 相对性 参看 motion;theory of relativity

religion(s) 宗教 23,33,56,64,138,316,342,499,536,707;～与古代哲学 40,61,67,75,83,92,98,269,271-3,275;～与阿奎那 474;～与亚里士多德184,192,206;东方～ 41,311;～与弗兰西斯·培根 564;希腊世界的～ 24-5,29,32-3,40-2,47,80,241,250,275;印度～241;伊奥尼亚的～ 47,67;犹太人的～ 328-43;～与约翰·

多塞　748，749；～与刺激703；～与法国革命　748；～与上帝　608，717 - 18；～与休谟686，698 - 9，716，717；～与个人主义　623；～的非理性主义698；～与康德　731，738 - 9；～与自由主义　667；～与马基雅弗利　531 注，725；～与纳粹主义和法西斯主义　818；～与尼采　789，791；～与高贵的蛮人714；～与政治　711，721 以下；～与宗教　716 以下；～与革命者　629，726；～与浪漫主义701，703，704，711；～与善感性702，710，712；～与社会契约573，716，721 以下；～与斯巴达114，713，721；～与国家　721，723，724，725，726，766；～与主体主义　514；～与意志　787

Rudolf，Duke of Swabia　卢多勒夫，士瓦本公爵　436 - 7

Rudolf Ⅱ，Emperor　卢多勒夫二世，皇帝　551

Rufinus，Tyrannius　鲁芬纳斯361

Rumania　罗马尼亚　659

Russell，Bertrand　罗素，伯特兰211，491，801 注，813，854 - 5，859

Russia　俄国　183，403，577，646，659，671，672，731，746，848；～的教育　755；马克思主义在～817；～的军事力量　419；～的新社会　532；～的理性主义反抗　751；卢梭与～的独裁统治727；　1917 年的～的国家578. 参看　South Russia；Soviet Russia；U.S.S.R.

Russian anarchists　俄国的无政府主义者　751

Russian Revolution　俄国革命659，671

Rusticus，Quintus Junius　鲁斯提库斯，克温图斯·尤尼乌斯　288

Rutilianus　鲁提利安努　303

## S

Sabbath　安息日　139，332，337

Sabellian heresy　撒伯留斯异端353

Sabellius　撒伯留斯　353

Sacrament（s）　圣餐　37，41，429，435，482，483

Sacred Book　圣经　351，500

sacrifice　祭奠　29，32，272，332，805

Sadducees　撒都该人　335，338

saint（s）　圣人/圣者/圣徒/圣贤50，111，137，164，197，276，378，382，396，531，794，796

520

221，224；～与笛卡尔 594，614；～与早期希腊哲学 45-6,47,60,65,71,74,90；～与休谟 687-8；～与莱布尼茨 606,614；～与个别化原理 490；～与斯宾诺莎 594,600，614

success，530-1

succession 先后继起：～与因果性 692,695

suffering 苦难/苦痛 783,797-9

sufficient reason 充足理由 615

Sufi sect 苏菲派 444

suicide 自杀 155,376,469,737，784,785

Suidger of Bamberg 班伯格的苏得格尔 433

Sumerians 苏玛连人 22

*Summa contra Gentiles* 《异教徒驳议辑要》 475-83

*Summa Theologiae* 《神学大全》 475,477

sun 太阳 24,66,230,239,280，551以下,561,862；～与亚里士达克 153,237,238；～与布刺 551；～与哥白尼 547以下；～与笛卡尔 585；～与圣弗兰西斯 471；作为神的～ 227，303,331,559；～与希腊哲学 46,73,81,83,91,280,282,312；～与诺斯替主义 315；～与赫拉克利德 237；～与犹太人 338；～与开普勒 153,551；～与摩尼教 369；～与普罗提诺 314,319；～与毕达哥拉斯 236；～与苏格拉底 107；太阳崇拜 230

Sun Goddess 太阳女神/天照大神 644

Sunni 桑尼派 442

superman 超人 788,795,796

superstition(s) 迷信：古代～ 28，32,76,93,241,243,250,263，302,320；黑暗时代的～ 326，386,395；文艺复兴时期的～ 516,523；～与科学 76,549

Supremacy 至权/至上 Act of 至权法案 539

Supreme,the 至高无上者 313，319

Supreme Court (U.S.) 最高法院（美国） 577,664

surprise 惊讶 as test of error 作为错误的检验 850

survival of the fittest 适者生存 73,228,752,753,808

Sweden 瑞典 582

Swedenborg,Emanuel 瑞典宝利,伊曼努尔 705,732

Swift,Jonathan 斯威夫特,乔纳森

**图书在版编目(CIP)数据**

西方哲学史.下卷/(英)罗素著;马元德译.—北京：
商务印书馆,2015(2020.1重印)
ISBN 978 - 7 - 100 - 11146 - 1

Ⅰ.①西⋯ Ⅱ.①罗⋯②马⋯ Ⅲ.①西方哲学—
哲学史 Ⅳ.①B5

中国版本图书馆 CIP 数据核字(2015)第 055090 号

**西 方 哲 学 史**

及其与从古代到现代的政治、社会情况的联系

下 卷

(权威全译本)

〔英〕罗素 著

马元德 译

商 务 印 书 馆 出 版
(北京王府井大街 36 号 邮政编码 100710)
商 务 印 书 馆 发 行
北 京 通 州 皇 家 印 刷 厂 印 刷
ISBN 978 - 7 - 100 - 11146 - 1

2015 年 6 月第 1 版　　　开本 710×1000　1/16
2020 年 1 月北京第 4 次印刷　　印张 34¼

定价:82.00 元